Nas Trilhas da Garça

Chico Xavier

nas Minas Gerais

Nas Trilhas da Garça

Chico Xavier

nas Minas Gerais

Jhon Harley

VINHA
DE LUZ
SERVIÇO EDITORIAL

Belo Horizonte
2016

VINHA DE LUZ

SERVIÇO EDITORIAL

EDIÇÃO: VINHA DE LUZ - Serviço Editorial
Departamento Editorial da Casa de Chico Xavier de Pedro Leopoldo
Av. Álvares Cabral, 1777 | 20º andar | Sala 2006
Santo Agostinho | 30170-001 | Belo Horizonte | MG
(31) 2531-3200 | 2531-3300 | 3517-1573
www.vinhadeluz.com.br | informacoes@vinhadeluz.com.br
www.casadechicoxavier.com.br | informacoes@casadechicoxavier.com.br

COORDENAÇÃO EDITORIAL
Célia Maria de Oliveira Soares | Geraldo Lemos Neto | Jhon Harley Madureira Marques

CAPA
Thiago Panegassi Lopes de Campos

FOTOGRAFIA DA CAPA
© Pixabay – *Garça branca*, por Bishnu Sarangi

PROJETO GRÁFICO
Luiz Augusto da Costa

FOTOGRAFIA DA EPÍGRAFE
© Rodney Reis da Silva – *Casa de Chico Xavier de Pedro Leopoldo*

TRATAMENTO DE IMAGENS | DIAGRAMAÇÃO | REVISÃO TÉCNICO-CIENTÍFICA
Célia Maria de Oliveira Soares

EXCERTOS POÉTICOS DAS SEPARATÓRIAS

ISSA FILHO, José. *Coisas do reino de Pedro Leopoldo 1*. Pedro Leopoldo: Tavares, 1993.

ISSA FILHO, José. *Coisas do reino de Pedro Leopoldo 2*. Pedro Leopoldo: Tavares, 1996.

ISSA FILHO, José. *Coisas do reino de Pedro Leopoldo 3*. Pedro Leopoldo: Tavares, 2002.

ISSA FILHO, José. *Retalhos de saudade*. Pedro Leopoldo: Tavares. 2012.

1ª edição — agosto 2016 | 2.000 exemplares

Dados Internacionais de Catalogação na Publicação (CIP)
(Câmara Brasileira do Livro, SP, Brasil)

Harley, Jhon
    Nas trilhas da garça : Chico Xavier nas Minas
Gerais / Jhon Harley. - - Belo Horizonte : Vinha
de Luz, 2016.

    Bibliografia.

        1. Espiritismo - Minas Gerais - História
    2. Médiuns 3. Pedro Leopoldo (MG) - História
    4. Psicografia 5. Xavier, Francisco Cândido,
    1910-2002 I. Título

16-06048   CDD - 133.9092

Índices para catálogo sistemático :

    1. Espíritas : Biografia e obra   133.9092

Homenagem especial

CASA DE CHICO XAVIER DE PEDRO LEOPOLDO

10 anos

2 0 0 6 | 2 0 1 6

Em memória

CIDÁLIA XAVIER DE CARVALHO
(1923–2015)

O autor com o filho Guilherme Marques e Cidália Xavier em 2010,
no lançamento do livro *O voo da garça – Chico Xavier em Pedro Leopoldo
(1910-1959)*, em Pedro Leopoldo. (Acervo pessoal)

Em memória

JOSÉ ISSA FILHO
(1923–2015)

O autor com José Issa Filho em 2010, no lançamento do livro
O voo da garça – Chico Xavier em Pedro Leopoldo (1910-1959),
em Pedro Leopoldo. (Acervo pessoal)

Agradecimentos

A todos aqueles que colaboraram, direta ou indiretamente, nesta pesquisa e suportaram, pacientemente e amorosamente, as minhas angústias, dúvidas e limitações.

Especialmente à Casa de Chico Xavier de Pedro Leopoldo, pela riqueza iconográfica, documental e bibliográfica disponibilizada para a construção deste trabalho.

E, mais uma vez, ao amigo Geraldo Lemos Neto, pelo incentivo constante, além do carinho e da competência da amiga Célia Maria de Oliveira Soares, coordenadora editorial e revisora da Vinha de Luz Editora.

"Em 30 de junho de 2002, a garça alçou novos voos, deixando um rastro de exemplificação em generosidade, compaixão e alegria de viver. Mas também deixou muitas saudades, pois já não é possível a conversa ao 'pé do ouvido', se encantar com suas risadas gostosas e passar pelas noites e madrugadas ouvindo os casos recheados de amor e ensinamentos. Como poderei esquecer os bate-papos na casa de Cidália Xavier e Maria Luiza Xavier em Pedro Leopoldo? Os livros, os pacotes de mensagens e os cartões ornamentados com amores-perfeitos enviados pelo correio? Os almoços deliciosos aos sábados preparados pela incansável e fiel Dinorá? As memoráveis reuniões na Casa da Prece? As atividades sociais no Abacateiro e na Vila do Pássaro Preto, em Uberaba? E o sorriso todo característico de quem estava de bem com a vida, 'fazendo contrariedades do tamanho de elefantes, que ocupavam a cabeça dos desesperados, ficarem menores que peixinhos de aquários?"* [1]

Jhon Harley

---

[1] Do livro O voo da garça – Chico Xavier em Pedro Leopoldo |1910-1959 (VINHA DE LUZ, 3. ed., 2013, p. 285-286).

Sumário

Apresentação

Amigo leitor,

Em 2002, passei por uma crise existencial sem precedentes. Depois que a poeira dos acontecimentos baixou, pude observar com mais clareza que a construção da obra intitulada *O voo da garça – Chico Xavier em Pedro Leopoldo | 1910-1959* fez parte de um contexto terapêutico mais amplo, levando-me a rever pensamentos, conceitos, posturas, emoções e percepções. Entretanto, não havia mencionado, até o momento que, em 2007, estimulado por benfeitores espirituais, entre eles José Flaviano Machado (Zeca Machado) e Eliana Bahia Machado Moreira, comecei a colocar no papel as minhas recordações e lembranças dos 21 anos de convivência que mantive com Chico Xavier.

Confesso que quando fui buscar os primeiros exemplares na Vinha de Luz Editora uma forte emoção me envolveu, mesmo porque, quando iniciei a escrita, não achava que teria competência para produzi-la.

De 2008 a 2010, período de construção do livro *O voo da garça*, passei por diferentes emoções, como se estivesse mergulhando num oceano de vibrações, imagens e lembranças. E nesse mesmo processo surgiu a ideia de escrever não apenas um livro, mas uma trilogia sobre a "garça", porque Chico Xavier ainda tem muito o que nos dizer. E aí, estimado leitor, por razões que a própria razão desconhece, ofereço o segundo livro para sua apreciação. Desta vez, não só expondo a minha convivência com Chico Xavier, mas algumas implicações e reflexões dessa convivência sobre a minha vida.

Segue, para apreciação, a mensagem psicografada por Geraldo Lemos Neto, recebida na reunião pública do Centro Espírita Luz, Amor e Caridade, em Belo Horizonte, no dia 23 de abril de 2007:

"Caríssimos amigos Tomtom[1] e Renata, Jesus nos abençoe!

Se a palavra direta de um amigo é necessária, muito embora a sua própria pequenez e desvalia, venho em nome de nossos benfeitores dizer a vocês que estamos a postos, tanto quanto nos seja possível, na defesa de seus corações queridos contra o assédio das sombras. Confiemos no amparo de Jesus, hoje e sempre, jamais vacilando em nossa tranquilidade íntima no cadinho das provas redentoras.

Sim, diletos amigos, este é o cadinho das provas, porque, embora envolto em esquecimento temporário em nossa memória periférica, o passado está sempre presente no roteiro das dores que suportamos hoje, certos de que a memória profunda de nossa alma no-lo revela vivo e atuante. Rendamos graças a Deus porque hoje lhe sofremos os embates como se fôssemos vítimas, esquecidos de que, em análise mais ampla, somos vítimas sim, mas de nós mesmos, recebendo na vida presente o arremesso dos dardos mentais que, inadvertidamente, envia-

---

[1] Apelido de infância. É a forma como sou chamado entre os meus familiares até hoje. Renata é a minha esposa.

mos a bel-prazer contra os nossos irmãos do caminho no passado distante.

Então vamos dizer, do fundo de nossa alma, que devemos sim render graças! Graças nós vos damos, ó Pai de bondade, pelo pão espiritual que nos dás! Que este pão da experiência retificadora e salutar nos sustente o aprendizado que precisamos gravar no próprio peito: 'Amai-vos uns aos outros'! Se sofremos hoje, louvado seja Deus, porque não somos nós os ofensores. Se a provação nos maltrata o coração, louvado seja Deus, porque não somos nós os ofensores, os que maltratam e ferem.

Em todo caso, é a Sabedoria Suprema que nos preside a vida fazendo-nos ver o que antes nossa ignorância e a nossa maldade impunha aos outros.

Então, se a dor aparece de inopino, recebamo-la por visita incômoda, mas, por vezes, necessária, na certeza de que, em breve tempo, ela partirá de nossa casa assim que a substituirmos pela agradável presença da paz e da concórdia, da fé e da alegria de viver, na festa de aceitação da vontade de Deus em nosso caso.

Revide ou desgosto, vingança ou violência, então, é tóxico letal, afastando-nos do reto equilíbrio e da tranquilidade justa que deveríamos abrigar no espírito. Vamos em frente, minha gente querida, que lá atrás tem muita gente!!! Os pés estão no chão de nossas lutas, mas a cabeça deve estar o mais próximo possível de nossos ideais, para que abracemos, de coração, quem nos ofende e calunia, como a um irmão menos feliz e despreparado para a responsabilidade de viver, a quem devemos dirigir nossos pensamentos de perdão e esquecimento do mal que nos tenham causado.

De nossa parte, estaremos sempre juntos na comunhão de nossos laços mais puros de afeto, que, sem dúvida, se perdem na esteira dos tempos sem fim, pedindo a vocês, igualmente, ficarem conosco.

Nosso querido Chico não está distante assim como alguns podem, ingenuamente, supor. Ele tem visitado o casal amigo com o mesmo carinho de outros tempos. Especialmente em nos reportando às tarefas atualmente em curso em sua casa[2] de Pedro Leopoldo e durante as horas de repouso do corpo físico, nas horas estreladas pela noite.

De minha parte, lembro a você, Tomtom, com a lembrança de minha querida Eliana aqui presente, que ela está a lhe puxar os orelhões! Segundo ela está me dizendo, é preciso que você se dedique à escrita dos 'causos' de Chico em sua época de Pedro Leopoldo. Você compreenderá que um pouco de disciplina seria muito desejável, em matéria de horário fixo e dedicação regular, para que os amigos de nosso plano possam, mais eficientemente, colaborar. Isso possibilitará que se erijam defesas mais amplas para o ambiente de seu lar.

Bem, por hoje é só.

Confiem na providência dos Céus!

Ninguém está desamparado do apoio de Jesus.

Com o velho e saudoso amor de outros tempos,

José Flaviano Machado (Zeca Machado)"

---

[2] Em referindo-se à Casa de Chico Xavier em Pedro Leopoldo, instituída em 02/04/2006, vinculada ao Grupo Espírita Scheilla desde 2011.

Espalhava mais luz em nossas noites do que todas as lâmpadas dos postes juntas.

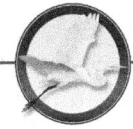

Introdução

"Fácil compreender por que surgiram garças em Pedro Leopoldo no dia de seu nascimento. Essas aves brancas, em suas arremetidas, esparramaram pela cidade o olor dos lírios que cobriam as várzeas da cidade, simbolizando a alegria dos Céus com a chegada de um anjo à Terra."

Caio Ramacciotti

Ponto de partida

O livro *O voo da garça – Chico Xavier em Pedro Leopoldo | 1910-1959*, lançado no dia 8 de julho de 2010, reuniu alguns "voos" efetuados por Chico Xavier em sua terra natal. Aproveitando a sensibilidade e o registro do poeta pedroleopoldense José Issa Filho sobre uma história oral que circulou em Pedro Leopoldo, sob a interpretação poética de Maria Tomásia Ferreira, antiga benzedeira da cidade, mais conhecida como Sá Tomásia, fiz uma analogia dizendo que uma dessas garças – Chico Xavier – pousou exatamente na Rua de São Sebastião, no dia 2 de abril de 1910, "trazendo amor e compaixão e, por isso mesmo, transformou as noites de muitos angustiados e aflitos em dias ensolarados de esperanças e alegrias".

Entretanto, além desses "voos" em sua cidade-berço, essa garça percorreu diferentes caminhos entre as montanhas das Minas Gerais,[1] assim como Paulo de Tarso em sua diáspora, em tempos remotos, para a divulgação e a exemplificação do Evangelho de Jesus.

Evidentemente, não temos a intenção, neste primeiro momento, de apontar todas as localidades mineiras nas quais Chico Xavier esteve presente no exercício do seu mandato mediúnico de 75 anos consecutivos. Procuramos percorrer algumas dessas "trilhas" investigando instituições espíritas cinquentenárias, e até centenárias, pesquisando livros, materiais iconográficos, mensagens inéditas, atas de reuniões, documentos diversos, jornais, revistas, relatos de pessoas que conviveram com ele, não somente objetivando conhecer um pouco mais sobre a memória do Espiritismo no Estado de Minas Gerais, mas, sobretudo, para preservar e registrar as pegadas deixadas por Chico Xavier nesses caminhos, como um legítimo representante do Cristo entre os homens.

Por isso mesmo, tornou-se importante conhecer um pouco mais sobre Pedro Leopoldo e outras cidades mineiras visitadas pelo médium, como, por exemplo, Sete Lagoas, Matozinhos, Belo Horizonte, Caxambu, Vespasiano, Lagoa Santa, Santa Luzia, Curvelo, Varginha, Sabará, Conselheiro Lafaiete, Congonhas, Barbacena, Guaxupé, Ouro Fino, Araxá, Sacramento, Monte Carmelo, Leopoldina, Ituiutaba, Uberlândia, Iturama, Frutal, Muriaé, Araguari, Juiz de Fora, Pedra Azul, Poços de Caldas, Lavras, Conceição das Alagoas,

---

[1] As viagens pelo Estado de Minas Gerais tinham por finalidade duas razões básicas. A primeira em virtude das suas atividades ocupacionais como funcionário da Fazenda Modelo a serviço das exposições agropecuárias sob a responsabilidade do Ministério da Agricultura. A segunda pela sua dedicação e esforço pessoal na divulgação do Espiritismo, pois ele aproveitava os intervalos disponíveis nas viagens e os momentos de lazer para visitar amigos e instituições espíritas. Vale destacar que no Brasil, além do Estado de Minas Gerais, Chico Xavier visitou os Estados do Rio de Janeiro, São Paulo, Goiás, Paraná, Mato Grosso, hoje Mato Grosso do Sul, e o Distrito Federal.

Montes Claros, Centralina, Veríssimo, Itabira e, finalmente, a acolhedora e inesquecível Uberaba,[2] de onde também guardo valiosas lembranças e recordações da minha amizade e convivência com Chico Xavier.

Tomando como ponto de partida a cidade de Pedro Leopoldo, e estudando a obra *Mensagens de Inês de Castro*, em sua 18ª edição,[3] encontrei uma interessante narrativa apresentada por Caio Ramacciotti, da cidade de São Bernardo do Campo, Estado de São Paulo, fruto de uma conversa que teve com o próprio Chico Xavier em 1977 e referendada por longo texto que ele lhe enviou posteriormente, no qual descreve alguns preparativos efetuados ainda no mundo espiritual para o seu renascimento na Terra, que ocorreria no dia 2 de abril de 1910, com a colaboração do espírito de Isabel de Aragão[4] e de outros benfeitores espirituais. Chico Xavier descreve suas emoções e impressões quando esteve, em espírito, por volta de 1907, na então pequena vila conhecida como Cachoeira das Três Moças, ou Cachoeira Grande (a partir de 1924 como Pedro Leopoldo), principalmente ao reencontrar aquela que seria sua futura mãe, Maria de São João de Deus:

> "(...) De minha parte, pela primeira vez, enxergava a paisagem de Pedro Leopoldo. Era bem um vale úmido a vila modesta que pisávamos.

---

[2] Esta pesquisa representa apenas um primeiro esforço para compreender o percurso empreendido por Chico Xavier entre as cidades das Minas Gerais. Creio que a partir deste trabalho muitos pesquisadores poderão sinalizar outras cidades mineiras por onde a "garça" transitou." É importante frisar aqui que Chico Xavier morou em Pedro Leopoldo por 49 anos incompletos e em Uberaba por 43 anos. Duas cidades coirmãs, que tiveram o privilégio e a responsabilidade de receber esse apóstolo do amor, da compaixão e da caridade. Confesso que quando viajava para Uberaba as emoções já transbordavam pelo simples fato de me aproximar da cidade, principalmente depois que atravessava o trevo da também acolhedora cidade de Araxá. São momentos que ficarão eternamente gravados em minhas lembranças mais caras.

[3] Uma publicação do Grupo Espírita Emmanuel (GEEM), lançada em 2006.

[4] Segundo informações do próprio Chico Xavier, Isabel de Aragão e a ministra Veneranda, personagem do livro *Nosso lar* (Federação Espírita Brasileira, 1944), são o mesmo espírito.

Uma cachoeira de águas claras parecia cantar no terreno recentemente desbravado, e as linhas da via férrea se me figuravam antenas horizontais do progresso que penetrava pelo verde adentro.

O ribeiro separava o povoado em duas regiões distintas. Do lado norte, de que vínhamos, estava a indústria nascente dos tecidos de algodão, e, para cá do ribeiro, no lado sul, o casario escasso parecia um conjunto de grandes pombais caiados de branco.

A oeste, o sol entrava no poente.

Entrei, com benfeitores amigos, numa rua que se abria,[5] como até hoje, à frente da igreja, singela, mas já construída em louvor da mãe de Jesus.

Estacamos à porta de entrada da casa que seria o meu lar. Aguardamos alguns minutos de expectação, quando jovem senhora, em companhia de outras, se destacou para entrar na residência humilde. Era morena, de baixa estatura, vestindo roupa simples e de sorriso amigo, evidenciando resignação e simplicidade. Os cabelos trançados se lhe enrodilhavam de modo gracioso na cabeça. Despediu-se das companheiras que seguiram à frente e passou por nós sem ver-nos.

Um dos benfeitores explicou:

— Esta é a nossa irmã tutelada de João de Deus. Em várias existências, brilhou na cultura do mundo e, por várias vezes, se consagrou à religião em casas de fé. No entanto, em fins do século passado, pediu a maternidade por tarefa primordial, rogando am-

---

[5] Antigamente foi apelidada pelos moradores como Rua Quebra Nariz. Posteriormente, passou a ser chamada de Rua da Matriz e, finalmente, Rua de São Sebastião, abreviada no transcorrer dos anos pelos moradores da cidade como Rua São Sebastião. Maiores informações no livro O voo da garça, deste autor.

biente de extrema carência material para burilar-
-se na própria alma. Tem agora a idade de vinte e
seis anos na experiência física, um marido operário,
junto de quem é humilde tecelona numa fábrica
de tecidos, e já foi mãe de oito filhos, tendo perdido uma filhinha, desencarnada em idade tenra, e
mantendo ainda sete que estão em crescimento.[6]
Chico continuou:
– Uma simpatia profunda me ligou imediatamente àquela mulher humilde e tranquila. Parecia-me
rever em roupagem diferente uma irmã querida de
quem me afastara sem precisar por quanto tempo.
Incapaz de explicar a emoção que me dominava,
caí em pranto, em que a dor se misturava com a
alegria, pois reencontrava uma criatura afetuosa e
amiga. Lembro-me de que não me pude conter e
caminhei para ela, envolvendo-a num grande abraço. A senhora sentiu profunda comoção e começou
também a chorar, ignorando como explicar a si própria o motivo de tantas lágrimas. Decorridos instantes, entrou o marido, um homem claro, magro e
alto, usando colete antigo sob o paletó comum, e
após retirar um boné que trazia na cabeça pintalga-
da de algodão perguntou:
– Maria, o que houve, por que chora?
– João, – respondeu ela – eu mesma não sei.[7] Estou assim como quem se recorda de alguém que a
gente ama e que a morte não mais nos deixa ver...

---

[6] De acordo com a nossa pesquisa em documentos da época, considerando a morte de uma de
suas filhas em tenra idade, Maria de São João de Deus teve 10 filhos. Chico Xavier renasceria,
por ordem cronológica, como o oitavo filho desse casamento. Posteriormente, renasceriam
Raymundo Xavier e Geralda Xavier.
[7] João Cândido Xavier.

– Você andou lendo algum romance. – falou aquele que iria ser meu pai.

– Não, nada li... É apenas um estado estranho em que entrei...

O dono da casa buscou o interior da moradia, de onde vinham vozes e gritos de crianças, e Maria de João de Deus sentou-se e orou, ali mesmo, na sala estreita, pedindo a Jesus a paz de quem ali estivesse, na condição de alma em saudade e sofrimento. Penetrei nos recantos da casa, na qual deveria em breve habitar. A pobreza e a simplicidade de tudo faziam-me chorar.

Retornamos à vida espiritual e pouco tempo mais tarde voltei para que me ligasse à Maria de João de Deus em definitivo.

Foi em 1910, quando tive a obrigação de obedecer a severas disciplinas, para que tudo ocorresse segundo a Vida Maior e não conforme os meus ideais egoísticos, talvez, de felicidade e de amor" (XAVIER; RAMACCIOTTI, 2011, p. 213 -217).[8]

Confesso que fiquei surpreso e encantado com a riqueza de detalhes e com a lucidez espiritual desse depoimento. Que homem é este? Isso me fez recordar um acontecimento de dezembro de 2012 na Casa de Chico Xavier de Pedro Leopoldo, quando conheci Laércio Meirelles, da cidade de Niterói, Rio de Janeiro. Seus pais, Elenir e Lineu Meirelles, haviam conhecido e desfrutado da amizade de Chico Xavier. Sua mãe tinha recebido muitas cartas e livros de Chico e atuava mediunicamente em uma instituição espírita em sua cidade. Ambos também teriam conhecido e

---

[8] XAVIER, Francisco Cândido; RAMACCIOTTI, Caio (Org.). *Mensagens de Inês de Castro.* 18. ed. São Bernardo do Campo: GEEM, 2011. p. 213-217.

convivido com um dos "braços direitos" de Chico em Uberaba, o companheiro Weaker Batista, desencarnado no final da década de 80.

Segundo o seu relato, a mãe estava em casa quando, por meio de sua vidência, reconheceu a presença, em espírito, do saudoso amigo Weaker, alguns meses depois de sua desencarnação. Surpresa pela visão inesperada, perguntou como estava se adaptando ao mundo espiritual e logo depois perguntou pelo Chico, e ele apenas lhe respondeu: "*Elenir, convivi com esse homem durante tanto tempo e somente agora, estando aqui, pude saber quem é o Chico! Na Terra, já imaginava a sua grandeza espiritual, mas neste outro lado da vida estou envergonhado de mim mesmo, pois ele é muito mais do que imaginávamos!*" E a visão se desfez.

Se Weaker Batista, que tinha o Chico na mais alta consideração, surpreendeu-se com a sua envergadura espiritual, fico pensando comigo mesmo o que será que ele viu e sentiu a ponto de se envergonhar!... Particularmente, guardo as minhas convicções, e acredito que Chico Xavier, em sua simplicidade, tentou se "esconder" o quanto pôde, mas não conseguiu como desejava. Mais que os livros psicografados, Chico Xavier deixou sua marca através da própria exemplificação. Por isso mesmo creio que, neste momento, o essencial é procurarmos, corajosamente, vivenciar os exemplos amorosos, a determinação e a dedicação diários deixados como legado, no esforço de seguirmos a clássica recomendação evangélica tão esquecida entre os próprios cristãos: "*Os meus discípulos serão conhecidos por muito se amarem*":

> "Tenho na memória, numa das minhas visitas ao Chico Xavier em Uberaba, a vivência de uma situação inusitada. Ao seu lado, observei que uma senhora, chorando copiosamente, começou a descrever-lhe um quadro doloroso. Havia perdido toda a família num acidente automobilístico. Fiquei me

perguntando: como seria possível consolar uma dor tão intensa? O que Chico poderia dizer que pudesse reconfortar aquela mulher? Para minha surpresa, e de todos que acompanhavam aquela comovente cena, ele se levantou e a abraçou. Choraram os dois. Depois do abraço, busquei curioso o olhar daquela mulher e observei que a dor ainda permanecia em sua face, mas ela esboçou um sorriso que eu nunca consegui compreender. Diria que Chico Xavier, sem dizer nada, disse tudo" (HARLEY, 2013, p. 286).[9]

Digo, sinceramente, que até hoje estou tentando compreender o que se passou nesse dia. Esperava que o Chico consolasse aquela mulher com os jargões comuns em nosso movimento, do tipo: *"Deus não coloca fardo pesado em ombro que não possa suportar!"*, *"Não cai uma folha de uma árvore sem que Deus queira!"*, *"Paciência!"*; *"Fé em Deus!"*... Sensibilizar-se por alguém que nos ama é relativamente fácil, mas sensibilizar-se pela dor ou alegria de alguém que você nunca viu? O que Jesus queria dizer com o *"Amai-vos uns aos outros como eu vos amei"*?[10]

---

[9] HARLEY, 2013. p. 286.

[10] Em dezembro de 2015, aconteceu um fato inusitado na Casa de Chico Xavier, em Pedro Leopoldo. Estávamos prestes a iniciar o culto do Evangelho, como acontece todos os domingos às 18h, quando um senhor entra e começa a falar desenfreadamente. Apresentava problemas visuais e caminhava com dificuldade. Parecia estar alcoolizado e cheirava mal (ele mesmo disse que não tomava banho há 3 dias) e se dizia abandonado por todos. Algumas pessoas tentaram, educadamente, acalmá-lo, cada um com a sua estratégia (eu fui um deles), mas nada de tranquilizar o inquieto visitante. Entretanto, uma pessoa que iria participar do culto, sem dizer nada, colocou as mãos sobre os seus ombros como que o convidando a se acomodar ao seu lado. E não é que ele aceitou o convite? Chegou até mesmo a colocar sua cabeça no ombro do outro, permanecendo, assim, durante toda a reunião. Somente no dia seguinte é que refleti no que tinha acontecido. Falar de Jesus em um ambiente asséptico e sem problemas é fácil, mas, de repente, aparece um inesperado visitante, pedindo atenção e acolhimento. Será que ele não deveria estar ali naquele momento? Pelos nossos olhares não! Vi a mesma situação acontecer algumas vezes no Grupo Espírita da Prece, em Uberaba. E qual foi a atitude de Chico Xavier? A mesma desse senhor. Apenas acolheu.

Para muitos, o que mais atraía em Chico Xavier era a sua mediunidade, suas amplas e inacreditáveis percepções extrasensoriais, incluindo os contatos com os espíritos, contudo o que mais chamou a minha atenção não foi a sua mediunidade, mas a sua humanidade e generosidade. Para Chico ter sido o grande médium que foi, era preciso ter sido um grande homem. Como poderia existir alguém tão simples e generoso numa sociedade que preconiza o *"Cada um por si e Deus por todos"*, o *"Salve-se quem puder"* ou *"Você sabe com quem você está falando?"*...

Numa época de tantas lembranças, homenagens e reconhecimento,[11] pouco se falou de uma das qualidades que mais me chamou a atenção em Chico Xavier: o respeito pelas diferenças. Foi uma das raras pessoas que conheci que melhor conseguiu perceber o outro, isto é, enxergar alguém como efetivamente ele é e não como nós gostaríamos que ele fosse. Na grande maioria das vezes, no movimento espírita ou nos movimentos humanos de uma maneira geral, quando alguém pensa ou age diferente de nós costumamos classificar de obsidiado, louco ou desequilibrado.

---

[11] Tarefa difícil seria relacionar todos os títulos, comendas, medalhas e homenagens que Chico Xavier recebeu ao longo de sua trajetória. Entretanto, podemos afirmar que Chico Xavier é um dos brasileiros que mais homenagens recebeu no século passado, pois são inúmeros os títulos de cidadania honorária, diplomas e comendas. Em 1981, foi agraciado com a mais alta comenda do Estado de Minas Gerais, a "Medalha da Inconfidência". No mesmo ano, seu nome foi indicado ao Prêmio Nobel da Paz, com expressiva votação popular. Em 1995, a Câmara Municipal de Pedro Leopoldo instituiu a "Comenda Chico Xavier" e em 1999 o Governo do Estado de Minas Gerais criou a "Comenda da Paz Chico Xavier", ambas destinadas a homenagear pessoas físicas e jurídicas que tenham se destacado na promoção da paz, da ética e da cidadania. Em 1996, pela Revista VEJA, esteve entre as 20 personalidades mais marcantes pelos brasileiros. No ano 2000, pela revista ISTOÉ, esteve entre as cem personalidades mais importantes do século XX. No mesmo ano, foi eleito pela população do Estado de Minas Gerais como o "Mineiro do Século", uma promoção da TELEMAR e da REDE GLOBO MINAS. Em 2006, foi apontado pelos leitores da Revista ISTOÉ, ao lado de Rui Barbosa, como o "Brasileiro Mais Importante da História". E no mesmo ano, pela Revista ÉPOCA, através de votação pela internet, como "O Maior Brasileiro da História" E, finalmente, em 2012, através do Sistema Brasileiro de Televisão (SBT), por votação popular, recebeu o título de "O Maior Brasileiro de Todos os Tempos". Portanto, não é difícil perceber o carinho e a identificação dos brasileiros para com a figura humana de Chico Xavier, que, em sua sincera humildade, dizia: *"Eu não passo de um cabide, meu filho, onde dependuram as homenagens de reconhecimento e gratidão ao Espiritismo"*.

De acordo com a narrativa evangélica, o essencial está circunscrito nos dois maiores mandamentos: *"Amar a Deus sob todas as coisas"* e *"Amar o próximo como a si mesmo"*. Nessa mesma perspectiva, Chico Xavier entendia que para amar a Deus é preciso amar o próximo. E para amar o próximo é preciso se amar, pois quem se ama não corre o risco de ser maltratado por ninguém.

Nessa mesma direção, li, recentemente, um texto de Jim Brown, intitulado "Entrevista com Deus", em que ele conta que sonhou que entrevistava o Pai Maior. Num determinado momento, ele Lhe pergunta o que mais O surpreendia na humanidade e Deus respondeu:

> "Os homens. Porque perdem a saúde para juntar dinheiro, depois perdem dinheiro para recuperar a saúde. E por pensarem ansiosamente no futuro, esquecem do presente de tal forma que acabam por não viver nem o presente nem o futuro. E vivem como se nunca fossem morrer... e morrem como se nunca tivessem vivido" (BROWN, [s.d.t.]).[12]

Seguramente, em 21 anos de convivência com Chico Xavier, posso afirmar que ele viveu o essencial. São muitas as histórias sobre ele e com ele. Narrativas que transitam entre a ficção e a realidade. Entretanto, creio que muitas delas estão ainda para ser contadas. São histórias de sofrimento e dor, mas também de alegria e prazer. Histórias de um homem de bem com a vida, com seus semelhantes e consigo mesmo. Extremamente bem-humorado e com um desejo de servir ao outro que impressionava, Chico ria de si mesmo,

---

[12] Muitas vezes atribuído ao Dalai Lama, o trecho é uma adaptação de uma parte do texto de Jim Brown chamado "Entrevista com Deus" ou "Sonhei que tive uma entrevista com Deus". Disponível em: < http://pensador.uol.com.br/frase/MzgwOTI/>. Acesso em: 24 jun. 2015.

transformando qualquer impedimento, luta ou dificuldade em novas possibilidades de avanço e crescimento.

Acompanhemos os caminhos que essa "garça" percorreu entre as montanhas das Minas Gerais, principalmente na acolhedora cidade de Uberaba, e que os seus exemplos, como fiel servidor do Cristo, possam se transformar em uma bússola segura para que também possamos vivenciar o difícil e, muitas vezes, necessário e doloroso processo do "Conheça-te a ti mesmo".

Entre um oceano de palavras e algumas gotas de ação, na feliz expressão do espírito Alexandre,[13] diria, entre os meus conflitos mais íntimos, e parafraseando Chico Xavier, que "sei o que devo ser e ainda não sou":[14]

> "Não que eu queira compará-lo a Jesus, longe de mim tal loucura. Quero apenas aproximá-lo do mendigo que repartiu sua minguada comida com a mãe amargurada e o filho doente. E sentado na pedra da lareira lhes falou dessa esperança dos tristes e sofredores, esse Rabi que apareceu na Galileia. E isso era de Chico Xavier: repartir o que possuía com os pobres e sofredores e levar aos seus corações as palavras de Jesus. Sempre lembrando que o céu o trouxe, que o céu o levou; mas não levou com ele a esperança dos tristes e sofredores..." (ISSA FILHO, 2012, p. 155).[15]

---

[13] Do livro *Missionários da luz* (FEB, 1945, p. 27).

[14] Muito recentemente, quando saía de um supermercado em Pedro Leopoldo, fui abordado por uma senhora com uma criança no colo. Ela me pediu um litro de leite e, instintivamente, disse que nada tinha. Quando ela se afastou, pensei sobre a minha atitude: *"Puxa! Eu tenho uma caixa com 12 litros e fui incapaz de ceder 1 litro!!!"* Rapidamente, pensei sobre qual teria sido a atitude de Chico Xavier. Creio que ele não entregaria 1 litro, mas a caixa toda! Confesso que fiquei envergonhado de mim mesmo. Entretanto, retirei apenas 1 litro de leite da caixa e como não tive a coragem de encará-la pedi ao meu filho que lhe entregasse.

[15] FILHO, José Issa. *Retalhos de saudade*. Pedro Leopoldo: Editora Tavares, 2012. p. 155.

Concordando com a médica paulistana Marlene No-bre, diria, sem dúvida nenhuma, que depois da minha fa-mília Chico Xavier foi o mais forte apelo de renovação que recebi da vida na atual existência até o presente momento. Entretanto, não nos iludamos: precisamos ficar atentos em não transformar essa amizade em supostos privilégios, já que o Chico tinha o dom de fazer as pessoas se sentirem únicas e especiais.

Jhon Harley
Pedro Leopoldo, 2 de abril de 2016
Casa de Chico Xavier – *10 anos*

Jesus, a grande referência na vida de Chico Xavier.
Pintura do pedroleopoldense Sinval Alves Filho (1976, *in memoriam*).
Uma cópia foi doada ao Chico e encontra-se na Casa de Memórias e Lembranças
Chico Xavier, em Uberaba. O original está no Grupo Espírita Scheilla,
em Pedro Leopoldo. (Acervo: Grupo Espírita Scheilla)

E a lembrança que guardo dele é de uma grande alma.

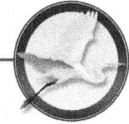

Reflexões em Pedro Leopoldo

"O homem mais feliz é aquele que tem menos ne-cessidades."

Chico Xavier

Em minhas andanças pelo país afora, divulgando a vida e a obra de Francisco Cândido Xavier, sempre dizia que fora um "privilégio" ter conhecido e convivido com ele. Entretanto, repensei esse posicionamento, pois a vida tem sinalizado que essa amizade está longe de ser um "privilégio", mas sim uma grande "responsabilidade". Acompanhar de perto os caminhos que a "garça" percorreu nos faz rever a própria trajetória, com seus erros e acertos, numa reflexão urgente e necessária em favor do nosso próprio crescimento.

Quase sempre, depois de alguma palestra, alguém me procura e pergunta se de fato Chico Xavier é tudo quanto dele se diz, se a vida continua, se existe mesmo vida além da "morte". Costumo dizer que se reuníssemos todos os biógrafos e amigos para falar sobre Chico Xavier não conseguiríamos dizer exatamente quem ele foi. Tirando os exageros, diria que ele é tudo que é dito e muito mais. E vou além: mesmo considerando o instinto de conservação presente em todo ser humano, entendo que sendo a vida tão sábia e generosa, o desconforto da dúvida sobre a vida após a "morte" representa uma leal e fiel companheira a nos ajudar a projetar o nosso futuro, sem que se perca a vontade de viver o aqui e o agora.

No livro organizado pelo biógrafo uberabense Carlos Baccelli, intitulado *O Evangelho de Chico Xavier*, o próprio Chico faz um alerta sobre essa responsabilidade que compete a cada um, reforçando, ainda mais, a narrativa evangélica de que *"a cada um será dado conforme as suas obras"*:[1]

> *"(...) Estou caminhando; sei que o caminho é longo, mas estou caminhando... Não adianta ficar à margem, perdendo mais tempo do que já perdemos... Creio na Graça Divina, mas os bons espíritos têm me ensinado que ninguém avança escorado no esforço dos outros... Deus nos dá pernas e nos mostra o caminho, mas a disposição de vencer distâncias deve ser nossa... Essa ideia de salvação, com base na lei do menor esforço, tem sido um obstáculo na jornada que o espírito necessita empreender pela sua própria iluminação (...)"* (BACCELLI, 2000, p. 138-139).[2]

E completa logo em seguida, dizendo:

> *"Se tudo que já disseram a meu respeito fosse verdade, das duas uma: ou eu seria um santo ou um demônio.*
>
> (...)
>
> *Devo seguir o meu caminho com o mais absoluto*

---

[1] "Porque o Filho do Homem virá na glória de seu Pai, com os seus anjos; e então dará a cada um segundo as suas obras." Mateus 16: 27. *Bíblia Online*. Disponível em: < https://www.biblia-online.com.br/acf/mt/16/27+>. Acesso em: 24 jun. 2016.
[2] BACCELLI, Carlos Antônio. *O Evangelho de Chico Xavier*. Votuporanga: Editora Didier, 2000.

respeito ao caminho dos outros. Sei que não passo de um cisco... Não me considero melhor do que ninguém. Se os espíritos amigos não conversassem comigo, talvez eu não passasse de um louco... Ninguém irá se redimir apenas porque vive perto de mim. Eu não sou santo! Deus me livre dessa ideia de santidade que os outros fazem de mim. Cada qual faça por si mesmo o esforço que deve fazer. De minha parte, estou lutando muito para melhorar... Invejo os companheiros de centro espírita que podem orar sem tanto tumulto em volta. Às vezes, tenho vontade de ir a um centro para tomar um passe, mas não posso... Não querem deixar que eu seja uma pessoa comum. Ora, Chico Xavier não vai salvar ninguém!... Se Chico Xavier não vai salvar nem a si mesmo!... Eu falo com os nossos amigos: vocês trabalhem para si mesmos; eu não sou patrão de ninguém, ninguém é meu empregado; estou fazendo a minha parte, vocês façam a sua (...)" (Ibidem, p. 122-123. Grifos nossos.).[3]

Curiosamente, em 2002, ano da desencarnação de Chico Xavier, passei por uma forte crise existencial, forçando-me a rever pensamentos, conceitos, posturas, emoções e percepções. Militante no movimento espírita desde 1980, e com formação em Psicologia desde 1988, busquei, pela segunda vez, participar de um processo terapêutico. A situação era muito delicada e como espírita achava que era mais do que realmente era: o famoso "santo do pau oco". Assim é que mal adentrei o consultório tive a infelicidade de fazer o seguinte comentário, em alto e bom som: "O que vai

---

[3] BACCELLI, 2000, p. 122-123.

ser do movimento espírita em Pedro Leopoldo?". A terapeuta esperou que eu me acomodasse, olhou fixamente para mim e fez os seguintes questionamentos: *"Você escutou o que me disse?"* (Silêncio). E completou: *"Quem você pensa que é?"* (Silêncio). E o processo recomeçou por aí.[4]

À época, tive o prazer de ler uma encantadora crônica do escritor e orador espírita Richard Simonetti,[5] da cidade de Bauru, Estado de São Paulo, afirmando que variados problemas que enfrentamos nascem do excessivo envolvimento com situações transitórias e, muitas vezes, absolutamente desnecessárias. Segundo ele, há uma "Síndrome de Marta" afetando multidões, pois as pessoas vivem estressadas, neuróticas, inquietas, irritadas, inseguras, abrindo campo a desajustes físicos e psíquicos de variadas procedências. Para exemplificar, o cronista se apropriou de uma narrativa evangélica que diz que quando Jesus ia a Jerusalém ele costumava passar na cidade de Betânia para visitar os irmãos Lázaro, Marta e Maria. Em uma dessas visitas, Jesus teria chegado em um dia de faxina geral na residência. Maria, ao perceber a presença de Jesus, deixou tudo que estava fazendo e foi aproveitar o glorioso momento. Entretanto, Marta – como nós, atarefada, inquieta e nervosa –, amava Jesus, mas ia e vinha ansiosamente, procurando dividir suas atenções entre o inesperado visitante e as importantes tarefas domésticas,

---

[4] "Santo do pau oco" é uma expressão popular utilizada no Brasil para designar pessoas dissimuladas, cuja origem mítica é derivada de aspectos históricos. Segundo o imaginário popular, nas regiões mineradoras brasileiras, e durante o período colonial, era considerado símbolo do contrabando do ouro ou de diamantes. As imagens devocionais eram utilizadas como esconderijos de gemas e metais preciosos para burlar os impostos cobrados por Portugal. Governadores, escravos e clérigos estavam envolvidos nesse tipo de contrabando. Essa versão é tida como lenda com pouca comprovação dessa utilização. Provavelmente, esse tipo de imagem era feito pelos mesmos motivos que na Europa, onde, desde a Idade Média, as esculturas em madeira eram escavadas para que as peças rachassem menos e ficassem mais leves.

[5] Disponível em: <https://pt-br.facebook.com/SimonettiRichard/posts/513508192030554>. Acesso em: 24 jun. 2016. Veja também o livro *Não peques mais*, do mesmo autor (Centro Espírita Amor e Caridade (CEAC), 2006, p. 81.

que, naturalmente, poderiam ficar para depois. Em um determinado momento, exaspera-se com a irmã e aproximando-se de Jesus diz, afoitamente: *"Senhor, não te importas que minha irmã me deixe só no serviço? Diz-lhe, pois, que me ajude!"*

Mas, conhecedor profundo da alma humana, e exercitando o dom maravilhoso de converter as situações mais indelicadas e difíceis em ensejo para transmitir valiosas lições, Jesus fitou amorosamente a inquieta hospedeira e respondeu, educadamente, e com sabedoria: *"Marta, Marta! Andas inquieta e te preocupas com muitas coisas. No entanto, uma só é necessária. Maria escolheu a melhor parte e esta não lhe será tirada"*.[6]

Qual é a melhor parte da vida? Qual é a finalidade da existência humana? De onde viemos e para onde vamos? O que é essencial para o nosso crescimento? São perguntas que deveríamos fazer frequentemente, pois não é difícil perceber que muitos de nós estamos apresentando sintomas dessa síndrome. Estamos vivendo presos ao passado, ao que já foi, ou vivemos presos a um futuro idealizado, que ainda não existe, esquecendo de viver intensamente, eticamente e prazerosamente o presente, com respeito a nós mesmos e aos outros. E assim, como Marta, vivendo na perspectiva do imediatismo e da exacerbada preocupação com a vida material, vamos nos atropelando, além de atropelar a vida e os outros, perdendo valiosas oportunidades de alegria, prazer e crescimento que a vida atual oferece a todos. E, por isso mesmo, sem nenhuma intenção de apontar caminhos ou de sinalizar uma receita para a felicidade, considero essencial que, para além das chamadas competências cognitivas, será

---

[6] Lucas 10: 38-42. *Bíblia Online*. Disponível em: <https://www.bibliaonline.com.br/acf/lc/10>. Acesso em: 24 jun. 2016.

preciso reconhecer e vivenciar o valor das competências relacionais, sobretudo no campo das emoções.[7]

Uma emoção natural que costumamos não reconhecer é a TRISTEZA. Quase todas as vezes que alguém identifica uma tristeza instalada em nossas palavras ou em nossa postura corporal (o corpo fala), costumamos negá-la de imediato, dizendo que é apenas uma simples impressão. A morte de uma pessoa querida, um desastre financeiro, uma doença inesperada são situações que podem desencadear sintomas dessa emoção. Alguém já me disse que prefere mentir para não ter que se submeter a qualquer tipo de interrogatório de amigos e familiares. Nada contra a importância de se respeitar o silêncio de alguém em um momento difícil, mas a negação constante dessa emoção não é suficiente para extirpá-la – ao contrário, pode, inclusive, desencadear um quadro depressivo e melancólico de consequências imprevisíveis. Nessa perspectiva, a depressão, portanto, seria uma tristeza "estragada". No campo do universo masculino, o processo pode se complicar ainda mais, mesmo porque se aprende desde cedo que "homem que é homem não chora", mas quando chora – que o digam as nossas parceiras ou parceiros – sai da frente que lá vem um tsunami!...

Outra emoção natural que temos muita dificuldade em reconhecer e vivenciar é o MEDO. Quem é que nunca sentiu medo em uma determinada situação? Medo de falar em público, medo de uma entrevista na busca de trabalho,

---

[7] Profissionais da área da saúde e estudiosos das obras de André Luiz e Emmanuel, vinculados ao Hospital Espírita André Luiz e à Clínica Renascimento, ambos situados na cidade de Belo Horizonte, têm afirmado que a nossa maior dificuldade psíquica é a dependência EMOTIVO-AFETIVO-SEXUAL, reforçando a tese psicanalítica de que na gênese de qualquer desconforto mental há um componente sexual (em seu sentido mais amplo). Para maior aprofundamento, recomendo buscar conhecer as reflexões levantadas pela Dra. Rosemeire Simões (e que ainda será transformada em livro) sobre a profilaxia e o tratamento da dependência EMOTIVO-AFETIVO-SEXUAL, baseadas em anos de experiência à frente do grupo terapêutico das dependências da Associação Médico-Espírita de Minas Gerais (AMEMG).

medo da solidão, medo da morte, etc.? Entretanto, a negação constante dessa emoção pode desencadear uma série de mecanismos internos e "estragá-la", transformando-a na Síndrome do Pânico. O problema não é o problema, mas a dimensão que nós costumamos dar ao problema. Aí pode virar um problemão, supostamente muito superior às nossas forças e possibilidades de enfrentamento.

Lembro-me de que em minhas idas a Uberaba para visitar o nosso Chico identificava o seguinte: quem tinha um problemão saía de lá com um problema, quem tinha um problema saía de lá com um probleminha, e quem tinha um probleminha não tinha nada. Chico Xavier trazia leveza e suavidade para as nossas vidas. Sem dizer palavra, ele exemplificava tudo e passávamos a enxergar o problema como ele realmente era. Quando retornava de Uberaba, ficava em torno de uma semana contagiado por muitos exemplos amorosos, mas depois voltava a ser eu mesmo, pois aquela energia não me pertencia. Talvez fosse essa a razão principal de sempre procurar estar tão próximo dele.

Outra emoção interessante que precisamos reconhecer e vivenciar com mais frequência e intimidade é a ALEGRIA. O riso é uma manifestação humana que faz bem a todos nós. No período medieval, o riso era considerado um disfarce como parte de uma trama diabólica. Talvez por isso os pintores medievais tenham retratado o Cristo – quase sempre – de uma forma melancólica e triste. Será que o Cristo nunca sorriu? Podemos dizer que Jesus Cristo sempre foi a maior referência e inspiração na vida de Chico Xavier. Ele nos falava de um Cristo alegre, dinâmico e próximo de todos nós. Para nossa reflexão, segue um belíssimo depoimento do médium sobre o que Jesus representou em sua vida:

"Desde criança a figura do Cristo me impressiona. Ao perder minha mãe aos cinco janeiros de idade,

45

Jesus, fonte de inspiração na vida de Chico Xavier.
(Do site *nucleu.com*)

conforme os próprios ensinamentos dela, acreditei nele, na certeza de que ele me sustentaria. Conduzido a uma casa estranha, na qual conheceria muitas dificuldades para continuar vivendo, lembrava-me dele, na convicção de que ele era um amigo poderoso e compassivo que me enviaria recursos de resistência. E Jesus sempre esteve e está em minhas lembranças como um protetor poderoso e bom! Não desaparecido, não longe, mas sempre perto. Não indiferente aos nossos obstáculos humanos e sim cada vez mais atuante e mais vivo (...). Desde a escola primária, perguntava a mim mesmo como seria o semblante dele, o Benfeitor incomparável. Muito cedo caminhei para a mediunidade e indagava dos espíritos amigos como seriam os traços fisionômicos do Senhor. Os benfeitores espirituais me determinavam procurá-los nas crianças doentes e desemparadas. E nas pessoas abatidas, sofredoras, andrajosas ou feridas. Certa vez, meu pai, impressionado com a minha persistência em recortar retratos do Senhor, de jornais e revistas, me perguntou: 'Chico, que nome terá Jesus no Céu?' Eu, que estava sempre induzido pelos amigos espirituais a procurar a divina face nos sofredores e nos infelizes, imaginei que o Senhor, sendo o conforto e a providência dos tristes e dos desventurados, deveria ter no alto um nome de luz e respondi: 'Meu pai, eu penso que no Céu Jesus se chama Alegria, pois todos os que sofrem na Terra estão esperando por ele' " (BACCELLI, 2013, p. 18-21).[8]

Entretanto, é comum observar que muitos de nós, quando estamos tristes, ansiosos e nervosos, também cos-

---

[8] BACCELLI, Carlos Antônio. *Chico e Emmanuel*. 5. ed. Votuporanga: Editora Didier, 2013. p. 18-21.

tumamos sorrir. Não é um sorriso de alegria, mas de angústia e sofrimento. E quando não identificamos o processo e o sentido dessa emoção, ela pode assumir a forma de euforia, uma alegria "estragada". Parece alegria, mas não é. Muitas vezes, é apenas um disfarce tentando esconder um grande desconforto.

Uma outra emoção é a PREOCUPAÇÃO. Poderíamos dizer que para viver é necessário certa dose de ansiedade, contudo a maioria de nós vive presa a um passado recente ou remoto, ou a um futuro que ainda não existe. Raramente vivemos o presente. Lamentamos um passado que já foi ou almejamos um futuro que só será construído mediante as nossas ações no aqui e agora. Quando essa emoção "estraga", nos transformamos no estressado clássico, desencadeando em nós mesmos uma série de sintomas que vão se particularizando de acordo com a história de cada um. Em geral, o ansioso sofre desnecessariamente.

Trabalho há alguns anos no Grupo Espírita Scheilla da cidade de Pedro Leopoldo, no campo do atendimento fraterno. Certa feita, uma senhora chegou lá apresentando um quadro de angústia e ansiedade tão grande que ela mal respirava. Ao me aproximar, ela fez uma série de questionamentos, dentre eles: *"O que a vida quer de mim?"* Olhei atentamente para ela e respondi com certa dose de humor: *"Minha senhora, olhando atentamente creio que a única solicitação que a vida te faria, neste momento, é para respirar!"* Sorrimos os dois.

Finalmente, a emoção mais difícil, talvez, de ser reconhecida: a RAIVA. A raiva é uma emoção natural presente em todas as criaturas humanas. Quando alguém pergunta *"Fulano, você está com raiva de mim?"*, costumamos responder: *"Não, é apenas uma impressão sua"*. Ou então dizemos: *"Nada, está tudo bem!"*. O problema é que o tempo psíquico é diferente do tempo cronológico. Um problema que aconteceu há anos com uma determinada pessoa costuma permanecer em nosso campo psíquico, muitas vezes assumindo formas diferenciadas como rancor, mágoa, inveja, ciúme. Nenhum convite ao desrespeito nas relações, mas acredito que é preferível falar daquilo que não gostou com alguém do que omitir e permitir que essa emoção assuma aspectos delicados, esperando algum momento para se manifestar mais ostensivamente. Chico Xavier costumava dizer que todos têm o direito de não concordar com que o outro diz ou faz, mas precisamos discordar de uma forma que não venhamos a silenciar essa discordância. Isto é, falar de uma forma que o outro possa nos escutar. Entretanto, quando a raiva toma essa dimensão transforma-se em ódio. Para quem sente ou já sentiu, esta é uma emoção "estragada" que não faz bem a ninguém. Tem um efeito destruidor e multiplicador.

Entendo que muitas vezes a vida costuma estabelecer crises existenciais para percebermos o valor dessas e de outras emoções. Quem já passou por uma "boa" crise pode perceber que ela costuma afetar todos os nossos sentidos. Nos tira da zona de conforto. Dá a sensação de que vamos "enlouquecer", de estarmos inteiramente no ar, sem o chão da realidade, aparentemente seguro e tranquilo. É evidente que antes de uma "grande" crise a vida costuma sinalizar com algumas "pequenas" crises. Entretanto, muitos de nós não reconhece essas sinalizações e só consegue redirecionar os caminhos depois de uma "boa" crise instalada – ocorrência comum no universo masculino. É a vida criando mecanismos e conspirando em nosso favor para nos auxiliar a perceber o que é efetivamente essencial nesse difícil e, muitas vezes, doloroso processo do *Conheça-te a ti mesmo*.

Sem nenhuma intenção de fazer apologia ao sofrimento, Chico dizia que a dor costuma nos projetar verticalmente, enquanto que a alegria nos projeta horizontalmente. Talvez, por isso, seja mais fácil encontrar Deus na dor que na alegria. É a "boa" crise, mais uma vez, conspirando em nosso próprio benefício.

Evidentemente, muitas vezes sofremos por alguma coisa absolutamente desnecessária. São os "tormentos voluntários". Admiramos o Evangelho de Jesus, desejamos o conhecimento da vida superior, mas não abrimos mão da nossa comodidade, da nossa maneira de pensar, falar e agir.[9] Mudanças em nossos pensamentos mais periféricos não são tão difíceis, mas mudanças em nossos pensamentos mais profundos são mais complicadas. Quase sempre buscamos uma instituição religiosa para resolver um problema, mas no fundo não desejamos a solução, ou então desejamos uma solução mágica no estilo *"Tomou Doril, a dor sumiu"*.

Carregamos uma bagagem excessiva e desnecessária, e quando reclamamos do peso alguém lembra que podemos nos desfazer dela, porém nos irritamos e continuamos como "mendigos da alma", alimentando as nossas feridas psíquicas para que o outro possa se sensibilizar com o nosso sofrimento.

Sem dúvida alguma, a Doutrina Espírita não é moralista. Chico Xavier não foi moralista. Mas e o nosso movimento espírita? Somos moralistas? Diria, sem intenção de agredir ninguém, que muitas vezes apresentamos um discurso elaborado, mas uma prática medíocre e preconceituosa. Nesse sentido, poderia dizer que moralista é toda e qualquer pessoa que quer mudar o mundo menos a si mesmo. Percebe as dificuldades no outro, mas não consegue enxergar suas próprias limitações.

Em minhas atividades acadêmicas, muitas vezes utilizei o filme *Hook: A volta do Capitão Gancho* (EUA, 1991),

---

[9] Ver *O Evangelho segundo o Espiritismo*, Capítulo V, Item 23, "Os tormentos voluntários" (IDE, 202. ed., 1996).

com as excepcionais interpretações dos atores Robin Williams, Dustin Hoffman e Julia Roberts, para colaborar nas reflexões com os alunos sobre o que de fato é importante, necessário e essencial na vida. Segundo a proposta do consagrado diretor Steven Spielberg, precisamos ficar atentos para que em nosso crescimento não "matemos" a criança que existe dentro de nós, pois todo adulto que "mata" essa criança se transforma em "pirata". "Pirata" é todo adulto egoísta, chato, infeliz, moralista, triste e invejoso. Evidente que a proposta do filme não sinaliza para que sejamos adultos infantilizados. Precisamos crescer, mas sem matar a nossa criança interna. Precisamos visitar e revisitar sempre a "Terra do Nunca". É preciso sonhar os sonhos possíveis.

Diria, sem medo de errar, que Chico Xavier viveu intensa e amorosamente a sua humanidade. Em uma entrevista concedida ao repórter Airton Guimarães, para o jornal

O carinho de dois admiradores para com Chico Xavier.
(Acervo: Casa de Chico Xavier)

Estado de Minas, de Belo Horizonte, em 1980, perguntado se poderia contar um fato ou uma passagem de sua vida que lhe trazia as melhores recordações, e que mais lhe tocou o coração, Chico assim respondeu:[10]

"Peço permissão para contar um caso que para mim foi um dos mais expressivos, que mais parece uma história infantil. Eu estava em Uberaba, há uns dois anos, esperando um ônibus para ir ao cartório. Da nossa residência até lá tem uns três quilômetros. Nós, com o horário marcado, não podíamos perder o ônibus. Mas quando o ônibus estava quase parando, uma criança de uns cinco anos, apresentando bastante penúria, gritava por mim, de longe. Chamava por tio Chico, mas com muita ansiedade. O ônibus parou e eu pedi então ao motorista: 'Pode tocar o ônibus, porque aquela criança vem correndo na minha direção e estou supondo que este menino esteja em grande necessidade de alguma providência'. O ônibus seguiu e eu perdi, naturalmente, o horário. A criança chegou ao meu lado, arfando, respirando com muita dificuldade. Eu perguntei: 'O que aconteceu, meu filho?' Ele respondeu: 'Tio Chico, eu queria pedir ao senhor para me dar um beijo!'. Esse, eu acho, que foi um dos acontecimentos mais importantes de minha vida" (XAVIER; ARANTES, 2005, p. 32-33).

Nos dias de hoje, se pudéssemos indagar Jesus sobre Chico Xavier, creio que ele nos diria: *"Vocês andam inquietos com muitas coisas, porém uma só é necessária. Chico Xavier escolheu a melhor parte e esta não lhe será tirada"*.

---

[10] XAVIER, Francisco Cândido; ARANTES, Hércio Marcos C. (Org.). *Entender conversando*. Ditado pelo espírito Emmanuel. 9. ed. Araras: Instituto de Difusão Espírita, 2005.

*Amor e humildade que ele
não só praticou, mas também
ensinou em toda a sua vida.*

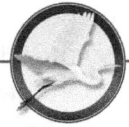

A difícil arte de perdoar

Recentemente, falando sobre as emoções, alguém me pediu que abordasse o tema "perdão" nas palestras públicas do Grupo Espírita Scheilla, em Pedro Leopoldo. Saí em busca de bibliografias que pudessem dar algum embasamento sobre uma questão tão complexa, difícil e delicada, mesmo porque carrego as minhas dificuldades e limitações nesse setor.

Em geral, muitos falam do perdão, mas daquele perdão *"Tudo bem, eu te perdoo, mas nunca mais quero te ver"*. Outros, tentando se passar por "santos do pau oco", fingem perdoar, entretanto, o suposto perdão transforma-se em mágoas, ressentimentos e ódio, causando moléstias de consequências complexas e imprevisíveis.

Entendo que o perdão é um processo que pode durar minutos, horas, dias, meses ou anos. Acredito que pelo fato de ser difícil o exercício do perdão, talvez, por isso, tenha sido a última lição deixada pelo Cristo: *"Perdoa-os porque eles não sabem o que fazem."*[1]

---

[1] Lucas, 23: 34. *Bíblia Online*. Disponível em: <https://www.bibliaonline.com.br/nvi/lc/23/34+>. Acesso em: 24 jun. 2016.

No livro psicografado por Chico Xavier, e intitulado *Entre a Terra e o Céu*, pelo espírito André Luiz, a personagem Antonina dá uma dica importante sobre os caminhos do perdão: *"Quem procura conhecer a si mesmo desculpa facilmente"*.[2]

Assim se expressou Chico Xavier sobre o perdão:

> "(...) No meu ponto de vista, a virtude mais difícil de ser posta em prática é a do perdão. Perdoar exige um esforço de autossuperação muito grande. Emmanuel me disse que quem aprende a perdoar tem caminho livre pela frente. Creio que por esse motivo a derradeira lição de Jesus para a humanidade foi a do perdão. Ele a deixou por último esperando o momento em que pudesse exemplificá-la. É claro que ele se referia ao perdão em várias oportunidades, mas na hora da cruz, padecendo toda espécie de humilhação, o ensinamento do perdão foi gravado a fogo na consciência da humanidade. Ninguém sofreu e perdoou como ele. O espírito que adquirir a virtude do perdão não achará dificuldade em mais nada. Haja o que houver, aconteça o que acontecer, ele saberá administrar a sua vida (...)" (GRAVAÇÃO na voz de Carlos Baccelli).

Nessa busca de bibliografias, encontrei uma "pérola" psicografada por Chico Xavier e publicada em *Reformador*, revista da Federação Espírita Brasileira, de janeiro de 1959 (p. 7-8), curiosamente na mesma época em que o médium passou por uma série de desafios e dificuldades em sua ci-

---

[2] XAVIER, Francisco Cândido. *Entre a Terra e o Céu*. Ditado pelo espírito André Luiz. 17. ed. Rio de Janeiro: FEB, 1997. p. 198.

dade natal, sendo "obrigado" a transferir residência para a cidade de Uberaba. Fiquemos com a mensagem para colaborar com as nossas reflexões:

Eles viverão

Onze anos após a crucificação do Mestre, Tiago, o pregador, filho de Zebedeu, foi violentamente arrebatado por esbirros do Sinédrio, em Jerusalém, a fim de responder a processo infamante.
Arrancado ao pouso simples, depois de ordem sumária, ei-lo posto em algemas, sob o sol causticante...
Avançando ao pé do grande templo, na mesma praça enorme em que Estêvão achara o extremo sacrifício, imensa multidão entrava-lhe a jornada.
Tiago, brando e mudo, padece, escarnecido.
Declaram-no embusteiro, malfeitor e ladrão.
Há quem lhe cuspa no rosto e lhe estraçalhe a veste.
– 'À morte! À morte!...'
Centenas de vozes gritam inesperada condenação, e Pedro, que de longe o segue, estarrecido, fita o irmão desditoso, a entregar-se humilhado.
O antigo pescador e aprendiz de Jesus é atado a grande poste e, ali mesmo, sob a alegação de que Herodes lhe decretara a pena, legionários do povo passam-no pela espada, enquanto a turba estranha lhe apedreja os despojos.
Simão chora, sozinho, ao contemplar-lhe os restos, voltando, logo após, para o seu humilde refúgio.
Depois de algumas horas veio a noite envolvente acalentar-lhe o pranto.
De rústica janela, o condutor da casa inquire o céu imenso, orando com fervor.
Por que a tempestade? Por que a infâmia soez? O pobre amigo morto era justo e leal...
Incapaz de banir a ideia de vingança, Pedro lembra

os algozes em revolta suprema.

Como desejaria ouvir o Mestre agora!.. Que diria Jesus do terrível sucesso?!?

Nesse instante, levanta os olhos lacrimosos, e observa que o Cristo lhe surge, doce, à frente. É o mesmo companheiro de semblante divino.

Ajoelha-se Pedro e grita-lhe:

– 'Senhor! Somos todos contados entre os vermes do mundo!... Por que tanta miséria a desfazer-se em lama? Nosso nome é pisado e o nosso sangue verte em homicídio impune!... A calúnia feroz espia-nos o passo!...'

E talvez porque o mísero soluçasse de angústia, o Mestre aproximou-se e disse com carinho, a afagar-lhe os cabelos:

– 'Esqueceste, Simão? Quem quiser vir a mim carregue a própria cruz...'

– 'Senhor,' – retrucou, em lágrimas, o apóstolo abatido – 'não renego o madeiro, mas clamo contra os maus... Que fazer de Joreb, o falsário infeliz, que mentiu sobre nós, de modo a enriquecer-se? Que castigo terá esse inimigo atroz da verdade divina?'

E Jesus respondeu, sereno, como outrora:

– 'Jamais amaldiçoes. Joreb vai viver!...'

– 'E Amenab, Senhor? Que punição a dele, se armou escuro laço, tramando-nos a perda?'

– 'Esqueçamo-lo em prece, porque o pobre Amenab vai viver igualmente.'

- 'E Joachim ben Mad? Não foi ele, talvez, o inspirador do crime? O carrasco sem fé que a todos atraiçoa? Com que horrenda aflição pagará seus delitos?'

– 'Foge de condenar, Joachim vai viver.'

- 'E Amós, o falso Amós, que ganhou por vender-nos?'

– 'Olvidemos Amós, porque Amós vai viver.'

– 'E Herodes, o rei vil, que nos condena à morte, fingindo ignorar que servimos a Deus?'

Mas Jesus, sem turvar os olhos generosos, explicou simplesmente:

– 'Repito-te, outra vez, que quem fere ante a lei será também ferido. A quem pratica o mal chega o horror do remorso. E o remorso voraz possui bastante fel para amargar a vida. Nunca te vingues, Pedro, porque os maus viverão e basta-lhes viver para se alçarem à dor da sentença cruel que lavram contra eles mesmos.'

Simão baixou a face banhada de pranto, mas ergueu-a em seguida, para nova indagação.

O Senhor, entretanto, já não mais ali estava. Na laje do chão só havia o silêncio que o luar renascente adornava de luz.

Irmão X

Chico Xavier: um homem chamado Amor.
(Acervo: Casa de Chico Xavier)

Contei o que vi e não o que ouvi dizer...
Minha fala é de amor e de saudade.

Histórias sobre Chico Xavier

"Chico Xavier é um contador de estórias incomparável. Há uma atmosfera natural de alegria e bondade em sua forma de expressar. É como se, de repente, tocássemos solo grego, palmilhando os caminhos de Sócrates, ao ouvi-lo nas tertúlias evangélicas, ensinando com simplicidade, sem a menor afetação, filosofando com sua 'mineirice' tão pura."

Marlene Nobre

Em 21 anos de convivência com Chico Xavier, li e ouvi muitas histórias. Histórias de dor e de sofrimento, mas também histórias engraçadas e curiosas.

Durante esse período, como não tive a iniciativa de registrá-las, algumas se perderam no tempo e na memória, mas algumas outras, seja em razão de interesses pessoais ou mesmo dos fortes conteúdos emocionais envolvidos, teimaram em permanecer em nossas mais caras lembranças, se transformando em estímulos valiosos para que prosseguíssemos no difícil, doloroso e necessário processo da própria renovação e crescimento.

Em uma ocasião, estava eu e o Chico em sua residência em Uberaba quando, num determinado momento, ele me disse: *"Meu filho, você está ouvindo a música?"* Na ocasião, não havia nenhum aparelho de som ligado. Fiquei tentando entender o que ele estava querendo me dizer, mas lamentei, e lamento até hoje, não ter percebido o que ele sentia e ouvia naquele momento. Somente anos mais tarde pude entender parte do que ele tentou dizer quando vi e ouvi a apresentação de um musical dedicado a Chico Xavier na cidade de Belo Horizonte, intitulado *Chico Xavier– No céu da vibração*, em maio de 2015. Pois é. Precisamos ter *"ouvidos para ouvir e olhos para ver"*.

Convido o leitor a saborear algumas dessas muitas histórias sobre Francisco de Paula Cândido, Francisco Cândido Xavier ou, simplesmente, Chico Xavier, um homem chamado Amor.

O nosso momento "Zaqueu"

Fazendo uma analogia com a narrativa do evangelista Lucas, costumo dizer que a minha família também teve o seu momento "Zaqueu".[1]

Em 1984, tomei conhecimento, por meio de alguns amigos, de que o Chico estava na cidade de Pedro Leopoldo visitando sua irmã Cidália Xavier de Carvalho, por quem eu já havia construído uma sólida amizade.

Sabendo que o Chico estaria na casa dela, para lá rumei, deixando para trás o meu único meio de transporte na época – uma bicicleta – , já idealizando a possibilidade de voltar para casa pegando uma carona com o Chico.

Apenas a minha mãe sabia aonde eu estava indo. E me pediu que falasse ao Chico para parar em frente à nossa casa, pois gostaria de dar-lhe um rápido abraço.

---

[1] "Zaqueu, desça depressa. Quero ficar em sua casa hoje". – Jesus. Lucas 19: 1-10. *Bíblia Online*. Disponível em: < https://www.bibliaonline.com.br/nvi/lc/19>. Acesso em: 24 jun. 2016.

Passamos uma noite memorável na casa de Cidália com Chico Xavier. Na despedida, na maior "cara de pau", tive a coragem de pedir carona ao Chico até a minha casa.

E assim aconteceu.

Já próximo de casa, passei o recado da minha mãe, perguntando se ele poderia parar o carro por apenas um breve momento, porque ela gostaria de cumprimentá-lo. Nesse momento, Chico virou-se para mim no banco de trás do carro e me olhando, significativamente, disse:

– *Eu não posso entrar em sua casa?*

Sinceramente, fiquei tão desconcertado com a pergunta que não soube o que responder. Lembro-me de que apenas sorri (ainda que por dentro quisesse gritar), e respondi, quase automaticamente:

O autor com Cidália Xavier de Carvalho, em sua residência, em 2010.
(Acervo pessoal)

– Nossa, Chico, será uma alegria para todos nós!!!

Quando o veículo parou em frente à minha casa, e a minha mãe viu pela janela que o Chico estava se encaminhando para dentro, ela deu um sonoro grito. Mas antes de recebê-lo, como já era mais de meia-noite, ela foi acordar o meu pai e os meus irmãos, que já estavam dormindo.

Ficamos em torno de duas horas conversando com Chico Xavier.

Complicado descrever o nosso momento "Zaqueu". Confesso que quando ele foi embora ficou difícil conciliar o sono, pois a sensação era a de que eu estava sonhando. E eu não queria acordar.

Chico Xavier saindo da casa do autor quando lá esteve visitando e conhecendo seus familiares. (Acervo pessoal)

A viagem para a cidade Nosso Lar

"Qual foi o acontecimento que mais o alegrou na seara espírita até o dia de hoje?[2] R. - Tenho tido sempre muitas alegrias em minha vida mediúnica, principalmente na recepção dos livros de nossos instrutores do Alto, no entanto, assinalo, como sendo uma das mais belas surpresas da minha vida de médium a saída de meu corpo físico, durante algumas horas, em julho de 1943, na companhia do nosso amigo desencarnado, André Luiz, a fim de conhecer uma faixa suburbana de 'Nosso Lar', a cidade que ele descreve no primeiro livro que ele escreveu, por meu intermédio, providência essa que Emmanuel permitiu fosse tomada para que eu não prejudicasse a psicografia de André Luiz, cujas narrações eram para mim inteiramente novas" (BARBOSA, 1997, p. 106 -107).[3]

Tive a alegria de conhecer a Doutrina Espírita em 1980 e, como já relatado, o prazer de conhecer – ou reconhecer – o médium Chico Xavier, num encontro que permanecerá registrado na minha memória espiritual para sempre, na casa de sua irmã Cidália Xavier de Carvalho e do seu esposo, o saudoso Francisco Carvalho, mais conhecido como Chiquinho Carvalho, em Pedro Leopoldo, MG, em 1981. Nesse período, estabelecemos e estreitamos o contato, com o qual tive a oportunidade de acompanhar parte do seu admirável trabalho. Em todos esses anos, sempre procurei manter

---

[2] "Em entrevista realizada pelo professor Wallace Leal V. Rodrigues, Chico Xavier também considerou momento de muita alegria, no campo da mediunidade, a psicografia do livro *Paulo e Estêvão* (FEB, 1942), principalmente na finalização da obra quando, em julho de 1941, os benfeitores desencarnados lhe permitiram contemplar inesquecíveis quadros do mundo espiritual.

[3] BARBOSA, Elias. *No mundo de Chico Xavier.* 9. ed. Araras: IDE, 1997. p. 106-107; 119.

a nossa amizade em bases de respeito e confiança. Talvez, por isso, ela só tenha sido interrompida em 30 de junho de 2002, com a sua desencarnação.

O caso que narro a seguir foi contado pelo Chico em meados da década de 80, nos fundos da casa de sua irmã Maria Luiza Xavier, na cidade de Pedro Leopoldo – mesmo local que ele residiu entre os anos de 1948 a 1959, e que em 2 de abril de 2006 foi revitalizado e disponibilizado para visitação pública por Geraldo Lemos Neto – hoje conhecido como Casa de Chico Xavier. Se tal relato não tivesse sido feito diretamente pelo Chico, mineiro desconfiado que sou, sinceramente, não o teria reproduzido aqui para apreciação do leitor.

Em uma ocasião, estávamos conversando sobre o livro *Nosso lar* (FEB, 1944), quando indaguei como seria essa cidade espiritual e se ele já tinha sido levado pelo espírito André Luiz para conhecê-la. Disse o Chico que no ano de 1943, quando psicografava o capítulo intitulado "Bônus Hora", ele havia dado uma pausa no trabalho por uns 15 dias, aproximadamente, pois pensava que estava sendo mistificado. Segundo ele, Emmanuel e André Luiz, percebendo que a dúvida poderia atrapalhar o desenvolvimento da obra, disseram que em uma das quartas-feiras seguintes ele seria levado a conhecer alguns aspectos da cidade.

Recomendaram ao Chico os cuidados e as providências necessárias em relação aos bons pensamentos, e que a alimentação no dia da visita fosse mais leve. Aconselharam também que ele se deitasse em decúbito dorsal (de costas para a cama), procurando evitar qualquer posição desconfortável, principalmente para a região do pescoço e lombar. Para minha surpresa, Chico contou que na data e no horário aprazados se deslocou do corpo e ficou aguardando, conforme o combinado, a chegada de Emmanuel e de André Luiz, mantendo boa consciência de tudo que estava acontecendo ao redor.

No horário marcado, Emmanuel, André Luiz e Chico "caminharam" pela Rua São Sebastião, em direção à Rua Comendador Antônio Alves (rua principal da cidade), onde ficaram aguardando um transporte em frente à igreja matriz. Lá permaneceram por alguns minutos, quando Chico observou que um veículo aéreo, no formato de "cisne", aterrizou suavemente na rua e que no lugar onde ficam os "órgãos do cisne" se localizavam as janelas e nos "olhos do cisne" estavam os condutores do referido veículo. Antes de adentrar o "carro", disseram a Chico que a partir daquele momento ele não precisava articular qualquer palavra, pois se comunicariam por meio da telepatia.

Lá dentro, Chico observou que todos os lugares já estavam ocupados, com exceção dos três últimos. Chico perguntou mentalmente a André Luiz o que aquelas pessoas estavam fazendo ali e o benfeitor respondeu que muitas estavam visitando a cidade de Nosso Lar para tratamento e refazimento, e outras seguiam para orientação e instrução, sempre acompanhadas de algum amigo ou benfeitor espiritual.

Chico observou que o deslocamento do veículo era muito diferente do avião comum – que para pegar altitude

Edições do livro *Nosso lar* pela Federação Espírita Brasileira (FEB)

tem que dispor de muito espaço –, ao contrário daquele veículo, que pegava altitude rapidamente realizando um movimento espiralado, o que foi exemplificado pelos benfeitores com as mãos.

Chico não soube precisar exatamente quanto tempo esteve no interior do veículo, mas contou que acreditava ter ficado dentro dele em torno de uns 40 minutos. Disse ainda que não fora possível observar pela janela o que estava acontecendo do lado de fora e que, subitamente, o veículo fez um movimento semelhante quando empurramos um objeto de plástico para o fundo da água e o soltamos – ele volta um pouco acima do nível da água e depois se acomoda na superfície. Naquele momento, quando Chico olhou pela janela, o veículo deslizava sobre um oceano. Segundo André Luiz, na perspectiva de Nosso Lar, estávamos "vivendo em um mar de oxigênio".[4]

O médium relatou que o veículo deslizou por alguns minutos na horizontal e parou em uma espécie de estação portuária. O comandante do veículo disse a todos que deveriam estar novamente naquele local a uma determinada hora. Cada grupo seguiu a sua direção. Chico afirmou que no trajeto para a cidade existiam flores emitindo luzes em cores variadas. André Luiz disse que pela manhã as flores da colônia espiritual absorviam a luz solar e à noite emitiam luz, permitindo um jogo de cores impressionante! Chico não teve permissão de conhecer a Governadoria, mas apenas um "bairro" da cidade, uma espécie de zona hospitalar. Obser-

---

[4] No livro *Os mensageiros*, no capítulo 40, observamos as seguintes declarações de André Luiz: "Reparei, igualmente, que minhas possibilidades visuais cresciam sensivelmente. Voltando, não observara, até então, o que agora verificava, extremamente surpreendido (...). Reconhecia, de longe, o peso considerável do ar que se agarrava à superfície. Tive a impressão de que nadávamos em alta zona do mar de oxigênio, vendo embaixo, em águas turvas, enorme quantidade de irmãos nossos a se arrastarem pesadamente, metidos em escafandros muito densos, no fundo lodoso do oceano". Disponível em: XAVIER, Francisco Cândido. *Os mensageiros*. Ditado pelo espírito André Luiz. 38. ed. Rio de Janeiro: FEB, 2002. p. 210.

vou que as ruas eram bem largas e arborizadas. Conheceu algumas dependências do Ministério da Regeneração. Disse que entrou em uma espécie de hospital – penso que ele se referiu ao Santuário da Bênção, retratado por André Luiz. Semelhante aos hospitais terrenos, viu muitos enfermos, mas, curiosamente, observou que as lâmpadas naquele local tinham o formato de um coração. André Luiz disse que durante as orações da Governadoria, e de toda a comunidade, pontualmente às 18:00h, os enfermos que não podiam se deslocar para os setores das orações coletivas também recebiam energias de refazimento através dessas lâmpadas. André Luiz falou sobre o chamado "Bônus Hora", dizendo que é a unidade monetária padrão, correspondente a uma hora de trabalho prestado à comunidade. Boa parte dessa explicação consta do próprio livro. Retornaram no horário previsto.

Confirmando tais descrições sobre a cidade de Nosso Lar, a companheira de ideal espírita Heigorina Cunha, da cidade de Sacramento, MG, descreve parte das suas lembranças no livro *Cidade no Além* (IDE, 1983), quando foi levada lá em desdobramento :

> "Foi em 1962, quase um ano após a partida de mamãe, em uma tarde amena, quando contemplava, melancólica, o pôr-do-sol, que senti pela primeira vez a sua presença, e, a partir daí, comecei a penetrar os dois planos da vida com mais frequência. Mas foi no dia 2 de março de 1979, quando vivi a mais fascinante experiência de minha vida. Vi-me saindo do corpo, conduzida por um espírito que não pude identificar, seguindo para uma cidade espiritual, que depois soube tratar-se da cidade de 'Nosso Lar', da qual André Luiz, no livro que leva o mesmo nome, traça-lhe um perfil magnífico

e esclarecedor. Via a cidade com alguns detalhes, guardando, ao despertar, toda a recordação da experiência daquela noite maravilhosa que se interrompeu, em pleno amanhecer, quando o espírito que me acompanhava convidou-me a regressar à Terra. Não podia perder a visão de tão belo acontecimento e, assim, resolvi desenhar, retratando o que me foi possível conhecer naquela rápida visita (...). Depois de três anos, repetiu-se a experiência, com mais nitidez, e pude ver além do que havia visto, enquanto volitava sobre a cidade, embebendo-me dos detalhes de sua paisagem (...). Acordei com um encaixamento brusco do corpo, sentindo ainda uma espécie de tontura da volitação, mas com a consciência integral de tudo o que havia visto. Dessa viagem, saiu o segundo desenho ou plan-

Edição do livro *Cidade no Além* pelo Instituto de Difusão Espírita (IDE)

ta baixa da cidade 'Nosso Lar' e que corresponde ao Plano Piloto, segundo esclareceu depois Francisco Cândido Xavier (nosso querido Chico). Devo esclarecer, no entanto, que, embora a forma seja a verdadeira, a cidade não se circunscreve ao número de casas e de quadras indicadas no desenho apenas para efeito ilustrativo, uma vez que se trata de uma cidade de vastas dimensões, que abriga cerca de um milhão de habitantes. Entusiasmada com o segundo desenho, mostrei-o a algumas pessoas mais íntimas e de minha confiança. Uma delas foi um primo, que levou a notícia a Francisco Cândido Xavier. O bondoso médium de Uberaba se interessou e pediu-me que lhe levasse os desenhos, e qual não foi a minha surpresa quando me afirmou se tratar da cidade 'Nosso Lar', correspondendo-lhe exatamente à forma. Sob estímulo de seu carinho e compreensão, procurei grafar outros detalhes da cidade, que estão oferecidos neste livro. Depositei nas mãos de Francisco Cândido Xavier, que se incumbiu generosamente dos detalhes complementares e do encaminhamento do material para o Instituto de Difusão Espírita, de Araras, que, afinal, o editou" (XAVIER; CUNHA, 1983, p. 25-28).[5]

Das obras psicografadas pela faculdade mediúnica do nosso Chico Xavier, a série André Luiz, na minha opinião, representa uma fonte inesgotável de informação, consolação e esclarecimento. Por isso mesmo precisamos estudá-la e reestudá-la urgentemente.

---

[5] XAVIER, Francisco Cândido; CUNHA, Heigorina. *Cidade no além*. Araras: IDE, 1983. p.25-28.

Vazio existencial

Certo jovem, muito inteligente, aproximou-se de Chico Xavier e indagou-lhe:

– *Chico, eu quero que faça uma pergunta a Emmanuel, pois eu necessito muito de uma orientação. Eu sinto um vazio enorme dentro do meu coração. O que me falta, meu amigo? Eu tenho uma profissão que me garante altos rendimentos, uma casa muito confortável, uma família ajustada, o trabalho na Doutrina Espírita como médium, mas sinto que ainda me falta alguma coisa... Nada consegue preencher o vazio que vai por dentro de minha própria alma. O que me falta, Chico?*

O médium, olhando-o profundamente, ouviu a voz de Emmanuel, que lhe respondeu:

– *Fale a ele, Chico, que o que lhe falta é a alegria dos outros! Ele vive sufocado com muitas coisas materiais. É necessário repartir, distribuir com o próximo!!! A alegria de repartir com os outros tem um poder superior, que proporciona a alegria de volta àquele que a distribui. É isso, meu filho, o que lhe está fazendo falta: a alegria dos outros!*[6]

Um passe em Chico Xavier

Chico Xavier nunca me pediu que eu me tornasse espírita. Aliás, eu já o havia informado de que os meus pais procediam de tradicionais famílias católicas. Nessa mesma

---

[6] BACCELLI, Carlos Antônio. *Chico Xavier* – Mediunidade e luz. São Paulo: IDEAL,1989, p. 31.

ocasião, ele havia perguntado qual era o santo de devoção de minha mãe. Eu disse a ele que os meus pais eram devotos de Nossa Senhora Aparecida e que tinham, inclusive, prestado uma singela homenagem a ela com a construção de uma pequena gruta em nossa residência.

Importante dizer também que minha avó paterna, Maria Henriques Marques, católica fervorosa, foi uma das muitas assistidas por Chico Xavier em Pedro Leopoldo. Segundo um de seus filhos, Hélcio Marques, hoje cuidador da Casa de Chico Xavier em Pedro Leopoldo, pelo fato de ter ficado viúva muito cedo e de ter uma prole numerosa, recebia com frequência o auxílio do Chico, que costumava levar-lhe pães e um dinheirinho todas as vezes que a visitava. Além do mais, meu pai, pelo fato de trabalhar nos Correios como carteiro, já conhecia o Chico, e ganhava dele muitos presentes, muitos enviados para o médium através dos Correios, como roupas, calçados e dinheiro também.

Em meados da década de 80, eu e meus pais fomos visitar o Chico na cidade de Uberaba. Chegamos numa sexta-feira, numa época que ele ainda atendia na sexta e no sábado à noite no Grupo Espírita da Prece, instituição fundada por ele e um grupo de amigos em 1975. Ficamos hospedados na pensão de D. Terezinha (que hoje não existe mais), na Avenida João XXIII, na mesma avenida do Grupo Espírita da Prece. Como havíamos chegado à tarde, aproveitei a oportunidade para tentar encontrá-lo em sua casa fora do horário combinado. Sabia das muitas dificuldades em realizar esse sonho, mas me aventurei. Já no portão da sua casa, chamei algumas vezes pela amiga Dinorá, que particularmente considero a quarta mãe de Chico Xavier pelo carinho e dedicação em todos os mais de 30 anos que esteve ao seu lado. Ela me atendeu no portão mesmo e eu disse que falasse com o Chico que eu estava em Uberaba e que, se fosse possível, gostaria de abraçá-lo. Ela me lembrou as regras da casa e que não podia se comprometer com nada, mas que tentaria dar o recado. De qualquer forma, agradeci a gentileza e a atenção, e disse que não se preocupasse, pois permaneceria na rua o tempo que fosse necessário, mesmo porque não tinha nada mais o que fazer. Aliás, em outras ocasiões semelhantes, cheguei a ler uma das obras de André Luiz na calçada da residência de Chico Xavier.

Para minha surpresa e alegria, Dinorá retornou quase que de imediato, dizendo que o Chico estava me esperando em seu quarto. Na época, devido às constantes ameaças e invasões que sofria, o médium dormia em um quarto nos fundos da casa. Quando indagado sobre essa atitude, ele respondia de forma bem-humorada:

> "Um dia, alguém batia com insistência no portão e gritava que eu estava me escondendo, que ele precisava conversar comigo. Resolvi sair e lhe disse que os muros de nossa casa não existiam contra ele ou contra qualquer outro, mas contra mim mesmo, porque se eu desfrutasse de liberdade, sairia por aí afora arranjando confusões, já que eu estava aprisionado" (*Ibidem*, p. 163).[7]

Caminhei para o quarto de Chico com a emoção à flor da pele e pela primeira e única vez o vi sem a peruca, o principal recurso que ele utilizava desde 1971 para esconder a calvície. Para justificar o seu uso, ele costumava dizer *"que não tinha o direito de enfeiar o mundo"*.

---

[7] BACCELLI, 1989, p. 163.

Chico, muito magro, estava deitado, as mãos sobre o peito, e falava com dificuldade. Confesso que fiquei muito sensibilizado com o quadro, mas procurei disfarçar as minhas impressões. Para não impressioná-lo, pois sei que ele me acompanhava com o olhar, controlei as minhas emoções. Estava assustado pelas condições em que ele se encontrava, mesmo considerando o esforço de todos aqueles que cuidavam dele com muito carinho.

Conversamos durante algum tempo e num determinado momento manifestei a minha intenção de aplicar-lhe um passe – sinceramente, até hoje não sei como tive coragem. Ele concordou e pediu permissão para permanecer deitado, em razão de estar muito debilitado. Fiquei comovido com sua atitude, pois aquele homem tão respeitado e admirado assumia a postura simples de uma criança, fechando os olhos

Chico Xavier em sua última residência em Uberaba. Em razão das constantes tentativas de invasão à sua privacidade, o médium ficava recolhido num quarto nos fundos da casa (na foto, atrás dele). (Acervo: Elias Barbosa, *in memoriam*)

e colocando ambas as mãos espalmadas sobre a coxa, voltadas para cima, como costumo observar nas crianças nas salas de passe das instituições espíritas.

Antes da viagem, eu havia dito à minha mãe que se Deus permitisse eu haveria de aplicar um passe em Chico Xavier com todo o meu coração e com toda a minha alma! À época, estudávamos sobre fluido vital no grupo de jovens do Grupo Espírita Scheilla e sendo jovem eu disse a ela que não podia oferecer muita coisa, mas que pelo menos energia vital eu tinha para oferecer. Confesso ao leitor que me preparei para isso através da alimentação e da oração. Sempre gostei da analogia de que para nós, espíritas, o passe se assemelha ao processo de uma transfusão de sangue, com a diferença de ser ele uma transfusão de energia.

Por alguns minutos permanecemos em prece, rogando aos benfeitores amigos retirassem de mim o que de melhor eu dispusesse naquele momento. Ainda me lembro do Chico dizendo das dificuldades que ele tinha em receber um passe quando estava mais fragilizado, pois grande parte dos médiuns passistas não se considerava à altura da tarefa. Confesso que se tivesse pensado dessa forma também não teria aplicado o passe. De qualquer maneira, desejei com a força dos meus pensamentos transmitir ao Chico tudo de bom que possuía e me concentrei tanto que quando Dinorá entrou no quarto para nos oferecer um café nós dois sofremos um "choque". Ela percebeu a situação e se retirou delicadamente.

Depois do passe, conversamos mais um pouco e me retirei. Cheguei à pensão cansado da viagem e, de certa forma, esgotado e necessitando urgentemente de uma boa cama. Contudo estava com o coração em paz! Dormi como nunca e à noite retornei com a minha família à casa de Chico Xavier, conforme estava programado. Havia dito à minha mãe o que tinha acontecido e que talvez o Chico não participasse da reunião, pois ele se encontrava muito debilitado.

Entretanto, já em sua residência, grande foi a minha surpresa ao vê-lo sorridente e carregando em uma de suas mãos um belíssimo retrato de Maria, mãe de Jesus,[8] autografado por ele e dedicado a ela. Minha mãe me deu um cutucão, me chamando de mentiroso, pois pela situação que eu havia narrado do Chico ele estava era bastante radiante e feliz! Pois é. Que homem é esse? Coisas de Chico Xavier!

Arlete Madureira Marques, mãe do autor, em sua residência em Pedro Leopoldo, com o retrato de Maria de Nazaré presenteado por Chico Xavier.
(Fotografia: Rodney Reis da Silva)

---

[8] Segundo Hércio Arantes, Chico disse que o espírito Emmanuel ditou, por intermédio dele, um retrato falado de Maria de Nazaré ao fotógrafo e artista Vicente Avela, de São Paulo. Esse trabalho artístico foi sendo realizado aos poucos, desde meados de 1983, em mais de vinte contatos com o médium Chico Xavier, e representa a sua aparência quando de suas visitas às esferas espirituais mais próximas da crosta terrestre (citado por Carlos Baccelli no livro *Chico Xavier – Mediunidade e vida*, 1996, p. 82). Entretanto, segundo Nena Galves, essa informação não procede, pois esse retrato mediúnico fora obtido em Londres, em 1934. Como estava em preto e branco, Chico apenas sugeriu ao artista as cores que desejava colocar (Cf. *Chico Xavier – Luz em nossas vidas*, 2012, p. 33-36).

No Grupo Espírita da Prece, dentre as muitas noites da sua vida, aquela seria mais uma dedicada a psicografar, escutar, consolar e abraçar o outro, permanecendo até hoje em minhas mais caras lembranças.

O caso das águas fluidificadas

Essa história foi contada por meu tio Hélcio Marques, também nascido na cidade de Pedro Leopoldo e atualmente um dos servidores da Casa de Chico Xavier. Ele conta que teve a felicidade de conhecer o Chico de uma forma bastante inusitada. Foi no início dos anos 1970.

Hélcio trabalhava em um posto de gasolina, quando, pela madrugada, um carro estacionou para ser abastecido. Para sua surpresa e alegria, Chico Xavier abriu o vidro e começou a conversar com ele, perguntando de quem ele era filho. Além de Chico Xavier, ele reconheceu no banco de trás o cantor Roberto Carlos. Foi emocionante, mas, em princípio, confessou que ficou mais entusiasmado com a presença do famoso cantor. Conversaram muito rapidamente, mas a partir dali começou a estudar a Doutrina Espírita, e como o Chico já morava em Uberaba desde 1959 começou a ir até lá, sempre que possível, para visitá-lo.

No final da década de 70, ele e uma grande amiga chamada Iracema Ribeiro Viana foram visitar Chico Xavier. Iracema era filha de Ataliba Ribeiro Viana, delegado de polícia e um dos primeiros trabalhadores do Centro Espírita Luiz Gonzaga. Ela residia na Rua de São Sebastião, próximo a uma das casas que Chico Xavier residiu, em frente à antiga venda do seu padrinho José Felizardo Sobrinho, mais conhecido como Juca Bicheiro. Ela dizia que Chico costumava ler para ela muitas das mensagens do livro *Parnaso de além-túmulo*, pois ele sabia que ela adorava poesia.

Na ocasião, Hélcio falou com Iracema:

– Iracema, na próxima vez que formos a Uberaba vou pedir ao Chico para fluidificar uma água para trazer para os nossos familiares e amigos em Pedro Leopoldo.

Quando a oportunidade apareceu, lá estavam Hélcio e Iracema, e quando já estavam quase retornando a Pedro Leopoldo ele disse ao Chico que gostaria de levar um pouco de água fluidificada.

Saindo da casa, Chico os acompanhou até o portão, e como eles não haviam levado nenhuma garrafa com água o próprio Chico indicou um armazém próximo, dizendo:

– Está vendo aquela venda ali? Vai lá e compra uma garrafa com água para ser fluidificada.

Hélcio Marques na Casa de Chico Xavier em Pedro Leopoldo.
(Fotografia: Rodney Reis da Silva)

Como bom mineiro, Hélcio resolveu comprar umas cinco garrafas de uma vez e as carregou abraçadas ao peito. Hélcio achou que o Chico iria levar as garrafas para dentro e fazer formalmente uma oração para fluidificá-las, mas Chico fez completamente diferente, pois, sem poder abraçá-lo, porque as mãos estavam ocupadas, foi se despedindo e abraçando os dois, e dizendo próximo aos ouvidos de Hélcio:

– *Jesus te abençoe! Não demore a voltar, pois eu vou ficar com saudades! Vai com Deus! Dá um abraço no nosso povo de Pedro Leopoldo!*

Hélcio e Iracema pegaram um táxi com destino à rodoviária e logo após o embarque tiveram muita sede. Como naquela época não serviam água mineral nos ônibus, Hélcio exclamou:

– *Já que não deu tempo do Chico fluidificar as águas, vou abrir uma garrafa para matar a nossa sede!*

Mas tamanha foi a surpresa de ambos quando, ao abrir a garrafa (todas elas ainda estavam com o lacre de proteção) um perfume invadiu completamente o ambiente.

Um passageiro logo manifestou:

– *Esse perfume eu conheço! Isso é coisa do Chico Xavier!!!*

Imediatamente, eles conferiram todas as outras garrafas e elas também estavam perfumadas. Muitos passageiros também tomaram um pouco da água.

Geraldo Lemos Neto, o idealizador da Casa de Chico Xavier em Pedro Leopoldo, tem afirmado que Chico Xavier tinha tanta mediunidade que, muitas vezes, em razão da sua humildade, ele tentava escondê-la. Por outro lado, existem muitos médiuns por aí que têm muito pouco e precisam mostrar o que têm.

Chico Xavier e os livros
Paulo e Estêvão e *Há 2.000 anos*

Das obras psicografadas por Chico Xavier ditadas pelo espírito Emmanuel, a obra *Paulo e Estêvão* (FEB, 1942) é considerada, pelos estudiosos, indiscutivelmente, a mais notável biografia de Paulo de Tarso, o convertido da estrada de Damasco, transformando-se num dos maiores *best sellers* de sua lavra mediúnica. Segundo o próprio médium, a recepção da obra ocorreu como se ele estivesse num cinema, assistindo a um filme transmitido pelos benfeitores espirituais em terceira dimensão, colorido e sonorizado, como se presenciasse, observasse e sentisse a arquitetura, o cheiro e a algazarra do povo romano daquela época.

Da mesma forma, quando li a obra pela primeira vez, tive a sensação de ter sido transportado para aquele tempo glorioso, observando os exemplos e os testemunhos deixados pelos primeiros cristãos. A obra não é um simples romance, mas sim um documento histórico, que precisa ser lido, estudado e reestudado sempre.

Chico contou a Marlene Nobre[9] que durante a recepção psicográfica não sabia de seu conteúdo, entretanto via as cenas e acompanhava a trajetória dos personagens, chegando, inclusive, a torcer para que o destino de alguns deles fosse outro, como se cada episódio fosse o capítulo de uma

---

[9] NOBRE, Marlene. *Chico Xavier – Meus pedaços do espelho*. São Paulo: FE Editora, 2014.

novela. O médium sofria com eles – vibrava por uns, chorava e se emocionava também.

No livro intitulado *O santo dos nossos dias* (p. 166-167), o biógrafo Ranieri relata uma conversa que teve com o Chico sobre alguns momentos da recepção do romance, inclusive afirmando que as páginas psicografadas foram recebidas pela manhã e que ele teve, além da companhia do sapo, o seu irmão André e mais um companheiro – contrariamente ao que registrou a maioria dos biógrafos:

> "Contou-nos ele [Chico] um episódio inesquecível. Recebia os originais da obra 'Paulo e Estêvão'. Nos dias determinados pela Espiritualidade, de manhãzinha, comparecia à casa do Dr. Rômulo Joviano, seu chefe de serviço em Pedro Leopoldo, e num cômodo existente nos porões da casa concentrava-se com o irmão André e outro companheiro, onde passava a receber as páginas maravilhosas do livro.[10] Diante de seus olhos tornavam a perpassar as cenas empolgantes ocorridas há quase dois mil anos. Como num filme cinematográfico, tudo voltava a se reproduzir com absoluta perfeição. As lutas de Paulo, os seus sofrimentos e a sua glória, tudo ressurgia como por encanto. Certo dia, Emmanuel anunciara que se aproximava o fim da obra. Chegaram ao último capítulo. Sob intensa vibração, naquela manhã o Chico percebeu que o ambiente estava completamente iluminado por imenso cla-

---

[10] Segundo Wanda Amorim Joviano, filha do Dr. Rômulo Joviano, a família considerava o local destinado às psicografias o primeiro pavimento da residência e não porão, ou porões, como afirmaram alguns biógrafos. A preocupação de Wanda com essa afirmativa foi frisar que todos os seus familiares tinham um profundo respeito e admiração por Chico Xavier e que a escolha do lugar no qual Chico costumava psicografar apresentava dois fatores essenciais: silêncio e privacidade.

rão, e que numerosos espíritos, também iluminados, começaram a chegar superlotando o pequeno cômodo, mas verificou também que, de repente, as paredes pareciam desfazer-se de maneira que se estendia a seus olhos o Infinito imenso. Ali estavam as grandes figuras do passado evangélico do mundo. Os apóstolos e figuras respeitáveis do Cristianismo de todos os tempos. Ali estavam os espíritos dos homens que lutaram, sofreram e morreram por um Cristianismo libertador e por um mundo mais compreensivo. Seus pés, pousados no solo, eram estrelas de luz. Dominado pela emoção, Chico terminava o livro monumental. Irresistível poder, todavia, arrastava-o para o solo. Lágrimas copiosas rolavam-lhe nas faces. De joelhos, à proporção que as entidades se retiravam, ia ele, humildemen-

Residência da família Joviano na Fazenda Modelo em que Chico Xavier psicografou grandes obras, dentre elas *Paulo e Estêvão*. (Acervo: Casa de Chico Xavier)

te, beijando os pontos sagrados onde os grandes espíritos haviam deixado as marcas luminosas de seus pés, ou as pegadas cintilantes de seus passos. E quando tudo voltou à normalidade ei-lo ainda de olhos pregados no Infinito, sentindo repercutir em si mesmo as vibrações inolvidáveis de tantos séculos" (RANIERI, 1973, p. 166-167).[11]

Em 25 de fevereiro de 1988, o biógrafo uberabense Carlos Baccelli registrou no livro *Chico Xavier – Mediunidade e luz* um belíssimo depoimento de Chico sobre as origens do livro *Paulo e Estêvão*. Diz o biógrafo que tentou registrar tudo no papel, mas destacou que para muito além das palavras não conseguiu dizer sobre a sua profunda emoção ao narrar esse momento, *"porque para falar de Chico Xavier, assim como dos grandes homens, as letras que compõem o nosso alfabeto são pobres!"*:

"Contou-nos o Chico que a recepção do livro 'Paulo e Estêvão', editado pela FEB, durou oito meses. Todos os dias, com exceção de domingo, depois do expediente no escritório da Fazenda Modelo, em Pedro Leopoldo, ele descia para o porão da casa do Sr. Rômulo Joviano, o seu chefe, e se punha a trabalhar na psicografia. Começava por volta das 17:15 horas (*sic*) e, por vezes, ia até a 01:00 hora (*sic*) da madrugada. O trabalho se dividia em três partes: ele psicografava, passava a limpo e depois datilografava na máquina que o Sr. Rômulo lhe emprestava, já que não a possuía. Apesar de rigoroso, o Sr. Rômulo era muito bom para o Chico. Além de sua

---

[11] RANIERI, R.A. *Chico Xavier – O santo dos nossos dias*. 2. ed. São Paulo: Eco, 1973. p. 166-167.

esposa, todas as noites, mandava que a empregada lhe servisse um lanche no porão; ele determinava que o funcionário de plantão levasse o Chico em casa de charrete, desde que, pela manhã, pontualmente às 07:00 horas (sic), ele estivesse firme no serviço. O mais interessante é o que ele nos conta a seguir: 'Quando comecei a psicografar o 'Paulo e Estêvão', todas as noites aparecia um enorme sapo no porão. A princípio, não estimava a sua companhia, mas Emmanuel foi me explicando que ele era uma forma de transição entre outras espécies animais, também evoluindo como nós para Deus, e acabei por me habituar com a sua presença. Aquele sapo era estranho... Todas as tardes, ele me esperava à porta do improvisado gabinete no porão da residência do Sr. Rômulo Joviano. Entrava comigo e

Entrada da sala na qual Chico psicografou a obra *Paulo e Estêvão*.
(Fotografia: Rodney Reis da Silva)

ficava quieto num canto. Quando eu saía, ele saía junto e se embrenhava pelo mato... No outro dia, lá estava ele... À medida que o 'Paulo e Estêvão' ia sendo psicografado, o meu chefe e sua esposa iam acompanhando o livro, como hoje se acompanha os capítulos de uma novela. O 'Paulo e Estêvão' me emocionou muito. Chorei quase que durante os oito meses que Emmanuel levou para escrevê--lo por meu intermédio. Quando terminamos, vi que um espírito, que também estava presente, começou a desmontar uma espécie de painel, que, de certa forma, transformava aquele porão numa cabine que me isolava de todo o ambiente externo. E comecei a sentir saudades... Saudades dos personagens do livro, saudades daqueles meses maravilhosos, saudades de quando a narrativa de Emmanuel me transportava para aquela época... E pensei comigo mesmo de que forma poderia manifestar a minha gratidão por ter concluído aquele trabalho que me havia feito tão bem ao coração! Olhando para o piso do porão, percebi as pegadas luminescentes de Emmanuel e tive ímpetos de beijá-las!... Sentia minh'alma invadida por uma onda de amor e de fé! Correndo os olhos por aquele quarto subterrâneo, notei um monte de areia grossa e, ao meu lado, o sapo, que foi a minha única companhia do mundo durante todo aquele tempo. Levantei-me da cadeira e ajoelhei-me sobre a areia, rente ao sapo, que não se moveu, e comecei a orar agradecendo a Deus!... Agradeci por ter sido, na minha imperfeição, o médium daquela obra que seria tão importante em nosso meio doutrinário!... E agradeci ao sapo, que me fitava com os seus olhos imóveis, dizendo a ele: 'Irmão sapo, a graça divina há também de brilhar para você!... Por alguma razão que não conheço, você esteve aqui comigo nesses oito meses; que Deus o abençoe em seus caminhos! Daquele em dia em diante, o sapo desapareceu!' Ao terminar a narrativa, o Chico tem o rosto banhado de lágrimas. E mais uma vez me pergunto, em silêncio, que homem será esse que vai passando pela Terra, ocultando a sua própria grandeza na humildade de suas atitudes?!?" (BACCELLI, 1989, p. 105-106).[12]

Além desse registro, o biógrafo Cezar Carneiro de Souza, no livro *Valiosos ensinamentos com Chico Xavier*, descreveu esse momento sob outra perspectiva, mesmo já confessando quão difícil foi grafar tal acontecimento narrado pelo Chico, tamanha a magnitude do fato:

"Chico Xavier terminara de psicografar as últimas páginas do inolvidável livro de Emmanuel: 'Paulo e Estêvão'. Conta ele que as primeiras estrelas já reluziam no céu. À porta do porão da Fazenda Modelo, onde escrevia, em Pedro Leopoldo, após suas preces de agradecimento a Jesus por ter sido singelo intermediário do expressivo trabalho, pediu a Emmanuel perdoá-lo pelas suas deficiências. Emocionado, observou que, das alturas, surgiam estrelas brilhantes que se dirigiam do Céu para a Terra, num facho de luz deslumbrante. Ao tocarem o chão, tomavam forma humana. Eram os personagens da história do livro: Áquila, Prisca, Gamaliel, Barnabé, Paulo e outros servidores de Jesus e, por último, as

---

[12] BACCELLI, 1989, p. 105-106.

figuras radiantes de Estêvão e Abigail. Vieram agradecer ao médium pela sua colaboração. Após a retirada dos espíritos sublimes, pôde observar que o local, chão duro, onde pisaram, ficara iluminado. Chico ajoelhou-se chorando e beijava cada ponto do chão que se tornara fosforescente, irradiando tênue luz da terra para cima. Emocionado e discretíssimo, dizia não ter mérito nenhum para tudo aquilo, achando mesmo que os mensageiros vieram para socorrê-lo em sua indigência espiritual" (SOUZA, 2008, p. 98-99).[13]

Para termos uma ideia da dimensão do trabalho, no livro *Sementeira de luz* (VINHA DE LUZ, 2006), Neio Lúcio faz uma descrição de uma sublime reunião que aconteceu no mundo espiritual em homenagem ao livro *Paulo e Estêvão*:

"Assisti, meus filhos, a **uma sublime reunião**, onde se lembrou a difusão do livro dedicado às memórias de Paulo e Estêvão. Não tenho palavras com que exprimir o que foi essa assembleia de luzes da Espiritualidade! Pela primeira vez, vi, não de muito perto, o grande apóstolo da gentilidade! Sua grandeza espiritual é grande em demasia para ser descrita por meu verbo tão pobre! Cale-se, pois, o meu raciocínio para que me expresse com o coração, no silêncio divino do espírito. Estêvão não veio à assembleia divina, mas hoje vou compreendendo que todos esses vultos, cheios de imortalidade e de

---

[13] SOUZA, Cezar Carneiro de. *Valiosos ensinamentos com Chico Xavier*. São Paulo: IDE, 2008. p. 98-99.

Interior da sala na qual Chico psicografou a obra *Paulo e Estêvão*. No local funciona hoje o Espaço Cultural Chico Xavier, instituído em parceria com a Universidade Federal de Minas Gerais (UFMG), a Federação Espírita Brasileira (FEB) e a União Espírita Mineira (UEM) no ano de 2010. (Fotografia: Rodney Reis da Silva)

glória, continuam no mesmo serviço de redenção humana, interessados pelo serviço de Jesus e consagrados a ele tão intensamente quanto se verificou nos primeiros dias de seu fervoroso labor sobre a Terra. Sei que a reunião enviou ao grupo de vocês um pensamento de amor. Isso significa uma alegria grandiosa demais, que não posso nem devo comentar! Que Deus lhes conceda sempre a Sua confiança divina e que a Sua luz os abençoe" (XAVIER; JOVIANO; 2006, p. 292. Grifo do autor espiritual.).[14]

[14] XAVIER, Francisco Cândido; JOVIANO, Wanda Amorim (Org.). *Sementeira de luz*. Belo Horizonte: Vinha de Luz, 2006.

No livro *Cartas de Chico Xavier*, de Márcia Baccelli, há uma carta endereçada ao casal Baccelli no dia 12 de agosto de 1984, na qual Chico Xavier escreve sobre a elaboração e a construção dos livros como se fossem verdadeiros filhos do seu coração. Segundo Chico,

> " (...) cada livro dos nossos amigos da Vida Maior, com a minha pobre presença e com a minha quase nenhuma participação, incorporou-se à minha memória, fixando em minha lembrança as ocorrências que assinalaram o nascimento de volume a volume (...)" (BACCELLI M., 2005, p. 26).[15]

E na mesma oportunidade, menciona outro belíssimo romance ditado pelo espírito Emmanuel, descrevendo uma situação curiosa e inusitada quando se deslocava para a Fazenda Modelo em Pedro Leopoldo:

> "'Há dois mil anos' (*sic*) surgiu no dia 2 de março de 1939. Minha alegria íntima era enorme, quando, na manhã do dia seguinte, 3 de março, eu seguia a pé de casa para a repartição em que trabalhava, quando a meio do caminho vi uma estrela pairando na altura de uns cinquenta metros, mais ou menos. Parei para fixá-la quando ouvi a voz de alguém que me disse: 'Essa estrela permanece muito acima da distância que você avalia e devo comunicar a você que essa forma é a de que Lívia, protagonista da história terminada, se prevalece para enviar-lhe uma ligeira saudação. Parado na estrada, com o sol

---

[15] BACCELLI, Márcia Queiroz Silva. *Cartas de Chico Xavier*. Uberaba: LEEPP, 2005. p. 26.

claro de quase sete horas da manhã, fitei o astro que era mais luminoso que o dia, como que, (sic) quando da estrela partiram fios tenuíssimos de luz, que pousaram sobre o meu peito, atingindo-me o coração por dentro do tórax e aí se movimentando, qual se fossem as cordas no arco de um violino, tentando arrancar acordes de meu coração, que agitou o ritmo. Imediatamente, aquela forma estelar recolheu os fios a que me referi. E a voz, ao meu lado, exclamou: 'Foi uma pena! Ela quis fazer um violino de seu coração e transmitir-lhe a música da própria alma, no entanto o seu coração está ainda muito enferrujado e o arco enviado não achou ressonância nas cordas dos seus sentimentos'. A experiência foi bela, mas passei por uma disritmia do coração que perdurou por vários dias, sob assistência médica" (Ibidem, p. 26-27).[16]

E nesse mundo de vibrações sutis e elevadas Chico contou a Carlos Baccelli um caso muito interessante quando ele resolveu indagar seu benfeitor Emmanuel sobre a evolução do Cristo:

"(...) Peço licença para dizer que, certa feita, indagando de Emmanuel qual a posição de Jesus nos Sistema Solar, ele me respondeu que ficasse, a respeito de Deus, com a expressão do 'Pai Nosso' dita por Jesus e não perguntasse muito, porque eu não tinha mente capaz de entrar no domínio desses conhecimentos com a segurança precisa.

---
[16] Ibidem, 2005. p. 26-27.

Eu insisti e ele então desdobrou um painel à minha vista, num fenômeno mediúnico. Apareceu, então, a Terra na comunidade dos mundos de nosso sistema evolutivo em torno do Sol.

O nosso Sol, depois, em outra face do painel, evoluindo para a constelação que, se não me engano, é chamada de Andrômeda.

Depois, essa constelação, arrastando o nosso sistema e outros, evoluía em direção a outra constelação, que já não tinha nome na minha cabeça.

Essa outra constelação avançara para outra muito maior dentro da nossa galáxia, depois apareceu a nossa galáxia, imensa, como se uma lente de alta potencialidade estivesse entre os meus olhos e o painel. E a nossa galáxia evoluía com outras galáxias em torno de uma nebulosa enorme e que Emmanuel me disse que passava a evoluir em torno de outras nebulosas.

Então a minha cabeça ficou cansada e eu pedi para voltar, como se tivesse saído de um foguete da Terra e me perdesse pelo espaço afora, e sentisse uma vontade louca de voltar a ser gente e ficar outra vez no meu lugar. Porque tudo está dentro da ordem divina. Cada mundo, cada sistema, cada galáxia orientada por inteligências divinas, e Deus para lá disso tudo, sem que possamos fazer-Lhe uma definição.

Senti uma vontade enorme de voltar para a minha cama e tomar café quente!" (BACCELLI, 2010, p. 240-241).[17]

---

[17] BACCELLI, Carlos Antônio. *100 anos de Chico Xavier* – Fenômeno humano e mediúnico. Uberaba: LEEPP, 2010. p. 240-241.

Relato de uma experiência

Em 1997, um dos meus filhos, aos 7 anos de idade, teve um Acidente Vascular Cerebral (AVC) na escola onde estudava, perdendo, temporariamente, a consciência. Socorrido imediatamente, foi levado para o Hospital e Maternidade Dr. Eugênio Gomes de Carvalho em Pedro Leopoldo e, posteriormente, encaminhado a Belo Horizonte. No percurso, teve parada cardiorrespiratória, mas com a ajuda de um médico pediatra amigo, que permaneceu na ambulância durante todo o trajeto, voltou a respirar normalmente. Em razão da gravidade da situação, a primeira parada foi no Hospital Dom Bosco, no bairro Venda Nova, em Belo Horizonte.

Inconsciente ainda, o pequeno foi atendido pelo médico plantonista, que diagnosticou, de imediato, uma hemiplegia no seu lado esquerdo. Meu filho foi submetido a vários exames, dentre eles uma tomografia computadorizada, na qual constatou-se uma isquemia cerebral. Ali novos médicos o examinaram e nova bateria de exames foi solicitada e feita até que ele recebeu alta hospitalar, sendo conduzido para casa. A única medicação aconselhada era o Ácido Acetilsalicílico (AAS) para prevenir a formação de um coágulo. A partir dali, iniciamos uma "romaria", levando-o aos melhores neurologistas na capital mineira. E novos exames foram realizados, inclusive no Rio de Janeiro.

Nesse intervalo, nos dirigimos a Uberaba para conversar com Chico Xavier. Ele ficou impressionado com o caso. Ouviu-nos atentamente, com a criança em seu colo, e nos disse para continuar buscando tratamento médico e assistência espiritual. Aplicou um passe em nosso filho e retornamos de Uberaba mais tranquilos e confiantes.

Em uma dessas "idas e vindas" a Belo Horizonte, uma situação, no mínimo, curiosa aconteceu. Evidentemente, mesmo amparados pela fé abraçada e seguros na Misericór-

O autor com Gabriel e Guilherme Marques na companhia de Chico Xavier e um visitante na casa do médium em Uberaba. (Acervo pessoal)

dia Divina, permanecíamos, eu e minha esposa, apreensivos.

Um dia, saímos eu e ela para levar nosso filho a um novo especialista no campo da Neurologia. Confesso que estava muito ansioso e que cheguei a parar no hospital em Pedro Leopoldo para medir a pressão arterial. Entretanto, como o local estava muito cheio, e para não nos atrasar, seguimos adiante.

Depois da consulta ao neurologista, retornamos a Pedro Leopoldo. Pelo caminho, notamos que o garoto, sentado no banco de trás, estava bastante sonolento e imaginamos que talvez fosse pelo cansaço da viagem.

Próximo a um determinado posto de gasolina ainda em Belo Horizonte, sentia um desconforto muito grande nas cordas vocais ou na traqueia – não sei dizer exatamente o local –, o que me obrigava a tossir muito e sistematicamente.[18] Tudo muito curioso. Prosseguimos a viagem, notando, porém, que eu estava intimamente muito irritado. Perto de Pedro Leopoldo, conduzindo o veículo, tive a sensação de que alguém tentou manobrá-lo inesperadamente. Adrenalina a toda, fui obrigado a parar o carro e a respirar fundo para entender o que havia acontecido. Supus que o meu estado de estresse e ansiedade tivesse desencadeado o ocorrido.

Era uma terça-feira, dia em que participava, como coordenador, de uma reunião pública no Grupo Espírita Scheilla. Portanto, logo que chegamos na cidade, deixei minha esposa e filho em nosso lar e me dirigi para a referida instituição. Ao chegar lá encontrei uma médium da casa e rapidamente disse a ela que gostaria de tomar um passe depois dos comentários do Evangelho.

Foi o que aconteceu. Encaminhamo-nos para a cabine de passes acompanhados por mais dois amigos. Curiosamente, comecei a tossir seguida e incontrolavelmente.[19] Lembrei-me da tosse próximo ao posto. Nesse momento, por meio de uma de nossas médiuns psicofônicas, comunicou-se uma mulher em profundo estado de revolta. O ódio era tanto que eu não conseguia perceber claramente o sentido das suas palavras. Entretanto, observei que durante a comunicação a entidade apresentava uma hemiplegia no lado esquerdo (semelhante à que acometeu o meu filho logo após o AVC). Muita conversa se travou e muita oração foi proferida, mas a revolta do espírito continuou e a comunicação foi encerrada sem avanços significativos. Importante registrar que eu não havia fornecido qualquer informação à médium sobre o estado de saúde do meu filho.

---

[18] Informo que nunca fui fumante.
[19] Ninguém mais tossia no local.

A vida prosseguiu e mesmo com a nossa fé em Jesus e nos benfeitores espirituais permanecemos em certo estado de ansiedade.

Numa segunda-feira, resolvemos levar o Guilherme em uma reunião de passes no Centro Espírita Meimei, no qual atuava outra médium de apreciáveis qualidades mediúnicas. Chegamos antes da reunião começar e sem mais delongas penetramos a cabine de passes (eu, minha esposa, a médium e um dos coordenadores do centro). Nesse momento, a médium em transe, sem saber o que tinha acontecido no Grupo Espírita Scheilla dias atrás, permitiu a comunicação de um homem, que nos agrediu verbalmente, principalmente à minha esposa. Em seguida, a mesma mulher – em espírito – que esteve no Scheilla começa a falar, com a mesma revolta, contudo com mais clareza, pois entendíamos boa parte do que ela estava dizendo. Havia muita dor e muito sofrimento em suas palavras, numa referência a uma existência anterior. Lembranças de fogo, abandono e desestruturação familiar foram a tônica da comunicação. Novos passes foram ministrados e uma oração foi feita, mas ainda sem maiores avanços.

Na sequência, decidimos, junto da direção do Centro Espírita Meimei, iniciar um tratamento espiritual. Em algumas das reuniões, Guilherme ficava num estado de muita sonolência, porém sua recuperação ocorria a passos largos. Como parte do tratamento, participaríamos também das reuniões de desobsessão que aconteciam lá aos sábados. Na noite da quinta-feira anterior à primeira reunião, tive um desdobramento natural, no qual me encontrei com a mulher revoltada.[20] Durante esse encontro, alguém relatou os equívocos que havíamos cometido contra ela. Acordei me lembrando do encontro, mas não integralmente da conversa.

---

[20] Situação semelhante a uma regressão de memória.

27156TZSTMU MG
23/1403
FUU11792 2304 1402 SCM/MG(F61)
UBERABA/MG

TELEGRAMA
JHON ARLEY M. MARQUES
RUA PROGRESSO 95
33600-000 PEDROLEOPOLDO/MG

RECEBI CARTA E TELEGRAMA. MUITO GRATO. ESTAMOS NAS PRECES ROGANDO A
JESUS PROTECAO PARA NOSSO GUILHERME QUE ESTA RECEBENDO MUITO AUXILIO
BENFEITORES ESPIRITUAIS E PRECISA CONTINUAR SOB AMPARO DA AREA MEDICA
CONFIEMOS NA PROVIDENCIA DIVINA. ABRACOS DE SEMPRE
        CHICO XAVIER

REMETENTE
FRANCISCO C. XAVIER
CP56
UBERABA/MG(MF)

253194ECTX BR

Telegrama enviado por Chico Xavier em apoio ao tratamento médico
e espiritual de Guilherme. (Acervo pessoal)

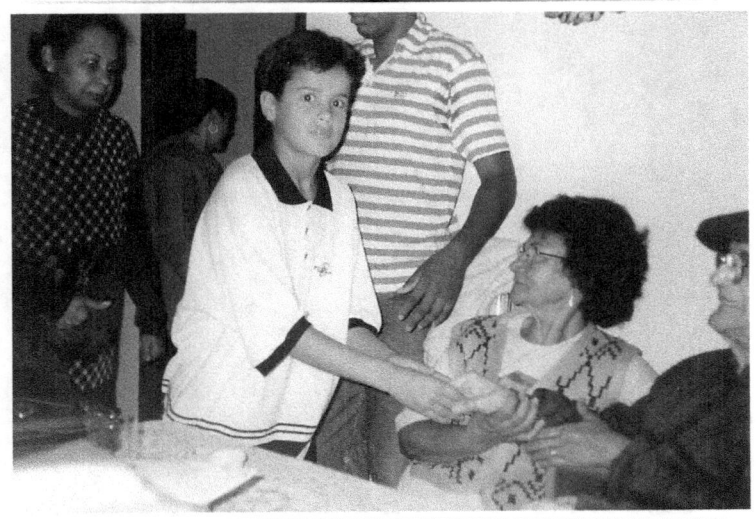

Guilherme Marques no Grupo Espírita da Prece com Chico Xavier.
(Acervo pessoal)

No sábado, eu e minha esposa comparecemos à reunião combinada, nos preparando convenientemente. No decorrer dos trabalhos, a nossa irmã falou novamente através da médium. Quem me conhece sabe que não sou de me sensibilizar com facilidade (pelo menos não era), mas a cada palavra da entidade eu sentia uma dor profunda, muito grande. Chorei copiosamente. Apenas ouvi, pois não havia muito o que dizer.

Meu filho se curou. Tem hoje 26 anos e segue o seu caminho sem qualquer sequela. Em 35 anos de Doutrina Espírita, considero este um daqueles casos semelhantes aos relatados nas obras de André Luiz. Tudo que aconteceu eu informei a Chico Xavier por meio de carta e telegrama. E até hoje agradeço a Deus o auxílio recebido dele e dos amigos em Pedro Leopoldo. Quase 20 anos depois ainda recebo notícias da nossa irmã na Erraticidade, se preparando para reencarnar.

Foto de família: Guilherme, Gustavo, o autor, Renata e Gabriel.
(Acervo pessoal)

Mais uma lição de Chico Xavier

Quem nos contou esse caso foi o biógrafo uberaben-se Carlos Baccelli. Disse-nos ele que depois de finalizada uma das reuniões vespertinas "à sombra do abacateiro", na cidade de Uberaba, alguns amigos mais próximos permaneceram no local procurando aproveitar os últimos momentos de mais um inesquecível encontro com Chico Xavier.

Formou-se, como sempre, um círculo em torno do médium e a conversa seguia animada e descontraída, até que, de repente, um cachorro surgiu circulando "mineiramente" por entre as pernas de todos. Ninguém falava nada, mas cada um se esquivava como podia do inesperado e malcheiroso cão. Para afastar o animal e, ao mesmo tempo, não se mostrarem ao Chico politicamente incorretos, quase davam aqueles tradicionais "chutinhos" leves no cachorro, que ia se desviando como podia. Segundo Baccelli, parecia que o pobre animal tinha rolado na carniça de tão fedorento estava! Todo mundo pensou que o Chico nada observava, pois continuava atendendo a todos com aquela alegria habitual e contagiante, apresentando uma memória prodigiosa, lembrando casos de Pedro Leopoldo e de Uberaba, mas, num determinado momento, incomodado com o desconforto do escorraçado animal, pegou-o amorosamente em seu colo para surpresa de todos. Esta foi a melhor parte da história, contudo o inusitado ainda estava para acontecer, porque depois que Chico colocou o cão no chão novamente quase todos que ali estavam também queriam pegá-lo no colo simplesmente porque ele havia sido carregado pelo Chico!!!

Indaguei ao Baccelli o que ele fizera e ele nos disse que embora não tenha espantado o animal não desejou carregá-lo porque seria muita falsidade e hipocrisia. Mais uma lição vivida e aprendida com Chico Xavier!

Chico Xavier e um de seus animais de estimação.
(Acervo: Casa de Chico Xavier)

O dinheiro de Chico Xavier

Estava na casa de Chico Xavier em Uberaba ouvindo suas histórias encantadoras. Se deixassem, se nos fosse permitido, ficaríamos horas sem fim, ouvindo aquele mineirinho de Pedro Leopoldo!

Naquele dia, como já estava muito tarde, o Chico disse que não seria aconselhável deslocar-me a pé para o hotel (eu estava hospedado no Hotel Nacional, perto da rodoviária) e pediu a Eurípedes para chamar um táxi.[21] Confesso que fiquei preocupado, pois o dinheiro que eu tinha disponível na carteira estava rigorosamente contado para pagar a passagem de ônibus de volta a Pedro Leopoldo. Não falei nada com o Chico, pois imaginei que ele quisesse arcar com essa minha despesa. Entretanto, quando cheguei ao hotel, o motorista do táxi naturalmente cobrou o valor da corrida e tive que retirá-lo do dinheiro da passagem. À noite, fiquei pensando como encontraria uma solução para cobrir aquele pequeno "rombo". Sinceramente, não enxergava outro caminho a não ser pedir o dinheiro emprestado a Chico Xavier. O leitor pode acreditar nisso!!!

No dia seguinte, eu retornaria a Pedro Leopoldo somente à noite, portanto, tinha tempo de sobra para conversar com o Chico e expor a situação. Assim sendo, lá fui eu.

Já em sua casa, aproximei-me dele e disse que precisava conversar em particular. Encaminhamo-nos para o seu quarto (perto da copa) e próximo ao banheiro expliquei-lhe tudo, assegurando que, oportunamente, o meu pai enviaria o dinheiro por vale postal ou através do banco. Chico apenas me disse para ficar tranquilo e que eu não me preocupasse, pois iria resolver o problema.

---

[21] Eurípedes Humberto Higino dos Reis morou com Chico Xavier durante muitos anos, até a sua desencarnação, em 30/06/2002.

Passado algum tempo, ele me chamou e novamente no mesmo local tirou um envelope do bolso do terno e me entregou, esperando que eu o abrisse na sua frente. Lembro--me de que o dinheiro na época era o Cruzeiro. Eu necessitava de, aproximadamente, 250 cruzeiros e o envelope continha 10 notas de 500!!! Tomei um susto e achei que Chico não tinha escutado direito, ou entendido muito bem o valor que eu lhe solicitara.

Peguei uma das notas e repeti um pouco mais alto que eu precisava apenas da metade de uma delas! Chico respondeu sorrindo, dizendo que tinha entendido muito bem. Mas eu retruquei dizendo a ele que não poderia receber aquele valor tão alto. Chico me interrompeu, afirmando:

– *Se você não aceitar, vou ficar ofendido.*

E completou:

– *Este dinheiro é seu e você faz com ele o que quiser.*

Meu Deus do céu, o que fazer? Diziam, na época, que Chico lia os nossos pensamentos. Será que ele estaria me testando? Ao mesmo tempo, eu pensava que não tinha roubado nada e que havia ganho aquele dinheiro, e que poderia comprar muitas coisas que os adolescentes da época mais desejavam!

Bem, tirei do envelope o necessário para a volta. Na época, a viagem de Uberaba a Pedro Leopoldo demorava em torno de nove horas e confesso que o conflito entre doar o restante para alguma instituição ou gastar como eu achasse melhor perdurou durante todo o percurso.

Mais recentemente, lembrei-me da famosa cena do filme *Ghost – Do outro lado da vida* (EUA, 1990), quando a personagem de Whoopi Goldberg (Oda Mae Brown) doou –

mas no fundo não desejava – a quantia de quatro milhões de dólares a uma instituição religiosa que desenvolvia um trabalho social e na hora da doação ficou segurando o cheque, resistente, indecisa! No meu caso, não chegou a uma cifra tão alta, mas foram quase cinco mil cruzeiros – e, sinceramente, fiquei com a mesma indecisão!

Certo, porém, de que estava sendo testado pelo Chico, que sem dúvida alguma lia os nossos pensamentos, assim que cheguei a Pedro Leopoldo doei todo o dinheiro a um conterrâneo que arrecadava, no mês de novembro, material de higiene e limpeza para um leprosário na cidade de Sabará, na Região Metropolitana de Belo Horizonte. A ele disse apenas que alguém mandara entregar o dinheiro e que desejava se manter no anonimato.

Olha, confesso que não foi nada fácil fazer o que fiz!

O autor com Chico Xavier e América Vianna na casa do médium em Uberaba.
(Acervo: Livraria Espírita Editora Pedro e Paulo – LEEPP)

Uma mensagem de Guilherme Madureira, irmão de minha mãe

No início da minha amizade com o Chico, minha mãe manifestou interesse em buscar informações sobre a sua mãe e o seu irmão, ambos desencarnados.

Assim sendo, chegamos a Uberaba na sexta-feira. Hospedamo-nos em um dos muitos hotéis da cidade e em seguida rumamos para a instituição onde ele atendia. Na época, antes da psicografia pública, ele ficava em uma sala trabalhando com o receituário mediúnico (homeopatia).[22] Naquele dia, eu também tinha sido convidado para compor a mesa, colaborando nos comentários evangélicos.

Quando Chico Xavier terminou a tarefa e se dirigiu à mesa para se preparar para a psicografia das cartas consoladoras, o dirigente da reunião, Weaker Batista, entregou-me um papel com um breve recado assinado por Guilherme Madureira, irmão de minha mãe. Não havia nada de especial na mensagem. Participamos da reunião normalmente e, ao final dela, sequer tivemos oportunidade de conversar com o Chico sobre o recado recebido.

No sábado, fomos convidados pelo Eurípedes para almoçar em sua casa. Na hora aprazada – outras pessoas também estavam presentes – Chico, depois de se servir, sentou-se ao lado de minha mãe para conversar. Para a nossa

---

[22] O médico alemão Samuel Christiano Frederico Hahnemann, nascido em 10 de abril de 1755, foi o criador da homeopatia. Desencarnou em Paris, aos 88 anos, em 1843. Chico Xavier, orientado pelos benfeitores espirituais, e por meio do receituário mediúnico, sob os olhares descrentes de muitos profissionais da saúde, prescrevia a medicação homeopática já na década de 30 como um processo eficaz e seguro no tratamento de diversas doenças. Entretanto, no Brasil, quando a homeopatia foi reconhecida pelo Conselho Federal de Medicina, no início dos anos 80, os benfeitores espirituais que trabalhavam por seu intermédio, sob a supervisão de Emmanuel, suspenderam a atividade, pois esta poderia ser considerada, a partir daquele momento, exercício ilegal da Medicina.

Chico Xavier com Zilda Batista em reunião pública no
Grupo Espírita da Prece em Uberaba. (Acervo: Casa de Chico Xavier)

surpresa, ele começou a descrever o encontro espiritual que
tivera com Guilherme na sexta-feira, no Grupo Espírita da
Prece, e usou com ela, a pedido do espírito, o apelido carinhoso que a minha mãe tinha na intimidade familiar. Ele
pedira ao Chico para chamá-la de "Taleta". Inicialmente, ele
dissera "Talete", mas depois se corrigiu.

Imediatamente, desconfiada daquilo tudo, minha mãe
olhou para mim achando que eu teria comentado alguma
coisa com Chico Xavier. Mas na verdade eu estava tão surpreso quanto ela! Acontece que Chico não parou ali. Foi
descrevendo o Guilherme e sua história, dizendo, inclusive,
que ele teria desencarnado um mês antes do seu casamento,
em decorrência de uma parada cardíaca fulminante quando
foi nadar em um lago. Chico disse que perguntou ao Guilherme se ele não gostaria de deixar uma mensagem, ao que
ele respondeu que tinham dores maiores do que as dele e que

apenas aquele lembrete à minha mãe era suficiente. Esclareço que não conheci o meu tio, pois ele desencarnou no início dos anos 1950 (aos 21 anos) e tudo para mim foi uma grande novidade.

Chico Xavier disse tudo aquilo com muita serenidade e simplicidade, sem se gabar de suas extraordinárias faculdades psíquicas e sem fazer pose de guru, ou algo do gênero. Conversou com tranquilidade enquanto saboreava, com aquela sua mineirice tão peculiar, o tradicional e delicioso frango feito por Dinorá, a incansável servidora de sua casa em Uberaba.

E sobre as preferências e habilidades culinárias do médium Chico Xavier,

> "É sabido que, afora suas outras qualidades, Chico é excelente cozinheiro e doceiro. Segundo nos informaram, é um mestre-cuca de mão cheia. Seu 'tutu de feijão à mineira' e seu 'lombo de porco' deixam muita gente com 'água na boca'. Ainda não tivemos o prazer de saborear nenhum de seus apetitosos pratos, infelizmente" (COSTA E SILVA, 1997, p. 215).[23]

Um caso emocionante

Para finalizar, reproduzo aqui um caso interessante ocorrido na cidade de Pedro Leopoldo, que consta do livro *Chico Xavier responde*, psicografado por Carlos Antônio Baccelli:

---

[23] COSTA E SILVA, Luciano Napoleão da. *Nosso amigo Chico Xavier*. 8. ed. São Paulo: Editora Alf, 1997. p. 215.

"Lembro-me de que, em determinada época, quase todos os dias um espírito me esperava no trajeto que fazia de casa ao escritório em que trabalhava, na Fazenda Modelo. Ele me agredia verbalmente, proferindo palavras impublicáveis, e me ameaçava de morte, dizendo ter sido destacado para tanto. Íamos conversando mentalmente e, não raro, pela manhã, eu chegava extenuado ao escritório, como se alguém tivesse me submetido a uma surra. Emmanuel me recomendava manter a calma, explicando-me que, no momento, nada poderia ser feito – que me conservasse calado e não revidasse às agressões. Eu não me recordo de nunca ter ouvido termos tão chulos! Às vezes, ele se aproximava com um porrete nas mãos e, escarrando-me no rosto – escarrava mesmo! –, me acusava de covarde. Eu sentia que para consumar algo de mais grave comigo ele precisava que eu reagisse, pois, se aceitasse qualquer provocação, através de meus próprios fluidos ectoplásmicos estabeleceria a ponte para atingir-me fisicamente. O amigo que me conduzia de charrete de casa até o escritório, acostumado com as minhas conversas descontraídas, ficava sem entender o meu silêncio e, de outras vezes, as palavras desconexas para ele, que pronunciava em voz alta, como se estivesse dialogando com uma sombra; ele chegou – coitado – a preocupar-se tanto comigo que recomendou ao Dr. Rômulo, nosso chefe, que me concedesse umas férias para eu tratar da cabeça. Não havia jeito de o espírito me conceder uma trégua e, aos poucos, aquilo foi-me induzindo a uma quase depressão. Todo dia, era a mesma coisa, e foi aí que eu pude melhor avaliar o que suportam as vítimas de uma obsessão insidiosa. Quando se completaram mais ou menos seis meses daquela perseguição, Emmanuel veio com o Dr.

Bezerra de Menezes dizer-me que, finalmente, providências haviam sido encaminhadas; que eu tivesse um pouco mais de paciência que, dentro de mais alguns dias, o caso se resolveria (...). Numa tarde, no final do expediente, uma senhora me esperava para conversar. Atendia-a, preocupado com o horário, pois naquela quarta-feira teríamos desobsessão no centro e eu não deveria me atrasar. 'Em que poderia lhe ser útil, minha irmã?', perguntei-lhe. 'O senhor me desculpe vir incomodá-lo no serviço, mas não tenho mais a quem recorrer', explicou-se. 'Sei que o senhor é um homem caridoso e tenho uma neta doente em casa; ela está com uma bicheira na perna que nada consegue dar volta. Coitadinha, está sendo devorada viva! Eu não tenho mais dinheiro para médico e remédio; já vendi todas as minhas galinhas e os porcos que criava. Simpatia e benzição (sic) alguma têm dado resultado. Vim recorrer ao senhor! Por caridade, vem comigo!'. 'Minha senhora, mas daqui a pouco eu tenho sessão no centro e não posso faltar! Amanhã de manhã, eu prometo visitá-la.' 'Amanhã de manhã não serve, Chico, tem que ser hoje e agora.' Escutei, nítida, a voz de Emmanuel. 'Então, vamos', respondi a ela, mudando de opinião, sem que a pobre mulher me entendesse a súbita atitude. 'A senhora me leve até lá.' A noite caiu depressa e começou a soprar um vento excessivamente gelado. Depois de andar uns cinquenta minutos, chegamos às proximidades de um brejo, adentrando uma casinha de um só cômodo, que, sinceramente, estava prestes a desabar. 'O senhor não repare, mas é aqui que moramos. Desde que meu marido morreu, temos passado muita necessidade; eu já não tenho mais forças para cultivar nada' (...). A menina, subnutrida, tiritava de febre, enrolada em alguns trapos; deveria ter de sete a oito anos. Sinceramente, eu nunca havia visto tanta miséria. Abaixei-me e comecei a tirar-lhe o pano da perna, procurando não me sentir incomodado pelo forte e desagradável cheiro de carne em putrefação. Meu Deus, o que fazer, perguntei, quando vi o estado da ferida que, praticamente, se estendia do calcanhar ao joelho da perna direita. Sob a luz da lamparina, examinei-a e não pude conter as lágrimas. Com certeza, aquela perna teria que ser amputada. 'Por caridade, moço' – solicitava-me a avó aflita –, 'não deixe a minha netinha morrer, não deixe, pois ela é tudo que me restou de uma família que se destruiu (...)'. O pai havia sumido no mundo e a mãe, filha daquela senhora, saltara debaixo das rodas do trem, em Sete Lagoas (...). E o avô, desesperado com o suicídio da filha, e em grande revolta contra Deus, tivera um colapso fulminante (...). Orei, meu filho, com todas as fibras do coração e, utilizando os dedos como pinça, comecei a retirar aquelas larvas uma a uma; no entanto, quanto mais eu as retirava mais elas pareciam se multiplicar! A menina, de tão fraca, não soltava (sic) sequer um gemido. Agora, sentado no chão de terra úmida, com a perna dela sobre o meu colo, percebendo inúteis todos os meus esforços, as minhas lágrimas se faziam mais copiosas. Foi quando, então, divisei o vulto do Dr. Bezerra naquela choupana em que se desdobrava tão dramática cena. Eu me esquecera completamente da sessão no 'Meimei' e perdera a noção das horas. 'Chico', disse-me o Dr. Bezerra, 'utilize as suas lágrimas como soro fisiológico e antibiótico. Lave, Chico, lave toda a perna da criança com as suas lágrimas! (...)'. Creia, meu filho, que não me foi difícil, porque eu nunca havia chorado tanto! Quando terminei aquele curativo, a menina dormia e a sua avó me olhava assustada, com a lamparina prestes a apagar nas mãos. Devo ter saído de lá quase meia-noite e não sei como, sozinho, pude acertar com o caminho de volta (...) mas quando cheguei a casa só a minha irmã Luiza estava me esperando acordada. 'Chico, por onde você andou?', perguntou-me, da cama, escutando o barulho da porta se abrindo. 'Fui visitar um doente, não se preocupe', respondi. 'Você ainda há de ser agredido por aí, se expondo desse jeito; qualquer hora, vamos receber a notícia de sua morte aqui em casa!' 'Fique tranquila, Luiza, ninguém morre!'. Naquela noite, eu não consegui dormir de jeito nenhum. A visão daquelas larvas se mexendo na perna da menina, e aquele odor forte nas narinas (...) e saí mais cedo para que ninguém me visse de olhos inchados, e, depois, o nosso chefe na repartição não admitia falta injustificável (...). E o espírito estava lá, meu filho, de porrete na mão, à minha espera. Quando o avistei, imaginei que fosse desfalecer; eu havia despendido muita energia e me sentia enfraquecido. 'Hoje ele me pega', disse, conformado. Mas, para minha surpresa, ele me acompanhou o trajeto todo sem dizer uma única palavra e, inclusive, tive a impressão de que se compadecia de mim. O Dr. Rômulo era um homem enérgico, no entanto, de coração muito sensível à dor dos semelhantes. Ao notar-me diferente, trabalhando mais lento naquele dia, ele me perguntou o que estava acontecendo. Expliquei o ocorrido e à hora do almoço ele me pediu que o levasse até à casa da garotinha; mandou encher a charrete de mantimentos e, em poucos minutos, lá estávamos. A senhora avó dela, quando nos viu chegando, caiu de joelhos e ergueu as mãos postas para o céu. 'O que é isso, minha filha?', indaguei, desconcertado. 'Milagre! Milagre!...

Chico Xavier na estrada para a Fazenda Modelo, na Pedro Leopoldo dos anos 30.
(Do livro *Até sempre Chico Xavier*, p. 25)

Venham! Venham ver!...' A menina, já sem febre e com a perna semicicatrizada, esboçou um sorriso quando entramos. 'O senhor é um santo, seu moço!', falou-me, não cabendo em si de contente. 'Um animal, eis o que sou, minha avó!', retruquei, com vergonha do meu chefe, que, sem cerimônia, emendou: 'É por esse motivo que ele trabalha na Fazenda Modelo, dona!' (...). O Dr. Rômulo providenciou para que a avó e a neta tivessem recursos para irem ao encontro de familiares que viviam no interior de São Paulo, na cidade de Amparo. Pagou-lhes justo preço por aquele pedaço de terra e, depois de dois meses, eu as conduzi à estação ferroviária; a menina, de nome Joaquina, corria de um lado para outro, com um laço cor-de-rosa amarrado aos seus cabelos castanhos cacheados (...). O espírito que me ameaçava era o avô de Joaquina, esposo de D. Emerenciana. Transformou-se em meu amigo e naquele dia mesmo, após a primeira visita que, na companhia do Dr. Rômulo, fizemos ao humilde casebre onde a esposa e a neta moravam, esperou-me, à tarde, na estrada, quando voltava do trabalho, e me disse: 'Quero pedir a você que me perdoe; eu estava transtornado e outros espíritos, inimigos seus, se aproveitaram de mim. Enquanto eu puder, ninguém há de lhe encostar a mão. Chame-me quando precisar. Eu não tenho o seu coração, mas você não tem a minha força; sou um homem rude, no entanto, sei ser grato. De hoje em diante, você pode contar comigo para o que der e vier!'" (BACCELLI, 2007, p. 56-57).[24]

---

[24] BACCELLI, Carlos Antônio. *Chico Xavier responde*. Ditado pelo espírito Francisco Cândido Xavier. Uberaba: LEEPP, 2007. p. 56-57.

Vou escrevendo tranquilo,
colhendo melodias humildes,
flores de poucas pétalas.

A psicografia

"Os companheiros que, de fato, conhecem Chico Xavier, saberão que não estamos exagerando. Ele nos faz lembrar de Jesus! Envolvendo-o, existe uma aura que não sabemos definir, transportando-nos, automaticamente, aos tempos do divino Mestre! Então, quando ele começa a falar do Cristianismo, temos a nítida impressão, observando as lágrimas que lhe escorrem pelas faces, de estar na presença de alguém que fitou Jesus diretamente nos olhos e nunca mais pôde esquecer-se dele!"

Carlos Baccelli

Mensagens recebidas entre as montanhas mineiras

A extraordinária mediunidade de Chico Xavier ainda será estudada pelos pesquisadores do comportamento humano. Entretanto, para muitos espiritistas, Chico Xavier é considerado uma das maiores antenas psíquicas que surgiram, até o momento, em nosso planeta.

Sem dúvida alguma, a psicografia, entre as suas amplas faculdades medianímicas, mereceu maiores atenções. Já foram catalogadas pela Casa de Chico Xavier de Pedro Leopoldo 497 obras psicografadas em seus mais diferentes gêneros, ultrapassando a produção literária de renomados poetas e escritores brasileiros. Isso sem considerar as milhares das chamadas "cartas consoladoras" que Chico Xavier psicografou em Pedro Leopoldo, e principalmente em Uberaba, na Comunhão Espírita Cristã e no Grupo Espírita da Prece, que ainda não foram publicadas, pois foram entregues diretamente aos seus destinatários. Sem desconsiderar o contexto histórico no qual Chico Xavier esteve inserido, podemos afirmar que muitas mensagens psicografadas publicadas, e mesmo aquelas que ainda não o foram, longe de estarem desatualizadas representam valiosas reflexões e ensinamentos para os dias atuais, o que já justifica o esforço na construção desta pesquisa de trazer para o presente algumas dessas mensagens, muitas delas desconhecidas e inéditas em termos editoriais.

O jovem psicógrafo Chico Xavier iniciou a sua produção mediúnica, oficialmente, em 1932, com o lançamento do livro *Parnaso de além-túmulo* (FEB)[1] conforme já abordamos no livro *O voo da garça – Chico Xavier em Pedro Leopoldo | 1910-1959.*

Em função de sua ocupação profissional, sobretudo a partir de 1935, quando foi efetivado como funcionário público federal na Fazenda Modelo, Chico Xavier passou a viajar pelo Estado de Minas Gerais. Nas horas vagas, visitou e conheceu muitas instituições espíritas mineiras. Impossível, portanto, registrar aqui todas as mensagens psicografadas por Chico Xavier pelas várias cidades por onde passou, mas vamos registrar algumas delas recebidas entre as montanhas das Minas Gerais.

No livro *Chico Xavier inédito – Psicografias ainda não publicadas*, o autor Eduardo Carvalho Monteiro publicou uma instrutiva mensagem de Emmanuel, psicografada no dia

---

[1] Vale lembrar aqui que a década de 30 foi um período de muita agitação na política brasileira, a saber: a revolução de 1930, o movimento constitucionalista de 1932, a nova Constituição promulgada em 1934, o Estado Novo de Getúlio Vargas em 1937 e a II Grande Guerra Mundial a partir de 1939, delineando novos rumos no cenário internacional.

30 de junho de 1937, falando sobre o papel dos espíritas no cenário político nacional quando Chico tinha apenas 27 anos de idade:

"Dentro dos quadros do Espiritismo evangélico no Brasil, algumas coletividades se levantam, buscando colaborar nos arraiais políticos, objetivando, com os seus nobres intentos, conduzir as claridades do Evangelho às casas legislativas na nação, a fim de norteá-las nos caminhos retos. Esse propósito dos nossos irmãos espíritas é realizável. Como outros homens possuem também o direito de admissão a essas atividades, salientando-se que, em razão do seu esclarecimento espiritual, muito se lhes deverá pedir, em matéria de caridade, no seio da política administrativa. Todavia, é preciso considerar que, se é lícito aos espíritas içarem bandeiras, em meio desses campos inimigos de sua sinceridade, da sua ânsia fraterna e da sua boa-fé, não será ocioso chamar-lhes a atenção para os perigos da caminhada em perspectiva, a fim de se afastarem dos desfiladeiros íngremes e escabrosos, onde perderão, fatalmente, a flâmula sagrada de seu idealismo. Requer-se todo o zelo de suas preferências pessoais, nos quadros do partidarismo, procurando discernir a situação com a clareza devida, evitando as ilusões perigosas que percorrem todos os departamentos das atividades do homem moderno.

O grande problema, por enquanto, ainda não é o de espalharem nossos irmãos pelos arraiais políticos, desejando transformá-los sem o concurso do tempo, mas resume-se na questão simples e básica da necessidade de levar, cada um deles, através de exemplos e ensinos aos nossos semelhantes, os conhecimentos evangélicos para que os homens transformem a si mesmos para o bem.

Essa solução conduzir-nos-á à equação de todos os problemas da felicidade humana, porque todos os esforços dos pedagogos modernos, para ser construtivos, têm de ser efetuados no sentido de melhorar o homem. Esclarecido este, estará a sociedade reformada, pois bem sabemos que quase todas as tentativas de renovação exterior redundam sempre em tentativas inúteis, quando não constituem, em si mesmas, aquele 'túmulo caiado', que não é símbolo morto.

Os espíritas podem perfeitamente integrar as fileiras do mundo político, mas que não desconheçam em todas as circunstâncias a magnitude dos seus deveres, em face dos mesmos princípios de fraternidade e de amor da doutrina que representam.

As místicas nacionalistas têm a sua beleza estrutural como teorias de igualdade, mas ficará no plano mitológico se continuarem desconhecendo os grandes princípios da solidariedade universal e da fraternidade humana, diante dos quais todos os homens são filhos de Deus e candidatos às mais elevadas posições na única vida verdadeira, que é a vida espiritual.

Que os nossos irmãos, portanto, consultando a própria consciência, evitem a queda sob o chicote de novas ditaduras implacáveis, que constituiriam retrocesso da mentalidade humana; acima de todas as cogitações, convém que saibam que lhes compete defender, não as moedas dos brancos, as prerrogativas das classes e as falsidades de certos princípios sociais, mas a luz do santuário, a claridade divina que lhes foi confiada, a fim de que o mundo não a perdesse nestes tempos de desenfreado utilitarismo.

Que os nossos irmãos ponderem sobre a necessidade de esclarecimento do homem. Desse esclarecimento advirá a regeneração compulsória das coletividades, porque Deus não poderia criar linhas divisoras na Terra, que é patrimônio da humanidade. Franceses e hotentotes são seus filhos bem-amados, e o que caracteriza a diversidade de posições dos homens sobre o mundo é a aplicação da justiça divina que se processa segundo os méritos de cada qual.

Os espíritas, pois, podem colaborar na política, mas entendendo sempre que a sua missão evangelizadora é muito mais delicada e muito mais nobre. Concentrando possibilidades nesse labor, que aprendam com os padres católicos, os quais, se hoje não mais são os apóstolos humildes e desprotegidos do mundo, como viviam outrora e vivem na atualidade, cheios de poderes temporais e de expressões financeiras, não podem mais dizer ao paralítico, em nome do Senhor – 'levanta-te e anda' – porque, voluntariamente, desejaram trocar as posições celestes pelas posições terrestres e não souberam colher na árvore da vida o fruto maravilhoso do mundo espiritual" (MONTEIRO, 2004, p. 44-46).[2]

Muitos devotados companheiros e colaboradores estimulados pelo próprio Chico, por entenderem que muitas pessoas não poderiam dispor de recursos financeiros para acessar ou adquirir os livros, passaram a imprimir e a distribuir gratuitamente suas mensagens psicografadas em várias instituições espíritas espalhadas pelo Brasil.

Dentre muitas dessas mensagens psicografadas por Chico Xavier, independentemente do tempo e espaço em

---

[2] MONTEIRO, Eduardo Carvalho. *Chico Xavier inédito* – Psicografias ainda não publicadas (1933-1954). São Paulo: MADRAS, 2004. p. 44-46.

Pintura de Amarilis Chaves retratando Chico Xavier
psicografando em sua clássica posição. (Acervo: Casa de Chico Xavier))

que foram produzidas, compartilho com o leitor cinco delas que muito contribuíram (e ainda contribuem) para meus momentos de reflexão:

Saldo e extra[3]

O homem comum, em todas as latitudes da Terra, guarda, habitualmente, o mesmo padrão de atividade normal.

Alimenta-se.

Veste-se.

Descansa.

Dorme.

Pensa.

Fala.

Grita.

Procria.

Indaga.

Pede.

Reclama.

Agita-se.

Em suma, consome e, muitas vezes, usurpa a vitalidade dos reinos que se lhes revelam inferiores. É o serviço da evolução.

Para isso, concede-lhe o Senhor grande cota de tempo. Cada semana de serviço útil, considerada em seis dias ativos, é constituída de 144 horas, das quais as criaturas mais excepcionalmente consagradas à responsabilidade gastam 48 em trabalho regular.

Nessa curiosa balança, a mente encarnada recebe um saldo de 96 horas, em seis dias, relativamente ao qual raríssimas pessoas guardam noção de cons-

---

[3] XAVIER, Francisco Cândido. *Endereços da paz*. Ditado pelo espírito André Luiz. São Paulo: CEU, 1982. p. 17-20.

ciência. Por semelhante motivo, a sementeira gratuita da fraternidade e da luz se reveste de especial significação para o servidor do Cristo.

Enorme saldo de tempo exige avultado serviço extra. Em razão disso, às portas da vida eterna, quando a alma do aprendiz, no exame de aproveitamento além da morte alega cansaço e se reporta aos trabalhos triviais que desenvolveu no mundo, a palavra do Senhor sempre interrogará, inquebrantável e firme:

– "Que fizeste de mais?"

André Luiz

Tudo certo[4]

Não se diga sem orientação nas tarefas do bem.

Movimentando providências inúmeras, as leis da vida nos situam a todos, em cada instante, na linha certa para a edificação do reino de Deus.

É assim que você permanece com exatidão:

no dia certo,

no caminho certo,

no lugar certo,

no momento certo,

no compromisso certo,

no trabalho certo,

na experiência certa,

na posição certa,

[4] XAVIER, Francisco Cândido. *Passos da vida*. Ditado por espíritos diversos. 12. ed. Araras: IDE, 2010. p. 167-169.

na circunstância certa,
com a pessoa certa,
com os recursos certos.

No que respeita à Sabedoria Divina, tudo está certo para que venhamos a realizar o melhor, amando e perdoando, aprendendo e servindo.

A ação, porém, é nossa.

Desse modo, sentir errado, pensar errado, decidir errado ou fazer errado constituem problemas que correm por nossa conta.

Scheilla

Agora, não depois[5]

Nem cedo, nem tarde.
O presente é hoje.
O passado está no arquivo.
O futuro é uma indagação.
Faze hoje mesmo o bem a que te determinaste.
Se tens alguma dádiva a fazer, entrega isso agora.
Se desejas apagar um erro que cometeste, consciente ou inconscientemente, procura sanar essa falha sem delongas.
Caso te sintas na obrigação de escrever uma carta, não relegues semelhante dever ao esquecimento.
Na hipótese de idealizares algum trabalho de utilidade geral, não retardes o teu esforço para trazê-lo à realização.

---

[5] XAVIER, Francisco Cândido. *Hora certa*. Ditado pelo espírito Emmanuel. 3. ed. São Bernardo do Campo: GEEM, 2010. p. 18-19.

Se alguém te ofendeu, desculpa e esquece para que não sigas adiante carregando sombras no coração. Auxilia aos outros enquanto os dias te favorecem. Faze o bem agora, pois, na maioria dos casos, "depois" significa "fora de tempo", ou tarde demais.

Emmanuel

Os três crivos[6]

Diz você, meu amigo, no trecho final de sua carta: "Que fazer, Irmão X, para desmanchar a trama de intrigas que nos sufoca a instituição?
Dia a dia, cresce o diz que diz.
E enquanto isso ocorre a treva da obsessão, em nossas bandas, parece tiririca em terra largada.
É perturbação trazendo perturbação.
Que medida nos aconselha, que ideia renovadora você nos dá?"
Conselhos, meu caro, não os tenho.
Os princípios salvadores que abraçamos, no Evangelho de Jesus, falam por si e, de tal modo, que seria temeridade articular diretrizes no intento de ultrapassá-los.
Se posso, no entanto, formular referência ligeira, peço permissão para reportar-me a antiga lição que vários escritores atribuem a Sócrates.
Certa feita, um homem esbaforido achegou-se ao grande filósofo e sussurrou-lhe aos ouvidos:

---

[6] XAVIER, Francisco Cândido. *Aulas da vida*. Ditado por espíritos diversos. São Paulo: IDEAL, 1981. p. 90-92.

– Escuta, Sócrates, na condição de teu amigo, tenho alguma coisa de muito grave para dizer-te em particular.

– Espera! – ajuntou o sábio prudente. – Já passaste o que me vais dizer pelos três crivos?

– Três crivos? – perguntou o visitante, espantado.

– Sim, meu caro, três crivos. Observemos se a tua confidência passou por eles. O primeiro é o crivo da verdade. Guardas absoluta certeza quanto àquilo que me pretendes comunicar?

– Bem... – ponderou o interlocutor – assegurar, mesmo, não posso. Mas ouvi dizer e... então...

– Exato. Decerto peneiraste o assunto pelo segundo crivo, o da bondade. Ainda que não seja real o que julgas saber, será pelo menos bom o que me queres contar?

Hesitando, o homem replicou:

– Isso não. Muito pelo contrário!...

– Ah! – tornou o sábio – Então recorramos ao terceiro crivo: o da utilidade, e notemos o proveito do que tanto te aflige.

– Útil??? – aduziu o visitante ainda mais agitado. – Útil não é...

– Bem, – rematou o filósofo, num sorriso – se o que me tens a confiar não é verdadeiro, nem bom e nem útil, esqueçamos o problema e não te preocupes com ele, já que de nada valem casos sem qualquer edificação para nós!

Aí está, meu amigo, a lição de Sócrates, em questões de maledicência.

Se pudermos aplicá-la, creio que teremos ganho tempo e recursos preciosos para rearticular o serviço, refazer a paz, realizar o melhor e seguir para a frente.

Weaker Batista, Nena Galves, Dalva Borges, Chico Xavier e Zilda Batista na Comunhão Espírita Cristã, em Uberaba. (Acervo: Centro Espírita União)

Calma[7]

Se você está no ponto de estourar mentalmente, silencie alguns instantes para pensar. Se o motivo é moléstia no próprio corpo, a intranquilidade traz o pior. Se a razão é enfermidade em pessoa querida, o seu desajuste é fator agravante. Se você sofreu prejuízos materiais, a reclamação é bomba atrasada, lançando caso novo. Se perdeu alguma afeição, a queixa tornará você uma pessoa menos simpática, junto de outros amigos. Se deixou alguma oportunidade valiosa para trás, a inquietação é desperdício de tempo. Se contrariedades apareceram, o ato de

---

[7] XAVIER, Francisco Cândido. *Ideal espírita*. Ditado por espíritos diversos. 10. ed. Uberaba: CEC, 1987. p. 196-197.

esbravejar afastará de você o concurso espontâneo. Se você praticou um erro, o desespero é porta aberta para faltas maiores. Se você não atingiu o que desejava, a impaciência fará mais larga distância entre você e o objetivo a alcançar. Seja qual for a dificuldade, conserve a calma, trabalhando, porque, em todo problema, a serenidade é o teto da alma, pedindo o serviço por solução.

André Luiz

Chico Xavier com Rolando Ramacciotti, Maria Eunice Meirelles e Eurípedes Higino dos Reis em Uberaba. (Acervo: Grupo Espírita da Prece de Chico Xavier)

Chico Xavier em Belo Horizonte

É indiscutível que a União Espírita Mineira, fundada oficialmente em 24 de junho de 1908, portanto, dois anos antes do nascimento de Chico Xavier, fez parte integrante da sua vida, dando suporte e apoio à sua tarefa missionária. Por isso mesmo podemos dizer que quando falamos da União Espírita Mineira falamos de Chico Xavier e vice-versa, tal a sintonia que sempre existiu entre ambos.

Chico sempre se referiu à entidade federativa mineira com respeito e profunda admiração, reverenciando Maria Philomena Aluotto Berutto, que presidiu a instituição entre os anos de 1962 a 1995 ao lado do seu inseparável parceiro de ideal espírita, e também amigo de Chico Xavier, o escritor sergipano José Martins Peralva Sobrinho.

Segundo registrado no livro *Através do tempo* (LAKE, 1983, p. 42-43), Chico Xavier esteve na sede da União Espírita Mineira em 1949 e psicografou a seguinte mensagem:

Não basta... É necessário...

Meus amigos, em favor da vitória do amor, que pretendemos atingir em nossos círculos doutrinários, não basta:

que a palavra se exteriorize, brilhante, da boca, impressionando agradavelmente os ouvidos;

que a consolação seja vertida pelo carinho fraternal dos outros sobre as úlceras da nossa alma;

que a emoção nos arrebate, momentaneamente, da superfície escura do planeta às regiões douradas da beleza e do sonho;

que a admiração nos arranque interjeições gratulatórias à frente do heroísmo alheio;

que a lâmpada dos amigos cheios de abnegação e

coragem nos empreste luz aos olhos cegos por alguns momentos ou por alguns anos;

que o pão da caridade se multiplique para os nossos ideais de beneficência ou para nossos estômagos famintos;

que a água jorre, magnânima, de mananciais transitórios da Terra, atendendo aos nossos caprichos ou à nossa sede;

que o socorro do devotamento celestial se irradie na direção de nossas necessidades, salvando-nos, provisoriamente, de quedas fatais;

que fenômenos e maravilhas se improvisem aos nossos olhos assombrados, compelindo-nos a inteligência a novas atitudes e a novas atividades mentais.

É necessário:

que acima de todas as bênçãos, suscetíveis de serem recolhidas por nossas reclamações individualistas, se erga nosso coração para Jesus Cristo, a cuja dedicação multimilenária devemos consagrar a própria vida na renovação interior de nossa personalidade e na reestruturação do nosso destino, pela fraternidade, pelo trabalho incessante e pelo sacrifício de nós mesmos, em favor do mundo feliz e regenerado de amanhã.

Emmanuel

(Mensagem psicografada por Chico Xavier na reunião pública da União Espírita Mineira, em Belo Horizonte, no dia 23/10/1949.)[8]

---

[8] XAVIER, Francisco Cândido. *Através do tempo*. Ditado por espíritos diversos. 2. ed. São Paulo: LAKE, 1983. p. 42-43.

Em 1952, Chico Xavier esteve novamente na sede da União Espírita Mineira e psicografou o soneto a seguir:

Ave, Cristo!

Como outrora, no lago, ante o açoite do vento,
Cristo, o Mestre e Senhor, vencendo a noite, avança!...
De novo, brilha a paz e ressurge a bonança
Sobre o estranho furor do temporal violento.

Ei-lo, excelso e imortal, seguindo, calmo e atento,
O celeste Pastor, sem cansaço ou mudança,
No Espiritismo em luz, a divina esperança
Que combate a miséria e apaga o sofrimento.

Ave, Cristo de Deus! Ave, Glória da Vida!...
Fala, ainda, Senhor, à Terra empobrecida
Do celeste esplendor do trono a que te elevas!...

O Espiritismo é Cristo ao coração do povo,
Plasmando, no Evangelho, um mundo grande e novo
Ao sol do eterno amor que rompe as nossas trevas.

Amaral Ornellas

(Mensagem psicografada por Chico Xavier na reunião pública da União Espírita Mineira, em Belo Horizonte, no dia 05/10/1952.)[9]

No mesmo período da psicografia anterior, encontramos também uma mensagem recebida por Chico Xavier

---

[9] *Ibidem*, p. 87-88.

destinada aos congressistas no encerramento do II Congresso Espírita de Minas Gerais, realizado na sede da Secretaria de Saúde e Assistência em Belo Horizonte:

Espíritas!

Pelas portas da Ciência e da Filosofia, atingiste o altar da Nova Revelação. Através de numerosos experimentos, indagastes quanto aos problemas do ser e do destino, da dor e da morte, e os espíritos da Luz vos trouxeram a mensagem do Céu, conclamando-vos à sublimação espiritual. E agora, quando a codificação kardequiana se avizinha do seu primeiro centenário de existência, compete--nos reafirmar-vos, perante o Segundo Congresso Espírita do Estado de Minas Gerais, que o Espiritismo é a religião do amor universal sob a inspiração de Nosso Senhor Jesus Cristo, restabelecendo a verdade em seus fundamentos divinos.

Se a nossa doutrina renovadora traduz exaltação da inteligência, é também engrandecimento do coração. Nossa bandeira é a Boa Nova rediviva. Nossos centros de estudos são templos de elevação. Nossas instituições de assistência social representam santuários vivos da fraternidade, onde Jesus é venerado na pessoa dos nossos semelhantes. Nosso trabalho individual, em favor do bem, na solução das nossas responsabilidades morais, à frente da família e da sociedade, constitui o culto diário de nossa obediência às leis do Senhor. Tanto quanto no Cristianismo primitivo, puro e simples, a caridade para nós não possui privilégios e nem fronteiras e a fé, para manifestar-se, não reclama lugares especiais.

Allan Kardec, o apóstolo, foi claro em suas linhas primordiais na edificação doutrinária.

Nosso programa é trabalho. Nosso lema é solidariedade. Nossa senha é tolerância. Agir, ajudar e compreender para fazer, aperfeiçoar e esperar na conquista da vitória com Cristo, nosso Mestre e Senhor. Não vos iludais! Enquanto a humanidade se mergulha em sombras, na angustiada elaboração do milênio vindouro, guardai convosco a luz soberana do porvir. O Céu conta convosco tanto quanto contais com o Céu. Não olvideis! A nossa tarefa não é tão-somente aquela da demonstração positiva da sobrevivência do homem além da morte, mas, acima de tudo, é obrigação de materializarmos, cada dia, a essência dos ensinos cristãos em nossas vidas, convertendo o Espiritismo, sob a égide do Evangelho de Jesus, na religião da paz e da felicidade para o mundo inteiro.

Emmanuel[10]

E no encerramento do III Congresso Espírita Mineiro, na cidade de Belo Horizonte, além de prestar uma homenagem ao cinquentenário da União Espírita Mineira, o espírito Amaral Ornellas escreve, no dia 24 de junho de 1958, por intermédio de Chico Xavier, um soneto intitulado

Século XX

Ante o século XX, em que a vida proclama
A vitória solar do cérebro sublime,
Alastram-se no mundo a santidade e o crime,
A glória senhoril e a decadência em lama.

---

[10] O ESPÍRITA MINEIRO. Belo Horizonte: UEM, out. 1952. p. 3.

Alteia-se no espaço a inteligência em chama,
Enquanto, a pleno chão, em lágrimas se exprime
O espírito sem fé a que se acolhe ou arrime
Entre a aflição que o fere e a luta que o reclama.

Qual estrela, porém, sobre o estranho conflito,
Refulge o Espiritismo – a fonte do Infinito,
A verter sem que o lodo a tisne ou sobrenade!

A grandeza do Céu volve a falar de novo...
É Jesus que retorna ao coração do povo
Para erguer sobre a Terra a nova humanidade.

Amaral Ornellas[11]

Chico Xavier na sede da UEM, com Maria Philomena Aluotto Berutto e José Martins Peralva Sobrinho, em 8 de novembro de 1974, antes da solenidade de entrega do título de Cidadania Honorária de Belo Horizonte, concedido ao médium, por unanimidade, em cumprimento ao disposto na Lei 2.131, de 20 de setembro de 1972, do Projeto do vereador Sérgio Ferrara. (Acervo: Casa de Chico Xavier)

---

[11] O ESPÍRITA MINEIRO. Belo Horizonte: UEM, jun./jul. 1958. [s.d.t.]. Inserido no livro *Chico Xavier – Mandato de amor*, organizado por Geraldo Lemos Neto (UEM, 1993, p. 159).

Chico Xavier em Barbacena

Chico Xavier esteve, de acordo com reportagem do jornal *O Atalaia*[12] de fevereiro de 2013, na sede do Grupo Espírita Astral Paraíso do Bem na cidade de Barbacena, em Minas Gerais, em julho de 1936, por, pelo menos, duas vezes, e na ocasião psicografou mensagens de Emmanuel, Anthero de Quental e Camilo Martins, um dos benfeitores espirituais do referido grupo. No ano seguinte, 1937, segundo o biógrafo Luciano Napoleão da Costa e Silva, Chico conheceu Maria Lacerda de Moura, uma estudiosa dos fenômenos mediúnicos, e participou de reuniões de um grupo teosófico em Barbacena, nas quais houve comunicações de espíritos afeitos à cultura e à religião hindus:

> "Convidado por ela a conhecer seu grupo, Chico teve permissão de Emmanuel para visitá-lo. Em companhia de seu chefe, Dr. Rômulo, assistiu a várias reuniões, onde, através de sua clarividência, pôde ver as entidades que se apresentavam no decorrer dos trabalhos. D. Maria Lacerda de Moura disse-lhe estar convencida quanto à sobrevivência da alma, afirmando-lhe que, se desencarnasse primeiro, ela voltaria e iria ao seu encontro para escrever, se lhe permitissem. Em 1945, ela desencarnou. Passado algum tempo, em abril de 1951, cumprindo o prometido, utilizou-se de seu amigo como veículo e transmitiu uma mensagem, hoje contida no livro 'Falando à Terra'" (COSTA E SILVA, 2004, p. 150-151).[13]

---

[12] Segundo Nelson Xavier, presidente do Grupo Espírita Astral Paraíso do Bem de Barbacena, o jornal *O Atalaia* foi o primeiro informativo espírita da região, com sua primeira edição publicada no dia 5 de setembro de 1937, chegando a circular por todo o território nacional.

[13] COSTA E SILVA, Luciano N. *Chico Xavier – O mineiro do século*. Bragança Paulista: Lachâtre, 2004. p. 150-151.

A espiritista Marlene Nobre, na Revista Espírita de 1977, relata o mesmo caso, mas com mais detalhes contados pelo ex-patrão de Chico Xavier na Fazenda Modelo, Dr. Rômulo Joviano, quando este estava em Barbacena a serviço do Ministério da Agricultura:

> "(...) quando em visita a uma parenta sua, a escritora Maria Lacerda de Moura. A distinta intelectual, espiritualista, dirigia um grupo teosófico, ou orientalista, naquela cidade. Dr. Rômulo Joviano visitou-a, em companhia de Chico, assistindo aos estudos do grupo. Após a dirigente da assembleia haver escrito no quadro negro algumas palavras em português, possivelmente um 'mantram' para meditação dos presentes, nosso Chico recebe, através da psicofonia sonambúlica, uma mensagem em idioma hindu

Capa da edição especial do jornal *O Atalaia,* noticiando a visita de Chico Xavier a Barbacena no mês de julho de 1936. (Do jornal *O Atalaia,* p. 1)

(*sic*), havendo a entidade comunicante conduzido o médium até o mesmo quadro negro, onde traçou diversas expressões, ininteligíveis para os presentes, mas que foram posteriormente reconhecidas como 'mantrans', grafados em caracteres sânscritos" (REVISTA ESPÍRITA, 1977, p. 30).

Para apreciação do leitor, seguem algumas mensagens psicografadas por Chico Xavier na cidade de Barbacena:

Revivescência do Cristianismo

Meus amigos,

Nenhum labor há tão bendito, na atualidade, como a preocupação, por parte de quantos se dedicam aos ideais sacrossantos do Espiritualismo, no tocante à questão educativa do indivíduo e das massas, para a organização necessária dos novos sistemas da atividade humana, em todos os seus setores mais variados.

O Espiritualismo à base do Evangelho, amigos, é o edifício do futuro. E será o instituto novo, a fonte das concepções de justiça e fraternidade requeridas pela regeneração social dos tempos em que viveis. Chegastes ao fim de um ciclo evolutivo da humanidade com a vossa civilização moderna, rica de conquistas científicas do século, mas extremamente pobre de fé e de idealismo construtor. A derrocada dos sistemas de governo que vêm infelicitando a humanidade é um fato incontestável.

Assistis, no domínio político, a luta entre as nacionalidades atônitas e surpresas, diante do comunismo e do fascismo, que nada poderão realizar sem despertarem, na consciência pessoal e coletiva, os germes da força e da resistência da fé.

Mussolini, com seus exércitos, se esquece de que a uma juventude não basta o sentimento inflamado de patriotismo bem informado a respeito das vitórias da pátria.

Para a mocidade moderna, falta esperança e fé para o plano das grandes realizações. O mundo está saturado de instituições de paz fictícia, cheio de comédias diplomáticas, cansado de comoções revolucionárias. A sociedade hodierna é aquela do antigo 'imperium romanum', onde se endeusava todas as banalidades da superfície das coisas.

As ideias religiosas de vossa época transformaram-se em problema de esnobismo. Não há confiança e nem fé nas forças realizadoras que cada personalidade traz em si.

O grande problema da atualidade é a revivescência do Evangelho, mormente na esfera educativa. É necessário organizar a geração nova para as realizações superiores do porvir. Somente o Cristianismo restaurado pode oferecer base para a concórdia universal.

Faz-se preciso esclarecimentos de todos para que a coletividade experimente os benefícios da nossa consoladora doutrina. É preciso a ação de cada um, em favor do exemplo individual de compreensão da verdade, sem o que os edifícios teóricos são castelos sobre a areia.

Que se esclareça o homem no conhecimento de si mesmo à luz do humanismo cristão. As vossas democracias e as vossas ditaduras são apenas formas de transição para a conquista imensa do porvir, em que, dentro da claridade do Evangelho cristão, não haverá miseráveis, porquanto a Terra produz o bastante para sustentar eficientemente a todas as criaturas, necessitando-se apenas de leis econômicas que façam desaparecer o quadro doloroso dos infelizes e dos famintos.

Vosso labor é abençoado, amigos!

Procurai organizar, formar a geração que há de espargir os benefícios do Alto, no dia novo da humanidade. Deus vos dará forças para prosseguirdes, como sempre, como vanguardeiros do ideal de perfeição espiritual sobre a Terra, como soldados da bandeira luminosa da paz, que ignora facções, os regionalismos, as armas e os partidos.

Que Deus vos guie e vos abençoe.

Emmanuel

(Mensagem psicografada por Chico Xavier, no dia 15 de julho de 1936, na sede do Grupo Espírita Astral Paraíso do Bem – Coração de Jesus, na cidade de Barbacena, Minas Gerais.)

A lição da morte

As verdades celestes decifraram
Os mistérios da dor da sepultura,
Do além que não é mais a noite escura,
Pois que os mortos seus túmulos deixaram.

Suas vozes divinas se elevaram
Sobre a treva pesada da amargura,
Ensinando o caminho da ventura
Nas estradas que os homens desprezaram.

E sobre a vida em lágrimas e dores
A morte espalha estranhos resplendores
Do seu mundo de luz puro e bendito,

Disseminando em doce claridade
O sonho lindo da fraternidade
Na luminosa pátria do Infinito.

Anthero de Quental

(Soneto psicografado por Chico Xavier, no dia 15 de julho de 1936, na sede do Grupo Espírita Astral Paraíso do Bem – Coração de Jesus, na cidade de Barbacena, Minas Gerais.)

Trabalhadores e assistidos do Grupo Espírita Astral Paraíso do Bem de Barbacena, fundado em 1926. (Acervo: Grupo Espírita Astral Paraíso do Bem)

Chico Xavier em Juiz de Fora

O movimento espírita de Juiz de Fora sempre foi bastante dinâmico e com forte influência no Estado de Minas Gerais. Por razões profissionais, Chico Xavier, esteve, muitas vezes, visitando a cidade.

Sabe-se que entre os dias 18 a 21 de maio de 1942, o médium mineiro psicografou, na Casa de Kardec, situada na Rua do Sampaio, nº 425, mensagens inéditas dos espíritos amigos, algumas publicadas apenas em opúsculos distribuídos em edição limitada, desconhecidos do grande público.

Dentro desse programa, no dia 19 de maio o conhecido benfeitor espiritual Bezerra de Menezes deixou o seu recado no Centro Espírita Dias da Cruz. No dia 20 de maio, no Centro Espírita União, Humildade e Caridade, o espírito Venâncio Café deixou a sua palavra carregada de fraternidade e união.[14]

No ano de 1945, de 2 a 9 de setembro, Chico Xavier e Dr. Rômulo Joviano participaram da Semana Espírita naquela localidade, envolvendo companheiros de várias cidades (Cruzeiro, Barra do Piraí, Rio de Janeiro, Três Rios, Barbacena, Astolfo Dutra, Belo Horizonte e São Paulo), entre eles alguns importantes militantes da época, como Leopoldo Machado, Cesar Burnier, Orvile Dutra, Astolfo de Oliveira, Jacques Aboab e muitos outros.

Para apreciação do leitor, seguem algumas mensagens psicografadas por Chico Xavier na cidade de Juiz de Fora:

---

[14] Segundo o pesquisador Eduardo Carvalho Monteiro, o espírito Venâncio Café, mais conhecido como Padre Café, foi figura de destaque na história de Juiz de Fora, tornando-se padre em 1891, aos 45 anos de idade, desencarnando aos 51. Tido por todos como uma pessoa muito carismática e bondosa, há na cidade, inclusive, um centro espírita com o seu nome.

Nova luz

Desfez-se a sombra do mistério errante.
E as vozes da Mansão Desconhecida
Trazem à morte estranha e indefinida
A mensagem da vida triunfante!

É a compassiva luz de outro levante,
Revelando a beleza de outra vida,
Sol para a Terra escura e irredimida,
Fé para a humanidade vacilante.

Há claridade sobre a noite imensa.
Cai a negra muralha da descrença
Aos lampejos celestes da verdade.

É a nova luz divina que se eleva
Nos turbilhões de lágrimas e treva,
Traçando a senda para a eternidade.

Anthero de Quental

(Soneto psicografado por Chico Xavier, em reunião pública no Centro Espírita Venâncio Café, na cidade de Juiz de Fora, Minas Gerais, em 1945.)[15]

Mensagem de André Luiz para o Grupo Hadajed

Irmãos de Hadajed
– Tutelados de Nébia –
Companheiros muito amados,

---

[15] XAVIER, 1983, p. 11-12.

A paz do Senhor nos equilibre os corações no ministério da santificação.

Somos lutadores do campo espiritual na revelação da vida eterna.

Coube-nos a honra de procurar sem repouso os imperecíveis dons da imortalidade e o descanso não nos felicitará até que a vitória da luz se efetue, indiscutível, no círculo de nossas vidas.

Nosso esforço é diverso, entretanto, o objetivo é único.

Tentamos a espiritualização do homem para sublimar a vida.

Buscais a materialização do espírito para convencer a mente.

Espiritualizando o coração e santificando o cérebro, através da bondade e do respeito, à frente das leis eternas, entrelacemos nossas mãos na obra que nos compete realizar.

A cidade de Juiz de Fora em 1942.
(Do site *images.comunidades.net*)

Urge, porém, saibais, antes de tudo, que cada criatura é sede de soberana inteligência, criando e renovando, destruindo e criando de novo, por intermédio da milagrosa química do pensamento.

Para sublimarmos o sentimento do homem, é necessário renunciemos à ascensão, a fim de permanecer, convosco, nos recôncavos do vale sombrio, testemunho esse que nos é sumamente grato ao coração que não aspira a outra glória senão a de servir ao Senhor, concretizando-lhe os desígnios.

Quanto a vós outros, que aceitastes a missão de revelar a imortalidade, utilizando as vossas mais elevadas energias, é imprescindível vos ajusteis a determinados imperativos, sem cuja observância não ultrapassareis a região dos ensaios construtivos, quando a bondade do Cristo nos assinala a jornada com as mais sublimes demonstrações de misericórdia.

A leviandade produz raios perturbadores.

A maledicência improvisa raios inquietantes.

A vaidade estabelece raios de loucura.

A cólera emite raios mortíferos.

A preguiça produz raios entorpecentes.

A mentira improvisa raios obscuros.

A sensualidade emite raios degradantes.

O hábito inveterado da carne estabelece raios animalizadores.

O tabagismo improvisa raios tóxicos.

A dipsomania produz raios viciosos.

O desalento emite raios congelantes.

Aqui nos reportamos não a emissões de forças mentais que se fazem acompanhar de enfermidades, aflições e morte, quais sejam as oriundas da delinquência em suas multiformes manifestações, porque permanecem sob a vigilância da justiça humana. Referimo-nos a delitos que se ocultam diariamente sob as aparências do bem, sancionados pelos códigos sociais em todos os ângulos do mundo, mas que expressam sistemas de perturbação e destruição de nossas melhores possibilidades na tarefa que, por nossa felicidade, nos foi atualmente cometida.

Convidamos, assim, os nossos amados companheiros deste santuário, onde as nossas esperanças se elevam puras e multiplicadas ao Senhor, a que nos reajustemos, individualmente, na direção do triunfo que as Esferas Superiores nos prometem.

O amor em Jesus produz raios de vida abundante.

O respeito emite raios confortadores.

A simplicidade improvisa raios de alegria.

A humildade cria raios santificadores.

O bom ânimo emite raios de saúde.

A temperança mental produz raios equilibrantes.

A bondade improvisa raios de luz.

O trabalho estabelece raios libertadores.

O perdão emite raios de auxílio.

A harmonia cria raios de paz.

A confiança produz raios de elevação.

A prece emite raios de beleza eterna, conduzindo a alma ao manancial divino.

Nesse quadro, restauremos a esfera vibracional de nossa mente para que permaneçamos centralizados no Cristo, Sol de nossos destinos, à maneira dos mundos que em nosso sistema gravitam, felizes e soberanos, em torno do astro do dia.

Irmãos, mais fácil é obedecer às sugestões do bem que precipitar a própria alma nos desfiladeiros da sombra, em face das insinuações do mal.

Nosso roteiro brilha traçado nas mãos do Mestre

Chico Xavier na Comunidade Espírita A Casa do Caminho em Juiz de Fora, no dia 09/05/1976. Da esquerda para a direita: Ramiro Campos, Rolando Ramacciotti, Isabel Salomão Campos, Chico Xavier e D. Neném Aluotto. (Acervo: Comunidade Espírita A Casa do Caminho)

que, através da cruz, materializou a ressurreição e sublimou o mundo.

Estreita é a senda.

Escasso é o tempo no corpo físico.

Passageira é a oportunidade.

Gloriosa é a dor.

Bendito é o sofrimento.

Renovadora é a luta.

Benéficas são as preocupações da marcha.

Santa é a responsabilidade.

Doce é amar e perdoar sempre.

Sublime é a fé.

Dadivosa é a esperança.

Dignificante é o trabalho.

Salvadora é a tarefa de servir aos outros.

Divino serviço é acompanhar o Mestre dos Mestres e perseverar em companhia dele até ao fim.

Por que vacilar então?

Diante de nossos olhos deslumbrados, revela-se o câmbio da eternidade: flores por espinhos, bênçãos por pedras, glórias por sofrimentos, ascensões por sacrifícios, cânticos de júbilo por lágrimas silenciosas, realizações no céu por insignificantes trabalhos na Terra. Não há lugar para a hesitação.

Subiremos, por amor, convosco, aos mais altos cumes, ou também, por amor, resvalaremos convosco no abismo das sombras.

Quem ama segue e confia. Seguiremos Jesus, confiando igualmente em vós. Que ele, nosso Mestre e Senhor, nos abençoe para sempre.

André Luiz

(Mensagem psicografada por Chico Xavier, em reunião pública no Grupo Espírita Hadajed, na cidade de Juiz de Fora, Minas Gerais, no dia 04/07/1949.)[16]

No santuário da fé

A doutrina consoladora dos espíritos abre-nos gloriosas portas de colaboração fraternal. Perdendo na esfera da posse transitória, ganharemos sempre nas possibilidades de conquistar a luz imperecível. Não duvideis. Movimentos enormes de discórdia humana se processam instante a instante enquanto as

---

[16] *Ibidem*, p. 37-41.

armas descansam ensarilhadas. A guerra, com a sua corte de aflições e angústias, não cedeu ainda um centímetro de terreno ao edifício da paz verdadeira, porquanto o ódio e a crueldade permanecem instalados no coração humano. Não esperemos o êxtase da Nova Aurora, mantendo-nos no círculo estreito da crença improdutiva. Se o Senhor nos conferiu olhos para o deslumbramento e ouvidos para a harmonia, deu-nos igualmente coração para sentir, mãos para agir, mente para descortinar, obedecer e orientar. A obra da criação terrestre foi edificada, mas ainda não terminou. Milhões de missionários do progresso humano colaboram ativamente nos campos diversos em que se subdivide a prosperidade do conhecimento. Nós outros, contudo, fomos conduzidos ao santuário para a preservação

Equipe da Comunidade Espírita A Casa do Caminho de Juiz de Fora em visita a Chico Xavier no Grupo Espírita da Prece, em 1981. (Acervo: Comunidade Espírita A Casa do Caminho)

da luz divina. Mantenhamos, pois, nossas lâmpadas acesas, e acima da perquirição coloquemos a consciência.

Emmanuel

(Mensagem psicografada por Chico Xavier, em reunião pública no Centro Espírita Venâncio Café, na cidade de Juiz de Fora, Minas Gerais, em 1951.)[17]

Chico Xavier em Muriaé

A partir do início dos anos 1940, já como funcionário da Fazenda Modelo do Ministério da Agricultura em Pedro Leopoldo, Chico Xavier ia à cidade de Muriaé a serviço, quase sempre no mês de setembro, vistoriar os animais da exposição agropecuária. Em seus momentos de lazer, participou de reuniões nas instituições espíritas da região, ou mesmo de cultos realizados na casa de alguns amigos lá residentes, onde psicografou inúmeras mensagens que, infelizmente, se perderam no tempo.

Segundo informativo do Centro Espírita Anjo Gabriel, nessas ocasiões ele costumava se hospedar na residência do então prefeito Candinho de Castro e visitava alguns amigos, entre eles o casal Alcino Guanabara de Araújo Freitas e Maria Sabino Freitas, chegando, inclusive, a ser padrinho de casamento de uma de suas das filhas.

Na revista *Reformador* de junho de 1950, encontra-

---

[17] XAVIER, 1983, p. 71-72.

mos uma mensagem do espírito Aires de Oliveira psicografada pelo médium Chico Xavier quando esteve na cidade, em junho de 1949:

"Meus amigos, o Senhor nos ilumine e fortaleça.

O Espiritismo é a grande luz que se derrama em catadupas de bênçãos sobre a humanidade sofredora e atormentada; e cada santuário doméstico, que lhe entroniza a claridade no altar mais íntimo é abençoado núcleo distribuidor dos celestes dons que fluem, incessantemente, do Alto. Temos aqui, portanto, a revelação do porvir terrestre.

A verdade, libertada dos tempos de pedra que a algemam a férreos princípios convencionais, atravessa o lar à maneira de corrente cristalina, aliviando corações dilacerados, sarando velhas úlceras e preparando almas para a vida eterna.

Prescindimos aqui do sacerdócio organizado, porque individualmente cada companheiro oficia ao Supremo Senhor no santuário de si mesmo; dispensamos o fausto do culto externo, porquanto a veste do crente é a sua indumentária viva de sentimentos edificantes; não necessitamos de códigos preestabelecidos a legislarem sobre a nossa fé, porque a convicção da imortalidade nasce pura e sublime no livro de cada um de nós, expresso no coração com que amamos e vibramos dentro da vida. Maior revelação não encontraremos por agora, além dessa bendita oportunidade de serviço com Jesus, em sagrado conjunto de forças a se desdobrarem, uníssonas, à procura da concretização da caridade e da harmonia da Terra.

Um lar sintonizado com o Cristo é uma orquestra divina. Contemplam-se os instrumentos do bem, aí dentro, espontaneamente compondo a música do amor em derredor de todos os peregrinos que marcham nos círculos de luta redentora em busca da espiritualidade superior.

Não temos, desse modo, mensagem mais expressiva a recordar-vos senão a da oportunidade santificante que repousa em vossas mãos.

Cada servidor é chamado à tarefa que lhe é própria. Cada trabalhador tem serviço especializado na obra do mundo, qual ocorre à semente que se reveste de utilidade diferente nas leiras da vida.

Cada missionário permanece no ministério de que é detentor. Cada conjunto de servidores, trabalhadores e missionários guarda responsabilidades diversas em nossos círculos. Assim, saudamos não só a fé renovadora que vos possui, mas também a diligência que vos assinala os passos no desempenho das obrigações que vos cumprem executar.

Crede que a riqueza do lar convertido em manancial do Evangelho é tesouro cobiçado por milhões de operários que perderam o dia ou que esfacelaram as ferramentas que a Bondade Divina lhes confiou. Grande é, por isso, a vossa fortuna à frente do erário eterno e maior será o vosso galardão se souberdes marchar unidos ao encontro dos objetivos que nos entrelaçam os propósitos. E essa jornada, meus amigos, no fundo, é constituída por serviço constante no bem. Cada ângulo de dor do caminho, cada irmão desesperado, cada companheiro ignorante e desiludido representam ocasiões luminosas de ação com o Senhor. O discípulo distraído costuma perder-se em variadas e inúteis indagações, com respeito às provas, olvidando que as provas mais elevadas da Terra não são aquelas que a dor traz habitualmente consigo, arrasando, muitas vezes, os corações desprevenidos e invigilantes.

Cada momento de socorro aos semelhantes, no capítulo da bondade e da tolerância, é realmente glorioso minuto de prova benemérita, no qual poderemos desenvolver nossa capacidade máxima de assimilação do Evangelho salvador.

Em vista dessa verdade, este é o nosso roteiro com o Cristo – atividade com Jesus, nos setores do esforço diário, a fim de que não precisemos escrever Espiritismo para os outros, mas que o Espiritismo escreva em nós as suas lições imperecíveis de iluminação, santificação e vitória. Que o Mestre nos abençoe a divina aspiração de executar-lhe os desígnios soberanos e misericordiosos, onde estivermos, são os votos do irmão e servo reconhecido" (REFORMADOR, 1950, p. 12-13).

Lenine Passos, Ircema Freitas, Chico Xavier, Sebastião Lasneau e esposa, em Muriaé no dia 03/07/1951. (Acervo: Centro Espírita Anjo Gabriel (CEAG))

Assis, Chico Xavier, Ircema Freitas e Terezinha Assis, em Muriaé, em 1950.
(Acervo: Centro Espírita Anjo Gabriel (CEAG))

Chico Xavier em Lavras

Quando nos referimos à cidade de Lavras, nos referimos à inesquecível companheira de ideal Yvonne Amaral Pereira, médium carioca de excelentes faculdades mediúnicas e uma das grandes expressões da literatura espírita, que por lá residiu por muitos anos.

De acordo com a Aliança Municipal Espírita daquela localidade,[19] Yvonne Amaral Pereira era, nos anos 1920, secretária do Centro Espírita de Lavras e consta entre seus registros o pedido de sua filiação à Federação Espírita Brasileira assinado por ela no dia 14 de novembro de 1928. Importante ressaltar que o Centro Espírita de Lavras foi fundado em 31 de janeiro de 1920, mas teve a sua razão social alterada e em 18 de junho de 1961 passou a chamar-se Centro Espírita Augusto Silva.

Outras informações não menos importantes encontramos nos livros *Sementeira de luz* (p. 350-353;545) e *Sementeira de paz* (p. 141),[20] quando, através da mediunidade psicográfica de Chico Xavier, o espírito Arthur Joviano (Neio Lúcio) menciona a viagem que o então patrão de Chico Xavier na Fazenda Modelo Dr. Rômulo Joviano fez a Lavras junto do filho Roberto para o seu ingresso no Instituto Gammon, no qual cursou o científico (formando-se em 1946) e, posteriormente, prestou o serviço militar. Na mensagem "As reuniões familiares" (p. 545) do *Sementeira de luz*, Neio Lúcio menciona Lavras como sendo a melhor opção para a educação média do neto à época, embora a significativa distância do ambiente doméstico.

---

[19] Disponível em: < http://amelavras.webnode.com.br/products/centro-espirita-augusto-silva/>. Acesso em: 31 mar. 2016.
[20] XAVIER; JOVIANO, 2006, p. 350-353;545; XAVIER, Francisco Cândido; JOVIANO, Wanda Amorim. *Sementeira de paz*. 2. ed. Vinha de Luz, 2015. p. 141.

Carta de irmão

Meu amigo, se procuras
A Nova Revelação,
Não menosprezes, na Terra,
A própria renovação.

Curiosidade é caminho,
Mas a fé que permanece
É construção luminosa
Que só o trabalho oferece.

A dúvida honesta e nobre
Tem a sua recompensa,
Mas sem auxílio a ti mesmo
Não terás a luz da crença.

Conheço-te as aflições,
As ansiedades, as dores...
E reconheço-te a fuga
Nos planos exteriores.

Inventas preocupações,
Carregas fardos mentais,
Multiplicas fantasias
Dos sentidos corporais.

Complicando os teus deveres,
Tentando domínio inglório,
Padeces atormentado
Na sede do transitório.

E vens pedir, pressuroso,
Soluções claras e extremas,
Contudo os desencarnados
Não resolvem teus problemas.

Fenômenos para os olhos
Tomados à luta alheia,
Na maioria não passam
De castelos sobre a areia.

Antes de tudo é preciso
Que ilumines a razão,
Buscando purificar
O cérebro e o coração.

Volta, pois, o teu caminho.
Faze o bem. Evita o mal.
Encontrarás, em ti mesmo,
A vida espiritual.

Nada vale observar,
Nas estradas da existência,
Sem valor positivo
Da luta e da experiência.

Espiritismo é uma escola
De vida, verdade e luz,
Que reclama do aprendiz
A aplicação com Jesus.

Casimiro Cunha

(Mensagem psicografada por Chico Xavier, em reunião pública no Centro Espírita de Lavras, Lavras, Minas Gerais, no dia 25/08/1945.)[21]

---

[21] XAVIER, 1983, p. 15-17.

Ama e espera

Emudece o teu pranto. Cala o grito
De revolta na dor que te encarcera,
Por mais negra, mais rude, mais sincera
A mágoa estranha de teu peito aflito.

Em toda a Terra há lágrimas e conflito,
Ruínas do mundo que se desespera.
Ama e sofre, trabalha e persevera
Na esperança de paz e de infinito.

Peregrino do campo, atormentado,
Rompe os elos e as trevas do passado,
Fita a luz do porvir resplandecente.

Instituto Gammon, em Lavras. Instituição presbiteriana centenária, que teve entre seus alunos, de 1943 a 1946, o filho de Dr. Rômulo Joviano, Roberto Amorim Joviano. (Acervo: *Jornal de Lavras*)

O Centro Espírita de Lavras foi fundado em 1920 e em 1961 passou a se chamar Centro Espírita Augusto Silva. Teve como uma de suas secretárias a médium carioca Yvonne Amaral Pereira, que residiu nessa localidade mineira por muitos anos. Foi por meio de ofício seu que a entidade se filiou à Federeção Espírita Brasileira, em 14 de novembro de 1928. (Acervo: AME-Lavras)

Muito além do terrível sorvedouro,
Nas estradas liriais de acanto e louro,
O sol do amor refulge eternamente.

Cruz e Sousa

(Soneto psicografado por Chico Xavier, em reunião pública no Centro Espírita de Lavras, Lavras, Minas Gerais, no dia 04/09/1946.)[22]

---

[22] XAVIER, 1983, p. 20-21.

Segue e confia

Vive na eterna luz que aperfeiçoa
A compreensão da vida clara e imensa,
Servindo ao mundo, alheio à recompensa,
Cultivando a humildade terna e boa.

Seja a esperança a lúcida coroa
Com que brilhes na sombra fria e densa
Da noite da maldade e da descrença
Que perturba, destrói e amaldiçoa.

Sob as desilusões, penas e assombros,
Não sepultes teus sonhos nos escombros
Do amargo desalento que te invade!

Rota a veste de carne, que redime,
Encontrarás a luz pura e sublime
No divino país da Eternidade.

Cruz e Sousa

(Soneto psicografado por Chico Xavier, em reunião pública no Centro Espírita de Lavras, Lavras, Minas Gerais, no dia 04/09/1946.)[23]

Chico Xavier em Leopoldina

Chico Xavier viajava pelo interior do Estado de Minas Gerais como servidor público do Ministério da Agricultura acompanhando as exposições agropecuárias, como já afirmamos anteriormente e, em geral, visitava a cidade de Leopoldina no mês de julho.

---

[23] XAVIER, 1983, p. 22-23.

Centro Espírita Amor ao Próximo, da cidade de Leopoldina.
(Do jornal *O Vigilante Online*)

No Centro Espírita Amor ao Próximo, instituição fundada em 3 de junho de 1906,[24] Chico Xavier psicografou diversas mensagens, entre elas do poeta imortal do "Eu", Augusto dos Anjos, nascido em 20 de abril de 1884 e desencarnado em Leopoldina no dia 12 de novembro de 1914.

Aos investigadores da verdade

Debalde procurais a alma divina
No acervo de bactérias e de humores,
No banquete dos vermes gozadores
Que o processo anatômico examina.

---

[24] Disponível em: < http://ovigilanteonline.com/centro-espirita-amor-ao-proximo-de-leopoldina-comemora-110-anos-em-junho/>. Acesso em: 31 mar. 2016.

Prisioneiros do cálcio e da albumina,
Mergulhados no pântano das dores,
Sois, ainda, veros sofredores,
Vencendo a noite em sombra, sangue e ruína.

Findo o baile macabro dos instintos,
No cárcere trevoso dos helmintos,
Voltareis à verdade augusta e forte!

E vencidos no horror do último cerco,
Encontrareis no túmulo de esterco
A claridade angélica da morte!...

Augusto dos Anjos

(Soneto psicografado por Chico Xavier, em reunião pública do Centro Espírita Amor ao Próximo, na cidade de Leopoldina, Minas Gerais, no dia 26/06/1946.)[25]

A dor

Vi a dor caminhando em negra estrada,
Qual megera da sombra, em noite escura,
E perguntei, ralado de amargura:
– "Por que nasceste, bruxa desvairada?

Por que ostentas a espada estranha e dura
Sobre o seio da vida atormentada,
Reduzindo à miséria, cinza e nada
Todo sonho de paz e de ventura?"

---

[25] XAVIER, 1983, p. 18-19.

Mas a dor respondeu: – "Cala-te, amigo!
Na torturada senda em que prossigo,
O veneno do mal morre infecundo.

Sem meu gládio que salva, pouco a pouco,
O homem padeceria cego e louco,
Em tenebrosos cárceres do mundo!..."

Anthero de Quental

(Soneto psicografado por Chico Xavier, em reunião pública no Centro Espírita Amor ao Próximo, na cidade de Leopoldina, Minas Gerais, em 28/06/1949.)[26]

Exortação

Homem, além da sombra transitória,
Sob a qual, por azêmola, te arrastas,
No turbilhão de células madrastas,
A vida esplende em fúlgida vitória.

Foge ao charco de treva merencória.
E no campo espúrio de mentiras gastas,
Das senis ilusões em que te afastas,
Da grandeza imortal da própria glória,

Abre os braços ao Cristo que te impele
A dominar a carne escura e imbele
Que a pavorosos pântanos te inclina.

[26] XAVIER, 1983, p. 33-34.

Vence a fera que trazes do passado
E subirás ao píncaro estrelado –
Ave liberta da mansão divina.

Augusto dos Anjos

(Soneto psicografado por Chico Xavier, em reunião pública do Centro Espírita Amor ao Próximo, na cidade de Leopoldina, Minas Gerais, no dia 28/06/1949.)[27]

Palavras de irmão

O Espiritismo com Jesus é o edifício do aperfeiçoamento moral que os corações de boa vontade estão erigindo para o mundo.

Se você não puder trazer planos completos para a sublime edificação, ajude a levantar o conjunto da obra redentora.

Se não conseguir responsabilizar-se por algum trecho isolado das paredes de luz, traga o tijolo da colaboração fraterna.

Se você não possui alguns gramas de cimento para contribuir no serviço, coopere com um punhado de areia.

Se não puder partilhar o esforço coletivo de instalação e equipamento do santuário, ofereça uma prece pelo fortalecimento dos que se empenham

---

[27] XAVIER, 1983, p. 35-36.

na sagrada realização. Mas se lhe não é possível o concurso do coração ou da inteligência, do apoio material ou do próprio suor, não perturbe os raros trabalhadores que se dedicam ao levantamento desse refúgio divino da humanidade.

Quanto você não puder auxiliar espontaneamente aqueles que consagram alguma coisa de si mesmos à execução dos projetos salvadores do Mestre, guarde respeitoso silêncio em seu verbo, e que as suas mãos não apedrejem os servos que se movimentam na concretização dos celestes desígnios.

Conferindo-lhe a claridade santificante da Doutrina da Luz e Amor, o Cristo honrou a sua existência com elevado mandato de serviço, mas se o seu espírito prefere a posição do mendigo, não prejudique os colaboradores do Senhor, a fim de que eles possam socorrer o seu próprio coração nos dias escuros da necessidade que você atravessará, certamente, mais tarde, na amargura e no desencanto do mordomo infiel que reteve, debalde, a gleba da bênção e da oportunidade sem qualquer produção para os celeiros do bem.

André Luiz

(Mensagem psicografada por Chico Xavier, em reunião pública do Centro Espírita Amor ao Próximo, na cidade de Leopoldina, Minas Gerais, no dia 26/06/1950.)[28]

---

[28] XAVIER, 1983, p. 59-60.

Diante da noite

Clamando em toda a Terra há sofrimento insano,
Ao látego da dor que vibra estrada afora,
Abrindo sem cessar, em sombra que apavora,
Os conflitos do mal escuro e desumano.

Enquanto o mundo hostil se despedaça e chora,
Desditoso e revel no extremo desengano,
Abre teu coração ao Cristo soberano
E aguarda a nova luz da sublimada aurora.

Ruge, em torno de nós, a tempestade imensa...
O aquilão da impiedade e o frio da descrença
Trazem negrume e lama à carne transitória.

Somente com Jesus a alma operosa e atenta
Vive acima da treva e acima da tormenta,
Prelibando o esplendor da suprema vitória.

Amaral Ornellas

(Soneto psicografado por Chico Xavier, em reunião pública do Centro Espírita Amor ao Próximo, na cidade de Leopoldina, Minas Gerais, no dia 28/06/1950.)[29]

Ao caminheiro da redenção

Peregrino da dor que regenera,
Humilhado nas pedras do caminho,
Ergue teus olhos ao celeste ninho
E arrimado no amor confia e espera.

---

[29] XAVIER, 1983, p. 61-62.

Além da poda, que é flagelo à vida,
Fulgem messes divinas de fartura.
E além das aflições da noite escura
Surge a aurora de paz indefinida.

Toda vitória sobre a natureza
Reclama sacrifício, mágoa e luta.
Aos golpes do buril, a pedra bruta
Conquista a glória e o brilho da beleza.

Assim, pois, o obstáculo e o problema,
O infortúnio, a miséria, a angústia e a prova
São recursos de acesso à vida nova,
Portas abertas para a luz suprema.

Registro da visita de Chico Xavier ao Parque de Exposições de Leopoldina como funcionário do Ministério da Agricultura, lotado na Fazenda Modelo de Pedro Leopoldo. Na foto, da esquerda para a direita: Isaltino Silveira, Washington Andries, Chico Xavier, Alcino Guanabara, Oldemar Montenári e Nicota.
(Do jornal *leopoldinense.com.br*)

Segue, assim, tua senda áspera e fria,
Louvando a cruz que te lacera os ombros.
Depois do fel de todos os escombros
Penetrarás o templo da alegria.

Carmen Cinira

(Poema psicografado por Chico Xavier, em reunião pública do Centro Espírita Amor ao Próximo, na cidade de Leopoldina, Minas Gerais, no dia 28/06/1950.)[30]

Vinde e servi

Vinde e plantai na vinha em que o bem se revela
Pelas mãos de Jesus no eterno amor divino!
Vinde e renovareis a rota do destino
Para a glória do Além, onde a paz se acastela.

Uma côdea de pão, uma frase singela,
Uma flor de perdão num gesto pequenino,
Um sorriso fraterno à dor do peregrino,
Tudo é semente em luz renovadora e bela.

Vinde e servi cantando, enquanto fulge o dia,
Semeando na Terra empedrada e sombria
A fé viva e imortal que a ilumine e conforte.

---

[30] XAVIER, 1983, p. 63-64.

Preparai, desde agora, o pão que vos aguarde
E não mais chorareis com quem soluça tarde,
No celeiro vazio e escuro, além da morte!...

Amaral Ornellas

(Soneto psicografado por Chico Xavier, em reunião pública do Centro Espírita Amor ao Próximo, na cidade de Leopoldina, Minas Gerais, no dia 02/07/1950.)[31]

Ajudemos

Meus amigos,

Sem a sabedoria não há caminho, mas sem amor não há luz.

Em verdade, não podemos dispensar, em nossas cogitações doutrinárias, as lides da cultura acadêmica, que nos facilitem a jornada para diante.

O livro, o jornal, a tribuna, o gabinete, o laboratório e a pesquisa são forças imprescindíveis à formação do homem espiritualizado da Nova Era. Entretanto, observando os problemas complexos da atualidade, quando a ciência erige catafalcos à própria grandeza, intoxicando os valores intelectuais de todas as procedências, é imperioso atender, acima de tudo, à sementeira do coração.

No amor, situou Jesus a metrópole viva do Evange-

---

[31] XAVIER, 1983, p. 65-66.

lho. Não podemos, por isso, olvidar as nossas obrigações de operários da regeneração humana, que precisa começar de nós mesmos, sob a direção da bondade infatigável, única força que realmente nos melhorará, uns à frente dos outros.

Para nós, que esposamos no Espiritismo cristão a nossa cátedra e a nossa oficina, o santuário de nossos princípios e o lar de nossos ideais, o serviço de assistência ao espírito popular constitui sagrado labor. Espiritismo que auxilie as mães e as crianças, os jovens e os velhos, os que lutam e sofrem, os que anseiam pela melhoria própria e os que esperam o consolo da fé vigorosa e transformadora que a Doutrina encerra em seus postulados de solidariedade e justiça, amor e compreensão.

Entendemos a importância das teorias e das predicações preciosas e sabemos que, sem o grupo selecionado de instrutores, a lição se veria desfigurada em sua pureza; contudo, em toda parte, nesta sombria e pesada hora que vamos atravessando na Terra, aflitivas necessidades envenenam a vida. Em todos os lugares, a ignorância tripudia sobre a dor, a indiferença lança doloroso sarcasmo à fé e o mal, aparentemente triunfante, humilha o bem que se oculta. No turbilhão de conflitos que asfixiam as melhores aspirações do povo, é necessário sejamos o apoio fraterno e providencial de quantos se colocam em busca de um roteiro para as esferas mais altas. Somos naturalmente os braços multiplicados do Amigo Divino da Humanidade e, nessas condições, é imprescindível nos movimentemos na execução dos nossos programas de fraternidade legítima.

Esperam por Jesus e, consequentemente, por nós outros, que detemos a presunção de representá-lo, a criança sem agasalho moral, o doente sem coragem, os pais aflitos, os servidores anônimos do progresso, os jovens carentes de auxílio, os aprendizes vacilantes da fé, os transviados da experiência humana, os infelizes irmãos nossos que o cipoal do crime entonteceu e arrojou a escuros despenhadeiros, os sedentos de luz divina, as mães humildes que ajudam o crescimento da prosperidade geral, os corações esquecidos nas zonas sombrias da inquietação e da renúncia pelo bem de todos, e as almas nobres e generosas que se apagam nos trilhos evolutivos, na defesa e na preservação do lar e na consagração à glória da felicidade comum. Jornadeiam, muitas vezes, sem alegria e sem nome, na posição de romeiros da boa vontade... Passam, obscuros e dilacerados, buscando, porém, a Pátria Maior, para cuja grandeza volvem, ansiosos, o olhar e o pensamento.

É nesses companheiros da luta e do serviço que precisamos centralizar os nossos maiores e melhores impulsos de ajudar, esclarecer e cooperar. É nesse labor de solidariedade efetiva que devemos concentrar as nossas atenções e interesses, a fim de que o Espiritismo se transforme, por nossa conduta e por nossas mãos, na força irresistível de restauração e socorro à coletividade.

Haverá, sim, agora e sempre, a equipe dos investigadores que nos garanta o tesouro da inteligência. Sitiados em gloriosos cenáculos da discussão e do estudo, seguirão entre pesquisas e hipóteses, assegurando os méritos intelectuais da escola e da teoria; contudo é forçoso reconhecer que nós outros, os seareiros do Evangelho, necessitamos avançar despertos para as obras da verdadeira confraternização.

O Espiritismo, não duvideis, é a luz de uma nova renascença para o mundo inteiro. Para que a sublime renovação se concretize, porém, é necessário nos convertamos em raios vivos de sua santificante claridade, ajustando a nossa individualidade aos imperativos do infinito bem.

Unamo-nos, desse modo, em espírito e coração, no serviço a que estamos destinados.

Ajudemos. E convictos de que o amor e a sabedoria constituem o alvo divino de nossa marcha asilemo--nos no templo da Boa Nova, afeiçoando a nossa existência, em definitivo, aos exemplos do Mestre e Senhor, a benefício da nossa redenção para sempre.

Emmanuel

(Mensagem psicografada por Chico Xavier, em reunião pública do Centro Espírita Amor ao Próximo, na cidade de Leopoldina, Minas Gerais, em 02/07/1951.)[32]

Em 17 de junho de 1942, o espírito Emmanuel, por meio de uma mensagem particular, dá uma injeção de bom ânimo em Joaquim Augusto Vaz, à época em que ele e os companheiros de ideal Caetano Mero, Luiz Fernandes e outros dirigentes da então União Federativa Espírita Paulista mantiveram no ar, por quase dois anos, a primeira emissora de rádio genuinamente espírita do Brasil, a Rádio Piratininga, que, na oportunidade, vinha sofrendo pressões de todos os lados, tendo, inclusive, o seu prefixo cassado por influência de alguns integrantes do movimento católico no governo Getúlio Vargas.

---

[32] XAVIER, 1983, p. 73-77.

A mensagem, reproduzida a seguir, tem caráter intimista, mas seus conselhos servem para todos aqueles que militam no Espiritismo. Está inserida no livro *Chico Xavier inédito – Psicografias ainda não publicadas*, do pesquisador Eduardo Carvalho Monteiro:

"Meu caro irmão Vaz,

Deus te abençoe o espírito dedicado e laborioso.

É ao teu coração, meu bom amigo, que dirijo as presentes palavras. Com que direito? Poderias perguntar, naturalmente. E eu, que aqui me encontro na qualidade de irmão mais velho, posso dizer que estou usando os direitos do amor. Falece-me autoridade, bem o reconheço, mas o amor vibra em minh'alma e é por essa mesma razão que te dirijo este apelo.

Ouve, meu amigo! Que companheiro mais devotado para nós outros, poderia existir, além de Jesus? Ouçamo-lo no divino silêncio de nossa alma consagrada ao seu divino serviço. E a voz de Jesus tem profunda ressonância em nossas almas. Busquemos anotar a grandeza espiritual de suas afirmativas que nos induzem ao perdão, ao amor, à caridade fraternal. Por que manter o círculo de preocupações obscuras em torno de teu coração, sempre devotado ao trabalho do bem?

O homem, meu amigo, por vezes, não observa de pronto a rede sutil de perseguições que lhe colheu o espírito menos avisado. Teu maravilhoso jardim, cheio das flores e das bênçãos de Deus, atraiu o pensamento de malfeitores solertes e ingratos. Não permitas que os resultados divinos dos teus esforços de discípulo sincero sejam arrebatados. Volta a erguer as muralhas de tua fé; não abandones a defesa de teu patrimônio espiritual. A luta é grande, o esforço não se poderá atenuar em nenhuma estação da experiência purificadora e amigos devotados inclinam-se, da esfera espiritual, sobre os teus caminhos, de maneira que se faça mais luz em teu espírito bondoso. Não te entregues, meu amigo, às cogitações dispersivas, conduzindo-te pelo espírito de discórdia que avassala os caminhos de numerosos irmãos. Conhecemos o quilate de teus esforços para não obedecer aos alvitres sutis, tantas vezes lançados sobre a esfera de teus pensamentos, pelas esferas da sombra.

Lutaste, trabalhaste, em vão tens ponderado laboriosamente. Entretanto, pedimos-te, de coração, mais um esforço. Não desfaças a oportunidade de reunir novamente o teu trabalho ao de teus amigos. Não te sintas ofendido por ninguém. Volta, meu filho, ao cultivo do jardim de tua fé. Se tens mágoas, esquece e renova os teus serviços com amor. As árvores podadas assemelham-se às almas em experiências dolorosas. Deixa que os ramos novos cresçam de novo em torno de teus caminhos. Acaso terias esquecido que nos devemos amar reciprocamente como irmãos?

Quem te fala é teu amigo nas lutas milenares. Jesus não permitiria minha voz ao teu lado, nestas palavras, se não tivéssemos um laço mútuo no caminho obscuro do passado espiritual. Muitas vezes, meu caro Vaz, também eu levei muito longe a minha severidade no julgar, quase sempre me perdi pelo personalismo extravagante, inutilizei sagrados ensejos de aprender pelo meu excessivo egoísmo na esfera individual. Raramente aceitava a colaboração de meus amigos, quando destoasse de meus princípios pessoais, e não poucas vezes movimentei as forças do escândalo para assentar-me tranquilamente nas posições do aplauso público. Mas ai de mim, meu amigo! Minha severidade era inútil, meu personalismo, um veneno cruel que não atacava senão a mim próprio.

Vês, portanto, que te fala um irmão mais velho, que se honra em te escrever como um pai. Fui sempre mau e egoísta em passados de sombra e, por isso, aqui estou para te dizer: meu filho, volta à harmonia com os teus irmãos. Quanto te dispuseres a esse ato de amor haverás de ver que o sol de Jesus é bastante para quebrar toda a atmosfera psíquica que te rodeia, desde algum tempo. Estaremos contigo para o bom trabalho; entretanto, é indispensável que estejas também conosco.

Não te percas em perspectivas de processos do mundo. Esquece a ilusão de que os tribunais convencionalistas podem estabelecer a concórdia nos corações. Aliás, meu amigo, semelhante movimentação judicial, no quadro de lutas da Terra, nada mais operaria que um sério agravante em tuas responsabilidades espirituais. Esquece a fantasia venenosa daqueles que ainda não despertaram a consciência para a luz do Evangelho. Ainda que todos te ofendessem, ainda que todos te insultassem, aproximar-me-ia de teu coração e repetiria: perdoa, meu filho.

Além do mais, todos te amam; os companheiros sentem a falta de tua cooperação. Por que tamanha tormenta por um simples mal-entendido que poderia solucionar-se por um carinhoso aperto de mãos? Volta, meu caro Vaz, a ti mesmo e examina, em minha companhia espiritual, o problema da fraternidade necessária. O que te posso afirmar é que cada irmão espera por ti, com transportes de júbilo no espírito confiante. Lembra, meu filho, que a realização radiofônica dos trabalhos paulistas é um patrimônio que pertence a nós todos, encarnados e desencarnados. Trata-se de uma obra com o Cristo e para o Cristo. O dinheiro, as expressões materiais, as lutas humanas e os atritos comuns aí deveriam funcionar como simples instrumentos transitórios necessários à consecução do fruto divino. O que interessa é esse fruto, meu filho! Por que deturpá-lo com as nossas franquezas quando o Senhor no-lo oferece substancioso e puro? Somos o tronco repleto de sujidades pelo nosso pretérito delituoso, mas Jesus fará frutificar os nossos esforços, desde que não lhe perturbemos o ato de dar.

O Mestre quer ofertar — será possível que não saibamos nem mesmo receber em nosso próprio proveito? Considera comigo, no silêncio do coração, semelhantes questões, e volta aos teus amigos do dia de ontem. Todos te aguardam, com anseios fraternais. Cessa a tempestade para que os serviços se harmonizem. Recordemos que a semeadura e a messe pertencem ao Senhor. Somos simples arados em suas mãos divinas e essa circunstância, a nós outros, deve constituir um motivo de júbilo santo. Sinto que teu coração redarguirá que talvez não tenhamos aprendido a extensão de tuas contrariedades e o volume de teus sofrimentos, mas somos dos primeiros a reconhecer que, ainda mesmo que houvesse semelhantes razões a serem consideradas, o problema seria de somenos importância.

Por que nos impressionarmos com a luta experimentada no mínimo que nos foi confiada na Terra, quando Jesus faz sempre o máximo serviço, em silêncio sagrado, afastando-se do nosso olhar agradecido? Não, meu amigo, vejamos o caminho radioso que nos aguarda. Esquece os espinhos e as pedras para pensar tão-somente nos terrenos fecundos que esperam por tuas mãos. Vem, de novo, ao esforço da cooperação desinteressada e sincera. És a chave de uma grande porta para a harmonização de companheiros valorosos e abnegados. Permite que Jesus te utilize, meu filho. Vai a cada um daqueles que se tornaram solidários na discórdia para que a união os encontre, novamente, no caminho de Jesus. É tão difícil subir a montanha, entretanto, não temas os cansaços da ascensão. Serei teu cajado de arrimo para que a harmonia felicite o ambiente geral. Que a PIRATININGA seja, de novo, a casa da alegria e da boa luz para todos. Vai sorrir e vai chorar ao lado de teus amigos. Esquece o dia de ontem para meditar tão-só a profunda misericórdia da Providência Divina. Lembra que o Senhor, cada dia, nos abre um livro de crédito na vida universal. Sua bondade está sempre interessada em olvidar nossos débitos.

Volta a ti mesmo, meu filho, e quando houveres feito isso, com sinceridade, sentirás, de perto, minha palavra fraterna em seu coração.

Tenho procurado auxiliar-te, buscando reerguer tuas forças e o estado de nossa irmã Genuína, tua generosa companheira de lutas e alegrias na Terra. Se puderes, meu amigo, não desprezes meu apelo amoroso. Não te peço por mim, mas, e sim, pelo Cristo. E quando abraçares aos teus irmãos, quando a harmonia se fizer novamente em teus caminhos, hás de sentir, nesse instante, o calor de uns lábios

velhos nas tuas mãos. Serei eu que te levarei o ósculo da paz, certo de que, acima de tudo, colocaste
os interesses de Jesus Cristo.

Teu irmão e servo humilde,

Emmanuel"

(MONTEIRO, 2004, p. 72-76).[33]

Chico Xavier em Monte Carmelo

Segundo Marival Veloso de Matos, no livro *Chico Xavier no Monte Carmelo*, a primeira instituição espírita da cidade de Monte Carmelo foi o Centro Espírita Humildade, Amor e Luz, em funcionamento desde 1934, mas constituído oficialmente no dia 15 de dezembro de 1937. Chico Xavier esteve na cidade no período compreendido entre 1956 a 1959. É interessante destacar que pouco antes da transferência da residência de Chico Xavier de Pedro Leopoldo para Uberaba, ocorrida em 5 de janeiro de 1959, ele esteve em Monte Carmelo no mês de dezembro de 1958.

Nesse período, em uma dessas visitas às instituições espíritas da cidade, ele esteve no Centro Espírita Humildade, Amor e Luz na noite de 23 de julho de 1956, onde psicografou mensagens do espírito Emmanuel, divididas, didaticamente, em tópicos. Posteriormente, retornou à cidade, psicografando no Centro Espírita Luz e Caridade, em 24 de dezembro de 1958, mensagens do espírito Emmanuel, e novamente dividida em tópicos, o que deixou surpreso o próprio médium, que disse: "*Meu Deus, que beleza! É a primeira*

---

[33] MONTEIRO, 2004, p. 72-76.

vez que o nosso Emmanuel transmite uma mensagem como esta, em tópicos! Ela, com efeito, dá o que pensar!".

Emmanuel, em perfeita sintonia com as obras da codificação kardequiana, destaca a importância da assistência social e do estudo, seguindo a conhecida recomendação *"Espíritas, amai-vos, eis o primeiro ensinamento; instrui-vos, eis o segundo"*.[34]

Aliás, quando me perguntam o que Chico Xavier pensava sobre essa questão, digo que ele costumava dizer que se Allan Kardec tivesse enunciado que fora do Espiritismo não haveria salvação, ele teria abandonado o Espiritismo e seria um cristão em seu sentido mais amplo. Entretanto, os benfeitores maiores haviam sinalizado que "Fora da caridade não há salvação". De acordo com o *O Livro dos Espíritos* (pergunta 886), o sentido da palavra "caridade" deve ser entendido como benevolência para com todos, indulgência para com as imperfeições alheias e perdão das ofensas.

Para apreciação do leitor, seguem as mensagens de autoria do espírito Emmanuel: "Culto da assistência" e "Culto do estudo".

Culto da assistência

1. Jesus e a assistência
Por que teria Jesus multiplicado os pães para a multidão que lhe ouvia a palavra?
Decerto que se o maná da revelação pudesse atender, de maneira total, às necessidades da alma no plano físico, não se preocuparia o Senhor em movimentar as migalhas do mundo para satisfazer à turba faminta.

---

[34] Cf. *O Evangelho segundo o Espiritismo*, de Allan Kardec, Capítulo VI, "O Cristo consolador", no item "Advento do Espírito de Verdade".

É que o estômago vazio e o corpo doente alucinam os olhos e perturbam os ouvidos, impedindo a função do entendimento.

O viajante perdido no deserto, atormentado de secura, não compreenderá, de pronto, qualquer referência à Justiça Divina e à imortalidade da alma, de vez que retém a visão encadeada à sede que lhe segrega o espírito em miragens asfixiantes. Ao portador da verdade compete o dever de mitigar-lhe a aflição com a gota d'água, capaz de libertá-lo, a fim de que se lhe reajustem a tranquilidade e o equilíbrio.

A obra espírita-cristã não se resume, pois, à predicação pura e simples.

Jesus descerrou sublimados horizontes ao êxtase da humanidade, mas curou o cego de Jericó, refazendo-lhe as pupilas. Entendeu-se com os orientadores de Israel, comentando a excelsitude das leis divinas; entretanto, consagrou-se à recuperação dos alienados mentais que jaziam perdidos nas trevas. Indicava a conquista do céu por meta divina ao voo das esperanças humanas; contudo devolveu a saúde aos paralíticos. Referiu-se à pureza dos lírios do campo; todavia, não olvidou o socorro aos leprosos, em sânie e chagas. Transfigurou-se em nume celeste no Tabor, mas não desprezou a experiência vulgar da praça pública. É que o Evangelho define a restauração do homem total.

A alma humana é a crisálida do anjo, como a Terra é material para a edificação do reino de Deus.

Desprezar a fraternidade uns para com os outros, mantendo a flama do conhecimento superior, será o mesmo que encarcerar a lâmpada acesa numa torre admirável, relegando à sombra os que padecem, desesperados, ou que se imobilizam, inermes, em derredor.

2. Assistência como dever

É indispensável o culto da solidariedade como simples dever.

Todos possuímos algo para dar.

O níquel da assistência consoladora.

A roupa esquecida ou imprestável.

O pão que sobra à mesa.

A frase reconfortante.

O livro renovador.

A bênção de uma prece.

Não nos reportamos, porém, à esmola suplicada. Dizemos da ação espontânea do amor fraterno que procura os companheiros menos felizes para socorrê-los nas provas difíceis e deprimentes, copiando a infinita Bondade Celestial que não nos aguarda atitudes mendicantes para doar-nos a luz do sol.

Se recolhemos a bênção do Senhor, em cada instante da estrada, é justo saibamos estendê-la aos que nos cercam, em nome do Cristo vivo que não nos desampara.

Precisamos da lídima caridade uns para com os outros, como necessitamos do ar que nos sustenta.

Caridade sem tributo de gratidão.

Caridade sem ostentação de virtude.

Caridade como saúde da alma.

Caridade como hábito justo.

Caridade como inadiável obrigação.

3. Espiritismo e assistência

O Espiritismo cria em nossa existência novos costumes e novos modos de ser.

É a renovação da mente em Cristo, integrando-nos na verdade que nos fará livres, através da preciosa escravidão aos nossos deveres.

E estabelecemos novo plano de relações em nosso campo doméstico e social.

A compreensão pacifica-nos o espírito.

O trabalho adquire valor mais amplo.

A oração converte-se em alimento de cada dia.

E a caridade aparece aos nossos olhos, em sua função de tutora de paz, impelindo-nos ao Sumo Bem.

Mas por que admitir que somente poderemos exercê-la, monumentalizando instituições de salvação?

Por que delegar ao amanhã o serviço de hoje?

A enfermidade observa-nos a saúde.

A carência do vizinho repara-nos a abundância.

A dor, sem lágrimas, ouve-nos o cântico de alegria.

Dispomos de estudos frequentes, de reuniões sistemáticas, de preces diárias... Por que não instituir em nossas tarefas doutrinárias o culto semanal da assistência fraterna?

Conhecemos os espinheiros e os pântanos do caminho. E sabendo que todos somos irmãos como avançar para a glória da frente, escutando os gritos de revolta e os soluços de sofrimento de quantos ainda se enleiam à miséria da retaguarda?

Jesus passou entre os homens ensinando e servindo, trazendo o Céu à Terra ou elevando a Terra para o Céu. Por agora, não podemos dizer ao paralítico "levanta-te e anda", mas não devemos esquecer que a migalha de pão, a gota de leite, a peça agasalhante, o frasco de remédio, a página luminosa, a flor da amizade, a frase edificante, a visita espontânea e a prece amiga podem realizar milagres de amor, levantando os companheiros que sofrem para que empreendam em si mesmos a viagem de retorno das trevas para a luz.

4. Apelo fraterno

Quanto possas, assim, ainda que seja por algumas horas de um dia em cada sete, na equipe dos irmãos de ideal ou simplesmente sozinho, atende ao culto semanal da caridade como dever.

Faze-o, porém, com amor e humildade, porque somente através da humildade e do amor o teu gesto de fraternidade e carinho não se transformará em fel da vaidade constrangedora.

É imprescindível sejamos entendidos no ato de auxiliar, para que não tenhamos em troca a desconfiança e a amargura daqueles que nos esperam ternura e cooperação.

Há companheiros em lutas expiatórias tão complexas que não dispensam o apoio incessante, enquanto atravessam as faixas da vida física.

Lembra-te, no entanto, do pão e da luz com que Deus te socorre, todos os dias, e ajuda sempre.

O olvido temporário da carne, enquanto é hoje, não te deixa perceber a medida dos próprios débitos.

Se agora é o teu momento de dar, amanhã pode surgir a tua hora de receber.

Não te faças representar por outrem ao lado de quem padece.

Dinheiro e autoridade convencional, respeitáveis embora, não compram na vida os talentos do coração.

Doarás alimento e remédio, reconforto e carinho aos que jazem nas algemas da angústia, mas, em troca, todos eles dar-te-ão coragem e esperança, fortaleza e consolo, valorizando-te, no corpo terrestre, a responsabilidade de agir e viver.

Deixarás a tenda dos tristes, diminuindo a própria tristeza, deixarás os cegos, louvando os próprios olhos, contemplarás o paralítico, sentindo a graça do movimento, e despedir-te-ás dos enfermos e dos loucos, dos fracos e infelizes, agradecendo ao Senhor a ventura de poder ajudar.

Não esperes, desse modo, pelo concurso dos outros para sustentar a fonte do bem.

Concedeu-te Jesus no Espiritismo que te abençoa a porta de trabalho e esperança para o acesso à Vida Maior.

Ora, estuda, aprende e ensina a verdade, mas não olvides a leitura do amor no livro das almas.

Observa as leis da vida, entendendo-se e ajudando os corações que te cercam para que te não emaranhes na sombra ante o esplendor do Grande Caminho. E confiando-te à solidariedade como simples dever perceberás, junto de cada aflição, a presença do Cristo, o divino Benfeitor, que resumiu o seu Evangelho de luz no mandamento inesquecível: "Amai-vos uns aos outros como eu vos amei".[35]

---

[35] Mensagem psicografada por Chico Xavier, em reunião pública na noite de 23 de julho de 1956, no Centro Espírita Humildade, Amor e Luz, na cidade de Monte Carmelo, Minas Gerais. Constante do livro *Chico Xavier no Monte Carmelo* (UEM, 2004, p. 30-34).

Culto do estudo

1. Jesus e estudo

Realmente, Jesus começou o apostolado divino junto à festa de Caná, exaltando os júbilos da família, contudo é importante verificar que o seu primeiro contato com a vida pública se realizou, quando ainda em criança, com os sábios do templo de Jerusalém.

Registrando o acontecimento, diz Lucas que o menino foi encontrado "entre os doutores, ouvindo-os e interrogando-os".

Decerto, mostrava o Senhor, desde cedo, acendrado amor pelas criaturas.

Na intimidade do lar, em Nazaré, muita vez teria conduzido ao carinho maternal esse ou aquele faminto da estrada, um ou outro animal doente... Fixava o céu noturno, convidando José da Galileia à oração ante o altar das estrelas, e nesse ou naquele passeio através das montanhas convidava os pequeninos companheiros à contemplação das flores em êxtase infantil.

Entretanto, por força dos desígnios superiores que lhe orientavam a divina missão no mundo, o Evangelho lhe destaca da meninice apenas o encontro com os professores do santuário, como a endereçar ao porvir a sua preocupação de aperfeiçoamento.

É que o Mestre divino não veio à Terra apenas para religar ossos quebrados ou reaviventar corpos doentes, mas, acima de tudo, descerrar horizontes libertadores à sublime visão da alma, banindo o cativeiro da superstição e do fanatismo.

Em meio ao corpo de hosanas que fazia levantar da

turba de enfermos e paralíticos, efetuava a pregação do reino de Deus que, no fundo, era sempre aula de profunda sabedoria, despertando a mente popular para a imortalidade e para a justiça.

Fosse no tope do monte, ao pé da multidão desorientada, ou no recinto das sinagogas onde lia os escritos sagrados para ouvintes atentos, fosse na casa de Pedro, alinhando anotações da Boa Nova, ou na barca dos pescadores que convertia em cátedra luminosa na universidade da natureza, foi sempre o mestre leal ao ministério do ensino, erguendo consciências e levantando corações, não somente no socorro às necessidades de superfície, mas na solução integral aos problemas da vida eterna.

2. Estudo como dever

Compreendamos, assim, nas instituições do Espiritismo, que restauram o Evangelho para a atualidade, o culto do estudo edificante como simples dever.

Todos detemos conosco graves lições.

O estilete da angústia na própria alma.

A expiação em família.

A moléstia humilhante.

A inibição aflitiva.

A inadaptação social.

A trama da obsessão.

A esperança frustrada.

Buscar sistematicamente o alívio de uma hora, sem penetrar a essência da dor, é o mesmo que adquirir panaceias de ilusão e adotar a irresponsabilidade como norma de vida.

Por isso mesmo, é indispensável sacudir o marasmo

do conformismo nos recessos do próprio ser, focando a observação em linhas renovadoras da emotividade e do pensamento para que se nos elevem percepções e concepções no rumo do progresso.

Para isso, é indispensável que o estudo nos favoreça, porquanto a existência é passo da evolução em que o conhecimento é pão do espírito, quanto o pão material é sustento do corpo.

Estudo sem ostentação de saber.

Estudo sem paranoia intelectual.

Estudo por trabalho incessante.

Estudo como hábito nobre nos domínios da cooperação e do entendimento.

3. Espiritismo e estudo

O Espiritismo não pode ser, assim, uma doutrina estanque nas manifestações exteriores.

Nem costumes automáticos, nem atitudes enquistadas por votos de confiança.

As assembleias em que se exprimem, quais aquelas dos cristãos primitivos, devem ser reuniões de intercâmbio cultural, em que as letras consoladoras e educativas, interpretadas pela inteligência madura, se constituam substância nutriente das almas.

Em seu clima de liberdade santificante, todos os temas da vida podem passar pelo crivo da razão, enriquecendo o discernimento.

Banida pela imposição da lógica, a absurdidade dogmática cede lugar à experimentação digna, em que a ciência guindada à respeitabilidade da consciência aclara a convicção, ensinando-a, não apenas a ouvir e ver, mas também a compreender e servir.

Eis porque um templo espírita não se resume à função de hospital para criaturas enfermiças e torturadas, mas é, sobretudo, uma escola aberta aos interesses supremos do ser e do destino, em que todas as atividades, quando corretamente dirigidas, são aprendizados de caráter sublime, desde a simples manifestação dos desencarnados em desajuste até a preleção dos grandes mensageiros da Esfera Superior.

Do excelso Mentor que balsamizava dores físicas e curava chagas da carne, ouvimos, certa feita, a promessa preciosa: "Conhecereis a verdade e a verdade vos fará livres".

E todos sabemos que é preciso conhecer para renovar, para progredir.

Mais que os outros sistemas de fé, o Espiritismo reconhece a necessidade do COMBATE PACÍFICO à praga da ignorância. Da ignorância que nos espia no lar, por egoísmo doméstico, que nos surpreende

Centro Espírita Luz e Caridade, em Monte Carmelo, onde Chico psicografou a mensagem "Culto do Estudo". (Acervo: Centro Espírita Luz e Caridade)

na rua, em forma de crueldade, que nos estarrece na paisagem social, em forma de delinquência, que asfixia as nações, por venenoso orgulho de raça. Restaurando o paralítico, disse-lhe Jesus: "Levanta--te e anda", e despedindo a mulher sofredora, aconselhou, persuasório: "Vai e não erres mais". Isso equivale dizer: "Ergue-te e caminha adiante", "Segue e aprende a viver".

No desdobramento de nossa tarefa doutrinária, não nos compete, pois, esquecer que se a obra espírita é apoio à solução das lutas pendentes no campo físico é também amparo definitivo às inquietações do campo espiritual, sedento de amor e luz.

4. Apelo fraterno

Quanto seja possível, ainda mesmo, por alguns raros minutos durante o dia, atende ao culto do estudo nobilitante por simples obrigação. Faze-o, no entanto, com humildade e atenção, para que a indiferença te não encegueça e para que a vaidade se não imiscua em tuas disposições.

Distribui alimento e remédio, agasalho e conforto aos que choram desfalecentes na retaguarda, que a caridade é dever primordial a que ninguém pode fugir sem dano imprevisível, todavia, instruindo-te a preço de esforço próprio, ajuda o serviço da educação geral em favor de ti mesmo.

Alfabetiza alguém que espera pelo devotamento alheio, a fim de ler com desembaraço, e auxilia a escola para que se mantenha por radiante farol a desintegrar o nevoeiro mental que arruína o mundo.

Compadece-te do estômago vazio de teu irmão em humanidade, mas não lhe relegues o coração ao império da sombra.

Uma página consoladora, uma frase instrutiva, um opúsculo edificante e uma hora de conversação iluminativa realizam prodígios de felicidade e beleza, alegria e esperança.

Lembremo-nos de que, transcorridos quase vinte séculos sobre o Cristo na manjedoura, ainda hoje podemos encontrá-lo, palpitante e sublime, no templo do Evangelho em forma de livro.

Todos os grandes orientadores da Terra estão vivos no caminho comum através do ensinamento que nos legaram.

Reverenciemos, desse modo, os livros nobilitantes que nos tragam à mente os reflexos da vida superior, a fim de que a nossa vocação para o bem não se perca no labirinto dos caprichos particulares.

A caridade levanta.

A educação ilumina.

O culto do estudo é força da ascensão espiritual, colocando-nos em sintonia com os planos superiores, para que nos discipline o trabalho e se nos avive o discernimento.

Por essa razão, nos primórdios da codificação kardequiana, o Espírito da Verdade exortou-nos, convincente: "Espíritas, amai-vos! – eis o primeiro ensino. Instrui-vos! – eis o segundo".

E foi talvez por isso que se o Senhor nos disse "Amai-vos uns aos outros como eu vos amei", advertiu-nos, igualmente: "Brilhe, na Terra, a vossa luz".[36]

---

[36] Mensagem psicografada por Chico Xavier, em reunião pública na noite de 24 de dezembro de 1958, no Centro Espírita Luz e Caridade, na cidade de Monte Carmelo, Minas Gerais. Constante do livro *Chico Xavier no Monte Carmelo* (UEM, 2004, p. 37-42).

Seguem, para apreciação do leitor, outras mensagens psicografadas por Chico Xavier na cidade de Monte Carmelo:

Caridade

Faze da caridade a redentora chama,
Cuja auréola solar, renovadora e pura,
Seja paz e consolo à sombra e à desventura
Do espinheiral da dor em que o fel se derrama.

Surja, embora, a aflição, ajuda, espera e ama!
Não te firam, na Terra, a maldade e a secura.
Segue plantando o bem na noite imensa e escura
Em que a ilusão tateia imersa em treva e lama.

Vergastado, sorri! Humilhado, abençoa!...
E nas lutas cruéis com que o mal te aguilhoa
Sustenta, na renúncia, a força de vencê-las.

E, um dia, a caridade em que, humilde, te abrasas,
Tecer-te-á, cantando, a luz de níveas asas
Para a glória imortal, no fulgor das estrelas.

Amaral Ornellas

(Soneto psicografado por Chico Xavier, em reunião pública no Centro Espírita Luz e Caridade, na cidade de Monte Carmelo, Minas Gerais, no dia 27/07/56.)[37]

---

[37] *Ibidem*, p. 53.

Humildade, Amor e Luz

Humildade, Amor e Luz,
Eis fulgente trilogia,
Criando e desenvolvendo
A grande sabedoria.

Mas guardando o trio nobre
Que esclarece e que redime,
Temos, em tudo, a humildade
Brilhando por dom sublime.

Nessa virtude celeste,
De transcendente beleza,
É que o Céu se comunica.
As bênçãos da natureza

Vê-la-eis, doce e constante,
Presente, embora esquecida,
Assegurando, bondosa,
Os fundamentos da vida.

A rocha que desprezamos,
Sozinha, triste e inferior,
É o braço firme da Terra,
Suportando o vale em flor.

A fonte que chora e canta,
Batida na pedra dura,
É corrente generosa,
Transportando água mais pura.

Os córregos rebaixados
Às furnas, de raro acesso,
Compõem o grande rio
Que nos garante o progresso.

A tempestade que sofre
Acusação e labéu,
É força que purifica
A majestade do céu.

A semente pequenina,
A segregar-se no chão,
É reserva indispensável
De paz, alegria e pão.

O ferro que experimenta
A pressão da forja em brasa
Conquista graça e respeito
Na serventia da casa.

A lagarta rude e feia,
De máscara monstruosa,
Tece o fio primoroso
Para a seda preciosa.

A pedra pobre, a ocultar-se,
Servindo, sem descansar,
Assegura o reconforto
E a segurança do lar.

O papel simples e frágil,
Quase inútil na aparência,
Recolhe as fulgurações
Que nascem da inteligência.

A santa simplicidade,
Em sua auréola bendita,
Conserva a glória de Deus
A refazer-se, infinita.

Busquemos, pois, a humildade,
Sob as lições de Jesus,
E guardemos conosco
As bênçãos de Amor e Luz.

Casimiro Cunha

(Poema psicografado por Chico Xavier, em reunião
pública no Centro Espírita Humildade, Amor e Luz,
na cidade de Monte Carmelo, Minas Gerais, no dia
26/07/1956.)[38]

Chico Xavier em Ituiutaba

Da cidade de Ituiutaba não poderíamos deixar de destacar a atuação do médium Jerônimo Mendonça, o qual tive a oportunidade de conhecer no Grupo Espírita da Prece, em Uberaba. Nascido em 1 de novembro de 1939, e desencarnado em 25 de novembro de 1989, sua vida foi exemplo de superação de limites, ficando ele conhecido no meio espírita como o "Gigante deitado".

Aproveito para também registrar a atuação aparentemente discreta, mas corajosa e segura, do médium Antônio Baduy Filho, seja em suas atividades doutrinárias e sociais na cidade, seja como médium psicógrafo de mensagens de alto valor moral e filosófico.[39]

A mensagem a seguir foi psicografada por Chico Xavier quando esteve no Educandário Ituiutabano, instituição fundada por iniciativa da União da Mocidade Espírita de

---

[38] XAVIER, 1983, p. 43-45.
[39] Aqui também destacamos a conhecida mensagem do espírito Hilário Silva, psicografada por Antônio Baduy Filho, e intitulada "A volta de Allan Kardec", afirmando que Chico Xavier seria – ou é – a reencarnação de Allan Kardec, recebida na 34ª Confraternização de Mocidades e Madurezas Espíritas do Triângulo Mineiro (COMMETRIM), em Ituiutaba, no dia 31 de outubro de 1997.

Educandário Ituiutabano, em Ituiutaba, onde Chico Xavier esteve no ano de 1971, durante a 8ª Confraternização de Mocidades Espíritas e Madurezas Espíritas do Triângulo Mineiro e Alto Paranaíba (COMMETRIM). A foto, da sua inauguração, data de 1958. (Do blog *Estrela da Manhã*)

Ituiutaba (UMEI), cuja construção teve início em 1954 e sua inauguração levada a efeito em 9 de fevereiro de 1958.

Caridade da luz

Santa – a moeda amiga ao tornar-se carinho,
Em todo lar sem pão que a penúria flagela,
Enaltecida sempre – a roupa mais singela,
Que protege a nudez ao vento e ao desalinho!...

Glorificado seja – o pouso que tutela
O enfermo relegado às pedras do caminho,
Preciosa – a afeição para quem vai sozinho,
Trancando-se na dor em que se desmantela...

Nobreza – em toda ação que represente amparo
Do auxílio de um vintém ao apoio mais raro
Que a simpatia expresse e a bondade presida!...

Brilhe em tudo, porém, com mais força e grandeza,
A palavra do bom que apure a natureza,
Iluminando o amor e libertando a vida!...

Auta de Souza

(Soneto psicografado por Chico Xavier, em reunião
pública no Educandário Ituiutabano, na cidade de
Ituiutaba, Minas Gerais, no dia 31/07/1971.)[40]

Chico Xavier em Ituiutaba. À mesa, Aurea Muniz Fratari e Chico Xavier.
Em pé: Márcia França. Atrás de Chico, sentado, vemos Weaker Batista.
(Do blog *Estrela da Manhã*)

---

[40] XAVIER, 1983, p. 134-135.

Chico Xavier em Conselheiro Lafaiete

Sobre a presença de Chico Xavier em Conselheiro Lafaiete temos poucas informações, porém, no livro *Através do tempo*, encontramos a psicografia a seguir, registrando que o médium esteve naquela cidade no ano de 1951, visitando o Grupo Espírita Paz, instituição fundada por abnegados trabalhadores em 1906, quando o município ainda se chamava Queluz.

Mensagem fraternal

Se procuras a paz na luta que te isola
A esperança ferida e o sonho penitente,
Não fujas à lição que te ampara e acalenta,
E aceita o mundo hostil por sacrossanta escola.

Grupo Espírita Paz, em Conselheiro Lafaiete, onde Chico Xavier
esteve em 1951. (Acervo: Grupo Espírita Paz)

O Espiritismo é a luz que alimenta e consola,
Aclarando e brunindo o coração e a mente
No Evangelho do amor que brilha renascente
Sobre a treva abismal em que a fé se acrisola.

Louva, de pés sangrando, a aflição que te oprime
E confia-te à luz dadivosa e sublime
Que desfaz para sempre a sombra transitória!

E de alma erguida ao céu, embora a angústia, o açoite,
Alcançarás, cantando, além da grande noite,
A claridade eterna e a suprema vitória.

Amaral Ornellas

(Soneto psicografado por Chico Xavier, em reunião pública do Centro Espírita Paz, na cidade de Conselheiro Lafaiete, Minas Gerais, em 1951.)[41]

Chico Xavier em Araxá

De acordo com o jornal *Folha Espírita Francisco Caixeta* (edição de 2011), Chico Xavier esteve em Araxá no ano de 1956 na companhia de Waldo Vieira. Entre aqueles que tiveram a oportunidade de lá encontrar Chico Xavier estava a companheira de ideal Delacir de Melo Ramos (que já tinha ido a Pedro Leopoldo conhecer o Chico) e sua inseparável amiga Francisca Martins de Oliveira (mais conhecida como Chica).

---

[41] XAVIER, 1983, p. 69-70.

Em seu depoimento sobre essa estada de Chico Xavier em Araxá muitas são as lembranças de Delacir, à época presidente do Centro Espírita Francisco Caixeta, e nele enfatizou uma característica predominante da personalidade do médium mineiro, sempre demonstrada em todos os lugares pelos quais passou: *"(...) Ele estava sempre alegre, sempre sorridente. Nunca estava triste, fechado. Era uma alegria só, contagiante. (...)."*

Em uma carta enviada a Delacir, datada de 3 agosto de 1956, Chico revela sua alma generosa e agradecida, principalmente em razão das fotos recebidas da amiga, que registraram sua passagem pelo Triângulo Mineiro:

"Prezadíssima irmã Delacir,

Jesus nos abençoe.

Com a alma repleta de saudades de todos vocês, recebi sua carta confortadora com os retratos-recordações. Você não pode imaginar como fiquei contente. Deus lhe retribua pelo imenso reconforto que o seu gesto me deu.

Parece-me, prezada irmã, que vivi num sonho... Araxá – Sacramento – Monte Carmelo para mim ficaram sendo três recantos do céu. Tudo, tudo está em minha memória, como incentivo santo ao trabalho, embora as saudades que me ferem por dentro. Lembrando-me, porém, de vocês, do exemplo de bondade e fé que me deram à alma, sinto a renovação de minhas pobres forças para a luta.

Delacir, peço-lhe receber toda a minha gratidão pelas fotos. São as primeiras que estou recebendo e mais me avivam as saudades de vocês... Jesus, porém, há de me conceder a felicidade de voltar, não é?

A todos os companheiros do Centro e da Mocidade as minhas lembranças...

Muitas saudades para o Sr. Antoninho, Roldão, Johnny Nolli, Chica, Ângela Maria, Geraldo e José Perfeito, com o meu afeto e reconhecimento a todos, todos...

Aos seus caros familiares, as minhas lembranças.

Em anexo, separado noutro envelope, envio-lhe alguns de nossos impressos, sim? Você fará a divisão aí com a nossa família espiritual.

Com saudades a todos, rogo a Jesus por sua felicidade e abraço-a com amizade e gratidão, o seu menor servidor muito reconhecido, Chico" (CARTA de 03/08/1956).[42]

Chico com Chica – Francisca Martins de Oliveira, em Araxá, no ano de 1956.
(Acervo: Centro Espírita Francisco Caixeta)

---

[42] Disponível em: <http://www.vinhadeluz.com.br/site/noticia.php?id=933>. Acesso em: 2 abr. 2015.

No livro *Presença de Chico Xavier em Araxá*, Sylvia de Almeida Barsante, amiga do médium pedroleopoldense, registra que Chico esteve na cidade, pela primeira vez, no dia 19 de julho de 1955, contrariando a afirmação da *Folha Espírita Francisco Caixeta* – julho de 1956 –, e a própria carta de Chico Xavier a Delacir Ramos, escrita poucos dias depois, no mês de agosto.[43]

Foi uma visita inesperada. O então diretor da Mocidade Jesus Cristo daquela época, Johnny Nolli, havia escrito no caderno de preces da instituição um pedido ao espírito Emmanuel para que, um dia, permitisse a visita de Chico Xavier à cidade de Araxá. E foi o que aconteceu.

Segue, para apreciação do leitor, a mensagem assinada por Emmanuel:

Jesus por nós

Não basta a experimentação científica a estender-se, indefinidamente, em afirmações provisórias, não obstante a respeitabilidade com que nos preside a evolução para a Esfera Superior.

Não basta, igualmente, a definição filosófica, muita vez, limitando os voos do espírito no rumo da glória a que se destina.

É imprescindível que o coração se erga ao cérebro, sublimando-lhe as mais íntimas cogitações para que o amor clareie os caminhos da vida.

A nós outros, companheiros de lutas e experiências de outras eras, cabe agora o privilégio de anunciar as verdades novas.

---

[43] No livro *Através do tempo* (LAKE, 1983), o organizador afirma que a mensagem "Jesus por nós", psicografada no Centro Espírita Caminheiros do Bem, data de 19/07/1956 (ver p. 95-97).

Outrora, incompreensivos e rebelados, hostilizáva-
mos o Senhor na pessoa daqueles que no-lo tra-
ziam no próprio exemplo.

Encastelados na aristocracia do ouro e do poder, ou
petrificados nos dogmas das igrejas, separados pela
vaidade e pela discórdia, em muitas ocasiões, mal-
versávamos as concessões do Alto, quando não nos
consagrávamos à ironia e à perseguição, cercando-
-lhe o pensamento divino, através das mais deplo-
ráveis manifestações de ignorância e de orgulho,
de egoísmo e crueldade, descendo, desiludidos e
inconsequentes, aos desfiladeiros da treva.

Outrora, convertíamos a existência corpórea em
instrumento de preservação da animalidade e do
crime, depredando as promessas da luz, cristaliza-
dos que nos achávamos na furna de nossa própria
miséria! Hoje, porém, o Espiritismo é a nossa porta
de trabalho para a bênção do reajuste.

Exumados da aflição e do nevoeiro que nos parali-
savam os braços nos precipícios da sombra, somos
agora trazidos pela misericórdia dele, nosso Mestre
e Senhor, à construção da felicidade humana que
expressa nossa própria felicidade. É por isso que,
convidados ao campo de abençoada luta, não podemos olvidar nossa responsabilidade maior.

Cristo em nós para que o mundo se renove nas ex-
celsas realidades do espírito.

Jesus – em nosso pensamento para que saibamos
entender e ajudar; – em nossas palavras, a fim de
que aprendamos a soerguer e auxiliar, ao invés de
reprovar e ferir; – em nossos olhos e em nossos ouvidos para que venhamos a encontrar o bem com

o esquecimento do mal; – em nossas mãos, a fim de que nos decidamos a converter as horas em cânticos de trabalho edificante a favor do progresso comum. E, sobretudo, amigos, Cristo em nosso coração para que a Boa Nova não seja um tema vazio em nossos lábios, mas sim a própria melodia do Céu a exprimir-se na Terra, onde estejamos, em nome da nossa fé, cultivando a fraternidade e a confiança, a paz e a beleza, em refulgente antecipação do reino de Deus. Assim, pois, reunidos na oração, não nos esqueçamos de Jesus nas linhas de ação, dentro das quais, sem dúvida alguma, o Evangelho por nós é a palavra viva em que o mundo desfalecente compreenderá a infinita bondade de nosso Pai, a imortalidade da alma, a intangibilidade da justiça e a luz sublime do amor que nos assegurará, por fim, a eterna alegria na eterna ressurreição. Mensagem psicografada por Chico Xavier, em reunião pública no Centro Espírita Caminheiros do Bem, na cidade de Araxá, Minas Gerais, no dia 19/07/1955" (BARSANTE, 1987, p. 6).[43]

Em 12 de janeiro de 1976, Chico Xavier, juntamente do casal Weaker e Zilda Batista, esteve em Araxá a convite de Sylvia de Almeida Barsante para a inauguração da nova sede do Centro Espírita Caminheiros do Bem. Vários companheiros e autoridades estiveram presentes. Chico Xavier psicografou uma mensagem de Maria Dolores, intitulada "Caminho do bem", e depois distribuiu três mil rosas à as-

---

[43] BARSANTE, Sylvia de Almeida. *Presença de Chico Xavier em Araxá*. Belo Horizonte: UEM, 1987. p. 6.

sistência. Segundo Sylvia, foi uma *"noite de luminosa beleza, e as mais belas recordações ficaram para sempre na alma de cada um que ali esteve"*.[44]

Caminho do bem

Caminheiro do bem, sigamos juntos
A entender, renovar e construir.
Determina o programa se garanta
A vitória do amor, ante o sol do porvir,

A fim de continuar, no entanto, sublimado.
Ideia, ação e vida em derredor,
Sujeitar-nos ao bem, para que o bem se expanda,
É o esquema dos céus para a Terra melhor.

Olha as claras lições da natureza
No trabalho em silêncio a fulgurar sem nome.
Pão é trigo esmagado alimentando a mesa
E para que a luz se faça a força se consome.

Não há carro sem peças que se ajustem
À interação por força do regime,
Nem solo que produza, sem cuidado,
Ou ponte sem apoio a que se arrime.

Estruturando a forma, espécie a espécie,
Átomos giram sob certas rotas.
E o sol que nos aquece o brilho da existência
Move-se obedecendo a compulsões remotas.

---

[44] BARSANTE, 1987, p. 7. Poema "Caminho do bem" *in* BARSANTE, *loc. cit.*

Para doar-te auxílio, exige o lume
Vigilância e controle firme e atento,
E subordinarás o verbo a que recorras
Para expressar-te os dons do pensamento.

Renovação e paz, harmonia e beleza,
Tudo o que nos melhora e nos guarda a esperança
Encontra no trabalho a suprema alegria,
Segundo a lei do amor que, em tudo, nos alcança.

Por isso, alma querida, onde estiveres,
Elevando o lugar que te bendiz,
Deus te iluminará o coração e a estrada,
Porque servir e amar é ser forte e feliz.

Maria Dolores

Chico com amigos em Araxá. (Acervo: Centro Espírita Francisco Caixeta)

Pedro Leopoldo, 3-8-56

Prezadíssima irmã Delair

Jesus nos abençõe.
Com a alma repleta de saudades
de todos vocês, recebi sua carta
confortadora com os retratos - reco-
dações.
Você não pode imaginar como
fiquei contente. Deus lhe retri-
buía pelo imenso reconforto que o
seu gesto me deu.
Parece-me, prezada irmã, que
vivi num sonho... Araxá - Sacramento - Monte Carmelo para mim

Chico Xavier em Sacramento

Chico Xavier fazia questão de visitar a cidade de Sacramento, a conhecida e acolhedora terra de Eurípedes Barsanulfo. Em abril de 1952, Chico esteve na cidade e a mãe de Eurípedes, Dona Meca, que havia desencarnado no dia 29 de janeiro de 1952, comunicou-se por seu intermédio. Vinte anos depois, em 2 de dezembro de 1972, numa reunião no Colégio Allan Kardec, Chico psicografou uma mensagem de Homilton Wilson, irmão de Eurípedes Barsanulfo, desencarnado em 1971:[45]

Notícia de companheiro

Querido irmão, eu vou bem,
No sítio claro onde estou,
Como os pássaros que um dia
Eurípedes libertou.
Ao deslanchar-me do corpo
Não me sinto triste e só...
Achei o primeiro amparo
Em Frederico Peiró.
Depois Eurípedes veio...
Que abraço enternecedor!
Era o porto suspirado,
Meu santuário de amor.
"Seu" Mogico e "Dona" Meca,
Ante o Vigário Paixão,
Pais queridos, anjos ternos,
Tesouros do coração!...

---

[45] BACCELLI, Carlos Antônio. *Chico Xavier* – O médium dos pés descalços. 2. ed. Belo Horizonte: Vinha de Luz, 2011. p. 111-112.

Chico Xavier entre Sinhazinha – irmã de Eurípedes Barsanulfo – e Ataliba Cunha, pais de Heigorina Cunha. (Acervo: Heigorina Cunha, *in memoriam*)

Quanto laço inesquecível
No quarto que se ilumina!...
Maria da Cruz, Amália
E a nossa velha Rufina.
Ederith, Wenefreda
E o nosso Eulógio Natal...
Eulice, refeita e linda,
No mundo espiritual.
Outros irmãos aparecem...
Watercicles, Mariquinha,
Malvas, rosas e violetas
Nos braços de Sinhazinha.
Manoel Soares, Germano,
Companheiros de trabalho,
A irmã Sinhana Mendonça
E o Brasilino Carvalho.

Deixamos, de pronto, o Rio...
Recobrando novo alento
Queria ver o Borá,
Retornar a Sacramento.
Do nosso colégio antigo
Vi a cidade ao sol-pôr!...
O verde cobrindo o vale
E o vale brilhando em flor.
Em tanta felicidade,
Recordei a grande vida:
Meu lar, meus filhos amados,
Minha santa Margarida...
O júbilo transformou-se
Em luta, mágoa e pesar...
Dor de saudade no Além,
Quem é que sabe contar?

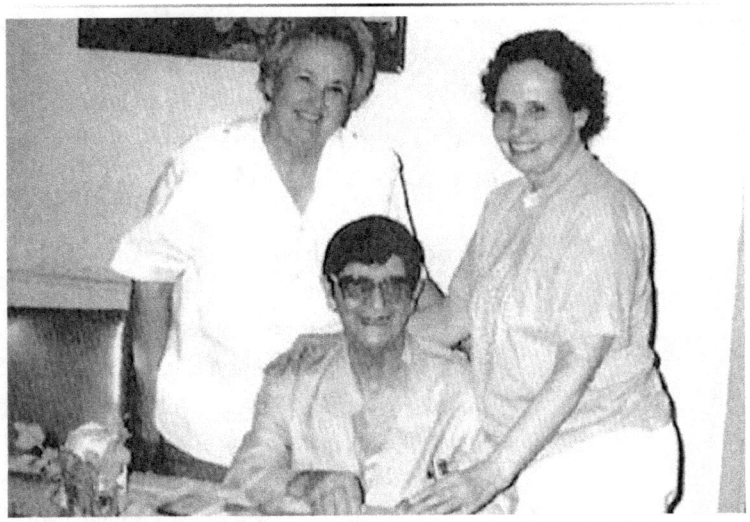

Chico Xavier entre as irmãs Nizinha e Heigorina, em Uberaba.
(Acervo: Heigorina Cunha, *in memoriam*)

Hoje abraço a nossa Elith
E as filhas do coração,
Relembrando as nossas preces,
O cedro e o manjericão.
Queria escrever ainda...
Meu pensamento, aonde vais?
Desejo falar de amor,
No entanto, não posso mais!...
Deus te abençoe, Sacramento!
Meus irmãos, orem por mim!
Compartilho a nossa festa,
Mas a saudade é sem fim.

Homilton

No livro *No mundo de Chico Xavier*, de autoria de Elias Barbosa, Chico comenta sobre a primeira vez que o poeta Cornélio Pires se manifestou por meio de suas faculdades mediúnicas na cidade de Sacramento, durante reunião pública do Lar de Eurípedes. Desde então, até próximo à sua desencarnação, em 2002, Cornélio Pires foi um valioso colaborador na divulgação da Doutrina Espírita, com seus versos recheados de humor e profunda sabedoria:

"O grande poeta humorista visitou-nos em diversas ocasiões, em Pedro Leopoldo, e habitualmente profetizava que me daria notícias depois da morte. Quando o vi, pela derradeira vez, neste mundo, em 1945, estava abatido, fatigado... Informou-me que não se sentia longe da desencarnação e que eu lhe aguardasse o espírito... Depois de desencarnado, lembrava-me habitualmente dele, em minhas orações. Anos passaram. Em 1956, quando me achava numa reunião pública de Espiritismo na cidade de

Sacramento, no Lar de Eurípedes, ele surgiu diante de mim e escreveu o primeiro dos seus sonetos mediúnicos por meu intermédio. Desde então, tornou-se um excelente amigo de nossas atividades mediúnicas na Comunhão Espírita Cristã de Uberaba, onde aparece, frequentemente, trazendo-nos enorme alegria e reconforto com as suas páginas" (BARBOSA, 1997, p. 54).[46]

Chico Xavier em Curvelo

O biógrafo e escritor Ramiro Gama relata um caso inusitado no livro *Chico Xavier na intimidade*, quando Chico esteve na cidade de Curvelo, Estado de Minas Gerais, a serviço, como funcionário público do Ministério da Agricultura:

"Chico Xavier é preso... Por engano.

Poucos confrades sabem deste detalhe da vida de nosso querido médium. Estava ele a serviço da Fazenda Modelo, acompanhado do Dr. Rômulo Joviano, na cidade de Curvelo, Minas, a qual inaugurava uma grande exposição. Toda Minas Gerais se fizera representar, ali, através do que possui de belo e útil nas suas riquezas minerais, vegetais e animais. Pedro Leopoldo enviou-lhe uma coleção de gado selecionado e reprodutor. Numa manhã, após sua chegada à bela cidade, Chico desejou fazer uma prece em plena natureza, num canto solitário, longe do burburinho humano. Viu, ao longe, numa fral-

---

[46] BARBOSA, 1997, p. 54.

da de morro, o cruzeiro da Igreja de São Geraldo. Achou-o silencioso, ótimo lugar para orar. E para lá se dirigiu. Sentou-se num banco, ao lado do cruzeiro, e olhou a cidade com seu casario multicor, suas ruas sinuosas e estreitas, e com seus inúmeros habitantes iniciando, num afã abençoado, as lides cotidianas. Orou comovidamente. Quando terminou, e ia retirar-se, satisfeito, deparou com dois soldados que o observavam curiosos... E um deles, disse: 'É ELE', e lhe deram voz de prisão. O médium procurou defender-se, humildemente, dizendo-lhes que ali fora apenas para orar, mas nada adiantou. 'Não', revidara-lhe um dos soldados, 'você é o HOMEM que procuramos, que assaltou, anteontem, a casa comercial do Dr. Ibraim. Olhe para este retrato e verifique se não parece com você! Acompanhe-nos à delegacia para explicar melhormente seu

Parque de Exposições Ernesto de Salvo, em Curvelo, onde acontece a tradicional Exposição Agropecuária e Industrial. (Do blog *curveloart.blogspot.com.br*)

delito ao delegado'. O pobre Chico quis objetar, delicadamente, mas Emmanuel lhe aparece e lhe diz: 'Não resista, acompanhe-os. Aceite tudo por amor a Jesus. E, enquanto o prendem, receberão auxílio espiritual para apurarem a verdade e evitarem maior mal. Testemunhe sua crença'. O médium acompanhou, resignado e confiantemente, os soldados, que não o conheciam e estavam apenas cumprindo ordens. Em chegando à delegacia, encontrou o Dr. Rômulo, que, aflito, o procurava por toda a cidade, acabando por ir buscar o auxílio das autoridades locais. Desfez o mal entendido, revelando a identidade de seu leal servidor. O delegado e os soldados surpreenderam-se. Então aquele moço era o Chico Xavier, o conhecido e estimado médium! Pediram-lhe desculpas, abraçaram-no juntamente do Dr. Rômulo, e retiraram-se. As autoridades policiais chegaram, em seguida, à conclusão de que não houvera nenhum assalto. Outro, que não o Chico, iria pagar, inocentemente, pelo falso assalto e apanhar para confessar algo que não fizera. O auxílio do Alto, como afirmara Emmanuel, desfez o mal entendido e evitou, com a prisão do médium, que o mal fosse maior..." (GAMA, 1974, p. 93-94).[47]

Posteriormente, o uberabense Carlos Baccelli também registrou esse caso contado pelo Chico:

> "Eu era escriturário e acompanhava as comissões de julgamento de todo o Estado de Minas Gerais. Certa vez, fui cumprir a minha obrigação na cidade

[47] GAMA, Ramiro. *Chico Xavier na intimidade*. São Paulo: LAKE. 1974. p. 93-94.

Basílica de São Geraldo, em Curvelo. Santo é festejado nos meses de agosto e setembro, quando a cidade recebe romeiros de todas as regiões brasileiras e também do Exterior. (Do blog *estradasnope.blogspot.com.br*)

de Curvelo. Existe um santuário católico famoso, chamado São Geraldo. Do santuário à Central do Brasil existe uma rua muito longa. O santuário tem sempre muita boa música. Procurei na cidade um centro espírita, mas naquela ocasião não existia. Senti necessidade da prece e me dirigi para uma das portas laterais do santuário, ouvindo aquela música de órgão, ouvindo os amigos espirituais. Passavam algumas senhoras e outras pessoas que me olharam com muita atenção. Será que leram algum livro espírita? – pensei. Numa tarde, chegaram quatro soldados e me perguntaram pelo nome e pediram identificação: 'Não tenho'. – respondi. 'Mas não é possível! O senhor é acusado de ter roubado no trem da Central 12 mil cruzeiros!'... O rosto que me mostraram no jornal era muito semelhante. Foram ao Dr. Rômulo Joviano, levando-me preso. Dois soldados, um de cada lado, e dois, um à frente, outro atrás... Fui preso 2 a 3 km, com o povo me apupando, gritando: 'Ladrão!', Ladrão'!... Dr. Rômulo explicou que eu era seu auxiliar em Pedro Leopoldo e que conversaríamos com o Secretário da Agricultura. Passei por aquilo tudo, mas, depois, ri muito de mim mesmo... 'Se não roubei agora, devo ter roubado muito no passado', refletia" (BACCELLI, 1998, p. 73-74).[48]

---

[48] BACCELLI, Carlos Antônio. *As bênçãos de Chico Xavier*. São Paulo: Editora Didier, 1998. p. 73-74.

Havia nela duas casas que eram como se fossem minha casa.

Ponto de chegada: Uberaba

"Devo dizer que fui recebido, em 1959, pela comunidade uberabense, espírita e não espírita, com a generosidade que caracteriza esta abençoada cidade do Triângulo Mineiro, onde tenho hoje a honra de possuir amigos queridos, não só na família espírita, mas em todas as confissões religiosas e classes sociais. Louvado seja Deus!"

Chico Xavier

Saudando Uberaba

Uberaba querida, o tempo avança...
E enquanto o tempo a vida nos revela
Surges da vida cada vez mais bela
Por cidade da luz e da esperança.

De teu povo conservo na lembrança
A bondade sem par que te modela,
A excelsa vocação de sentinela
Do trabalho, da paz e da abastança!...

Quem contigo algum dia se conforte,
Inda mesmo seguindo, além da morte,
Jamais te esquece os lúcidos cadilhos.

Deus te guarde, Uberaba, altiva e ardente,
Desde as estrelas do teu céu ridente
Ao coração formoso de teus filhos!...

Arlindo Costa

(Soneto recebido pelo médium Francisco Cândido
Xavier, em sessão pública na noite de 31 de outubro de 1958, no Centro Espírita Vicente de Paulo,
em Uberaba, Estado de Minas Gerais.)[1]

A palavra Uberaba é originária do termo tupi Y-beraba,
que significa "água clara", "cristalina", "brilhante". A região
do chamado Triângulo Mineiro (conhecida também como a
"Mesopotâmia brasileira"), é margeada ao norte pelo Rio Paranaíba e ao sul pelo Rio Grande. Até fins do século passado,
era conhecida como Sertão da Farinha Podre e por volta do
século XVI fazia parte do trecho desbravado pelo bandeiran-
te Sebastião Marinho, a caminho do Estado de Goiás:

"Bartolomeu Bueno da Silva, o 'Anhanguera', quando por lá passou, abriu uma rota transformada,
mais tarde, em 1722, em estrada, conhecida por
'Estrada do Anhanguera', depois 'Estrada de Goiás',
e mais tarde 'Estrada Real'. O primeiro núcleo de
povoação que se abriu na região foi o Tabuleiro, situado à margem do Rio das Velhas; mais tarde esse
núcleo foi atacado pelos índios caiapós e reduzido
a escombros; reconstruído, tornou-se a atual cidade de Araguari. Na época da destruição do núcleo,
uma parte dos habitantes refugiou-se um pouco

---

[1] BACCELLI, Carlos Antônio. *O Espiritismo em Uberaba*. Uberaba: Prefeitura Municipal de Uberaba,1987. p. 83.

além, dando início a novo núcleo, que hoje constitui a cidade de Perdizes. Um outro grupo fundou, a quatro léguas dali, o Arraial do Desemboque" (COSTA E SILVA, 1997, p. 170).[2]

O "arraial" de Uberaba, na época pertencente ao Julgado do Desemboque, Capitania de Goiás, foi elevado à condição de "Distrito de Índios", em 1811. Em 1816, deixou de pertencer à Capitania de Goiás e foi anexado à Capitania de Minas Gerais. Foi o sargento-mor Antônio Eustáquio da Silva e Oliveira, fundador do arraial, quem obteve, junto a Dom João VI, em 1820, a elevação do povoado à categoria de "freguesia". E o já promovido Major Eustáquio conduziu os destinos do lugar até 1832, data da sua morte, quando Uberaba já se encontrava anexada à Vila de Araxá, ficando esta sob a responsabilidade do seu irmão, o Capitão Domingos Silva e Oliveira.

Se o município de Pedro Leopoldo surgiu efetivamente em 1924, a cidade de Uberaba surgiu, oficialmente, por meio da Lei 759, em maio de 1856:

"O arraial de Desemboque, com a sua Matriz de Nossa Senhora do Desterro do Desemboque e a Igreja dos Pretos de Nossa Senhora do Desterro, fundado pelos meados do século XVIII, terá sido o ponto inicial da história do Triângulo Mineiro. Dos chapadões do Bugre e do Azagaia, do Julgado do Desemboque vieram os primeiros povoadores do sertão da Farinha Podre. Nas cabeceiras do pequeno córrego – o Lageado – mais ou menos a uns 15 quilômetros da atual cidade de Uberaba, aqueles sertanistas erigiram uma capela, tomando como padroeiros Santo Antônio e São Sebastião.

---

[2] COSTA E SILVA, 1997, p. 170.

À volta da pequena igreja desenvolveu-se o arraial, a que se chamou Arraial da Capelinha e, depois, Arraial da Farinha Podre. O sargento-mor Antônio Eustáquio, mais tarde Major Eustáquio, nomeado Comandante Regente dos Sertões da Farinha Podre e Regente de Índios, julgando pouco propícia ao desenvolvimento do povoado a sua localização, atraiu os seus moradores para as terras situadas às margens do Córrego das Lajes, na sua confluência com o Rio Uberaba, plantando ali a semente que se tornaria a atual cidade. A 22 de fevereiro de 1836, o pequeno arraial foi elevado à categoria de Vila de Santo Antônio de Uberaba. A vila se tornou cidade. Daí à metrópole foi um passo" (REVISTA ESPÍRITA, 1977, p. 37).

Em 1870, chegam das Índias as primeiras cabeças do gado Zebu, fruto da iniciativa dos pioneiros da pecuária daquela época. Em 1889, com a inauguração da Estrada de Ferro (Companhia Mogiana de Estradas de Ferro), facilitou-se a imigração europeia para a cidade, bem como o desenvolvimento da pecuária zebuína. No século XX, a riqueza econômica refletiu na estrutura urbana e no crescimento da agricultura, da pecuária, da indústria e do comércio, transformando Uberaba em uma bela cidade do Triângulo Mineiro, conhecida hoje não só no Brasil, mas no mundo, como a "capital mundial do Zebu".

Além de abrigar a Universidade Federal do Triângulo Mineiro – polo educacional considerado um dos melhores centros universitários do país –, a cidade sedia o museu e o sítio paleontológico de Peirópolis (antiga Paineiras), no qual foram e ainda estão sendo encontrados fósseis muito antigos.

Nesse mesmo local, Chico Xavier costumava visitar, aos domingos, os amigos do Centro Espírita Eurípedes Barsanulfo (fundado em 01/10/1961).[3]

Segue uma mensagem psicografada por Chico Xavier na reunião pública do Grupo Espírita da Prece, no dia 14 de fevereiro de 1987, homenageando o Major Antônio Eustáquio da Silva e Oliveira, fundador de Uberaba, responsável por reunir, sob o seu comando e determinação, tropeiros, mascates, comerciantes, criadores de gado, ferreiros, dentre outros personagens importantes na história da cidade, que, muitos anos depois, receberia Chico Xavier, o apóstolo do amor e da caridade, transformando-a, para sempre, na capital mundial do Espiritismo (BACCELLI, 1987, p. 8):[4]

Uberaba

Encontrei-te a carpir no cipoal medonho,
Ante o braseiro ao sol, ao mosquito e à secura...
Quem te visse a lidar julgaria loucura
A força do ideal que te guardava o sonho!...

Revejo-te a cavar, da estrada que transponho;
Outros estão contigo abrindo a terra escura...
Choças surgem no chão, sob a taipa insegura,
Aqui e além reponta um semblante risonho...

Passo mais tarde... Em ti vejo o senhor da aldeia...
É noite... Alguém me guia à luz de uma candeia.
Cresce o burgo a brilhar pelo solo fecundo!...

---

[3] Foi no Centro Espírita Eurípedes Barsanulfo que tive o prazer de conhecer um de seus idealizadores, o companheiro de ideal espírita Langerton Neves da Cunha.
[4] BACCELLI, 1987, p. 8.

Hoje, voltas do Além e a vida te revela
Que o teu sonho se fez cidade culta e bela,
Metrópole da paz no progresso do mundo!...

José Francisco Azeredo

Em função de suas atividades ocupacionais, Chico Xavier ia com frequência a Uberaba, no mês de maio, por ocasião das exposições pecuárias, como funcionário público federal do Ministério da Agricultura, acompanhando seu patrão Dr. Rômulo Joviano, que, à época, era o então Inspetor Chefe do antigo Serviço de Fomento da Produção Animal em Minas Gerais. Nessas "idas e vindas" à cidade de Uberaba, Chico conheceu várias pessoas atuantes no movimento espírita local, dentre elas Waldo Vieira, com quem, mais tarde, estreitaria laços de profunda amizade, culminando com sua transferência definitiva para a cidade de Uberaba no final da década de 50.

Waldo Vieira e Chico Xavier. (Acervo: Casa de Chico Xavier)

É o que confirma Chico Xavier em uma entrevista dada a Jarbas Leone Varanda, quando perguntado se ele já havia estado em Uberaba antes de lá se fixar, em 1959:

> "Sim, trabalhei por alguns anos sucessivos na condição de funcionário do Ministério da Agricultura, sempre no mês de maio, nas exposições pecuárias que Uberaba realiza. Tive a honra de acompanhar o Dr. Rômulo Joviano, conquanto as minhas atribuições de auxiliar muito pequenino, quando ele, meu chefe de serviço e então Inspetor Chefe do antigo Serviço de Fomento da Produção Animal, em Minas Gerais, veio trazer às autoridades da digna sociedade rural do Triângulo Mineiro vários planos alusivos à construção do Parque Fernando Costa, em 1937; planos esses que foram autorizados pelo Dr. Fernando Costa, então Ministro da Agricultura" (BARBOSA, 1997, p. 110).[5]

Esse depoimento é reforçado pela médica paulistana Marlene Nobre, que teve a oportunidade de acompanhá-lo em seus primeiros passos na cidade de Uberaba:

> "Como funcionário do Ministério de Agricultura, Chico já tivera oportunidade de visitar Uberaba por ocasião das exposições agropecuárias realizadas anualmente, em maio. Conhecera, assim, o professor João Augusto Chaves, Dona Maria Modesto Cravo, Dr. Henrique Krugger, Manoel Roberto, companheiros espíritas valorosos já desencarnados e sempre lembrados pelo médium como exemplos

---

[5] BARBOSA, 1997, p. 110 .

vivos do Espiritismo no Triângulo, além de contactar igualmente com muitos outros membros da família espírita uberabense e que ainda se encontram no corpo físico" (REVISTA ESPÍRITA, 1977, p. 39).[6]

Entretanto, para Chico Xavier sair de Pedro Leopoldo, sua terra natal, não foi nada fácil. No livro *O voo da garça* (VINHA DE LUZ, 2013) de nossa autoria, defendemos a tese de que não existiu apenas uma razão para sua saída, mas diferentes razões que, reunidas, culminaram em sua mudança de endereço, em pleno domingo, na noite do dia 4 de janeiro de 1959.

Uma informação importante foi fornecida pela Aliança Municipal Espírita (AME) de Uberaba, instituição constituída em 20 de agosto de 1960, mas que só foi oficialmente reconhecida em 9 de outubro do mesmo ano, com o objetivo de congregar e reunir as instituições espíritas da cidade. Antes da chegada de Chico Xavier, a cidade de Uberaba contava com 17 instituições espíritas de orientação kardecista. Entretanto, com a sua presença, e sua grande influência no mo-

---

[6] De acordo com a pesquisa, foram muitos os que colaboraram para a edificação do movimento espírita na cidade de Uberaba e região, entre eles Antônio Logogrifo, Joaquim Telésforo de Oliveira, Alceu de Souza Novaes, Henrique Von Krugger Schroeder, Frederico Peiró, Anselmo Trezzi, Joaquim Thomaz da Silva (Joaquim Cassiano), João Modesto dos Santos, Ludovice José Fernandes (Cinza), Inácio Ferreira, Maria Modesto Cravo, João Augusto Chaves, Bento Polveiro, João Urzêdo, Adelino de Carvalho, José Pedro Ribeiro, Antônio Cesário, Antônio Magalhães, André Vona, José Augusto de Souza, Ricardo Teixeira, Peiró Abdon, Maximino Alonso, José Vilela de Andrade, José de Ávila Pina, Emmanoel Martins Chaves, Emerenciano Ferreira Junqueira, Mário Mendonça de Azevedo, Chiquinha Dias, Manuel Felipe de Souza, Amélia de Souza Novais, Chiquinha Alves, Manoel Roberto da Silva, Odilon Fernandes, Raimundo Sanchez, Marcolina do Amor Divino, Francisca Alves, Francisca Dias, Amélia Pina, Mercedes Madrilles, Guilhermina Vona, Evarista Modesto, Maria Benedita, Carolina Borges, Horizontina Horizonta de Oliveira, Rufina de Oliveira, Antusa Ferreira Martins, Alice Nominato da Costa, Aparecida Conceição Ferreira, João Mathias Borges, Lázaro Mathias Borges, Antônio Fonseca de Abreu, Olavo Escobar Borges, Alcebíades Pelet, Langerton Neves da Cunha, Waldo Vieira, Fausto de Vito, Jarbas Leone Varanda, José Thomaz da Silva Sobrinho, Weaker Batista, Elias Barbosa, Antônio Corrêa de Paiva, Carlos Antônio Baccelli, Márcia Queiroz Silva Baccelli, Luiz Carlos Barbosa Nunes, Sônia Maria Barsante Santos, Sebastiana da Silva Fernandes, Marilene Paranhos Silva, Allan Kardec Silva, Sônia Isabel Benaventana, Cezar Carneiro de Souza, Neusa Aparecida de Assis, Eurípedes Humberto Higino dos Reis, entre outros.

vimento espírita, várias outras instituições foram fundadas e constituídas sob a sua orientação, perfazendo, na atualidade, entre instituições adesas ou não à AME de Uberaba, em torno de 130 casas espíritas para uma população aproximada de 300 mil habitantes.[7]

Normalmente, quando mudamos de residência, sobretudo quando mudamos de uma cidade para outra, é comum demorar alguns dias para a nossa adaptação. Entretanto, como algo típico na vida dos grandes missionários, já na noite de 5 de janeiro de 1959 o médium, sem perder tempo, psicografa a primeira mensagem – uma mensagem significativa e que tinha endereço certo, especialmente para ele, em razão das angústias e tristezas decorrentes do novo testemunho que a sua nova vida requisitava (BACCELLI, 1987, p. 79):

Se tiveres amor

Se tiveres amor, caminharás no mundo como alguém que transformou o próprio coração em chama divina a dissipar as trevas.

Encontrarás nos caluniadores almas invigilantes que a peçonha do mal entenebreceu, e relevarás toda ofensa com que te martirizem as horas.

Surpreenderás nas maldizentes criaturas desprevenidas que o veneno da crueldade enlouqueceu, e

---

[7] A AME de Uberaba detém a seguinte relação de instituições espíritas fundadas na cidade antes da chegada de Chico Xavier: Centro Espírita Uberabense - 09/01/1911; Centro Espírita Aurélio Agostinho - 18/06/1920; Grupo Espírita Eurípedes Barsanulfo - 09/03/1941; Centro Espírita Batuíra - 12/02/1942; Centro Espírita Vicente de Paulo - 19/07/1942; Casa Espírita Legionárias do Bem - 09/03/1947; Centro Espírita João Batista - 14/08/1949; Centro Espírita Henrique Krugger - 12/04/1951; Centro Espírita Casa de Antuza - 1952; Centro Espírita Bezerra de Menezes - 02/04/1952; Centro Espírita Caminho da Luz - 29/08/1952; Lar Espírita de Lázaro - 02/1953; Casa do Cinza - 23/08/1955; Centro Espírita José Horta - 29/08/1957; Centro Espírita Poder Divino - 16/12/1957; Grupo Espírita Casa Fraterna - 24/09/1958; Centro Espírita José Alfaiate - 20/11/1958. Segundo o Instituto Brasileiro de Geografia Estatística (IBGE), em julho de 2013 a população de Uberaba contava 318.813 habitantes.

desculparás toda injúria com que te deprimam as esperanças.

Reconhecerás a ignorância em toda manifestação contrária à justiça e descobrirás a miséria por fruto dessa imensa ignorância em toda parte onde o sofrimento plasma o cárcere da delinquência, o deserto do desespero, o inferno da revolta ou o pântano da preguiça.

Se tiveres amor, saberás, assim, cultivar o bem a cada instante para vencer o mal a cada hora.

E perceberás, então, como o Cristo fustigado na cruz, que os teus mais acirrados perseguidores são apenas crianças de curto entendimento e de sensibilidade enfermiça, que é preciso compreender e ajudar, perdoar e servir sempre, para que a glória do amor puro, ainda mesmo nos suplícios da morte, nos erga o espírito imperecível à bênção da vida eterna.

Emmanuel[8]

Segundo Emmanoel Martins Chaves, "Seu" Lilito, como era carinhosamente conhecido, filho de João Augusto Chaves, um dos pioneiros da Doutrina Espírita em Uberaba, presidente do Centro Espírita Uberabense, fundado em 09/01/1911, a primeira instituição espírita da cidade, ele teve oportunidade de acompanhar e assistir a maleabilidade das faculdades mediúnicas de Chico Xavier:

"Chico participou também, quando vinha para as exposições, de várias sessões de efeitos físicos, as

---

[8] No livro Chico Xavier – Mediunidade e vida (BACCELLI, 1996, p. 13), o articulista Jarbas Leone Varanda faz referência a uma mensagem psicofônica de 1957 recebida na Casa do Cinza, através do médium Hermilo S. Nóbrega, anunciando que Chico Xavier residiria em Uberaba e que dali "partiria a luz para o mundo".

quais eram realizadas no Centro Espírita Uberabense, com a atuação mediúnica de Garibaldi Caval-
canti. Verificamos materializações de várias entidades, devidamente comprovadas, conforme atas
que foram lavradas na época" (REVISTA ESPÍRITA,
1977, p. 50).

Portanto, antes da construção da sede da Comunhão
Espírita Cristã, Chico participou, com regularidade, durante
algum tempo, das reuniões mediúnicas do Centro Espírita
Uberabense e da Casa do Cinza (reuniões que também foram coordenadas pelo odontólogo Odilon Fernandes). Segundo Joaquim Cassiano, um dos seus integrantes, essas reuniões com a presença de Chico Xavier eram impressionantes
e memoráveis, e se dividiam em duas partes: uma com censura e outra sem censura:

Chico Xavier entre José Thomaz e Waldo Vieira, com amigas, em Uberaba.
(Acervo: José Thomaz da Silva Sobrinho)

"Na reunião sem censura, Chico concedia passividade mediúnica a espíritos extremamente sofredores, que haviam sofrido degradações em seu corpo espiritual, transfigurando-se em animais, no fenômeno conhecido por zoantropia. 'Chico,' – contava Joaquim – 'recebia espíritos em forma de serpente, que, através dele, se punham a rastejar por debaixo da mesa... Às vezes, eram verdadeiras aberrações no campo da forma – espíritos que não conseguiam falar e que, por assim dizer, tinham perdido contato com a sua própria humanidade" (BACCELLI, 2014, p. 177-178).[9]

No livro *Através do tempo*, há uma mensagem de Eurípedes Barsanulfo psicografada por Chico Xavier em reunião pública no Centro Espírita Casa do Cinza no dia 8 de abril de 1959, intitulada "Mediunidade e Jesus":[10]

"Quem hoje ironiza a mediunidade, em nome do Cristo, esquece-se, naturalmente, de que Jesus foi quem mais a honrou neste mundo, erguendo-a ao mais alto nível de aprimoramento e revelação, para alicerçar a sua doutrina entre os homens.

É assim que começa o apostolado divino, santificando-lhe os valores na clariaudiência e na clarividência, entre Maria e Isabel, José e Zacarias, Ana e Simeão, no estabelecimento da Boa Nova.

E segue adiante, enaltecendo-a na inspiração dos doutores do Templo; exaltando-a nos fenômenos de efeitos físicos, ao transformar a água em vinho, nas bodas de Caná; sublimando-a, nas atividades

---

[9] BACCELLI, 2014, p. 177-178.
[10] XAVIER, 1983, p. 119-121.

da cura, ao transmitir passes de socorro aos cegos e paralíticos, desalentados e aflitos, reconstituindo--lhes a saúde; ilustrando-a na levitação, quando caminha sobre as águas; dignificando-a nas tarefas de desobsessão, ao instruir e consolar os desencarnados sofredores ligados aos alienados mentais que lhe surgem à frente; glorificando-a na materialização, em se transfigurando ao lado de espíritos radiantes, no cimo do Tabor, e elevando-a sempre no magnetismo sublimado, ao aliviar os enfermos com a simples presença, ao revitalizar corpos cadaverizados, ao multiplicar pães e peixes para a turba faminta ou ao apaziguar as forças da natureza. E confirmando o intercâmbio entre os vivos da Terra e os vivos da Eternidade, reaparece ele mesmo ante os discípulos espantados, traçando planos de redenção que culminam no dia de Pentecostes – o momento inesquecível do Evangelho –, quando os seus mensageiros convertem os apóstolos em médiuns falantes na praça pública para esclarecimento do povo necessitado de luz.

Como é fácil de observar, a mediunidade, como recurso espiritual de sintonia, não é a Doutrina Espírita, que expressa atualmente o Cristianismo redivivo, mas, sempre enobrecida pela honestidade e pela fé, pela educação e pela virtude, é o veículo respeitável da convicção na sobrevivência. Assim, pois, não nos agastemos contra aqueles que a perseguem, através do achincalhe – tristes negadores da realidade cristã, ainda mesmo quando se escondam sob os veneráveis distintivos da autoridade humana –, porquanto os talentos medianímicos estiveram incessantemente nas mãos de Jesus, o nosso divino Mestre, que deve ser considerado, por todos nós, como sendo (sic) o excelso Médium de Deus."

Sobre a influência de Chico Xavier no movimento espírita em Uberaba, "Seu" Lilito disse em uma esclarecedora entrevista a Marlene Nobre:

> "Nossa cidade se beneficiou extraordinariamente com a vinda do querido companheiro, que aqui fixou residência. A doutrina, naturalmente, já existia em bases sólidas, pois desde criança vimos acompanhando esse desenvolvimento. Como filho de um dos pioneiros da doutrina em nossa terra, o professor João Augusto Chaves, que juntamente com (*sic*) outros valorosos líderes da doutrina, sempre propugnaram no sentido de que a prática doutrinária fosse a mais legítima possível, dentro das normas

Chico Xavier em sua primeira residência em Uberaba, com familiares e amigos. À sua direita, a sobrinha Maria Lúcia Ferreira Gonçalves e sua irmã Geralda Xavier Quintão. À sua esquerda, a irmã Luiza Xavier e o casal Nena e Francisco Galves, de São Paulo. (Acervo: Casa de Chico Xavier)

preceituadas por Allan Kardec. Acredito que esse clima de fé e de firmeza doutrinária tenha muito auxiliado também a fixação aqui de nosso companheiro. Com sua vinda, então, alastrou de forma exuberante a divulgação e a influência dos princípios espíritas no povo de nossa terra, onde todos o querem muito bem. Em conversa, de certa feita, com o Chico, ele nos disse que gosta de Uberaba porque o povo aqui o representa, compreendendo a natureza de seus trabalhos, deixando-o laborar em paz" (REVISTA ESPÍRITA, 1977, p. 50).

Nas comemorações dos 40 anos da mediunidade de Chico Xavier, o militante espírita uberabense Jarbas Leone Varanda perguntou a Chico qual das duas fases foi, mediunicamente, a mais produtiva: Pedro Leopoldo ou Uberaba?

"Não posso esquecer que, em Pedro Leopoldo, Emmanuel e outros espíritos amigos trabalharam, através de minhas pobres faculdades, durante trinta e um anos sucessivos, procurando vencer os meus defeitos e adaptar-me para ser o instrumento que eles desejam que eu seja e não posso olvidar que Uberaba me hospeda, carinhosamente, desde janeiro de 1959, dando-me, por intermédio de companheiros queridos, o ambiente necessário para que eu aproveite das lições recolhidas na terra em que renasci para as tarefas da presente reencarnação. Creio que a produtividade mediúnica nas duas cidades se equivalem, porque precisamos descontar o tempo e as dificuldades de minha preparação, que tem exigido muito esforço e tolerância dos bons espíritos. Creio não ser ingrato afirmando que Pedro Leopoldo é meu berço e que Uberaba é minha bênção" (BARBOSA, 1997, p. 107-108).[11]

No livro *No mundo de Chico Xavier*, Chico fala da sua amizade e carinho com D. Maria Modesto Cravo, conhecida médium na região (nascida em 16/04/1899 e desencarnada em 08/08/1964), orientada, inicialmente, por Eurípedes Barsanulfo, de Sacramento, Minas Gerais:

> "Recordo-me com o maior enternecimento das atenções que sempre recebi de Dona Maria Modesto Cravo, que sempre se desvelou para que não faltasse recurso algum. Durante a minha permanência em Uberaba, fosse na exposição a que servia ou no Hotel do Comércio, onde me hospedava. Diariamente, o nosso amigo Omar Prata, distinto companheiro da família espírita uberabense, me procurava, para saber, da parte de Dona Maria Modesto, quais as providências que ela podia dar para que eu estivesse satisfeito, além do lanche que me enviava, por saber que o trabalho nas exposições, nos dias de movimentação mais intensa, me constrangia a grande atraso nas refeições" (*Ibidem*, p. 112-113).[12]

Além dessa amizade, não podemos deixar de registrar o seu convívio com o companheiro de ideal Inácio Ferreira, espiritista atuante em Uberaba e região, e idealizador do Sanatório Espírita, inaugurado em 31 de dezembro de 1934, no qual permaneceu como coordenador até a sua morte, em 27 de setembro de 1988.

---

[11] BARBOSA, 1997, p. 107-108.
[12] *Ibidem*, p. 112- 113.

A identificação de Chico Xavier com a cidade de Uberaba foi muito grande, pois ali trabalhou por 43 anos – de 5 de janeiro de 1959 a 30 de junho de 2002, data da sua desencarnação.

Chico Xavier em pose fotográfica nos anos 1960.
(Acervo: José Thomaz da Silva Sobrinho)

Chico Xavier, Waldo Vieira
e a Comunhão Espírita Cristã

"A vida de Chico Xavier reforça a obra recebida por seu intermédio. A forma heroica com que tem suportado todas as provações da vida; a humildade sincera perante o próximo, inclusive os outros líderes religiosos; o despojamento dos bens materiais; a entrega dos direitos autorais de todos os livros recebidos por seu intermédio a instituições beneficentes e a paciência evangélica com que tem atendido milhões de criaturas sofredoras, constituem os alicerces onde se assentam os ensinamentos espirituais canalizados por sua mediunidade" (NOBRE, 2009, p. 8).[13]

A Comunhão Espírita Cristã foi fundada oficialmente por Chico Xavier, Waldo Vieira, João Jorge Netto, Dalva Rodrigues Borges, José Thomaz da Silva Sobrinho, Therezinha de Queiróz Silva, Joaquim Tomaz da Silva, Hélia Rodrigues Borges Nery, Geralda de Andrade Sabino de Freitas e Artur Sabino Junior, em 18 de abril de 1959, à Rua Professor Eurípedes Barsanulfo, número 185, na Vila Silva Campos (hoje Parque das Américas), continuação do Alto dos Estados Unidos, perto do local onde ocorriam (e ainda ocorrem) as famosas exposições de gado, o Parque Fernando Costa. Entretanto, importante destacar que, de acordo com a ata de fundação, a instituição já estava em funcionamento na residência de Waldo Vieira desde 18 de abril de 1956 (antiga Rua Seis, número 215).

---

[13] NOBRE, Marlene. Lições de sabedoria. 3. ed. São Paulo: FE, 2009. p. 8.

No livro *Espiritismo em Uberaba*, de Carlos Baccelli, há um depoimento de José Thomaz da Silva Sobrinho, compulsado de *A Flama Espírita*, de 8 de julho de 1967:

> "O famoso médium Francisco Cândido Xavier veio para Uberaba em 1959. Éramos nove companheiros e algumas crianças na primeira reunião que ele participou em nossa cidade, lá na casa humilde da Vila Silva Campos. Recordo-me como se fosse hoje. Lá estavam Waldo, Dalva, Hélia, Hernani, Laerte Toffoli, Bety, Teresinha, eu e Chico. A câmara de passes era um telheiro, que cobria uma abençoada cisterna de água pura" (BACCELLI, 1987, p. 79).[14]

A médica Marlene Nobre, a convite de Chico Xavier e Waldo Vieira, frequentou a instituição por quase quatro anos consecutivos e considera que depois da sua família a amizade estabelecida com Chico Xavier foi o mais forte apelo de renovação que ela recebeu nesta existência. Colaborou, assim como outros companheiros de ideal espírita, na explanação dos textos doutrinários e evangélicos durante as reuniões públicas que aconteciam às segundas e sextas-feiras:

> "A pequena sala da modesta casa construída por Waldo para a moradia de ambos no bairro Silva Campos regurgitava de gente. Os passes eram dados em torno da cisterna à luz das estrelas. E as reuniões aí permaneceram alguns meses até que a sede primitiva, modesta e simples, ficasse pronta para comportar os trabalhos normais. As reuniões de desobsessão foram realizadas na 'Casa do Cinza' antes de sua transferência para a sede própria" (REVISTA ESPÍRITA, 1977, p. 39-40).

---

[14] BACCELLI, 1987, p. 79.

Em 18 de abril de 1959, meses depois da chegada de Chico Xavier a Uberaba, a nova sede da Comunhão Espírita Cristã ficou pronta, dentro da simplicidade preconizada por ele mesmo:

> "Era tudo muito simples, como Chico sempre quis. Teto de telhas, sem forro, bancos de madeira; no centro do salão havia uma mesa retangular com 12 cadeiras ao redor, paredes limpas, sem quadros ou gravuras; uma sala dedicada aos passes e uma livraria. No lado de fora, uma construção também simples, com sala e cozinha, onde era servido o cafezinho; junto dela, um pequeno galpão para a distribuição de sopa e armazenagem de roupas e peças de costura (...). Aos sábados, tínhamos a distribuição de gêneros alimentícios aos mais carentes, que, naquela época dos primórdios, localizavam-se ao redor da instituição, em uma tarefa que ficou conhecida como 'peregrinação', feita de casa em casa, com a leitura de um pequeno texto evangélico, na soleira da porta, feita ora por Chico, ora por Waldo" (NOBRE, 2014, p. 36-37).[15]

Em uma das famosas peregrinações, que nada mais eram que visitas às comunidades mais carentes em torno da Comunhão Espírita Cristã, aconteceu um caso muito interessante, do menino que caiu na cisterna, e que consta do livro *Chico Xavier responde*, psicografado por Carlos Antônio Baccelli:

> "Estávamos, com um grupo de amigos, participando da peregrinação semanal nos arredores da

---

[15] NOBRE, 2014, p. 36-37.

Construção da sede da Comunhão Espírita Cristã, em 1959, em Uberaba.
Na foto, vemos Weaker Batista, Chico Xavier e um grupo de amigos
e de trabalhadores da instituição. (Acervo: Elias Barbosa, *in memoriam*)

'Comunhão Espírita Cristã'. A noite era muito escura e caminhávamos com cuidado, atravessando
ruas esburacadas e terrenos baldios. Um garoto, de
aproximadamente oito, nove de idade, visivelmen-
te perturbado, filho de um casal que nos visitava,
corria solto, de um lado para outro, empurrando
as outras senhoras e desferindo muitos gritos. Sal-
tando por entre as moitas de capim, acabou, para
desespero dos pais, que não conseguiam contê-lo,
caindo dentro de uma cisterna abandonada, de uns
dez metros de profundidade, e só não desencarnou
porque a queda foi amortecida por uma espécie de
colchão de lama que existia ao fundo. Todas as pessoas começaram a gritar, desavoradas, esperando
alguma ação de nossa parte; mas o que, naquelas

circunstâncias, poderíamos fazer, se sequer conseguíamos enxergar o menino que, agora, apenas choramingava?... Começamos a orar, enquanto alguém, que havia conseguido uma corda nas imediações, a lançava poço abaixo, orientando o garoto para que a agarrasse firme. Depois de uns vinte minutos de peleja, ele foi resgatado, graças a Deus, sem nenhuma fratura e bem mais calmo daquela obsessão que o atormentava. Foi um alívio!... No domingo, pela manhã, ainda impressionados com o ocorrido na véspera, resolvemos voltar ao local onde quase havíamos presenciado uma tragédia. Fazendo questão de levar a corda conosco, constatamos então que, sem o efetivo auxílio dos nossos benfeitores espirituais, o filho do casal que nos visitava pela primeira vez não teria sido retirado da cisterna, cuja boca o matagal encobria... Esticamos a corda e verificamos que ela não media mais que seis metros – os Espíritos 'materializaram' o pedaço que ficara faltando, para que o menino conseguisse alcançá-la! Enquanto nós nos maravilhávamos com o fenômeno, o espírito de José Grosso, por nosso intermédio, solicitou-nos maior cautela e vigilância, esclarecendo que nem sempre ele poderia estar por perto quando algo semelhante voltasse a ocorrer" (BACCELLI, 2007, p. 53-55.).[16]

Em 1977, em um depoimento a Marlene Nobre sobre as famosas peregrinações, Izabel Bueno disse que o Chico costumava afirmar:

"Que o trabalho da peregrinação era uma sessão espírita ambulante, onde espíritos aproveitavam para aplicar passes em pessoas doentes e mesmo

---

[16] BACCELLI, 2007, p. 53-55.

influíam em nossos pensamentos com vistas à nossa melhoria espiritual. Nós não temos ideia exata de todos os trabalhos que se desdobravam nessas andanças pelas residências de nossos irmãos necessitados" (REVISTA ESPÍRITA, 1977, p. 50).

De 1959 a 1975, Chico Xavier e um grupo de amigos idealistas permaneceram nas atividades espiritistas na Comunhão Espírita Cristã. Nesse período, a presidência da instituição ficou inicialmente sob a responsabilidade de Waldo Vieira para, em seguida, ficar sob a responsabilidade de Dalva Rodrigues Borges. Marlene Nobre fala de algumas das atividades realizadas na Comunhão Espírita Cristã:

"Até que se completassem 40 anos de atividades mediúnicas, as reuniões na Comunhão Espírita Cris-

Sede provisória de um departamento da Comunhão Espírita Cristã. Na foto, Dalva Borges e o Dr. Elias Barbosa (o primeiro à sua direita, de óculos). (Acervo: Elias Barbosa, *in memoriam*)

tã, presidida por nossa irmã Dalva Rodrigues Borges, seguiram em seu ritmo habitual: às segundas e sextas-feiras sessões públicas com atendimento das 18:00 horas até a madrugada, estendendo-se, muitas vezes, até 6 horas da manhã; às quartas-feiras reuniões de desobsessão e, aos sábados, assistência ao lar de nossos irmãos mais necessitados com a peregrinação e atendimento público e recepção das mensagens ao término dessas visitas domiciliares. Anualmente, eram realizados os festivais de benemerência, distribuições de gêneros alimentícios, roupas, (...) etc. para milhares de criaturas pobres dos arredores; em abril, o Festival do Livro Espírita, em agosto, o Festival Bezerra de Menezes e, em dezembro, o Festival de Natal. Depois de completados os 40 anos, as reuniões de segunda-feira foram suspensas" (REVISTA ESPÍRITA, 1977, p. 40).

Pelas pesquisas, partimos da premissa de que a amizade com Waldo Vieira, além de ter influenciado em sua mudança para a cidade de Uberaba, passou a ocupar parte do espaço deixado pelo irmão José Cândido Xavier, desencarnado em 1939.[17] Por isso mesmo Chico sentiu muito a transferência de Waldo para o Rio de Janeiro, pois, supostamente, teria imaginado ter encontrado um companheiro com quem pudesse partilhar boa parte das suas vivências na mediunidade, além de dividir, e dar prosseguimento, com ele, as imensas responsabilidades advindas das revelações do mundo espiritual. É o que podemos perceber em uma

---

[17] Waldo Vieira nasceu na cidade de Monte Carmelo no dia 12 de abril de 1932, e estudou em Uberaba. Desencarnou no dia 2 de julho de 2015, na cidade de Foz do Iguaçu, Paraná.

Chico entre Waldo e um amigo, em sua primeira residência na cidade de Uberaba, datilografando páginas psicografadas. (Acervo: Casa de Chico Xavier)

das cartas enviadas ao então presidente da FEB Wantuil de Freitas, em 1957:

> "(...) Agora, meu caro Wantuil, que trinta anos consecutivos se passaram sobre minhas singelas atividades mediúnicas, tenho necessidade de sentir alguém comigo, a quem eu possa ir transmitindo recomendações de nossos benfeitores espirituais que eu não possa, de pronto, atender ou em cujas mãos possa deixar alguns deveres preciosos, na hipótese de qualquer necessidade. Sei que a obra é de Jesus e que tudo está nos desígnios dEle (sic), Nosso Senhor" (SCHUBERT, 1986, p. 355-356).[18]

---

[18] SCHUBERT, Suely Caldas. *Testemunhos de Chico Xavier*. Brasília: FEB, 1986. p. 355-356.

Em outra carta, datada de 10 de dezembro de 1958, reforça ainda mais o desejo de compartilhar parte das suas tarefas com Waldo Vieira:

> "(...) Nossos benfeitores espirituais prometem escrever outros trabalhos por nós dois, em conjunto, e aspiro ardentemente esteja ele em contato mais íntimo contigo. Estou com quase cinquenta anos, doente, quase cego, com muitas dificuldades em família para superar e preciso ir entregando minhas pequeninas experiências a alguém ligado também aos nossos amigos espirituais, e a escorar-me, espiritualmente, nesse alguém para me livrar, pelo menos agora, dos perigos que nos rondam a tarefa, ante um familiar deliberadamente vendido aos adversários implacáveis de nossa Causa. E esse alguém é o nosso estimado Waldo, a quem, na orientação dos nossos amigos espirituais, estou entregando gradativamente os meus assuntos" (*Ibidem*, p. 380).[19]

Entretanto, Waldo não suportou o ritmo de trabalho com Chico Xavier. E sem nenhuma intenção de fazer juízo de valor sobre a sua decisão, eu sempre me questiono: quem suportaria?

Formado em Odontologia e Medicina, já na segunda viagem programada para o Exterior em 1966 Waldo seguiria para o Japão, onde pretendia realizar um curso de pós-graduação.[20] Quando retornou ao Brasil, resolveu se afastar

---

[19] *Ibidem*, 1986, p. 380.
[20] A primeira viagem que Chico Xavier e Waldo Vieira encetaram aos Estados Unidos e à Europa se deu no dia 21 de maio de 1965, com o objetivo de ampliar a divulgação da Doutrina Espírita, fundando uma instituição espírita de nome Christian Spirit Center, em Elon College, Estado da Carolina do Norte, nos Estados Unidos. Em abril de 1966, empreenderam a segunda viagem, sendo que no dia 17 de maio foi publicado o livro *Ideal espírita*, pela Philosophical Library, de Nova York, com o título *The world of the spirit*. Além disso, ambos pretendiam fazer contato com editoras interessadas em publicar outras obras espíritas em inglês.

definitivamente de Chico Xavier e foi morar no Rio de Janeiro, onde casou-se e foi cuidar da própria vida, chegando, posteriormente, a classificar de "infantil" sua gloriosa fase mediúnica ao lado de Chico Xavier.

Em uma entrevista, quando indagado sobre essa questão, Chico Xavier considerou:

> "No entanto, após dez anos de grandes testemunhos, não conseguiu nosso amigo se manter no posto onde seu programa existencial, por sua livre escolha, o havia situado. Finalmente, em 1966, premido por outros interesses, demandou a cidade do Rio de Janeiro, em busca de realizações mais apropriadas aos seus novos ideais. Nós, os seus amigos, que tanto lhe devemos no campo do estímulo fraternal às realizações superiores, não poderíamos, senão, procurar compreender e respeitar suas decisões mais íntimas, de vez que estamos todos, invariavelmente, uns diante dos outros, como irmãos necessitados de luz, respondendo cada um segundo os próprios atos" (REVISTA ESPÍRITA, 1977, p. 40).

Depois de tantas esperanças depositadas no jovem médico e médium de apreciáveis faculdades psíquicas, Chico Xavier, em outra situação, falou desse momento tão difícil e delicado:

> "Vi a mudança do nosso caro Waldo para o Rio com o pesar de todos os companheiros e amigos de Uberaba, principalmente os da 'Comunhão Espírita Cristã', que (sic) sempre encontramos nele um apoio e um exemplo, inspirando-nos e sustentando-nos em serviço. Waldo não é tão-somente o

médico abnegado e médium espírita que conhecemos e admiramos, mas, igualmente, o amigo e condutor de quem não estimaríamos separar. Acontece, porém, que em se especializando no Japão, desejou ele ampliar horizontes e estudos no Rio e, de nossa parte, não podíamos transformar afeição e agradecimento em egoísmo e cativeiro. Conquanto sentindo imensamente a falta dele, vimo-lo partir reconfortados, todos nós, por vê-lo feliz, seguindo ao encontro de novas conquistas e experiências. Estamos, porém, convencidos de que ele continuará sendo o missionário da luz e do bem, tanto no Rio quanto em outras cidades do Brasil ou do mundo, como tem sido junto de nós em Uberaba, e desejamos reafirmar que ele prossegue, em qualquer parte, na condição de credor de nossa veneração, reconhecimento, apreço e carinho, para quem rogamos diariamente as bênçãos de Deus" (BARBOSA, 1997, p. 159-160).[21]

Entretanto, para a médica Marlene Nobre, que conviveu por alguns anos com Waldo, a surpresa foi muito grande para todos:

"O rompimento de Waldo com o Espiritismo causou surpresa a muitos na época, e dor a Chico. As alegações de Waldo nunca foram satisfatórias para a maioria do movimento espírita. O que sabemos é o que ele mesmo afirma. Que decidiu romper com a tarefa de consolação para a tarefa do esclarecimento, que a tarefa de esclarecimento se dá por

---

[21] BARBOSA, 1997, p. 159-160.

meio de sua obra e doutrina, que ele batizou de Conscienciologia, dita científica, compromissada com a pesquisa, sem qualquer vínculo religioso. A Conscienciologia, ou Projeciologia, de Waldo Vieira é um conjunto de ideias que tentam se organizar em um vocabulário novo, por ele criado, para tentar maquiar os ensinamentos espíritas sobre mediunidade e perispírito. Não vai além disso" (NOBRE, 2014, p. 223).[22]

Para o biógrafo Marcel Souto Maior, no livro *As vidas de Chico Xavier*, Waldo Vieira:

"(...) virou as costas para o espiritismo, 'estreito demais', e seguiu carreira solo. Estava cansado de Chico, 'tão frágil, tão suscetível, tão chorão', estava cansado da sacralização em torno de seu parceiro e do 'populismo' das sopas diárias, das peregrinações semanais e das distribuições natalinas. Queria distância da culpa cristã, da caridade, das lições evangélicas. Ele não iria se conformar, não iria agradecer a Deus por seus sofrimentos, não viveria atrelado a guias espirituais, não se submeteria a ser um eterno datilógrafo de textos do além" (SOUTO MAIOR, 2003, p. 182).[23]

Ainda procurando conhecer melhor esse episódio e destacar a profunda ligação de Chico Xavier com Waldo Vieira, assim como a programação estabelecida pelo mundo espiritual, encontramos no livro *Chico Xavier – Meus pedaços*

---

[22] NOBRE, 2014, p. 223.
[23] SOUTO MAIOR, Marcel. *As vidas de Chico Xavier*. 2. ed. São Paulo: Planeta do Brasil, 2003. p. 182.

do espelho, lançado em 2014, um interessante depoimento de Oswaldo de Castro para Marlene Nobre, já que ele também desfrutou da amizade de Chico e de Waldo:

> "Chico contou-me, disse o Dr. Castro, que não somente via sua mãe no mundo espiritual, mas também outros amigos, entre eles Waldo Vieira, que o protegia, indicando, inclusive, quais coleguinhas terrenos com os quais (*sic*) deveria brincar para não ser machucado. Combinou que ele um dia viria buscá-lo em Pedro Leopoldo, e que Chico o reconheceria, porque seria parecido com Emmanuel. Chico viu-o até 1930, quando veio se despedir, porque iria reencarnar. Depois desse ano, Chico nada mais soube de Waldo, até que, um dia, ele apareceu em Pedro Leopoldo. Waldo havia reencarnado em Monte Carmelo, e tinha orientação de uma médium muito segura que lhe recomendou a mudança para Uberaba. E assim ele o fez. Sob a proteção de Mário Palmério, Waldo estudou, formou-se em Odontologia, e depois em Medicina, morando na própria instituição de Palmério e trabalhando na secretaria. Quando estava estudando Medicina, foi a Cabo Frio nas férias e na volta passou por Pedro Leopoldo. Viu Chico pela primeira vez e este logo o reconheceu. No ano seguinte, voltou. Chico estava muito doente, sofrendo muito, ele, então, o convidou para morar em Uberaba. Ambos choraram copiosamente. E assim foi feito. A tarefa, portanto, já estava prevista no mundo espiritual" (*Ibidem*, p. 224).[24]

---

[24] *Ibidem*, p. 224.

O biógrafo uberabense Carlos Baccelli relata no livro *100 anos de Chico Xavier – Fenômeno humano e mediúnico* uma história contada pelo próprio Chico descrevendo esse momento difícil e delicado em sua vida. As atividades na Comunhão Espírita Cristã cresciam assustadoramente e o afastamento de Waldo o deixou profundamente triste e abatido:

"Há 21 anos atrás (*sic*) estava atravessando um dos períodos mais difíceis da minha vida. Um companheiro muito querido havia nos deixado e, na soleira da porta de nossa casa, eu meditava a sós... Naquele momento, se eu precisasse voltar à terra natal, não possuía cinco cruzeiros no bolso para o ônibus... As lágrimas me escorriam pelas faces, quando, em meio a uma luz muito intensa, me surgiu aos olhos a figura de um mensageiro espiritual de elevada hierarquia, muito superior à condição de Emmanuel. Dizendo-me vir da parte do Senhor, ele começou a conversar comigo, interrogando:

– O Senhor solicita lhe seja perguntado se quando Ele levou a sua mãe deste mundo, deixando-o órfão aos cinco anos de idade, você teve mágoa Dele...

Surpreso com a sublime visita, respondi que não e o mensageiro prosseguiu como se conhecesse, detalhadamente, cada trecho do caminho que eu havia percorrido até aquele exato momento.

– Quando o impediu de estudar, através daqueles que lhe dificultaram acesso aos bancos escolares, negando-lhe as oportunidades que sonhava, você teve mágoa do Senhor?

Com o coração aos saltos, afirmei que não, porque o Senhor sabe o que é melhor para mim...

– Quando Ele permitiu que você ficasse órfão pela segunda vez, subtraindo de sua presença aquela que foi a sua segunda mãe, deixando-o com doze crianças para sustentar com um reduzido salário, você teve mágoa do Senhor?

– Não. – apressei-me a dizer. – Eu não poderia guardar mágoa alguma do Senhor.

E o emissário celeste, sem qualquer pausa na voz, continuou discorrendo sobre os pontos mais delicados da minha existência atual, sempre repetindo a mesma questão:

– Quando perdeu a companhia de seu irmão José Xavier, que lhe era o apoio e o incentivo na Doutrina ante o serviço a realizar, você teve mágoa do Senhor?

Reunião na Comunhão Espírita Cristã. Na foto, Dalva Borges, presidente da instituição, ao lado de Chico Xavier. Em primeiro plano, Weaker Batista, seguido de Waldo Vieira. (Acervo: Elias Barbosa, *in memoriam*)

– Não, chorei muito e ainda choro, mas não senti mágoa do Senhor.

– Quando, entre as flores que desabrochavam no jardim promissor da mediunidade, surgiram os primeiros espinhos a lhe dilacerarem a alma, em forma de ingratidão e calúnia, você teve mágoa do Senhor?

– Não, – repeti, convicto – jamais tive mágoa do Senhor, a quem devo tudo que tenho e tudo que sou.

– Quando Ele afastou o casamento de seus planos de felicidade e realização pessoal, você teve mágoa do Senhor?

– Não, eu não posso me queixar de nada, pois tenho recebido bem mais do que mereço!

– E agora, quando, depois de tantos anos dedicando-se integralmente ao Evangelho, vê-se abandonado por aquele em que repousavam as suas esperanças no entardecer da vida física, você sente mágoa do Senhor?

– Não. – respondi em lágrimas. – Seja feita a vontade do Senhor.

Estabeleceu-se, então, entre nós, um silêncio que não ousei quebrar.

Depois de rápidos segundos, como se estivesse comunicando-se, telepaticamente, com os planos da Luz, o mensageiro concluiu:

– O Senhor manda dizer-lhe que, doravante, nada há de faltar-lhe. Não tenha receios, porque Ele providenciará tudo que você necessitar para prosseguir servindo-O entre os homens, na Terra!" (BACCELLI, 2010, p. 264-265).[25]

---

[25] BACCELLI, 2010, p. 264-265.

Importante ressaltar aqui que Francisco Cândido Xavier conheceu Waldo Vieira em 1955. O então jovem Waldo procurou o Chico para mostrar-lhe algumas psicografias, pois também exercia a mediunidade desde a sua mocidade. Psicografou em parceria com Chico Xavier 17 obras de indiscutível qualidade, dentre elas o livro *Evolução em dois mundos* (FEB, 1959), do espírito André Luiz, sendo que Chico Xavier ainda residia em Pedro Leopoldo e Waldo Vieira em Uberaba.[26]

De acordo com os comentários de Suely Caldas Schubert no livro *Testemunhos de Chico Xavier* (p. 372-373), os dois prefácios do livro *Evolução em dois mundos* estão datados de 21 de julho de 1958, em Pedro Leopoldo, e 23 de julho de 1958, em Uberaba, psicografados, respectivamente, por Chico Xavier e Waldo Vieira. Ela destaca ainda que o trabalho efetivamente se iniciou em 15 de janeiro de 1958, sendo o primeiro capítulo psicografado por Waldo Vieira, na cidade de Uberaba, e o segundo em Pedro Leopoldo, por Chico Xavier.[27]

Marlene Nobre também acrescenta:

> "Waldo efetuara algumas visitas a Chico Xavier em Pedro Leopoldo e estava em franca atividade psicográfica. Durante todo o ano de 1958, e parte de 57, ele se concentrava, às quartas-feiras, em sua

---

[26] Importante também registrar que a formação acadêmica dos dois médiuns era distinta. Chico cursou apenas cinco anos no então Grupo Escolar de Pedro Leopoldo (Cf. *O voo da garça*, p. 87-104), enquanto Waldo concluiu dois cursos superiores – Odontologia e Medicina. No entanto, analisando a obra fica difícil dizer quais capítulos foram psicografados por um ou outro. A sintonia entre os capítulos é surpreendente! Postura lamentável de pesquisadores e cientistas ignorarem tal fenômeno.

[27] Para Waldo Vieira, seu encontro com o espírito André Luiz aconteceu quando ele contava 13 anos de idade, com a confirmação de que ele teria sido o famoso médico sanitarista Dr. Carlos Chagas, conforme relato registrado em vídeo no YouTube (*Quem foi o espírito André Luiz – Waldo Vieira (Espiritismo)*, in: <https://www.youtube.com/watch?v=Yoyibnykv4Y>. Acesso em: 10 jan. 2016. Sobre o assunto, em razão da repercussão do caso de Humberto de Campos, em 1944, defendo a tese de que o autor espiritual André Luiz disponibilizou algumas informações contraditórias no livro *Nosso lar* para dificultar a descoberta de sua verdadeira identidade.

residência em Uberaba para a recepção dos capítulos de um livro, de (sic) parceria com o médium de Pedro Leopoldo e que estava sendo ditado pelo espírito de André Luiz. Tratava-se do 'Evolução em dois mundos', obra de caráter científico, muito importante para a atualização de Kardec nos tempos presentes, e 'sui generis' em todo o mundo, dadas as circunstâncias inusitadas em que foi recebido: dois médiuns, em cidades distantes" (REVISTA ESPÍRITA, 1977, p. 39).

Em 1994, muitos anos depois do rompimento, falava-se muito em Uberaba que Waldo Vieira tinha intenção de visitar Chico Xavier em sua residência. Em março do mesmo ano, em uma das muitas visitas que Marlene Nobre fizera ao médium em Uberaba, ambos conversaram sobre os comentários do povo e se ele receberia Waldo. Segundo ela, Chico respondeu firmemente que não, mesmo considerando que permanecia inalterável a gratidão pelo serviço realizado por ele.

Se para muitos essa reação pode ser considerada uma atitude pouco fraterna, o biógrafo Ranieri, que conheceu Chico Xavier em meados de 1946, em Pedro Leopoldo, e conviveu com ele durante muitos anos, fez uma curiosa descrição sobre a sua personalidade, destacando-lhe um aspecto pouco conhecido do grande público:

"Ninguém tenha ilusões a este respeito. Pode amar muito a uma pessoa, se esta, porém, por qualquer motivo, pode (sic) vir a perturbar a marcha de sua tarefa, abandona-a. Deixa-a simples e friamente, muito embora possa o seu próprio coração sangrar. Não é desumano, mas é cheio de responsabilidade para com o patrimônio espiritual que lhe foi entregue para guardar e fazer prosperar. Aqueles que não compreenderem isso sofrerão muito. Do deslumbramento de sua amizade passarão para a desilusão da grande indiferença que ele parece exteriorizar. Chico é um caráter complexo dentro de sua aparente simplicidade. Suas atividades e reações são surpreendentes, e, em geral, fora do normal, do comum. Não reage como os outros homens. Nem poderia deixar de ser assim. Quem vive espiritual e moralmente noutra dimensão não poderá, evidentemente, reagir dentro dos padrões comuns da dimensão terrestre. Sofre a força que vem da outra vida. Por outro lado, é homem absolutamente igual aos outros homens, com as mesmas necessidades físicas e morais. Tem fome, tem sede, tem frio, e tem necessidade de afeição e amor, carinho e ternura, seja ou não de forma espiritualizada ou materializada" (RANIERI, 1976, p. 61).[28]

E nessa mesma obra, contrariando alguns poucos de que Chico teria sido uma alma frágil e insegura, acrescenta:

"(...) O médium de Pedro Leopoldo é um cordeiro que, de vez em quando, se defende a si mesmo. Não dá chifrada, mas mantém-se na defensiva e afasta-se no momento que julga propício. Figura completamente diferente de todas as criaturas que já encontramos, apesar de, à primeira vista, parecesse (sic), quando era mais jovem, um moreno cego de um olho. Meão de altura, como se diria no passado, era imensamente gordo, quando o conhecemos há vinte e seis ou vinte e sete anos atrás (sic). Nos últi-

---

[28] RANIERI, R. A. *Recordações de Chico Xavier*. São Paulo: LAKE, 1976. p. 61.

mos anos, por questão de saúde, emagreceu tanto que anda buscando o Gandhi. Está de uma magreza franciscana. Sempre simples no vestir, apenas nas solenidades importantes aparece com um terno na moda e de gravata. Há vinte anos era simples. Caráter íntegro, impõe a si mesmo uma disciplina férrea de trabalho e não se afasta um centímetro de suas responsabilidades, haja o que houver, nem o faria por quem quer que seja, nem pela criatura que mais amasse no mundo. Se percebe que a sua conduta põe em risco o seu trabalho ou a idoneidade de seu trabalho na Doutrina, afasta-se e corta relações, dura, rija e impiedosamente com os amigos. Não tem contemplações, nem consigo, nem com os amigos, nem com os seus próprios sentimentos. Afasta-se e fecha a porta de sua casa

Chico Xavier em sua primeira residência em Uberaba.
(Acervo: Casa de Chico Xavier)

para a pessoa, até a mais amada. Sensível, de uma sensibilidade que o mundo inteiro conhece, irradia essa disciplina à sua volta e impõe-na aos que com ele trabalham. Poucos são os que aguentam o que ele aguenta. Dorme pela madrugada e parece que, invariavelmente, levanta-se antes de sete horas da manhã. Tem sempre um sorriso para todos e uma palavra de amor para os que o procuram. Gosta de piadas puras, evangélicas e parece adorar os ditos espirituosos. Para tudo tem sempre uma historieta para contar, e dar gargalhadas felizes é o seu forte. Onde aparece todos riem e o rodeiam. Nunca está só porque aqueles que o veem acorrem para ele sequiosos de sua palavra. Às vezes, tem-se a impressão de que fica pensativo e triste, mas é apenas por um momento, porque logo depois sorri e espairece, como um sol após a sombra. Ama os amigos e ajuda até os inimigos. Renunciou a tudo por amor de todos e compreende todas as coisas" (*Ibidem*, p. 191).[29]

E finaliza, dizendo:

"Chico liga-se temporariamente a certas pessoas. No começo, descobre-as e fica eletrizado, empolgado. Visitas, cartas, cartões, reuniões, amizade profunda. De repente, sem explicação alguma, desaparece, some. O silêncio cobre a distância. Durante anos, esse fato sucedeu com numerosas pessoas que se tornaram suas amigas íntimas, de

---

[29] *Ibidem*, p. 191.

permanecerem no mesmo recinto, de dormirem e comerem na mesma casa e depois foram afastadas quase que definitivamente. Estudando essas criaturas, vendo-lhes os hábitos e o caráter, compreendemos que, de fato, com algumas houve motivos sérios de afastamento e, com outras, não; pelo menos naquele conceito comum de amizade que todos temos" (*Ibidem*, p. 170).[30]

Podemos concluir que o ser humano Chico Xavier estava muito focado em sua tarefa e nenhuma amizade, fosse ela qual fosse, poderia interromper, ou mesmo atrapalhar, essa sua determinação:

> "Emmanuel costuma dizer-lhe que aqueles que viajam em sua companhia só podem estar em mar alto, porque se o navio tocar a praia os tripulantes logo vão querer parar para descansar e não pode, haveria prejuízo para a tarefa. Assim, os que desejarem parar enfrentarão os perigos e as ondas do alto mar" (REVISTA ESPÍRITA, 1977, p. 42).

Em 21 anos de convivência com o maior médium de todos os tempos, experienciei algumas situações inusitadas que compartilho agora.

Certa feita, uma pessoa da cidade de Pedro Leopoldo procurou Chico Xavier usando o meu nome. Atravessava um grave problema com a justiça brasileira. Quando fui visitar o Chico em sua residência, em Uberaba, ele foi rapidamente contando que tinha recebido a pessoa que eu havia indicado. Surpreso, sem demora disse ao Chico que nunca

---

[30] *Ibidem*, p. 170.

autorizara alguém a procurá-lo em meu nome. Entretanto, Chico continuou insistindo que a pessoa o havia procurado usando o meu nome. Comecei a ficar preocupado com o desdobramento que o assunto poderia ter e chamei minha esposa para acompanhar a conversa e reforçar o que eu estava dizendo. Sinceramente, ficamos uns 20 minutos, aproximadamente, tentando esclarecer a situação. Até que o Chico, em um determinado momento, talvez observando a minha preocupação (quase pânico), disse que eu não me preocupasse, pois já tinha entendido tudo.

De outra vez, fomos a Uberaba levando conosco um grande amigo também conterrâneo. Antes do nosso retorno, ele perguntou se poderia tirar uma foto da fachada da residência de Chico Xavier. Como estávamos passando pela rua, não vi qualquer problema. Aliás, quantas pessoas fotografaram a casa enquanto esperavam uma oportunidade para entrar? Quando estava tirando as fotos, alguém saiu da residência e ficou nos observando. Depois retornou para o interior e ficou nisso. Dias depois recebi um telegrama do Chico, pedindo que eu não divulgasse qualquer imagem da minha ida a Uberaba.[31] Achei aquele telegrama muito estranho e mandei outro justificando que as fotografias feitas eram apenas algumas lembranças pessoais, sem qualquer intenção de publicação. Chico não respondeu. Então mandei uma carta registrada. Foi aí que ele enviou um outro telegrama, dizendo que estava tudo certo e que já tinha entendido tudo.

Abordo tais ocorrências para destacar a humanidade de Chico Xavier. Quem não conheceu o Chico imagina que Emmanuel e os demais benfeitores espirituais ficavam à sua

---

[31] Eis o conteúdo do telegrama enviado por Chico Xavier: *"Peço não fazer reportagem sua vinda aqui. Evitemos publicidade grande. Alegria rever Arlete. Lembranças a todos. Abraços"*.

disposição 24 horas por dia. Não. Ele tinha as próprias opiniões e convicções, e como qualquer ser humano costumava escutar o que diziam as pessoas que estavam próximas. Naturalmente, com o avanço da idade, suas limitações foram ficando ainda maiores.

Nessa mesma direção, descrevo ao leitor outro momento que desfrutamos com Chico Xavier, reforçando que nem sempre ele percebia o que as pessoas queriam lhe dizer.

Eu me formara em Psicologia e havia procurado o Chico para saber sua opinião sobre a minha intenção de abrir um consultório terapêutico na cidade de Pedro Leopoldo. Só que nunca encontrávamos tempo para conversar em particular. Era um sábado e eu estava com viagem marcada à noite para Belo Horizonte. Num determinado momento, no Grupo Espírita da Prece, ele me chamou próximo à mesa e disse assim:

– *Diga à Renata para não ligar antes do quarto filho.*

E finalizou:

– *Não era isso o que você ia me perguntar?*

Eu disse que não, mas o recado seria dado exatamente como estava sendo transmitido.

Chegando a Pedro Leopoldo, falei meio assustado com Renata que a recomendação do Chico era para termos quatro filhos. A reação da minha esposa foi curiosa:

– *Volte lá e diga ao Chico Xavier para ELE ter os quatro filhos!*

Entretanto, o tempo foi passando e veio o primeiro, o

segundo e o terceiro filhos. No último, o ginecologista responsável afirmou que minha esposa não aguentaria uma quarta gravidez, em razão da fragilidade do útero. Por telefone, Chico aconselhou ouvir o diagnóstico de mais dois especialistas, o que foi, posteriormente, confirmado. Sobre o consultório de Psicologia, nunca conversamos sobre o assunto.

Ainda sobre filhos, vou contar um episódio curioso ocorrido durante uma visita de Natal a Cidália Xavier de Carvalho, como sempre fazíamos.

Chegamos eu, minha esposa e os meus três meninos na casa da irmã de Chico Xavier. Ela nos recebeu no alpendre e quando já estávamos todos na sala ela disse:

– *Vocês vão deixar o outro lá fora?*

Eu e Renata nos entreolhamos interrogativos, mas respondi:

– *Não, Dália.*[32] *O Chico chegou a falar em quatro, mas estão todos aqui. Temos apenas três filhos.*

Contudo ela exclamou:

– *Uai, havia outro menino!... Ele estava com vocês!!!*

Cidália foi lá fora novamente e retornou dizendo:

– *Entendi.*

E deu uma gostosa e discreta risada.

---

[32] Apelido carinhoso com que chamávamos a irmã de Chico Xavier.

Em uma entrevista realizada por Marlene Nobre em 1977, Nena e Francisco Galves, companheiros de São Paulo, que conheceram o Chico em maio de 1959 e que sempre o hospedavam quando ele para lá viajava, disseram que dentre as muitas qualidades da personalidade de Chico Xavier três poderiam ser destacadas:

"A tolerância: essa é, sem dúvida nenhuma, sua grande virtude, seu traço marcante. Chico consegue superar totalmente os melindres pessoais, embora isso não o impeça de reconhecer, mais que ninguém, entre os companheiros, aqueles que mais erram ou os que mais procuram acertar. Ele é realmente tolerante, mas sua personalidade é suficientemente segura para não compactuar com os erros alheios. O desprendimento dos bens terrenos: Chico tem tido inúmeras oportunidades de enriquecer-se, através de sua mediunidade, mas sempre soube rechaçá-las com veemência. Ele continua sendo o pobre rico, porque sabe valorizar as riquezas, colocando-as em seu devido lugar. Não despreza o dinheiro ganho com o trabalho digno, mas para si próprio procura se abster do supérfluo. Prefere continuar sendo pobre. Para nós, porém, ele é o pobre mais rico espiritualmente que conhecemos. A humildade: essa é, sem dúvida, uma constante na personalidade de Chico e que muitas vezes é confundida com ingenuidade. Nós, que o conhecemos de perto, sentimos essa virtude forjada em lutas e sofrimentos, à luz do Evangelho de Jesus. A calma, a paciência, a disciplina e muitas outras virtudes podemos destacar ainda como traços positivos de seu caráter" (REVISTA ESPÍRITA, 1977, p. 53. Grifos meus).

Para exemplificar essas qualidades em Chico Xavier, Nena Galves conta um caso interessante, que já é do conhecimento do grande público espírita:

"Descíamos em certo trecho da Avenida São João, quando fomos abraçados por um amigo.

Chico já se encontrava em tratamento de angina de que foi acometido, em novembro passado, e o amigo lhe perguntou pela saúde.

– Mas você agora vai bem?

– Sim, vou melhorando.

O amigo continuou:

– Também penso, Chico, que um médium qual (*sic*) você, com quase cento e cinquenta livros publicados, num caso de desencarnação, será logo promovido a planos superiores, não é mesmo?

– É. – respondeu Chico, muito sério. – Eu até já estou planejando a fundação de um centro espírita cristão para logo depois da minha morte.

– Muito bem! – tornou o companheiro. – E já tem nome esse grupo?

Chico esclareceu:

– Sim, já tem nome e a sigla é CEU.

– Sem dúvida, a sua tarefa há de ser nos céus! – dizia o confrade, entusiasmado. – Mas qual será o nome (*sic*) da sigla?

– Centro Espírita Umbralino. – E acrescentou: – Se Deus permitir, em minha transferência para o Umbral, quero ficar trabalhando" (REVISTA ESPÍRITA, 1977, p. 58).

Sobre a saída de Chico Xavier da Comunhão Espírita Cristã, diria que não existiu uma única razão, mas diferentes razões. A Dra. Marlene Nobre destacou a fundação do Grupo Espírita da Prece, frisando que o famoso médium sempre desejou permanecer em um ambiente simples e modesto, como nos tempos do Centro Espírita Luiz Gonzaga e do Grupo Espírita Meimei, na cidade de Pedro Leopoldo, e que não queria ver seu nome associado a qualquer benefício material, em referindo-se à expressiva doação recebida da cidade de Goiânia e repassada à CEC:[33]

> "Chico Xavier fez a doação de 242 alqueires de terra para a Comunhão Espírita Cristã de Uberaba, e de outros 242 para o Lar da Fraternidade, de Goiás, passando, assim, integralmente, para essas duas instituições a herança que lhe havia sido designada por Dona Consuelo Ramos Caiado, distinta senhora de Goiânia.
>
> Após essa doação, o médium desligou-se, em 19 de maio de 1975, da Comunhão Espírita Cristã, para que não houvesse dúvida alguma quanto ao seu envolvimento como beneficiário, mesmo que de forma indireta, desses bens materiais.

---

[33] Foram muitas as doações recebidas por Chico Xavier, assim como a demonstração de completo desapego aos bens materiais. Ainda muito jovem, o médium recebeu uma vultosa doação, repassada na sequência para a Federação Espírita Brasileira, do conhecido espírita Frederico Figner, o Irmão Jacob, autor espiritual do livro *Voltei* (quando encarnado foi proprietário das Casas Edson e introdutor do fonógrafo no Brasil). O *Jornal Lavoura e Comércio de Uberaba*, em sua edição de 15 de maio de 1985, divulgou que Chico Xavier recebeu também um valor considerável doado por Maria Auxiliadora Franco Rodrigues, da cidade de Nanuque, Minas Gerais, imediatamente transferido para o Lar da Caridade de Uberaba, ex-hospital do Pênfigo, sob a direção da saudosa e dedicada Aparecida Conceição Ferreira.

No dia 5 de julho de 1975, inicia suas atividades normais no Grupo Espírita da Prece, onde permanece até hoje" (REVISTA ESPÍRITA, 1977, p. 40).

Eurípedes Humberto Higino dos Reis reforça o pensamento de Marlene Nobre, pois em uma entrevista dada a Ariston Teles afirma que

"(...) foi por motivo semelhante que Chico afastou-se da Comunhão Espírita, antes de fundar o Grupo Espírita da Prece, em 1975" (HIGINO; TELES, 2010, p. 118).[34]

Nobre (2014) registra em seu livro o que o médium disse ao odontólogo: *"Aqui deixei a metade da minha vida".*[35] Essa tese é também confirmada pelo confrade Weaker Batista, seu braço direito em Uberaba:

"Quanto à mudança da Comunhão Espírita Cristã para o Grupo Espírita da Prece foi uma decorrência natural. Chico sempre pensou, isso já faz algum tempo, em ter um grupo pequeno, uma casinha pobre e simples, onde ele pudesse fazer o trabalho como havia começado, em Pedro Leopoldo. E é o que está acontecendo agora" (REVISTA ESPÍRITA, 1977, p. 52).

---

[34] REIS, Eurípedes Humberto Higino; TELES, Ariston. *Chico Xavier – Apóstolo do Brasil.* Brasília: Editora Espírita Ano Luz, 2010. p. 118. Eurípedes Humberto Higino dos Reis nasceu em 1951 na cidade mineira de Ituiutaba. Era o filho mais novo de quatro irmãos. O pai biológico, José da Cruz, participava do movimento espírita em Ituiutaba e desencarnou em 21/11/1955. A mãe, Carmem Higino, transferiu-se para Uberaba e foi trabalhar na Comunhão Espírita Cristã, auxiliando como enfermeira de Dr. Waldo Vieira, desencarnando em 28/01/1983. O primeiro encontro com Chico aconteceu em maio de 1959. Ele tinha 7/8 anos, mas somente aos 15, em 1966, foi morar com o médium em definitivo, coincidentemente, na mesma época que Waldo Vieira afastou-se de Chico Xavier. Formou-em em Odontologia.
[35] NOBRE, 2014, p. 299.

Tal desligamento também não foi nada fácil para Chico Xavier, como podemos depreender da carta endereçada à amiga Suzana Maia Mouzinho, datada de 8 de julho de 1975:

"Primeiramente, peço a você me perdoe a demora de notícias. Pelos noticiários que se derramaram, você pode avaliar as tarefas acumuladas em que me vi de maio para cá. Felizmente, as tempestades vão se amainando e, desse modo, tudo vai sendo reajustado para a continuação de nossas atividades

Chico Xavier e Eurípedes Humberto Higino dos Reis
(Acervo: Grupo Espírita da Prece de Chico Xavier)

(...) Nosso grupo novo – 'Grupo Espírita da Prece' –, já está de pé. Graças a Deus, e começou a funcionar na noite de 4, sexta-feira última. Tudo simples. Não houve nenhuma ocorrência especial e as nossas reuniões públicas prosseguirão sendo nas noites de sextas e sábados. A tempestade está amainando, mas só pessoalmente poderei dar a você os detalhes da travessia de lutas em que me vi nos meses de maio e junho últimos. Graças a Jesus, tudo está sendo refeito e tudo voltando à normalidade" (GALVES, 2012, p. 246-247. Grifo do Chico).[36]

Em 9 de julho de 1975, um dia, portanto, após escrever à Suzana, Chico Xavier escreve outra carta apondo a expressão "Confidencial" no alto da página, abordando novamente questões delicadas sobre a transição da Comunhão Espírita Cristã para o Grupo Espírita da Prece:

"A casa simples, mas confortável e, para mim, linda e preciosa, ficou pronta em trinta dias, com a terra e construção – tudo em meu nome pessoal, para que não haja diretoria e organização oficiosa que me perturbem na marcha de serviço mediúnico de agora em diante (...). Jorge e Nair, Galves e Nena me recolocaram no trabalho e me doaram, em nome de Jesus, um abençoado e precioso recanto – sem que eu nada tenha para retribuir a eles, a fim de que eu prossiga, sem pausa, para a frente" (*Ibidem*, p. 253-254).[37]

---

[36] GALVES, Nena. *Chico Xavier* – Luz em nossas vidas. São Paulo: CEU, 2012. p. 246-247.
[37] *Ibidem*, p. 253-254.

Oficialmente, em carta endereçada aos diretores da Comunhão Espírita Cristã, datada de 19 de maio de 1975, Chico Xavier solicita o seu desligamento da referida instituição e justifica a sua saída, alegando questões de saúde:

"Prezados amigos,

Deus nos abençoe.

Agradecendo a generosidade que sempre me dispensastes, venho comunicar-vos o meu desligamento das tarefas dessa benemérita instituição, a partir desta data.

Em vista da minha impossibilidade de continuar cooperando nas atividades da C.E.C., constrangido como me sinto a prosseguir, em círculo de trabalho, tão estreitamente reduzido, quanto possível, em minhas singelas atividades de contatos públicos, formação de livros, recepção de mensagens mediúnicas e divulgação dos nossos princípios espíritas-cristãos, a que me dedico pessoalmente, desde 1927, e, conquanto não seja diretor de qualquer dos departamentos de serviço da nossa organização, em cujas tarefas tenho tido a honra de colaborar, na condição de servidor pequenino, desde a sua fundação, rogo a gentileza de me dispensardes das responsabilidades de nossa benemérita casa de trabalho em que, unicamente por vossa bondade, me considerais incurso.

Com o meu profundo respeito e sincera gratidão à vossa digna orientação e valioso apoio de sempre, esclareço-vos que o meu desligamento da C.E.C. se funda unicamente nas seguintes razões:

1) inevitável desgaste orgânico aos 65 janeiros de idade física, completados no mês de abril findo,

com 48 anos de atividades mediúnicas sem pausa, isto é, de 1927 até agora;

2) processo de hipotensão com característicos inquietantes, surgido em 1973, dificilmente sustado por tratamento constante, mas não extinto;

3) dificuldades crescentes na visão, por motivo de moléstia no olho esquerdo, desde 1931;

4) ausências semanais para tratamento de saúde;

5) reconhecida incapacidade orgânica, impossibilitando-me de trabalhar em regime de compromissos institucionais, embora deva, de minha parte, continuar abraçando os serviços escassos de que possa me incumbir no âmbito de minhas estreitas possibilidades pessoais, incluindo as viagens frequentes, em que, por força das circunstâncias, sou constrangido a variadas tarefas doutrinárias.

Informo-vos que se é desejo da C.E.C. prosseguir recebendo esse ou aquele livro dos nossos benfeitores espirituais para lançamentos editoriais da instituição, continuarei, de boa vontade, a cooperar na cessão dos direitos que me possam caber, na publicação desse ou daquele volume, compreendendo-se, porém, que a doação desses trabalhos procede dos autores espirituais que os produzem e que até hoje os distribuem, conforme o critério deles próprios, com as várias editoras espíritas do país, sem qualquer ônus para nenhuma delas.

Com referência aos 100 alqueires de terra que foram doados a este vosso irmão e servidor pela digna D. Consuelo Caiado na região vizinha da cidade de Goiás, capital primogênita do Estado de Goiás, doação essa realizada pela distinta doadora, de forma incondicional, conforme documentos em minhas mãos, a mim entregues pelo estimado amigo Dr. José Henrique da Veiga Jardim, digno advogado da doadora, residente em Goiânia, informo-vos que procurei pessoalmente D. Consuelo Caiado, na cidade de Goiás, onde reside, e, depois de manifestar-lhe o meu respeitoso reconhecimento pela generosa doação aqui referida, apela para o seu coração humanitário, rogando-lhe a devida permissão para renunciar ao valioso patrimônio, em benefício das obras assistenciais da Doutrina Espírita, explicando de que (*sic*) 50 alqueires serão entregues à Comunhão Espírita Cristã, sob a vossa direção, e os demais 50 alqueires serão entregues à determinada comissão constituída pela própria doadora e por mais quatro amigos, ligada a ela e à Doutrina Espírita em Goiás, a fim de que, do produto da venda dos aludidos 50 alqueires, em momento oportuno, possa se erguer, na cidade de Goiás, o 'Lar Fraternidade', dedicado aos serviços de assistência aos nossos irmãos necessitados, segundo disposições do estatuto da referida entidade, em elaboração (...)

Fica assim esclarecido perante a vossa autoridade que 50 alqueires das referidas terras, tão logo seja este vosso servidor chamado a recebê-las oficialmente, serão imediatamente entregues à Comunhão Espírita Cristã, com a finalidade de serem aplicadas nas obras de assistência, mantidas pela C.E.C. sob a vossa digna orientação, reservando-se os demais 50 alqueires para a fundação do 'Lar Fraternidade', na cidade de Goiás, permanecendo a Comunhão Espírita Cristã e o 'Lar Fraternidade' representados respectivamente pela Diretoria da C.E.C. e pela Comissão Organizadora a que me referi com a obrigação de pagarem os respectivos impostos, e outras despesas, alusivos à transmissão da posse efetuada em meu nome de ambas as entidades a que nos referimos.

Comunico-vos, ainda, que para definir com clareza a atitude deste vosso irmão e servidor, com respeito à entrega da doação de terras que me foi feita pela Exma. Senhorita D. Consuelo Caiado, no Estado de Goiás, atitude essa na qual apenas cumpro o meu dever, e assunto esse ao qual me refiro unicamente para destacar a generosidade da digna doadora que homenageou as nossas ideias e tarefas espíritas-cristãs, entregando um patrimônio, que, por minha vez, devo igualmente entregar aos serviços de benemerência da nossa causa espírita, com a bênção de Jesus. Enviarei cópias do presente ofício à digna União Espírita Mineira, em Belo Horizonte, e à digna Aliança Municipal Espírita de Uberaba, nesta cidade, tanto quanto aos estimados amigos do Estado de Goiás, que sejam os componentes da organização do 'Lar Fraternidade', em comissão a formar-se, bem como a outras instituições e amigos da comunidade espírita em geral, unicamente em atenção às responsabilidades nas quais estamos todos investidos (...). Vosso irmão e servidor reconhecido, **Francisco Cândido Xavier**" (BACCELLI, 1987, p. 100-102).[38]

No livro *Chico Xavier – O médium dos pés descalços*, há um importante depoimento de Carlos Baccelli sinalizando outras questões que teriam desencadeado a saída de Chi-

---

[38] BACCELLI, 1987, p. 100-102.

co Xavier da Comunhão Espírita Cristã, momento tão difícil e delicado na vida do médium mineiro:

"Quando Chico rompeu com a Comunhão Espírita Cristã, em 1975, eu ocupava lá o cargo de secretário. Participei da reunião de diretoria em que ele comunicou o seu desligamento. Estava bravo. Não deixou ninguém abrir a boca. O tempo todo, somente ele falava. Em diversas oportunidades, havia avisado que se a instituição continuasse a crescer ele sairia. Haviam colocado aparelhos de ar-condicionado nas paredes do salão do centro. Ele mandou arrancar. Protestou contra o piso de cerâmica caro com que substituíram o chão de vermelhão queimado: 'Eu não posso ficar num centro em que as pessoas pobres tenham vergonha de entrar... Se

Weaker Batista, Francisco Galves, o cozinheiro Benedito e Chico Xavier.
(Acervo: Centro Espírita União)

alguma estiver doente e passar mal, como é que há de vomitar neste chão?', disse, com energia. E tem gente mal informada que diz que Chico era moleirão. Não sabe o que diz e escreve. Conversando com os diretores da CEC, ele chegou a dar tapas na mesa! Eu testemunhei isso com os meus próprios olhos: 'Mas, Chico', argumentou um dos diretores, 'como é que a casa há de sobreviver sem você? Como manter o serviço de assistência, a sopa?...' Ele respondeu: 'Enquanto vocês trabalharem, com desinteresse, na caridade, Jesus não há de deixar faltar nada... A obra pertence a ele, e não a mim, ou a vocês. O Espiritismo não depende de Chico Xavier, ou de qualquer outro, seja médium ou não'. Passado o primeiro impacto, os diretores da CEC deliberaram voltar à carga, pressionando para que ele ficasse. Elegeram, então, o Dr. Hernani, a quem Chico respeitava muito, para que insistisse com ele naquela noite, numa nova reunião, agora na casa do médium. Mais uma vez, Chico foi firme e incisivo: 'Tenho muito respeito pelo senhor, Dr. Hernani, mas elegeram o senhor como 'testa de ferro'... O senhor quase nunca aparece em nossas reuniões, não participa ativamente, não sabe o que acontece ou o que deixa de acontecer. O senhor vai me perdoar, mas a minha decisão está mantida e é irrevogável. Eu já dei à Comunhão o que eu poderia ter dado – estou doente e vou trabalhar numa casa menor, compatível com as minhas atuais possibilidades de saúde'. Não houve recurso: Chico, quando tomava uma decisão, dificilmente voltava atrás! Recordo-me de que, na última reunião pública de que participou, ele me disse ao sair, sem que, na minha imaturidade, eu pudesse entender: 'E você tome cuidado, porque agora é você que eles vão querer colocar sentado nesta cadeira', disse-me

Primeira residência de Chico Xavier em Uberaba.
(Da revista *Chico Xavier: 10 anos de saudades – 2002│2012*)

apontando para a sua cadeira vazia. 'Vão querer você trabalhando como médium para eles'" (BAC-CELLI, 2011, p. 172-173).[39]

Importante destacar também que a mudança não aconteceu apenas de uma instituição para outra, mas também de uma residência para outra. Foi uma mudança de travessia de rua, de uma calçada para outra, e nesse local Chico permaneceu até a sua desencarnação, conforme ele mesmo esclareceu em uma entrevista concedida ao *Jornal Lavoura e Comércio* do dia 24 de abril de 1975. O repórter lhe pergunta se é verdade que ele está construindo uma nova residência, já que ele morava em uma casa anexa à Comunhão Espírita Cristã:

---

[39] BACCELLI, 2011, p. 172-173.

"Sim, até agora tenho residido numa casa que a Comunhão Espírita Cristã me concedeu legalmente o usufruto, em condomínio com o nosso estimado amigo Waldo Vieira. Realmente, não tenho motivos para a mudança de situação, nesse sentido, porque tanto a diretora de nossa instituição quanto o nosso amigo Waldo Vieira sempre me dispensam o máximo apreço, mas alguns dos meus familiares de Pedro Leopoldo compreendem que já atravessei a fronteira dos 60 janeiros e pretendem transferir-se para junto de mim. Com isso, tenho necessidade de mais espaço" (SEVERINO, 2013, p. 50-51).[40]

Os autores Romeu Grisi e Gerson Sestini, em seu livro *Inesquecível Chico*, contam quando estiveram com o Chico nessa primeira casa ao lado da Comunhão Espírita Cristã, que explicou o significado de dois grandes troncos na entrada da residência:

"Certa feita, Chico conduziu-nos ao quintal de sua casa e mostrou-nos dois enormes troncos que Emmanuel havia recomendado fossem fincados, um de cada lado, na passagem por onde deveria transitar diariamente, para que lembrasse sempre o seu significado.

Então falou-nos:

– Disciplina e dever, essa era a norma a ser seguida durante o tempo em que eu estivesse agindo fora daquele espaço.

Depois de admirarmos os dois grossos troncos no caminho cimentado, que separava suas acomodações particulares, ele olhou-nos com ar brejeiro e disse:

---

[40] SEVERINO, Paulo Rossi. *Aprendendo com Chico Xavier*. 2. ed. São Paulo: Editora FE, 2013. p. 50-51.

– Aqui temos o 'DD', da disciplina e do dever. Lá fora, vocês têm a "BB".

De pronto, não entendemos. Era uma alusão à atriz francesa Brigitte Bardot, que ocupava a mídia na época" (GRISI; SESTINI, 2008, p. 160).[41]

E o repórter perguntou ao Chico se ele estava utilizando recursos dos livros psicografados para a construção da nova residência. Preocupado em esclarecer tudo, e que poderia, no futuro, ser mal interpretado, Chico respondeu, citando, inclusive, os nomes dos amigos que contribuíram com os seus respectivos valores:

"De modo algum. Sempre respeitei as entidades espíritas às quais são doados os livros de nossos benfeitores espirituais. Não poderia pedir a elas, nem delas receber, qualquer auxílio para esse fim, exclusivamente pessoal (...). A residência, que está em meu nome, e na fase terminal, foi custeada por um grupo de amigos que, espontaneamente, se propuseram a isso. Em 1974, e, agora, em 1975, recebi deles as doações que já constam, em maior parte, na minha ficha de imposto, junto à Receita Federal. Nesse sentido, tomo a liberdade de solicitar aos nossos distintos amigos do jornal Lavoura e Comércio o obséquio de anotar os nomes dos amigos que se reuniram para que eu tenha (sic) casa própria em Uberaba" (Ibidem, p. 51).[42]

Um fato curioso sobre essa mudança de endereço foi descrito por Oswaldo Godoy Bueno, no livro Nossos mo-

---

[41] GRISI, Romeu; SESTINI, Gerson. Inesquecível Chico. São Bernardo do Campo: GEEM, 2008. p. 160.
[42] Ibidem, p. 51.

Primeira residência de Chico Xavier em Uberaba.
(Da revista *Chico Xavier: 10 anos de saudades – 2002|2012*)

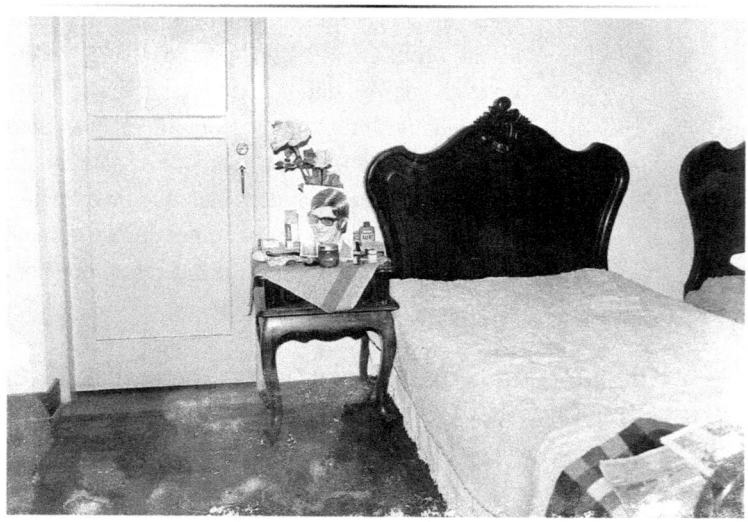

Aspecto do quarto de Chico Xavier em sua primeira residência em Uberaba.
(Da revista *Chico Xavier: 10 anos de saudades – 2002|2012*)

mentos com Chico Xavier – O homem chamado amor, no qual o biógrafo registra que naquela época Chico cuidava de muitos gatos (uns 30) e que no primeiro dia depois da mudança[43] foi convidar a todos para se mudarem para a nova casa também: *"Vamos mudar! Estamos morando em frente, vocês sabem que eu preciso de vocês!..."* Entretanto, os gatos não atenderam ao seu pedido.

No dia seguinte, Chico foi lá novamente para convidar os gatos, dizendo a eles o quanto o ajudavam com a preservação das mensagens, evitando que os ratos as roessem. Mas os gatos não foram para a casa nova.

No terceiro dia, Chico deu um ultimato:

> *"– É a última vez que eu venho chamar vocês. Eu estou implorando, estou suplicando! Eu preciso muito de vocês! Vocês estão em grande quantidade e as pessoas que vão morar aqui, quem sabe, possam (sic) até dar algum alimento que possa prejudicar vocês! Venham comigo! Vamos para lá, do outro lado da rua, é tão próximo! De vez em quando, vocês vêm visitar aqui..."* (BUENO, 2007, p. 92).[44]

Segundo Oswaldo Godoy Bueno, Chico Xavier foi para casa e ficou observando os animais. Num dado momento, a gata mais velha passou por cima do muro, subiu por cima da casa, andou por todo o quintal e rumou para o outro lado da rua. Logo depois, a gata voltou com os demais para, finalmente, ficarem ao lado de Chico Xavier.

---

[43] Quando Chico chegou à cidade de Uberaba, em 1959, passou a residir com Waldo Vieira na Rua Professor Eurípedes Barsanulfo, 185, ao lado de onde, a breve tempo, seria instalada a sede da Comunhão Espírita Cristã. Em 1975, Chico mudou-se para a sua segunda residência em Uberaba, na Rua Dom Pedro I, 165, Parque das Américas, onde permaneceu até a sua desencarnação, em 2002.

[44] BUENO, Oswaldo Godoy. *Nossos momentos com Chico Xavier*. São Paulo: Ideal, 2007. p. 92.

Uma das entradas da primeira residência de Chico Xavier em Uberaba.
(Acervo: Elias Barbosa, *in memoriam*)

De acordo com a nossa pesquisa, Chico Xavier morou, ao todo, em sete endereços: cinco na cidade de Pedro Leopoldo, considerando os dois anos que viveu na companhia da famosa madrinha Rita de Cássia (mais conhecida como Dona Ritinha, aquela que, diariamente, batia nele) e duas em Uberaba. Para saber mais sobre a vida de Chico Xavier em sua cidade natal, leia *O voo da garça – Chico Xavier em Pedro Leopoldo | 1910-1959*, de nossa autoria, uma edição da Vinha de Luz Editora lançada durante o centenário de nascimento do maior médium de todos os tempos.[45]

---

[45] Atualmente, a Comunhão Espírita Cristã, sob a presidência de Nilvio Nice de Sousa Alves, mantém suas atividades assistenciais atendendo a 28 idosos (capacidade para 30), além de suas múltiplas atividades doutrinárias. E mais: continua editando 10 das 21 obras recebidas através da psicografia de Chico Xavier e cedidas à instituição. Creio que boa parte do movimento espírita nacional desconhece a existência dessa entidade. Particularmente, confesso que, indo a Uberaba desde 1981, não imaginava que a instituição permanecesse desenvolvendo um expressivo e importante trabalho social e doutrinário.

Fachada da segunda e definitiva residência de Chico Xavier em Uberaba.
(Acervo: Grupo Espírita da Prece de Chico Xavier)

A simplicidade do quarto de Chico Xavier em sua residência em Uberaba,
hoje transformada em Casa de Memórias e Lembranças Chico Xavier.
(Da *Revista Chico Xavier: 10 anos de saudades – 2002 | 2012*)

Seguiu esses ensinamentos com amor e humildade enquanto viveu.

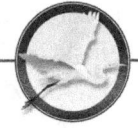

Chico Xavier
e o movimento espírita

"O Espiritismo veio para o povo e dele jamais deve se afastar."

Chico Xavier

Como já dito no livro *O voo da garça*, engajei-me no movimento espírita em 1980 e já em 1982 comecei a participar de algumas ações unificacionistas promovidas pela União Espírita Mineira (UEM). Em 1988, juntamente de alguns amigos de Pedro Leopoldo, fundamos a Aliança Municipal Espírita local[1] e permanecemos por muitos anos organizando e promovendo iniciativas como as feiras do livro espírita, os encontros regionais, a Banca do Livro Espírita, o Clube do Livro Espírita, as reuniões do Conselho Regional Espírita na UEM, dentre outras atividades.[2]

Sempre que contava ao Chico sobre as nossas atividades na Aliança Municipal Espírita de Pedro Leopoldo ele,

---

[1] Posteriormente, tivemos acesso a uma ata histórica registrando que em 1964 um grupo de valorosos espíritas pedroleopoldenses tinham fundado, na sede do Centro Espírita Luiz Gonzaga, e com a presença de companheiros da conhecida "Caravana da Fraternidade", a Aliança Municipal Espírita de Pedro Leopoldo. Entretanto, o esforço não saiu do papel.

[2] Por alguns anos, estive afastado do movimento unificacionista. Atualmente, presido a Aliança Municipal Espírita de Pedro Leopoldo e Matozinhos – gestão 2015-2017.

sem destacar nada, mas procurando nos dizer alguma coisa, falava da importância das instituições espíritas e dos trabalhos sociais. Evidentemente, Chico e os benfeitores que o acompanhavam (sobretudo Emmanuel e Bezerra de Menezes) entendiam e reconheciam a relevância do movimento unificacionista, porém ele nos orientava sutilmente sobre os cuidados do personalismo e da elitização. Sem dúvida alguma, era uma advertência para que não repetíssemos os mesmos erros e equívocos de experiências anteriores, quando militamos em outros movimentos sociais ou religiosos.

Segundo Chico Xavier, era preciso manter o Espiritismo em sua simplicidade e ele sempre nos alertava sobre as reais intenções de determinadas pessoas que participavam do movimento espírita com a clara intenção de apenas buscar prestígio e reconhecimento:

> "Muitos espíritos têm reencarnado em nosso meio apenas com o propósito de fazer confusão. Eu não sei como é que conseguem galgar altos postos na Doutrina. Embora sejam dirigentes de centros, entravam o avanço do Movimento. Em minha vida de médium, tenho me deparado com muitos 'companheiros' assim. A gente nunca sabe com que intenção eles se aproximam. Emmanuel me ensinou a identificá-los pelo brilho do olhar. Muitos deles, a vida inteira, estiveram à minha volta, espreitando os meus menores movimentos..." (BACCELLI, 2010, p. 215).[3]

De acordo com alguns estudiosos espiritistas, o chamado Cristianismo primitivo manteve a sua proximidade e

---

[3] BACCELLI, 2010, p. 215.

simplicidade com as lições do Evangelho até, aproximadamente, 300 anos da morte de Jesus. Entretanto, depois de sua aproximação com o poder dominante na época, foi-se afastando de suas origens e se consorciando com os interesses puramente materiais. Fazendo uma analogia com o Espiritismo no Brasil, depois da repercussão do programa de TV Pinga-Fogo, em 1971, e das justas e merecidas homenagens do centenário de Chico Xavier em 2010, o movimento espírita brasileiro tem o mesmo desafio de procurar manter essa simplicidade evangélica nos moldes codificados por Allan Kardec e exemplificados por Chico Xavier e demais companheiros de ideal.

Nos recuados tempos em Pedro Leopoldo, os amigos de Chico Xavier eram poucos, podia-se contar nos dedos. O biógrafo Ramiro Gama registra que entre os anos de 1932 a 1934 Chico era o único frequentador encarnado das reuniões do recém-fundado Centro Espírita Luiz Gonzaga. Nos dias atuais, contudo, com toda a repercussão e o prestígio que o seu nome produz na mídia brasileira, ser amigo de Chico Xavier dá *status* – todo mundo quer ser o maior e melhor amigo de Chico Xavier. Chico dizia: *"O espírito de competição – eis o que precisa terminar entre os companheiros da Doutrina Espírita"* (COSTA E SILVA, 2004, p. 107).[4]

Chico Xavier sempre manteve profundo respeito para com o movimento de unificação, sobretudo junto da União Espírita Mineira e da Federação Espírita Brasileira. Na obra *Brasil, coração do mundo, pátria do Evangelho*, Humberto de Campos fala da importância histórica da Casa de Ismael, organizando os rumos do movimento espírita brasileiro. Além do mais, por meio de Manuel Quintão, foi essa instituição que acolheu as primeiras psicografias do jovem Chico Xavier.

---

[4] COSTA E SILVA, 2004, p. 107.

É conhecida a relação histórica de Chico com o parque gráfico da FEB, fruto de uma doação de cem mil cruzeiros da família de Frederico Figner (o Irmão Jacob, do livro *Voltei*) para o médium, em 1947, além da transferência dos direitos autorais de importantes obras da sua lavra mediúnica.

No livro *Testemunhos de Chico Xavier*, de Suely Caldas Schubert, observamos, na correspondência entre 1943 a 1964, que o médium do *Parnaso de além-túmulo* manteve uma profunda ligação com o então presidente da FEB, Antônio Wantuil de Freitas. E não podemos nos esquecer de que em sua gestão Wantuil trabalhou arduamente para alterar os artigos 282 e 284 do Código Penal Brasileiro, permitindo que o Espiritismo fosse professado livremente, além de ter sido um dos responsáveis pelo fortalecimento do movimento espírita nacional.

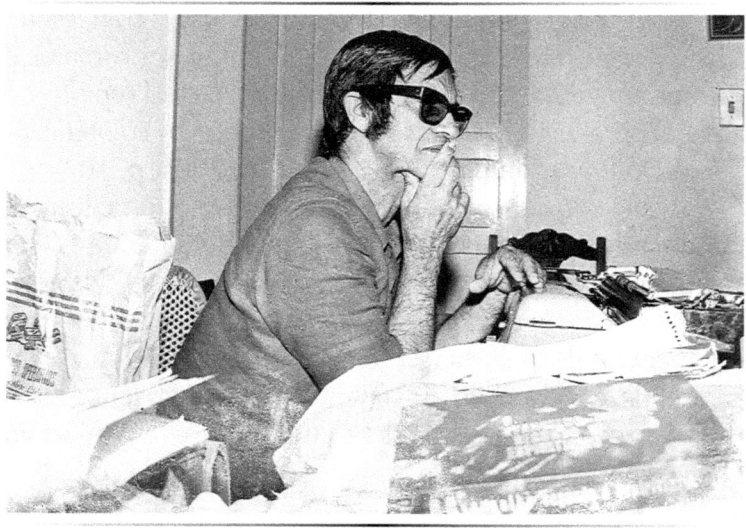

Chico Xavier em sua primeira residência em Uberaba, no local onde datilografava as mensagens psicografadas. (Acervo: Grupo Espírita da Prece de Chico Xavier)

Em 1952, em uma de suas cartas destinadas a Wantuil de Freitas, durante um período de muitas lutas e dificuldades por que passava o movimento espírita, Chico Xavier fala do seu respeito e admiração pelo trabalho que ele vinha desenvolvendo na entidade e do qual não poderia se afastar enquanto seu dirigente:

> "(...) Estou convencido de que todos nós e, acima de tudo, a nossa Causa, precisamos de ti no posto em que te encontras. Sei que o teu ministério é sacrificial, entretanto, meu caro, a missão do alicerce é a de suportar o peso de um edifício inteiro. Imaginemos o que seria de nós se os nossos amigos espirituais solicitassem dispensa dos encargos a que os constrangemos. Chegado à altura moral e à responsabilidade que atingiste, penso que o teu afastamento voluntário da FEB seria abandonar à tempestade o teu serviço mais sublime na atual encarnação. Acredito, pois, com todo o cabedal de estima que te consagro, que só deverás ou poderás deixar a direção da Casa de Ismael por circunstâncias estranhas à tua vontade, nunca por teu desejo, de vez que, segundo a opinião de nossos benfeitores invisíveis, há certas cruzes sob as quais deveremos morrer (...)" (SCHUBERT, 1986, p. 299).[5]

A médica paulistana Marlene Nobre, no livro intitulado *Chico Xavier – Meus pedaços do espelho*, traz à baila novamente uma questão que já tinha sido abordada pelo biógrafo uberabense Carlos Antônio Baccelli no livro *As bênçãos de Chico Xavier*: quais teriam sido as razões que leva-

---

[5] SCHUBERT, 1986, p. 299.

ram o médium a deixar de publicar seus livros psicografados pela Federação Espírita Brasileira, a partir de 1964, já que as suas obras mais conhecidas (88 livros) ficaram sob a responsabilidade da instituição? Como pesquisador, retomo a problematica procurando entender historicamente, e dentro do contexto da época, os motivos que levaram Chico Xavier a manter determinadas posturas. O tema foi, inicialmente, abordado por Baccelli (capítulo 64), com uma justificativa apresentada pelo próprio Chico:

> "Quando houve o problema das materializações de D. Otília Diogo, os dezenove acadêmicos de Medicina que participaram encomendaram a uma revista uma reportagem de defesa. Naquela época, a revista cobrou oitocentos mil cruzeiros, que foram pagos por amigos de São Paulo. O Dr. Wantuil de Freitas, presidente da FEB, achou as duas reportagens tão interessantes que mandou reproduzi-las no 'Correio da Manhã', do Rio de Janeiro. O jornal mandou-lhe uma conta de um milhão e duzentos mil cruzeiros!... Ora, eu trabalhei em Pedro Leopoldo durante 31 anos e nunca publicamos um livro sequer pelas instituições de lá. Eu sempre achei que tal medida daria muito o que falar. Quando me transferi para Uberaba, o Waldo e a Dalva Borges insistiram comigo durante 5 anos para a fundação de um departamento editorial na 'Comunhão Espírita Cristã'. Eu sempre resistia. Pois bem: o Waldo me auxiliava a abrir as correspondências endereçadas a mim. Um dia, depois de abrir um telegrama, eu o vi chorando. Naquele rosto tão sério rolavam copiosas lágrimas. Eu me surpreendi, porque nunca havia visto o Waldo chorar daquele jeito, e indaguei-lhe o que havia ocorrido. Ainda chorando

muito, ele me respondeu: 'O Wantuil, Chico, está lhe cobrando as reportagens que mandou publicar; ele sabe que você não tem dinheiro, que você não pode pagar!... Se eles estão fazendo isso com você, que tem trabalhado para eles como um empregado durante tantos anos, o que farão comigo daqui a algum tempo? Estão fazendo você de palhaço, Chico, usando você como se usa uma prostituta na rua!...' O Waldo e a Dalva já haviam sido cobrados antes pela FEB, a qual exigia que, pelo menos,

Chico Xavier e Waldo Vieira durante materialização realizada em 1964 na cidade de Uberaba. (Acervo: Casa de Chico Xavier)

eles recebessem dos médicos; mas a reportagem no 'Correio da Manhã' fora encomendada pelo Wantuil e eles não se viam comprometidos com dívida alguma. Foi quando eu disse ao Waldo que ainda tínhamos um caminho: 'Vocês têm insistido comigo para a criação de um departamento editorial; pois bem, a 'Comunhão' paga ao Wantuil e eu me rendo à ideia de vocês. Publicaremos um livro por ano! E começamos com 'O Livro da Esperança'. Eu me vendi por um milhão e duzentos mil cruzeiros!... Mas me sentia mal quando alguém vinha solicitar dos espíritos um livro para a 'Comunhão', porque a instituição não precisava disso para sobreviver; durante muitos anos, ela sobreviveu com o óbolo dos amigos. Foi por esse motivo que rompemos com a Federação! Então, aqui, no 'Grupo Espírita da Prece', que foi criado como um culto do Evangelho no lar, não podemos ter diretoria alguma, porque aí as coisas se complicam. Perderemos essa alegria que temos aqui, sem termos que estar prestando obediência a ninguém" (BACCELLI, 2010, p. 250-251).[6]

Depois desse episódio Chico Xavier manteve uma relação cordial e respeitosa com a Federação Espírita Brasileira, mas além de confirmar a questão apresentada por Carlos Baccelli Marlene Nobre completa, afirmando:

" (...) foi por isso que Chico Xavier encerrou sua correspondência semanal com Wantuil de Freitas,

---

[6] BACCELLI, 2010, p. 250-251. Ainda em Pedro Leopoldo, nos anos de 1952 e 1953, Chico Xavier e o médium Francisco Peixoto Lins (Peixotinho) participaram de reuniões de materialização com excelentes resultados. Para Chico, eram duas as justificativas para essas reuniões: pesquisa e tratamento. Para maiores informações, sugiro a leitura dos livros *Materializações de Uberaba*, de Jorge Rizzini (NOVA LUZ EDITORA, 2. ed., 1997), *Materializações luminosas*, de Rafael Américo Ranieri (LAKE, 2010) e *Chico Xavier – Mandato de amor*, organizado por Geraldo Lemos Neto (UEM, 6. ed., 2010).

Residência de Chico Xavier e Waldo Vieira em Uberaba, ao lado da Comunhão Espírita Cristã. Na foto, Chico com a médium Otília Diogo e os médicos que participaram das materializações. (Acervo: Casa de Chico Xavier)

nos meses de junho e julho de 1964. Interrompia-se ali um diálogo que se fizera constante desde 1943 e que se pode acompanhar no excelente livro 'Testemunhos de Chico Xavier', de Suely Caldas Schubert" (NOBRE, 2014, p. 199).[7]

Nessa mesma direção, Nena Galves relata rapidamente no livro *Até sempre Chico Xavier* uma situação constrangedora ocorrida quando Chico Xavier foi operado no Hospital Santa Helena em São Paulo, no dia 30 de agosto de 1968, 4 anos após a interrupção da correspondência com Wantuil de Freitas:

---

[7] NOBRE, 2014, p. 199.

"Mais tarde, Chico pediu ao Sr. Jorge Gaio, grande amigo residente no Rio de Janeiro, e fundador da Fundação Marietta Gaio, que participasse à diretoria da Federação Espírita Brasileira, por meio de seu presidente Wantuil de Freitas, a respeito da cirurgia a que fora submetido. Esse comunicado era uma gentileza do médium, visto ser esta a instituição que editava seus livros. O Sr. Wantuil recebeu o Sr. Jorge Gaio e prometeu tratar do assunto em uma próxima reunião mensal da diretoria. Acreditamos seria para uma visita ao médium, o que nunca aconteceu" (GALVES, 2008, p. 81).[8]

Considerando a descrição de parte da personalidade de Chico Xavier pelo biógrafo Ranieri, no capítulo anterior, e por mais que tentemos entender e justificar algumas de suas atitudes, sinceramente creio que muitas decisões extrapolam a nossa compreensão. O que quero dizer é que em muitas situações não tivemos acesso a importantes informações e fatos para entendermos o contexto de uma decisão sua. Aliás, foram várias as ocorrências semelhantes acontecidas na vida do médium. De maneira geral, o que posso imaginar e deduzir é que estudando a vida e a obra de Chico Xavier, e em virtude de sua tarefa missionária, ele não poderia ficar gessado a pessoas e a instituições. Foi necessário colocar os ideais do Evangelho de Jesus acima de quaisquer amizades, interesses e convenções humanas.

Em função disso, podemos observar que ficou privado da presença da mãe aos 5 anos e da segunda aos 21, quando então aparece, em dezembro de 1931, a figura de Emmanuel, coordenando e conduzindo suas atividades

---

[8] GALVES, 2008, p. 81.

doutrinárias. Chico Xavier não era de ninguém e, ao mesmo tempo, era de todo mundo. Além do mais, para não limitar o trabalho mediúnico, o casamento não estava previsto. Foi preciso estabelecer uma "dieta afetiva", na feliz expressão de Emmanuel, para que o Cristo estivesse sempre em primeiro lugar. Assim sendo, sem nenhum julgamento de valor, costumo dizer que o ser humano Chico Xavier foi uma alma solitária – mas longe de ser triste –, muitas vezes incompreendida, vivendo no futuro do seu tempo. Repito o que tenho falado com frequência: de frágil, Chico Xavier não tinha nada.

Sobre o movimento espírita de Uberaba, Marlene Nobre também entrevistou o confrade Jarbas Leone Varanda, que confirmou as palavras de apoio e estímulo do médium sobre os esforços do movimento de unificação em Uberaba e região, destacando um aspecto importante:

> "É preciso que se diga, todavia, que os espíritos, tanto quanto Chico Xavier, não gostariam de ver o movimento instituindo no meio espírita aquilo que eles chamam de 'espírito de cúpula', uma espécie de 'elitização', onde houvesse mais cultos e menos cultos, chefes e dirigidos, portas adentro do Espiritismo; não desejam, assim, uma hierarquia sacerdotal, desnaturando o Cristianismo primitivo em sua feição simples e pura; não aconselham a formação de uma elite de intelectuais, mas sim que os mais cultos sirvam de apoio aos menos cultos, e que a Doutrina Espírita seja praticada tal como foi o Cristianismo primitivo, 'sem personalismos deprimentes', sem castas, sem profissionalismo religioso, sem discriminações e imposições de ideias sob qualquer pretexto. Tudo dentro da mais perfeita liberdade de ação dos espíritas em geral, objetivando a implantação de Jesus no coração dos homens" (REVISTA ESPÍRITA, 1977, p. 51).

Chico Xavier em sua residência, com o sobrinho-neto Sérgio Luiz Ferreira Gonçalves e Marlene Nobre. (Acervo: Casa de Chico Xavier)

Em outra entrevista, compulsada do jornal *O Espírita Mineiro*, o próprio Chico responde a uma indagação de Jarbas Leone Varanda sobre o movimento de unificação:

"Não, o problema não é de direção ou administração em si, pois precisamos administrar até a nós mesmos, mas a maneira como a conduzem, isto é, a falta de maior aproximação com irmãos socialmente menos favorecidos, que equivale à ausência de amor, presente no excesso de rigorismo, de suposta pureza doutrinária, de formalismo por parte daqueles que são responsáveis pelas nossas instituições; é a preocupação excessiva com a parte material das instituições, com a manutenção, por exemplo, de sócios contribuintes ao invés de sócios ou companheiros ligados pelos laços do trabalho, da responsabilidade, da fraternidade legítima; é a preocupação com o patrimônio material ao invés do espiritual e doutrinário; é a preocupação de inverter o processo de maior difusão do Espiritismo, fazendo-o partir de cima para baixo, da elite intelectualizada para as massas, exigindo-se dos companheiros em dificuldades materiais ou espirituais uma elevação ou um crescimento, sem apoio dos que foram chamados pela Doutrina Espírita a fim de ampará-los na formação gradativa" (LEMOS NETO, 1991, p. 245).[9]

Confirmando essa mesma preocupação, há uma fala de Chico direcionada a Jarbas Leone Varanda, então presidente da Aliança Municipal Espírita de Uberaba, encontrada na *Revista Chico Xavier*:

"Jarbas, amigo, precisamos conversar desapaixonadamente sobre o nosso movimento. É preciso, que nós, os espíritas, compreendamos que não podemos nos distanciar do povo. É preciso fugir da tendência à elitização no seio do movimento espírita. É necessário que os dirigentes espíritas, principalmente os ligados aos órgãos unificadores, compreendam e sintam que o Espiritismo veio para o povo e com ele dialogar, é indispensável que estudemos a Doutrina Espírita junto com (*sic*) as massas, que amemos a todos os companheiros, mas, sobretudo, aos espíritas mais humildes, social e intelectualmente falando, deles nos aproximarmos com real

---

[9] LEMOS NETO, 1991, p. 245 [que reproduz da edição de número 171, de fevereiro/abril de 1977, do jornal *O Espírita Mineiro*].

espírito de compreensão e fraternidade. Se não nos precavermos, daqui a pouco estaremos em nossas casas espíritas apenas falando e explicando o Evangelho de Cristo às pessoas laureadas por títulos acadêmicos ou intelectuais e confrades de posição social mais elevada. Mais do que justo evitarmos isto: a elitização no Espiritismo, isto é, a formação do espírito de cúpula, com evocação de infalibilidade em nossas organizações" (REVISTA CHICO XAVIER, 2012, p. 45).

Dada a importância do assunto, referencio aqui o trabalho do pesquisador Eduardo Carvalho Monteiro, com seu livro *Chico Xavier inédito – Psicografias ainda não autorizadas*, no qual trata da instalação do chamado Pacto Áureo em 5 de outubro de 1949, na gestão de Antônio Wantuil de Freitas, evento significativo no cenário espírita nacional, e que teve como objetivo central fortalecer o movimento de unificação em nosso país, velho sonho acalentado pelos primeiros espiritistas brasileiros, dentre eles Bezerra de Menezes.

Ainda segundo Monteiro, a chamada "Caravana da Fraternidade", formada por Leopoldo Machado, Lins de Vasconcelos, Carlos Jordão da Silva, Francisco Spinelli, Ary Casadio e Luiz Burgos Filho, esteve, entre novembro e dezembro de 1950, visitando as instituições espíritas do Norte e Nordeste do país. A caravana foi dissolvida no dia 13 de dezembro daquele ano na cidade de Belo Horizonte, mas antes passou por Pedro Leopoldo e foi recebida pelo médium Francisco Cândido Xavier, no dia 11 de dezembro, no Centro Espírita Luiz Gonzaga, sendo agraciada com uma mensagem assinada por Emmanuel, parabenizando a feliz e inspirada iniciativa:

"Meus amigos, muita paz.
Jesus é o centro divino da verdade e do amor, em

torno do qual gravitamos e progredimos. Por se guardarem leais em torno d'Ele, unidos não só nas plataformas verbalísticas, mas também na fraternidade real e no espírito de sacrifício, os cristãos da epopeia evangélica inicial sofreram, lutaram e amaram, durante trezentos anos, esperando a renovação do mundo.

Hoje, o espetáculo é diferente. Não mais tronos de tirania na governança dos povos, e não mais os circos de lama e sangue, exigindo a renúncia extrema nas angústias da sombra e da morte, mas prevalecem dentro de nós as forças escuras da perturbação e da desordem, reclamando o exercício de toda a nossa capacidade de trabalho restaurador do mundo de nós mesmos.

Há uma Terra diferente aguardando-vos os corações e as mãos na restauração da vida. E o Espiritismo cristão, pelos espiritistas, é a luz que deve resplandecer para os tempos novos. Daí o imperativo de nossa unificação nos alicerces do serviço. Claro que a sintonia absoluta de todas as interpretações doutrinárias, num foco único de visão e realização é impraticável e, por agora, impossível.

Cada criatura contempla a natureza e o horizonte do ângulo em que se coloca. O semeador do vale não verá o mesmo jogo de luz no céu suscetível de ser identificado pelo observador do firmamento situado no monte. Que os trabalhadores do bem sejam honrados na posição digna em que se colocam. O jovem é irmão do mais velho e aquele que ampara o alienado é companheiro do missionário que escreve um texto consolador. A doutrina redentora dos espíritos é um edifício divino na Terra, e o servidor que traça paisagem simbólica e sublime no altar mais íntimo desse domicílio sagrado de fé não pode ironizar o cooperador que empunha a picareta nas bases da casa para sustentar-lhe a higiene, a segurança e a beleza, muitas vezes com suor e lágrimas. Cultuemos, acima de tudo, a solidariedade legítima. Nossa união, portanto, há de começar na luz da boa vontade. Guardemos boa vontade uns para com os outros, aprendendo e servindo com o Senhor, e felicitando aos companheiros que se confiaram à tarefa sublime da confraternização usando o próprio esforço. Rogo ao divino Mestre que nos fortaleça e ajude a todos nós" (MONTEIRO, 2004, p. 102-103).[10]

No livro intitulado *Chico Xavier – Mediunidade e vida*, o biógrafo uberabense Carlos Baccelli faz referência a duas mensagens psicografadas por Chico Xavier à época da fundação da Aliança Municipal Espírita de Uberaba, intituladas "Aliança espírita", esta recebida na Comunhão Espírita Cristã, e "Cabeça e coração", psicografada na Casa Espírita de Scheilla, quando ficaram ressaltadas, mais uma vez, a natureza e a finalidade do movimento unificacionista, sem o espírito de fiscalização, de hierarquia, de seita, de casta e de elitismo, mas como apoio coletivo e fraternal entre os grupos filiados.

Para apreciação do leitor, segue a mensagem "Aliança espírita", assinada pelo espírito Emmanuel:

"Aliando as sociedades espíritas para salvaguardar a pureza e a simplicidade dos nossos princípios, é

---

[10] MONTEIRO, 2004, p. 102-103.

forçoso considerar o imperativo da aproximação no campo de nós mesmos.

Decerto, ninguém pode exigir que o próximo pense com cabeça diversa da que possui.

Cada viajante vê a paisagem da posição em que se coloca e toda posição renova as perspectivas.

União, desse modo, para nós, não significa imposição do recurso interpretativo, mas, acima de tudo, entendimento mútuo de nossas necessidades, com o serviço da cooperação atuante, a partir do respeito que devemos uns aos outros.

Iniciemos, assim, a nossa edificação de concórdia, aposentando a lâmina da crítica.

Zurzir os irmãos de luta é retalhar-lhes a própria alma, exaurindo-lhes as forças.

Se o companheiro fala para o bem, ainda que sejam algumas frases por dia, estende-lhe concurso espontâneo para que enriqueça o próprio verbo; se escreve para construir, ainda que seja uma página por ano, encoraja-lhe o esforço nobre; se consagra energia aos doentes, ainda que seja vez por outra, incentiva-lhe o trabalho; se consegue dar apenas migalha no culto da assistência aos que sofrem, auxilia-lhe o passo começante nas boas obras; se vive afastado das próprias obrigações, ora por ele em vez de açoitá-lo, e, se está em erro, ampara-lhe o esclarecimento através da colaboração digna, lembrando que azedia agrava a distância.

Educará ajudando e unirás compreendendo.

Jesus não nos chamou para exercer a função de palmatórias na instituição universal do Evangelho, e, sim, foi categórico ao afirmar: 'os meus discípulos serão conhecidos por muito se amarem'. E Allan Kardec, explanando sobre a conveniência da

multiplicação dos grupos espíritas, asseverou claramente, no item 334, do capítulo XXIX, de 'O Livro
dos Médiuns', que 'esses grupos, correspondendo-
-se entre si, visitando-se, permutando observações,
podem formar, desde já, o núcleo da grande família
espírita que um dia consorciará todas as opiniões e
reunirá os homens por um único sentimento: o da
fraternidade, trazendo o cunho da caridade cristã"
(BACCELLI, 1996, p. 15).[11]

Carlos Baccelli conta que no dia 18 de fevereiro de
1988, estando na casa do médium em Uberaba, e conversando sobre o momento por que passava o movimento espírita, com tantos atritos entre os seus adeptos, em um claro
desrespeito às diferenças, Chico Xavier assim se expressou:

> "Um dia, encontrando-me com D. Yvonne Pereira
> no Rio de Janeiro, perguntei-lhe se estava indo ao
> mundo espiritual. Ela respondeu-me que, algumas
> vezes, conseguia o seu intento ao desdobrar-se do
> corpo físico. Questionei-a se os espíritos, com os
> quais se encontrava na oportunidade, tinham algu-
> ma opinião formada sobre as atitudes pouco fra-
> ternas dos espíritas. Ela disse-me que o Dr. Bezerra
> de Menezes conversava muito com ela a respeito
> do assunto e que, embora demonstrasse preocu-
> pação, dizia que os espíritas estavam fazendo o
> que podiam fazer, de vez que a maioria deles era
> delinquente. Espíritos que haviam caído nas vidas
> anteriores pelos abusos da inteligência ou pelo ex-
> cesso de personalismo (...). É por isso, meu filho,

---

[11] BACCELLI, 1996, p. 15.

que encontramos nas fileiras espíritas tanta gente que se diz ter sido barão, príncipe, marquesa, rainha, ou algo semelhante, numa existência passada. Afirma Emmanuel que eles foram mesmo e hoje estão por aí resgatando os seus débitos. As lavadeiras, os lavradores, os serviçais humildes estão todos nos planos superiores" (BACCELLI, 1989, p. 174).[12]

No livro *Entrevistas*, Chico Xavier responde sobre a importância dos encontros e confraternizações para o movimento de unificação:

"Consideramos o assunto naquela base que o nosso benfeitor espiritual Dr. Bezerra de Menezes fixou numa de suas páginas, por nosso intermédio, aqui na Comunhão Espírita Cristã de Uberaba, quando nosso amigo espiritual afirmou que a unificação do Espiritismo no Brasil é serviço urgente, mas não apressado. Isso no momento nos pareceu paradoxo, mas sem dúvida que essa confraternização dos tarefeiros espirituais é trabalho urgente, porque nós precisamos cogitar da nossa confraternização de ordem geral, no campo da Doutrina, todavia esse trabalho não pode ser feito com muita pressa, porque os ingredientes para a realização dele são todos de ordem espiritual e nós não podemos agir com violência (...)" (XAVIER; GENTILE; ARANTES, 1994, p. 112-113).[13]

Pode-se observar em Pedro Leopoldo nos dias de hoje um fenômeno curioso e, ao mesmo tempo, preocupante.

---

[12] BACCELLI, 1989, p. 174.
[13] XAVIER, Francisco Cândido; GENTILE, Salvador; ARANTES, Hércio Marcos Cintra (Orgs.). *Entrevistas*. Ditado pelo espírito Emmanuel. 8. ed. Araras: IDE, 1994. p. 112-113.

Depois da desencarnação de Chico Xavier, o movimento espírita nacional deslocou parte da sua atenção e interesse para a terra natal do maior brasileiro de todos os tempos. Muitas caravanas têm procurado a cidade, sobretudo nos finais de semana e feriados prolongados, para conhecer e percorrer o roteiro "Caminhos de Luz Chico Xavier", instituído pela Fundação Cultural Chico Xavier, em 2005.[14] É fundamental que o movimento espírita de Pedro Leopoldo e região se organize para divulgar a vida e a obra desse legítimo representante do Cristo entre os homens, porém há que se ter cuidado para que não haja uma mitificação da figura humana de Chico Xavier, transformando Pedro Leopoldo numa espécie de "tenda dos milagres", esquecendo o que, de fato, foi e é essencial nos exemplos deixados por ele.

Questiono-me, muitas vezes, sobre os muitos porquês do movimento espírita, poder público e iniciativa privada não conseguirem se organizar melhor para recepcionar os visitantes. Por outro lado, em outros momentos, imagino que essa aparente desestrutura tem uma intencionalidade provocada pela Espiritualidade para que cada passo nesse caminho seja dado com muito equilíbrio e lucidez, evitando problemas maiores e, sobretudo, fugindo de tudo que não seja importante e primordial para a preservação da vida e da obra de Chico Xavier. É que, contraditoriamente, muitos visitantes chegam à cidade trazendo alegria, valiosas reflexões e contribuições, contudo outros trazem seus pontos de vista polêmicos, introduzindo no meio espírita pedroleopoldense, muitas vezes, desnecessária e sutilmente, problemas que não nos dizem respeito, gerando uma série de desconfortos. Evi-

---

[14] O roteiro "Caminhos de Luz Chico Xavier", instituído em 2005 pela Fundação Cultural Chico Xavier de Pedro Leopoldo, é composto dos seguintes atrativos para visitação: Fazenda Modelo, Casa de Chico Xavier, Praça Chico Xavier, Açúde do Capão, Centro Espírita Luiz Gonzaga, Centro Espírita Meimei, Escola Estadual São José e Mostra Permanente Unimed|Arquivo Geraldo Leão.

dentemente, a via é de mão dupla, pois, da mesma forma, o movimento espirita local age e reage sobre o movimento espírita brasileiro.

Com tantas informações e orientações disponíveis, nesses 35 anos dentro do Espiritismo, fico me perguntando sobre o que nós, espíritas, estamos fazendo com o próprio movimento. Mesmo com toda a exemplificação deixada por Chico Xavier, e por outros companheiros de ideal, concluo que não estamos agindo muito diferentemente de outros agrupamentos humanos, religiosos ou laicos. Há personalismo, vaidades, interesses. Chico Xavier já dizia:

> "Em tantos anos de trabalho, muitas vezes, indago a mim mesmo por que há tanta incompreensão e intolerância entre os espíritas, beneficiados com as vantagens de uma Doutrina libertadora e bela quanto a nossa, mas não encontro resposta. Os benfeitores espirituais me reconfortam, explicando-me que o nosso movimento é de opiniões livres, com a responsabilidade funcionando em cada um. O argumento me consola e me aclara o raciocínio, mas a minha perplexidade prossegue inalterada" (BACCELLI, 2013, p. 68-69).[15]

Estimado leitor, confesso que pouco antes da desencarnação de Chico Xavier em 2002, em razão de sua debilidade e sofrimento, questionava o porquê da Espiritualidade mantê-lo no corpo naquelas condições. Imaginava que era muito egoísmo de nossa parte. Anos depois, pude entender que tudo o que aconteceu foi muito providencial. Mesmo sem dizer nada, com sua liderança natural e sua autoridade moral construídas legitimamente em 75 anos de fidelidade e

---

[15] BACCELLI, 2013, p. 68-69.

dedicação a Jesus, Chico Xavier tranquilizava o movimento.

Hoje, observando o cenário espírita atual, e sem desconsiderar o esforço de muitas instituições sérias e de muitos espiritistas sinceros e dedicados, posso exclamar, sem sombra de dúvida: quanta falta Chico Xavier tem feito ao nosso movimento!

Como afirmou o filósofo e pesquisador Léon Denis, *"O movimento espírita será o que os espíritas fizerem dele"*.

"Se Allan Kardec foi o 'bom senso encarnado', na feliz expressão de Camille Flammarion, Chico Xavier é o 'Evangelho personificado'– Jarbas Leone Varanda" (REVISTA ESPÍRITA, 1977, p. 51).

Chico Xavier em fotografia muito divulgada a partir dos anos 1970.
(Acervo pessoal)

*Coisas boas aprendemos com ele,
com sua maravilhosa sabedoria,
com sua doce humildade, com a
ternura de sua voz, com a pureza
de seu olhar – onde havia o brilho
de muitas estrelas.*

O programa Pinga-Fogo

> "Não sou um homem de ciência. Respeito profundamente os homens de ciência, mas sou um homem de fé. Nada sei do átomo e do Cosmo... Sei que precisamos de Deus no coração, pois, caso contrário, vamos incendiar a Terra."
>
> **Chico Xavier**

Não podemos deixar de reconhecer o que já afirmam muitos biógrafos: que a participação de Chico Xavier no programa Pinga-Fogo da extinta TV Tupi de São Paulo, em 28 de julho e 21 de dezembro de 1971, foi um divisor de águas.[1] Podemos dizer que a partir desse ano Chico Xavier teve o reconhecimento público por tanto tempo de esforço e dedicação, sendo, enfim, conhecido por grande parte dos brasileiros. Enquanto alguns médiuns neófitos na tarefa se iludem fácil com o "canto da sereia", Chico, à época com 61 anos de idade, e 44 destes dedicados ao semelhante, teve que demonstrar suas verdadeiras intenções publicamente para ser reconhecido como pessoa de bem.

---

[1] Vale ressaltar que a expansão da mídia televisiva no Brasil aconteceu, principalmente, a partir da segunda metade da década de 60.

Houve uma imediata identificação do povo com aquele homem simples, generoso, encantador e, sobretudo, detentor de faculdades medianímicas que serviram de esclarecimento e consolação para muitos brasileiros. Sem desconsiderar a importância de muitos trabalhadores que já militaram, e ainda militam, no movimento espírita nacional, podemos afirmar que Chico Xavier consolidou credibilidade e respeito para os espíritas, em um país de formação e tradição historicamente católicas.

O programa Pinga-Fogo, sob a mediação do jornalista Almir Guimarães e dos entrevistadores e jornalistas Saulo Gomes, Reali Júnior, Helle Alves, João de Scantimburgo e Herculano Pires era uma espécie de "roda viva", no qual podia-se fazer perguntas ao entrevistado. Com previsão inicial de duração de sessenta minutos, acabou se estendendo por mais de três horas. A repercussão do programa no país foi tão grande que ele foi reexibido diversas vezes nas semanas seguintes.

Costumo dizer que hoje Chico Xavier ultrapassou os limites do próprio movimento, pois não pertence somente ao Espiritismo. Falar em Chico Xavier é falar do seu amor incondicional ao Cristo e também de valores universais como ética, compaixão e solidariedade, presentes em muitas outras denominações religiosas:

> "Chico não é só cidadão brasileiro, é cidadão do mundo. As obras psicografadas por ele coincidem perfeitamente com a obra de Allan Kardec e podemos dizer que é a própria obra codificada, vivida e exemplificada por nosso irmão Chico Xavier" (REVISTA ESPÍRITA, 1977, p. 50).

Tanto Marlene Nobre quanto Carlos Baccelli afirmam que depois do programa Pinga-Fogo a Comunhão Espírita

Cristã em Uberaba passou a receber uma avalanche de visitantes de todas as regiões do país, pois as pessoas perceberam em Chico Xavier uma alma simples, sincera e boa. Foi a partir dali que se multiplicaram as cartas e as mensagens psicografadas destinadas àqueles que buscavam contato com seus familiares desencarnados.[2]

Mesmo com toda a euforia dos espíritas sobre a grande repercussão provocada pelo programa de TV Pinga-Fogo, Chico Xavier se manteve focado em suas atividades e compromissos rotineiros. É o que diz o biógrafo Cezar Carneiro de Souza, no livro *Chico Xavier – Lembranças de grandes lições*:

> "Já em Uberaba, na semana seguinte àquela estupenda apresentação em rede nacional na capital paulista, programa ao vivo, que durou mais de 4 horas, após a reunião na Comunhão Espírita Cristã, o Chico disse ter recebido, por parte dos diretores da emissora paulista, convite para um outro 'Pinga-Fogo', se possível, para o final do mês de agosto. Todos nós gostamos da notícia e dizíamos: 'Que bom para a divulgação da Doutrina Espírita!' Mas Chico Xavier assim não pensava (para nossa decepção), pois ele, com aquela prudência nata, disse-nos: 'Quem sabe um dia?' E um de nós disse: 'Mas, Chico, é a divulgação do Espiritismo!' No que ele retrucou: 'Não, a divulgação deve ser feita em gotas homeopáticas, se eu for lá quem vai aparecer é Chico Xavier e eu não estou neste mundo para isso não'. Realmente o Pinga-Fogo segundo aconteceu, mas só em dezembro daquele ano. Se dependesse da direção da emissora, outros mais teriam sido realizados, mas o Chico assim não o quis.

---

[2] Chico Xavier, depois de 10 anos residindo em Uberaba, recebeu o título de Cidadão Uberabense no dia 28 de junho de 1969. A exibição do programa Pinga-Fogo desencadeou uma série de títulos de cidadania e homenagens, concedidos por diversas cidades brasileiras.

Aprendemos com essa atitude que é necessária a divulgação da Doutrina Espírita, mas sem excesso de euforia e com bastante equilíbrio" (SOUZA, 2007, p. 25-26).[3]

No ano de 1975, a TV Tupi de São Paulo levou ao ar uma novela com temática espírita, *A viagem*, baseada no livro *E a vida continua...*, do espírito André Luiz. Ivani Ribeiro, uma das mais destacadas novelistas de seu tempo, assessorada pelo professor Herculano Pires, foi a responsável por esse trabalho pioneiro na televisão brasileira. Foi um sucesso absoluto de audiência, sendo reprisada em 1994 pela TV Globo, com novo formato e assessorada por Caio Salama. O Espiritismo foi, de novo, amplamente divulgado, consolidando, ainda mais, a liderança natural de Chico Xavier.

No final de 1977, a mesma emissora produziu a novela *O profeta*, também escrita por Ivani Ribeiro, na qual o próprio Chico chegou a participar de algumas cenas, interpretando a si mesmo. A novela foi reapresentada pela TV Tupi no horário nobre, em 1980, e ganhou uma nova versão global em 2006, com texto adaptado por Thelma Guedes e Duca Rachid, e supervisionado por Walcyr Carrasco, repetindo o sucesso da versão original.

No dia 23 de maio de 1980, a Rede Globo apresentou o programa *Um homem chamado Amor*, dirigido pelo uberabense Augusto Cezar Vanucci, com o objetivo de promover a indicação de Francisco Cândido Xavier ao Prêmio Nobel da Paz. Vários artistas do teatro e da música também participaram. O prêmio, no entanto, foi concedido ao Alto Comissariado das Nações Unidas para Refugiados (ACNUR), conhecido como a Agência da ONU para Refugiados, responsável pelo acolhimento de milhões deles em todo o mundo.

---

[3] SOUZA, Cezar Carneiro de. *Lembranças de grandes lições*. Araras: IDE, 2007. p. 25-26.

No mesmo ano, houve o lançamento do filme *Joelma – 23º andar* (Brasil, 1980), baseado no incêndio do Edifício Joelma em 1974, na Avenida 9 de julho, na capital paulista, sucesso nacional de bilheteria. Chico Xavier havia psicografado mensagens de pessoas mortas no acidente, que foram organizadas no livro *Somos seis*, produzido e lançado pelo Grupo Espírita Emmanuel (GEEM), da cidade de São Bernardo do Campo, no Estado de São Paulo.

Chico passou, então, a ser conhecido no Brasil inteiro e muitas caravanas se deslocaram para Uberaba buscando consolação e esclarecimento espiritual. O Espiritismo tomou um grande impulso, pois aqueles que eram consolados na dor da perda de seus entes queridos através das comunicações mediúnicas por intermédio de Chico Xavier retornaram às suas cidades convencidos da sobrevivência do espírito e transformaram a sua saudade em núcleos de assistência social, objetivando, inicialmente, prestar uma homenagem à memória dos entes amados que partiram, mas que, com o

Chico Xavier no programa Pinga-Fogo em 1971. (Do *YouTube*)

tempo, tornaram-se grandes instituições de amparo social, como creches, asilos, orfanatos, fraternidades espíritas, cursos profissionalizantes, dentre outras iniciativas inclusivas e de assistência. Espalhadas pelo país afora, várias foram as instituições e entidades fundadas e inspiradas nas obras e nos exemplos deixados pelo médium mineiro.

Ainda assim, mesmo diante das mais diversas homenagens e reconhecimento, algumas vozes se levantaram contra Chico. E cansado de tantas perseguições, sobretudo daquelas que partiam de alguns espíritas moralistas e equivocados, o médium, na noite de 8 de julho de 1981, no Uberaba Tênis Clube, dá um importante depoimento por ocasião de uma homenagem da Aliança Municipal Espírita pelos 54 anos dedicados à mediunidade. Segundo Carlos Baccelli, foi *"talvez o seu mais tocante pronunciamento, não havendo quem não chorasse com ele"*:

> "(...) Tendo recebido, para os nossos companheiros de São Paulo, determinado preito de amor que pertencia e pertence a eles e não a mim, determinada comissão de companheiros nossos, de outras bandas de Minas Gerais, me procurou, numa de nossas reuniões da Comunhão Espírita Cristã, a cuja bondade e a cuja proteção tanto devo. Essa comissão me procurou para dizer que a recepção do título honorífico em São Paulo era muito envaidecimento da minha parte. Eu respondi que não tinha ido a São Paulo para receber determinada homenagem para mim, que eu me fizera intérprete assim qual se eu fosse o menor expoente de uma grande 'firma' de interesses espirituais para receber os certificados que pertenciam e pertencem aos amigos e aos companheiros de São Paulo. Por mais que eu dissesse que eu não havia recebido título para mim, alguns dos nossos irmãos insistiam que o meu orgulho de vidas passadas estava voltando, que a

vaidade me tomara de novo o coração, que o egoísmo, que a paixão pelo personalismo deprimente estava tisnando a tarefa de Emmanuel... Eu pedi a eles que considerassem que eu havia cumprido um dever, que eu não havia feito outra coisa senão ir a São Paulo, com a modéstia de minha vida de pequenino servidor da nossa Causa, simplesmente na condição de instrumento para receber uma documentação que pertencia aos nossos irmãos de lá e não a mim. Os nossos companheiros insistiam que eu devia orar muito. Eu disse que estava orando, pedindo a Deus para que as minhas imperfeições não viessem a ferir o nosso movimento espírita. Um deles me falou, com bastante severidade, sobre a queda em que eu havia incorrido e que devia considerar tudo isso para poder continuar com fidelidade à Doutrina, porque eu estava sendo um instrumento de vaidade e de personalismo dentro de nossos muros. (...) Sem nenhuma ideia de ofender os nossos irmãos, eu respondi: 'Quanto a isso, quanto à queda, eu rogo a vocês que fiquem tranquilos, porque Deus há de me ajudar, Emmanuel há de me amparar e eu não vou cair...' Quando eu disse assim, alguns dos nossos companheiros me disseram: 'Basta essa sua afirmativa para mostrar a que grau sobe a sua vaidade... Se você diz que confia em Deus, que confia em Emmanuel e que não vai cair, esse 'não vou cair' que você disse, isso denuncia a hipertrofia dos seus sentimentos, de personalidade dilapidada pela vaidade e pelo orgulho... Por que é que você não vai cair?' Eu então respondi: 'Eu não posso cair, porque nunca me levantei!'..." (BACCELLI, 1985, p. 29).[4]

---

[4] BACCELLI, Carlos Antônio. *Chico Xavier* – Mediunidade e coração. São Paulo: Ideal, 1985. p. 29.

Na mesma obra, *Chico Xavier – Mediunidade e coração*, Baccelli transcreve alguns depoimentos do próprio Chico sobre as muitas lutas e dificuldades pelas quais passou para dar cumprimento à sua grandiosa missão:

"(...) Muitas vezes me senti num labirinto, ignorando como sair dele. Eram visões e vozes que se confundiam, comigo, no centro de semelhantes distonias. Para você rir um pouco, digo ao seu coração amigo que atualmente, muitas vezes, me admiro de ter papel, tinta e lápis ao meu dispor. Em muitas ocasiões, antes do progresso que desfrutamos agora, depois de longa mensagem que eu escrevia à mão, para enviar à FEB, no Rio, surgiam ventos súbitos que penetravam por alguma janela e se concentravam, em redemoinho, sobre o tinteiro de que me servia, espalhando a tinta sobre o trabalho que me custara enorme esforço, anulando-me o serviço, por vezes, efetuado com os minutos possíveis de noites seguidas (...).

Em momentos outros, eram crianças de minha própria família que se valiam da minha ausência de instantes para rasgarem os papéis escritos. Sempre me vi defrontado por forças adversas que me testam em tudo o que recebo, em mensagens de nossos amigos da Vida Superior. Na escola, no curso primário, o único que me foi possível adquirir, não podia sair da sala de aulas para o chamado recreio. Nas raras tentativas que fiz, voltava para dentro do recinto de lições espancado por crianças mais fortes do que eu e ameaçado por novas investidas que não desejo lembrar para não criar imagens negativas (...).

Minhas provações foram tantas que hoje muito me admiro de ter água encanada, dentro de casa, a luz elétrica me deslumbra quando me lembro da psicografia com a luz de velas acesas que, frequentemente, tombavam sobre as mensagens escritas, inutilizando-as. Espanto-me com a facilidade das canetas-tinteiro e, habitualmente, paro em serviço para agradecer a Jesus o material de escrita à minha disposição. Em tempo algum, porém, senti abandono. Meus amigos foram sempre poucos, mas uma força vigorosa os mantinha junto de mim para que eu não desanimasse (...).

Do primeiro escalão de companheiros, de cujo auxílio não posso esquecer, todos já partiram. Eram todos carecedores de amparo, qual eu mesmo, no entanto, os vi partir, um a um, prometendo-me que, onde estivessem, pediriam a Jesus para me abençoar (sic) e me auxiliar (sic). Pouco a pouco, fui compreendendo que eu estava numa guerra – a guerra do bem contra o mal – da qual não me cabia desertar" (Ibidem, p. 17).[5]

Chico Xavier costumava dizer que o que o mantivera no trabalho em todos aqueles anos foi o carinho e as orações de todos os assistidos, principalmente dos familiares dos desencarnados, formando uma espécie de couraça protetora, permitindo que ele caminhasse mesmo nos períodos de grandes e pontuais testemunhos.

Digo sempre que Chico Xavier poderia ter sido o cara mais chato e "marrento" do mundo, como diria o carioca, pois foi bajulado e paparicado de todas as formas possíveis e imagináveis por artistas, políticos, empresários, pela imprensa, por espíritas e não espíritas, e mesmo assim se manteve coerente aos princípios evangélicos abraçados desde a sua mocidade. Chico Xavier foi um homem verdadeiramente simples. Chico foi, de verdade, o "Cisco" de Deus.

---

[5] Ididem, p. 17.

Misturei coisas diferentes.
Mas são coisas que me comovem
profundamente.

A peruca em Chico Xavier

"Gente há que diz que eu disse isso ou disse aquilo. Pode ser falso. Reservo para mim o direito de pensar como penso, mas não tenho o direito de sair proclamando tudo. A verdade não tem dono. A minha opinião é a minha opinião (...)."

Chico Xavier

Podemos observar em diferentes imagens que com o tempo Chico foi apresentando um quadro conhecido por muitos e chamado de alopecia, ou seja, ausência congênita ou não de cabelo ou pelos no corpo.

Sendo Chico Xavier de carne e osso, como qualquer um de nós, imagino o que deve ter passado. Com quem ele reclamaria das muitas dificuldades que a vida apresentava? Qual o problema de ele ter manifestado o desejo de usar uma peruca (depois uma boina) para cobrir a calvície?

Em 1971, quando resolveu usar a peruca para cobrir a calvície e a vestir-se melhor para se apresentar adequadamente nas muitas homenagens que passou a receber em nome da Doutrina Espírita, muitas pessoas, principalmente espíritas, disseram que Chico Xavier estava ficando vaidoso. Na verdade, o grande público não estranhou tanto, mas uma parcela significativa de espíritas, que se habituara a vê-lo com a cabeça careca à mostra, o achou "exótico" e "esquisito". Houve quem, inclusive, preferisse que ele não usasse terno (pois fugia da simplicidade) e os óculos escuros.

Para o poeta pedroleopoldense José Issa Filho, que conviveu com o médium em sua terra natal, o jovem Chico gostava de andar perfumado e adorava a sua farta cabeleira. Foi uma tristeza ver o seu cabelo desaparecer:

> "Lembro-me de quando, com pouco mais de trinta anos de idade, percebeu que seus ondulados cabelos estavam gostando mais do pente que de sua cabeça. Acontecimento desagradável para qualquer jovem, principalmente para ele, que tinha uma bonita e bem cuidada cabeleira. Nessa época, lembro-me bem, eu vi em uma mesinha de seu quarto um vidro de óleo de ovo e um vidro de loção brilhante. Produtos muito usados naquela época para combater queda de cabelo. Pouco tempo depois, ele me disse: 'Penso que até Deus teve seu descuido ao criar o homem: os cabelos da barba que incomodam e enfeiam o rosto nunca caem, mas os cabelos da cabeça, que ninguém quer perder, o tempo costuma levar, ou melhor, o pente costuma levar!...' E deu uma boa risada. E eu fico dizendo comigo: todo homem tem seu ponto fraco, e o ponto fraco de Chico, penso eu, foi a calvície!... E ele nunca escondeu isso. Penteou os cabelos de modo a esconder a calvície enquanto pôde. Usou óleo de ovo, loção brilhante, pilogênio. Depois do fato consumado, usou chapéu, usou boné, usou boina, usou cabeleira" (ISSA FILHO, 2012, p. 30-31).[1]

---

[1] ISSA FILHO, 2012, p. 30-31.

No livro *Chico Xavier – Mediunidade e ação*, o biógrafo uberabense Carlos Baccelli reproduziu do jornal *Cidade de Santos*, de 28 de setembro de 1972, um inédito desabafo do próprio Chico contra os "fariseus" dos tempos modernos, principalmente contra parte de alguns espíritas que insinuaram que depois de sua participação nos programas de televisão teria ele ficado seduzido pelos holofotes. Nele, Chico destaca a necessidade urgentíssima de humanizar o movimento espírita:

"É muito triste, digo a meu respeito (vamos puxar a brasa para a minha sardinha)... porque eu sou médium, porque recebo livros, muita gente acha que eu deveria estar num altar. Ser carregado num andor. Ter vida diferente dos outros. Não posso ter amizades. Não posso me vestir de maneira melhor. Não! Eu sou uma criatura comum! Como e bebo. Tomo remédio. Procuro a Medicina. Sou doente, tenho que tomar remédio todo dia. Mas amo a vida! Quero viver! Tenho muito gosto com as minhas afeições. Tenho uma honra enorme com os amigos que Deus me deu, que eu não os mereço e, por isso, não vou tratá-los com carranca. Vou tratá-los com muita alegria, com muita paz de espírito, e querendo dar a eles o máximo do meu carinho, da minha estima, do meu contentamento de viver e do meu bom ânimo, que eles alimentam com tanta bondade! Por que é que eu, por ser médium de livros, hei de viver como uma pessoa no alto de um monte, vestido de túnica século primeiro, quando eu preciso andar de automóvel, andar também de avião? E se eu não comer carne, eu fico doente! Não vou comer carne como se fosse uma fera à mesa, mas devo me alimentar, o meu corpo exige esse tipo de alimento proteico.

Agora, por eu ser assim, vou deixar de receber livros? Não! Se eu me considero uma pessoa muitíssimo imperfeita, é o caso de trabalhar ainda mais nos livros. Porque, se eu sou uma besta, é melhor que eu fique em serviço do que uma besta no pasto. Quero explicar isso, porque corre o boato, depois dos programas de televisão, de que eu, hoje, sou uma pessoa que vivo (*sic*) da vaidade, que pus cabelos na cabeça. E pus mesmo, porque preciso, é implantação, é cobertura, tem o nome de peruca, seja lá o que for, isso me honra muito, eu quero viver! Eu não quero aparecer como uma ruína humana diante de meus amigos, todos bem postos, bem tratados. Por que é que eu vou aparecer como uma pessoa que morreu e que só falta enterrar? Não! Não morri, não! Eu quero viver e quero viver muito, se Deus quiser, conquanto esteja, também, com a alma resignada a receber a morte hoje, se for possível! Não tenho merecimento nenhum para receber a morte assim. Mas se for a vontade do Senhor, está tudo ótimo, porém, se eu viver, também vou ficar muito alegre! Não há ponto algum na obra kardequiana que indique que o médium de psicografia é diferente dos outros. Eu sou igual aos médiuns que dão passe, aos médiuns que estão recebendo intuição, aos médiuns de incorporação, que eu também sou. Muitos dizem que eu sou médium só de livros. Não! Há quarenta e tantos anos eu frequento uma reunião de desobsessão, uma vez por semana, em que os espíritos dos mais infelizes se comunicam por meu intermédio. Eu tenho essa alegria, que me honra muito. Então, eu sou um médium como qualquer outro. Agora, o fato de querer andar direitinho, com a roupa limpa e com cabelos na cabeça, me perdoe, mas eu quero! Não

Chico Xavier almoçando em sua residência, em Uberaba.
(Do livro *Cartas de Chico Xavier*, p. 86)

pedi nada a ninguém. Os espíritos escreveram os livros. Nunca pedi um tostão dos livros. Nunca vendi livros. Não sei quantos livros venderam e também compro livros. Recebo os livros com a maior alegria! Nunca pensei em pedir nada por que recebesse uma mensagem ou um livro. Eu agora vou andar vestido de balandrau do século I? Não! Por causa dos livros? Então era melhor não ser médium. Se eu tiver que andar diferente de vocês, é melhor não ser médium! Nós precisamos humanizar a Doutrina. Nem demônios, mas, também, nem anjos. Somos homens e mulheres da Terra. Agora, o dia que for promovido a anjo, ninguém sabe, porque a nomeação foi lá de cima!... Eu devo explicar por que os espíritos me levam, hoje, para essa tarefa social. Vem a Câmara de Vereadores. A Câmara Municipal vota um título para o Espiritismo. Porque não é para Chico Xavier. Eu sou o 'cisco', eu já sei que sou o cisco, mas vota um título para o Espiritismo e diz que a besta chamada Chico Xavier deve ir receber o título. Eu posso ofender uma cidade, falando assim: 'Muito obrigado, eu aí não vou por meus pés'? Eu não posso fazer isso. Eu recebo cartas assim: 'Só posso justificar a sua atitude atual, indo tão bem vestido à recepção desses títulos, para ser exibido na televisão; só podemos aceitar isso de sua parte como um estado de senilidade. Você envelheceu e caducou'. Isso tudo eu estou recebendo. Mas eu não incomodo, não. Em Uberaba, a minha vida é esta. Eu não tenho nem tempo de cortar a unha! De vez em quando, o dedo dói [está saindo sangue], uma unha entrou no outro dedo, porque não dá tempo. Mas para ir ao título, na televisão, tenho de ir desabando em glórias! Uai! Eu tenho que honrar essa Doutrina, o que é isso? Pois se a Doutrina é a maior alegria da nossa vida, agora nós vamos chegar lá imundos, pedindo esmola? 'Olha, eu sou espírita, vocês podiam dar uma esmola para a Comunhão Espírita Cristã'? Mandavam é a gente para a cadeia. 'Manda para o Carandiru que ele está doido!' "(BACCELLI, 1991, p. 90-91. Grifo meu.).[2]

Segundo o biógrafo Luciano Napoleão, foi um "Deus nos acuda" quando Chico Xavier apareceu perante o público com a aparência completamente mudada, elegantemente vestido, usando uma peruca preta com tons grisalhos. A notícia correu por todo o Brasil. Muita maledicência, principalmente dos próprios espíritas, que disseram que ele estava ficando vaidoso, obsidiado, se achando um *pop star*. Entretanto, o biógrafo destaca que para além dessa imagem conhecida do grande público existia uma outra questão que a maioria desconhecia. Em razão da alopecia, Chico tinha feridas na cabeça e que por serem desagradáveis para quem as via ainda causava um grande constrangimento ao próprio Chico. A peruca, embora irritasse o couro cabeludo ferido, protegia do frio e era a sua melhor opção. Segundo o biógrafo, o médium chegou a confessar que em determinadas situações tinha vontade de arrancá-la.

No livro *As bênçãos de Chico Xavier*, também de autoria de Carlos Baccelli, uma pessoa, em carta, questionou o Chico sobre a sua decisão de usar uma peruca. Igualmente, por meio de carta, ele explicou:

> "Compreendo a sua situação diante das assembleias de nossos companheiros de ideal, quando lançam indagações a meu respeito. Peço a você não se pre-

---
[2] BACCELLI, 1991, p. 90-91.

ocupar em defender-me. De minha parte, nunca passei recibo em elogio algum com que me queiram adornar e sempre que me vejo em contatos públicos não perco tempo em afirmar e reafirmar que não passo de um animal em serviço. Todos os que me atribuem santidade ou liderança estão enganados por eles mesmos, não por mim. Respeito o seu ponto de vista quanto às perucas que estou usando precisamente há dois anos, entretanto, posso dizer a você que não tive outro recurso. De oito anos para cá, a minha calvície se tornou, para mim, um tormento! Além de partes feridas na parede óssea do crânio, a sinusite se fez implacável, por mais incessante o tratamento. Passando por três cirurgias de trato renal, em 1968, médicos amigos, observando-me o problema da cabeça, aconselharam-me a implantação ou o uso permanente de boina. Legiões de amigos me desaprovaram a 'calvície ferida exposta', asseverando-me que o comparecimento, de minha parte, em tais condições nas reuniões públicas era desrespeito aos grupos de pessoas que nos visitam. Depois de alguma relutância, passei a usar boina. E fiz isso por dois anos consecutivos. Entretanto, muitos de nossos próprios confrades, em visita a Uberaba, especialmente senhoras, muitas e muitas vezes, enquanto me mantinha sentado, por longo tempo, para autografar livros, retiravam a boina de minha cabeça para escreverem no meu próprio crânio, palavras ou ditos, em muitas ocasiões até mesmo muito impróprias ou muito infelizes, o que faziam a giz colorido, sem que eu nada pudesse reclamar, porque, diziam, procediam, assim, a título de carinho. Diante dessa situação embaraçosa, tentei a implantação, mas isso não podia ser feito com muito rendimento, porque devo aproveitar os poucos cabelos que me restam.

Cobri a região implantada com a boina protetora, mas os amigos continuaram a subtrair-me a boina para ver-me a calva, algo renovada, mas ainda ferida, e muitos, porque isso sucedeu com não poucos, enquanto me achava com a calma possível nos autógrafos, me puxavam os cabelos, declarando que assim faziam para conservar alguma lembrança minha. Reclamar como? Optei pelo uso da peruca e acertei. Os esparadrapos que a seguram não são facilmente arrancáveis. Fiz isso, no entanto, publicamente, expliquei a todos os companheiros que assim procedia pelos motivos de que lhe dou ciência. E não podia ser de outro modo, porque a minha idade, 62 para 63 anos, é repetida periodicamente nas publicações do nosso movimento. E desse modo, meu caro amigo, ainda que meu caso possa proporcionar a você alguns momentos de bom humor, pelo pitoresco de que se reveste, passei a usar perucas agrisalhadas, de acordo com a minha idade, como faço uso de prótese dentária. E assim, como me é possível, vou tocando a vida e o meu pequenino trabalho para a frente" (BACCELLI, 1998, p. 34-36).[3]

Quando perguntaram a Baccelli se Chico usava peruca porque ele era vaidoso, o biógrafo considerou:

"Eu costumo dizer que para falar de Chico a gente precisa enxaguar a boca com água sanitária! Você sabe como, muitas vezes, eu ia encontrar Chico Xavier, em sua casa? Com um terno surrado, o paletó sujo de restos de alimento (que caíam antes que ele conseguisse levá-los à boca), pisando nas barras da

---

[3] BACCELLI, 1998, p. 34-36.

calça, todas puídas, os sapatos dobrados nos calcanhares, porque os seus pés inchados não cabiam neles... Vaidade em Chico Xavier, por conta de uma peruca? A peruca é uma prótese como um par de dentaduras! Então, quem usa dentaduras é vaidoso, concorda? Quem usa óculos, quem usa aparelhos contra surdez?... Quando o Chico não usava peruca, algumas mulheres faziam questão de lhe beijar a calva, que deixavam toda manchada de batom! Tinha cabimento uma coisa dessas?" (BACCELLI, 2011, p. 204-205).[4]

E sobre uma possível vaidade em Chico Xavier, a amiga Zilda da Costa Batista, esposa de Weaker Batista, que o auxiliava no Grupo Espírita da Prece, o defende, dizendo, sem pestanejar:

"'Não. O Chico não tem vaidade.' – é Zilda quem esclarece. 'Quando ele recebe títulos de cidadania, ele acha que nada é endereçado a ele, mas à Doutrina Espírita. Ele se veste com a maior simplicidade. Se, às vezes, coloca uma roupa melhor nas apresentações de cerimônia, é porque ele tem respeito aos amigos e à própria Doutrina que ele representa, e à qual tem demonstrado tanto amor! Não acredito que nós tenhamos altura para compreender a beleza que ele vê no mundo espiritual e que não nos pode revelar, muitas vezes, integralmente. Você sabe, Chico vive junto de nós, mas nós não temos os recursos de que ele necessita para produzir mais; outras criaturas de condição mais elevada, do ponto de vista de evolução espiritual, favoreceriam muito mais a tarefa

[4] BACCELLI, Carlos Antônio. *A trajetória de um médium*. Uberaba: LEEPP, 2011. p. 204-205.

dele. Mas nós queremos dizer que o consideramos muito mais, como a um espírito superior! Sentimos que a sua casa é a continuação de nossa casa e somos muito gratos a Deus por essa graça. Aqui, todos nós estamos felizes se o Chico está feliz. Para nós, a coisa melhor do mundo é vê-lo alegre e ele só está contente quando realiza algo em prol do semelhante" (REVISTA ESPÍRITA, 1977, p. 52-53).

Para muitos Chico Xavier tinha grande preocupação com sua aparência e utilizava habitualmente chapéus, gorros, boinas e perucas para disfarçar a sua calvície. Qual o problema? Como ser humano, tinha também as suas vaidades. Entretanto, observamos, a partir de outros depoimentos, que outras razões poderiam ter levado Chico a usar esses e outros recursos. Confesso que, para mim, é um assunto novo, que merece reflexão e maior aprofundamento.

Intencionando humanizar e historicizar a figura de Chico Xavier, não posso deixar de reproduzir aqui alguns casos no mínimo curiosos e pouco conhecidos sobre ele. Confesso que nesses 21 anos de nossa convivência, nunca havia escutado ou registrado nada parecido, a não ser alguns relatos isolados no interior da igreja católica, retratados em hagiografias, sobre os fenômenos dos estigmas nos mártires e santos.[5]

Nunca dei maior importância ao assunto e sempre tratei a questão com superficialidade, contudo o biógrafo uberabense Carlos Baccelli divulgou, no livro *Chico Xavier – O médium dos pés descalços*, no capítulo intitulado "Estigmas dos pés", às páginas 145-146, o depoimento do casal Lineu e Elenir Meirelles da cidade de Niterói, quando este,

---

[5] Para maior aprofundamento dessa questão, sugiro a leitura do livro *Mediunidade dos santos*, de autoria de Clóvis Tavares (FEB, 2015).

Chico Xavier em Uberaba, usando chapéu.
(Acervo: Grupo Espírita da Prece de Chico Xavier)

antecedendo a conhecida Semana Santa, visitou Chico Xavier em Uberaba. Nesse período, Chico caminhava com dificuldade devido a algum desconforto nos pés. Segundo o casal, ambos constataram, com o consentimento do médium, o fenômeno dos estigmas nos pés, nos quais, sobre o peito de cada um, uma chaga se havia aberto:

> "'Esses dias todos,' – explicou-lhes Chico – 'eu tenho pensado muito em Jesus e de tanto pensar nele, no episódio de seu sacrifício na cruz, essas duas feridas apareceram em meus pés... Peço a vocês não dizerem nada a ninguém. Poucos seriam capazes de entender. Eu não sou nada...'" (BACCELLI, 2011, p. 146).[6]

---

[6] BACCELLI, 2011. p. 146.

Recentemente, o filho do casal Lineu e Elenir Meirelles, Laércio Meirelles, confirmou o acontecido, mesmo porque ele participou do almoço na casa de Weaker Batista, que costumava ser aos domingos, e viu o Chico tirando o sapato para mostrar alguma coisa ao seu pai:

> "Era mais um domingo, onde o almoço do Chico com seus amigos era na casa do casal Zilda e Weaker Batista. Estávamos sentados à mesa, talvez dez, doze pessoas. Eu estava ao lado do meu pai, e este ao lado do Chico. Eles conversavam em um tom de voz muito baixo e por mais que eu me esforçasse não conseguia entender, mas a curiosidade me fazia ficar atento. Quando vi um movimento do Chico e reparei que ele tirou o sapato e mostrou ao meu pai um dos seus pés. Mais tarde, no hotel, este foi o

Chico Xavier em Uberaba, usando boina.
(Acervo: Grupo Espírita da Prece de Chico Xavier)

relato de papai: 'Chico disse que uns dias atrás ele começou a pensar em Jesus e na sua missão, quando então se lembrou dos pés de Jesus. E começou a orar pelos pés de Jesus. Aqueles pés que tinham conduzido Jesus por tantos lugares, que haviam sido tão importantes em todo o labor evangélico. E ia mentalizando os pés, e se sentindo agradecido a eles. E então, após aquela prece fervorosa, como que voltando a si, viu que seus pés ficaram marcados com uma ferida'" (DEPOIMENTO, informação verbal, [s.d.]).[7]

No mesmo livro, no capítulo intitulado "Ainda a questão dos estigmas de Chico" (p. 231-234), Baccelli apresenta um depoimento datado de 9 de agosto de 2009, escrito e assinado por Josyan Courté, da cidade de Itatiba, Estado de São Paulo, e endereçado ao amigo João Carrara. Durante muitos anos, ele, na companhia de outros amigos de São Paulo, frequentou a Comunhão Espírita Cristã e a residência de Chico Xavier, em Uberaba.

Segundo Courté,

"Na madrugada de uma terça-feira (...) dia 09/08/1966 – escreveu de próprio punho –, Francisco Cândido Xavier recebeu a transposição dos sinais dos espinhos da coroa do Cristo em sua própria cabeça. O fenômeno podemos nomear como incorporação de sinais e marcas do Cristo (estigmas). O fato não é novo na historiologia dos cristãos. Francisco de Assis, Rita de Cássia, Verônica Giuliani, Gema Galgani, Maria Madalena de Pazzi, entre tantos outros,

---

[7] No VIII Encontro Nacional dos Amigos de Chico Xavier e sua Obra, realizado nos dias 27 e 28 de junho de 2015, em Santos, SP, Laércio Meirelles voltou a falar publicamente sobre o episódio.

conhecidos ou não, receberam, em parte ou na totalidade, esses estigmas da configuração extrema do Cristo no Calvário" (BACCELLI, 2011, p. 231).[8]

E conclui, dizendo:

"Reparamos que o Chico usava um gorro na cabeça, muito justo, que cobria desde a testa até a nuca. Naquela manhã, não sabíamos ainda o que ele pretendia ocultar (...) Os estigmas surgiram pela primeira vez naquela data distante para desaparecerem em seguida. Retornariam mais tarde, de forma definitiva, obrigando o médium a ocultá-los em sigilo absoluto. Muito mais tarde, décadas após, os sinais surgiram também nos pés. Escrevo-te, meu caríssimo benfeitor e amigo João Carrara, estas reminiscências para que nada se perca da vida do apóstolo do bem e herói da caridade, Francisco Cândido Xavier" (Ibidem, p. 233-234).[9]

Em outro capítulo, intitulado "Os livros astros", Josyan Courté fornece, no mesmo depoimento ao amigo João Carrara, mais detalhes sobre o fenômeno dos "estigmas":

"Assunto pouco divulgado pelos biógrafos do Chico é a questão dos estigmas que lhe ocorreram nos pés e na cabeça. (...) Com Chico ocorreu que a coroa de espinhos lhe marcou a cabeça por inteiro. Na verdade, a coroa de espinhos era um capacete que cobria toda a nuca, tendo produzido, na flagelação do Cristo, uma grande quantidade de perfurações. Esse fe-

---

[8] BACCELLI, 2011, p. 231.
[9] Ibidem, p. 233-234.

nômeno, que tem implicações com a mediunidade de incorporação, obrigou-o a usar boinas, gorros e, depois, perucas. Chico procurou de todas as formas ocultar os sinais, somente observados na velhice, quando não mais podia locomover-se livremente, e foram, enfim, observados pelas caridosas irmãs que lhe banhavam o corpo alquebrado pela idade avançada. Após o recebimento dos estigmas é que forneceu o 'retrato falado' de Maria de Nazareth a um artista, cuja belíssima oleografia, em suas cópias, foi fartamente distribuída no meio espírita. Quando se referia a Jesus, seus olhos enchiam-se de lágrimas e a sua voz era embargada por forte emoção. Após a estigmatização, o Chico passou a exsudar penetrante aroma de rosas até o fim de seus dias" (*Ibidem*, p. 236-237).[10]

Em dezembro de 2015, participando de uma feliz e inspirada iniciativa do chamado Projeto Revivescer – Reviver as obras de Chico Xavier – na cidade de Araçatuba, Estado de São Paulo, o também biógrafo e companheiro de ideal espírita Adelino da Silveira, que teve a oportunidade de conviver por 33 anos com Chico Xavier, nos deu um depoimento muito interessante sobre os estigmas, reforçando os testemunhos anteriores:

"Eu ainda trabalhava no Banco quando recebi um telefonema dizendo que o Chico mandou me perguntar se poderia estar no portão de sua casa às 18 horas. Lá estava eu, pontualmente. Após os cumprimentos, disse-me:

---

[10] *Ibidem*, p. 236-237.

– Mandei chamar você aqui porque quero lhe mostrar uma coisa. Ontem à noite, quando fui deitar-me, estava pensando muito no sofrimento de Jesus quando lhe fincaram os cravos nos pés. Isso sempre me impressionou muito a vida toda. Não conseguia dormir pensando nele. De madrugada, senti uma dor muito profunda nos pés, tão intensa que não me deixou dormir, mas não me levantei. Quando amanheceu, olhei para os meus pés e levei um susto. Você pode me ajudar a tirar os sapatos e as meias?

Ele estava muito fraco e com dificuldades para abaixar-se.

– Claro, Chico! – de joelhos, respondi-lhe.

Quando lhe retirei os sapatos e as meias, quem levou um susto fui eu. Havia no dorso de cada pé uma mancha roxa, como se houvessem enfiado ali dois cravos ou pregos enormes. Então ele me disse:

– Olhe para as minhas mãos. – retirando os curativos com que havia coberto os sinais.

Havia em suas mãos as mesmas marcas dos pés, embora em tamanhos menores, sendo que as das palmas das mãos eram maiores que as do dorso. Entre a emoção e as lágrimas daquela hora inesquecível, pude apenas dizer: 'Chico, você é o único espírito que conheço que tem as marcas do Cristo'". (DEPOIMENTO, informação verbal, [s.d.]).[11]

Para Carlos Baccelli, Chico também fora estigmatizado por seu imenso amor a Jesus à semelhança de outro Francisco, o de Assis. No livro *Chico Xavier responde*, Baccelli per-

---

[11] O depoente manteve o seu depoimento afirmando não desconhecer a tese de pesquisadores que registraram historicamente que os cravos teriam sidos introduzidos nos pulsos (e não nas palmas das mãos) para suportar o peso do corpo de Jesus.

gunta mediunicamente a Chico Xavier sobre algum fato que o tivesse impressionado quando estivera encarnado.

Segue a resposta:

> "A figura de Jesus sempre me emocionou. Desde criança, quando presenciava a chamada Procissão do Senhor Morto, o seu martírio na cruz, os estigmas que lhe foram provocados pelos cravos nas mãos e nos pés não me saíam da cabeça. Ele devia ter sofrido muito, sendo submetido a toda espécie de tortura e humilhação. Um dia – eu já residia em Uberaba –, comecei a pensar nele de maneira mais entranhada, e as lágrimas rolaram dos meus olhos, sem que eu me desse conta do tempo... Perdi a noção de tudo ao meu redor, sentindo que eu estava nele e ele em mim, sem que, ainda agora, eu pudesse explicar a natureza do fenômeno ocorrido. Eu o via dependurado à cruz, sob o sol escaldante, a fronte coroada de espinhos, os lábios ressequidos e as feridas que sangravam nas mãos e nos pés... Quando saí daquele estado de transe inexplicável, os meus pés estavam inchados e doíam muito, e tanto me incomodavam que tive de tirar os sapatos e as meias. Foi quando, então, pude ver, em mim, exatamente sobre o local onde os cravos haviam lhe perfurado os pés, na hora da crucificação, os estigmas que comigo permaneceram durante muitos dias, sem que, a não ser a um ou outro amigo, eu não me sentisse encorajado a nada revelar; durante mais de duas semanas andava (*sic*) com muita dificuldade e se alguém me perguntava o motivo de estar mancando, respondia que havia levado uma queda" (BACCELLI, 2007, p. 37-38).[12]

---

[12] BACCELLI, 2007, p. 37-38.

Quando decidiu usar peruca e passou a ser alvo de críticas, Chico Xavier respondeu:

> "Temos o dever de cuidar da saúde e também da aparência. Eu não tenho o direito de incomodar as pessoas com minha feieza" (REIS; TELES, 2010, p. 137).[13]

Ao entrevistar Eurípedes Humberto Higino dos Reis sobre os estigmas, ele afirmou desconhecê-los, assim como Belmiro Chagas Neto (mais conhecido como Netinho), que tinha como função fazer a barba e cuidar da peruca de Chico Xavier. Disse-me ele que nunca presenciou nada diferente na cabeça de Chico Xavier no período que esteve com ele, a não ser a própria calvície.

A devotada servidora da casa de Chico Xavier Dinorá Cândido Fabiano, que trabalhou lá por mais de 30 anos, disse que nunca observou nele algo fora do comum. Apenas destacou que seus pés eram muito perfumados.

Em razão da complexidade desse tema tão delicado, deixo para o leitor suas interpretações e conclusões. E espero, sinceramente, ter estimulado outros pesquisadores no aprofundamento dessa e de outras questões intrigantes sobre a vida e a obra de Francisco Cândido Xavier, um dos maiores fenômenos humanos e mediúnicos de todos os tempos.

---

[13] REIS; TELES, 2010, p. 137.

Encheu de luz nossas vidas.

O Grupo Espírita da Prece

"Se alguma pessoa na Terra, presentemente, me lembra a divina presença de Jesus, inegavelmente essa pessoa é Chico Xavier."

Carlos Baccelli

Oficialmente, o Grupo Espírita da Prece foi fundado no dia 8 de julho de 1975, numa alusão à data em que se comemora o início do mandato mediúnico de Chico Xavier no ano de 1927. De acordo com artigo do jornal *A Flama Espírita* de Uberaba, às 19 horas do dia 4 de julho de 1975 foi realizada a primeira reunião doutrinária no recém-fundado Grupo Espírita da Prece, situado na Avenida João XXIII, nº 1.495, com a presença de Chico Xavier e de um grande número de pessoas e simpatizantes:[1]

> "Por enquanto, está sendo observada a seguinte programação: às sextas-feiras, às 19 horas, reuniões com palestras e consequente divulgação doutrinária. Na parte final, recebimento de mensagens pelo

---

[1] A aquisição do terreno e a construção da sede do Grupo Espírita da Prece contaram com a ajuda de alguns amigos de Chico Xavier.

nosso irmão Chico Xavier. Aos sábados, às 16 horas, peregrinação na Vila da Matinha, iniciando-se a reunião noturna às 20 horas. A Diretoria da nova entidade, segundo fomos informados, está ainda em fase de formação. Fazemos nossos melhores votos para que o novo núcleo de atividades doutrinárias possa atingir plenamente os objetivos para os quais foi criado" (BACCELLI, 2010, p. 319-320).[2]

O biógrafo Carlos Baccelli esclarece sobre as atividades desenvolvidas no Grupo Espírita da Prece:

"Na reunião das sextas-feiras, Chico continuou com o trabalho do receituário mediúnico, sendo que, ao término, que, por vezes, se estendia até altas horas da madrugada, se dispunha a psicografar mensagens endereçadas aos presentes por seus familiares desencarnados. A referida peregrinação, na 'Vila da Matinha', passou a ser realizada um pouco mais cedo, por volta das 14 horas, transferindo-se depois para a conhecida 'Vila dos Pássaros', na Rua Tangará, em um terreno doado para tal finalidade, que ligava uma rua à outra, confrontando com a chamada 'Mata do Carrinho', onde hoje está sendo construído o 'Memorial Chico Xavier'. Tais reuniões passaram a ser conhecidas como do 'Abacateiro', visto que eram realizadas ao ar livre em chão de terra batida, à sombra de frondoso pé de abacates, com a participação dos moradores da periferia, residentes em humildes casebres" (BACCELLI, 2010, p. 320).[3]

---

[2] BACCELLI, 2010, p. 319-320.
[3] BACCELLI, 2010, p. 320.

E as tarefas de Chico Xavier não se restringiam apenas às do Grupo Espírita da Prece, pois outras atividades aconteciam fora da instituição:

> "Além de estar na periferia todos os sábados, à tarde, no 'Abacateiro', e de visitar, em datas aleatórias, diversas famílias carentes nos bairros mais pobres (muitas vezes, de madrugada), ele [Chico Xavier] ainda, no Dia das Mães, sempre ia à cadeia pública, percorrendo cela por cela. Impressionante o respeito dos presos por ele! Às vésperas do Natal, viajava a Goiânia para levar a sua solidariedade aos hansenianos residentes na Colônia 'Santa Marta'; no dia 24 de dezembro, saía em peregrinação natalina acompanhado por amigos, distribuindo bênçãos com os necessitados, em cujos lares fazia questão de adentrar... Pelo menos duas vezes por ano – uma delas sempre no mês de abril, em comemoração ao mês do livro espírita, se dirigia ao Hospital do Pênfigo, onde, inclusive, costumava psicografar. Ainda no mês de dezembro, realizava a grande distribuição de Natal, patrocinada por amigos de São Paulo e outras cidades do Brasil, atendendo, entre adultos e crianças, a mais de vinte mil pessoas, com alimentos, roupas, enxovais para recém-nascidos, brinquedos, etc." (Ibidem, p. 230).[4]

Durante os 21 anos de nossa convivência, tive a oportunidade – privilégio misturado com responsabilidade – de acompanhar as atividades de Chico Xavier no Grupo Espírita da Prece.

---

[4] Ibidem, p. 230.

No início dos anos 80, ele atendia às sextas-feiras e aos sábados. Tudo muito simples e franciscano: a casa, os móveis, a reunião. Permanecíamos muito tempo observando o transcorrer do trabalho. A psicografia durava horas e mais horas. Muitas pessoas não suportavam a demora e cochilavam. Confesso que, quando não estava compondo a mesa, eu saía para comer alguma coisa e quando retornava o Chico permanecia psicografando, ininterruptamente. E olha que quando o conheci o incansável Chico já tinha ultrapassado os 70 anos de idade!

Todas as reuniões tinha uma música de fundo, o que nos leva a afirmar que Chico foi um dos grandes divulgadores da música nas reuniões espíritas. O seu sobrinho-neto Sérgio Luiz Ferreira Gonçalves afirmou que quando o tio ia a Pedro Leopoldo sempre pedia que colocasse música durante as psicografias em sua residência. Particularmente, considero que a música auxilia bastante no processo de harmonização do ambiente.

Como sempre fui muito observador, vi na parede central do recinto, exatamente atrás do lugar reservado ao Chico na mesa, uma placa com os seguintes dizeres: *"Aqui, com o nome de 'Grupo Espírita da Prece', funciona o Culto do Evangelho no Lar do irmão Francisco Cândido Xavier, em casa de sua propriedade"*. Evidentemente, aquela placa estava dizendo algo mais e com o tempo fui compreendendo o sentido daquelas palavras com as quais o próprio Chico dava, "silenciosamente", um belo recado para todos os trabalhadores e visitantes que ali compareciam.

No entanto, como entender a intenção da mensagem daquele quadro acima da mesa onde Chico Xavier psicografava, sendo ele um homem tão desapegado das coisas, e até mesmo de si? Parte da resposta a essa pergunta eu encontrei no livro *Uma vida com Chico Xavier*, no capítulo intitulado "Grupo Espírita da Prece: uma história oculta", no qual seu

Vista do Grupo Espírita da Prece, inaugurado em 1975.
(Acervo: Grupo Espírita da Prece de Chico Xavier)

Aspectos da sala do Grupo Espírita da Prece, onde Chico Xavier psicografou,
de 1975 a 2002, milhares de mensagens.
(Acervo: Grupo Espírita da Prece de Chico Xavier)

autor, Eurípedes Humberto Higino dos Reis, contextualiza a questão falando inicialmente sobre a metodologia das reuniões públicas daquela casa, às sextas-feiras e aos sábados. Segundo Eurípedes, depois que Chico iniciava a recepção do tradicional receituário homeopático com as orientações espirituais de Dr. Bezerra de Menezes, muitas pessoas presentes eram convidadas a fazer uso da palavra sobre as leituras da noite, tendo como base para os seus comentários os livros *O Evangelho segundo o Espiritismo* e *O Livro dos Espíritos*, sendo que os temas eram escolhidos pelo próprio Chico antes da reunião começar. Os comentários prosseguiam quando o Chico permanecia no receituário e mesmo depois que ele iniciava as psicografias no próprio salão.

Mas em uma dessas reuniões, aconteceu um inusitado episódio. Segundo Eurípedes,

"Um dirigente do movimento espírita, que era convidado, sempre dizia que 'os grupos que não eram filiados às organizações municipais, estaduais ou federais não eram considerados grupos espíritas, porque precisavam pedir (*sic*) às lideranças competentes que dirigem e orientam os mesmos (*sic*)'. O nobre e sábio médium [Chico Xavier] chamou o mesmo dirigente e disse-lhe que para falar a todos, em qualquer parte do mundo, a palavra de Jesus, não precisava das instituições, e com a ajuda de Jesus e dos bons espíritos, esta Doutrina que (*sic*) nunca teve chefe, a não ser Jesus. Se precisasse pedir licença, ele largaria de ser espírita para continuar tentando ser cristão. Chico disse essas palavras em alto e bom tom (*sic*), para que todos no recinto aprendessem mais uma lição e pediu-me para colocar a seguinte frase na parede, bem atrás onde ele sentava e a qual até hoje está lá (...). Assim, Chico Xavier encerrou sua fala com o digno intelectual,

orador e dirigente do movimento espírita: AME...
AME!... Chico dizia que a Doutrina Espírita é tão
abençoada que não pertencia às instituições ou
aos homens e sim a Jesus... Ele propunha um Espiritismo do povo para o povo, com Jesus, o Mestre
Maior, até Jesus!" (REIS, 2010, p. 64-65).[5]

No livro *Chico Xavier – Mediunidade e coração*, o biógrafo Carlos Baccelli descreve com riqueza de detalhes um
desses muitos significativos momentos de Chico, em transe
mediúnico no Grupo Espírita da Prece, psicografando mensagens para familiares e consolando tanta gente:

"Neste instante, gostaria de ser um pintor cujo exímio pincel conseguisse retratar em traços perfeitos
a figura ímpar do médium Chico Xavier, enquanto
o seu lápis desliza sobre o papel... Mas as tintas,
para se expressarem com fidelidade, precisam ter a
propriedade de sentir. Como não sou pintor, nem
escultor, nem poeta, nem (*sic*) tampouco escritor,
mal sabendo lidar com as letras, vou rabiscando
nesta folha o que vejo e sinto. Chico está em transe!
Como sempre, a sala está repleta... A sua figura é o
ponto convergente de todos os olhares... A cabeça
apoia-se na mão esquerda, enquanto a destra escreve... Parece-me que dorme um sono profundo.
Mal ajeitado na cadeira, a mão obedece a um gesto
mecânico, gesto que se tornou um hábito há 57
anos de labor mediúnico. O lápis, sustentado sem
força, parece flutuar. As letras se formam rapidamente, umas nascendo das outras, num texto que
não parece ter ponto, nem vírgula. Chico está em
transe! Creio que se não tivesse sustentada a cabe-

---

[5] REIS, 2010, p. 64-65.

ça se debruçaria sobre a mesa, pois nesse instante a mão que escreve parece ser totalmente independente do corpo. Respiração lenta e compassada, ele dorme. A entrega é completa, total. O espírito que redige como que possui o seu corpo, que reflete todas as suas emoções. Quando lágrimas caem dos seus olhos, sei que o comunicante chora através dele. O espírito não está apenas na mensagem que grafa, mas em todos os seus sentidos. Perpasso o olhar pela multidão: todos o fitam com certa curiosidade como se, de improviso, se sentissem diante de um mago da Idade Média, capaz de trazer-lhe os mortos queridos de volta. Muitos duvidam, mas respeitam. O tempo passa. Uma, duas, três horas. Chico continua em transe! Muitos espíritos já utilizaram o seu canal mediúnico, cada qual com

Chico Xavier psicografando no Grupo Espírita da Prece, sendo auxiliado por Zilda Batista. (Acervo: Grupo Espírita da Prece de Chico Xavier)

uma maneira peculiar de pegar o lápis, cada um com a assinatura que lhe é própria. Cada espírito é, evidentemente, uma personalidade diversa. Um jovem assassinado pede à família que perdoe os algozes; um suicida roga à esposa e aos filhos que esqueçam o seu gesto insensato; uma filha vitimada em acidente de trânsito solicita conformação aos pais; uma criança de quatro anos de idade começa desenhando, letra a letra, a palavra 'mamãe'... Embora alguns estejam inquietos, conversando em tom elevado no recinto da reunião, outros bocejando de sono, e o barulho natural das ruas interfira, de quando em vez, em nosso ambiente de preces, Chico Xavier prossegue em transe! Depois de quatro horas de psicografia em público, antes estivera em transe cerca de três horas atendendo aos pedidos de orientações e receitas, o Dr. Bezerra de Menezes grafa as palavras finais: 'Filho, encerremos a nossa reunião com as bênçãos de Jesus'. Chico está saindo do transe. Ele parece emergir de outra dimensão, retornando gradativamente, reintegrando-se. Retomará a consciência ou a inconsciência? No futuro, o transe não será o estado normal de todas as criaturas terrestres? Aos poucos, Chico se refaz, a sua mão deixa suavemente o lápis sobre a mesa, com o auxílio de um lenço, enxuga discretamente as lágrimas do rosto, abre os olhos e recoloca os óculos que retira do bolso interno do paletó. Agora sim, o médium, depois de praticamente sete horas em transe, reajusta-se no ambiente da reunião. Como estará se sentindo ele? Enquanto em transe, por certo, não sentia mais os achaques do corpo, mas agora... Não é fácil passar de um mundo ao outro. E voltar deve ser pior do que ir. Ele se prepara para ler as páginas psicografadas; primeiro Emmanuel, o benfeitor de sempre, depois os outros. Com o auxílio de um gole de chá quente, a voz se lhe faz mais possante. E ele lê: uma, duas, três, quatro... oito... dez mensagens. As citações são inúmeras, cerca de cinquenta nomes que não se misturaram no seu cérebro, os fatos mencionados autênticos, arrancando exclamações e soluços dos familiares presentes. Quando termina de ler cada mensagem, antes de entregá-la ao destinatário, ele pergunta se está tudo em ordem. É o zelo do médium, a responsabilidade do que serve ao Cristo. Por vezes, ainda complementa, ao registrar pela clariaudiência, com um ou outro fato que o espírito omitiu na mensagem. Quando a reunião chega a seu termo, na madrugada do outro dia, Chico se ergue da cadeira; seu corpo parece pesado, mas a alegria se lhe estampa na face, inequívoca, pelo dever cumprido mais uma vez. À noite, haverá uma nova reunião e, novamente, Chico estará em transe, como praticamente em transe está a vida inteira, a serviço dos bons espíritos, na causa abençoada do Evangelho redivivo'' (BACCELLI, 1985, p. 43-44).[6]

No livro *Chico Xavier – O médium dos pés descalços*, Carlos Baccelli publica integralmente um rico depoimento do jornalista Mendes Ribeiro, do Jornal *Zero Hora*, de Porto Alegre, Rio Grande do Sul, quando este esteve acompanhando o trabalho de psicografia de Chico Xavier no Grupo Espírita da Prece em Uberaba, em 19 de fevereiro de 1981 (sexta-feira), quando ainda, à época, ele recebia, além das

---

[6] BACCELLI, 1985, p. 43-44.

mensagens dos familiares que haviam partido para o mundo espiritual, as orientações do receituário mediúnico, chegando, em algumas noites, a psicografar em torno de 400 receitas homeopáticas:

"São doze pessoas em torno à (sic) mesa. Todas são ouvidas a respeito do tema de evangelização. Na noite de sexta-feira, 19 de fevereiro de 1981, o assunto para reflexão foi loucura e suicídio. Os 12 não ficam na mesa o tempo todo. É que, entre a hora em que Chico se recolhe para receber consultas em quarto de dois metros quadrados, ao fundo do Centro da Prece (na verdade constituído por três peças e mais o avarandado e um único sanitário) e o momento em que volta para psicografar, o que ocorre sempre no salão principal decorre mais de seis horas. Em consequência, os palestrantes chegam a ser 20, ou até mais.

À frente de Chico, duas caixas de lápis. Uma cheia, outra vazia. Cada caixa de madeira estoca, aproximadamente, 300 unidades. O consumo vai depender de quantas mensagens forem recebidas. Mais para a direita, folhas brancas, lisas, em número suficiente, para tranquilizar, dando larga margem de reserva. Chico usa o mesmo lápis não mais do que 3 minutos. A ponta acaba rápido, pela pressa no escrever. É impressionante, ainda mais que a mão esquerda cerra os olhos, prensada contra a testa, e a direita, em movimentos contínuos e sem apoio, vai colocando letra após letra. A parte alta da folha não é usada. Chico grafa quase que da metade para baixo, ocupando, no máximo, três quartas partes da folha. À medida que psicografa, Weaker (seu assessor direto também no receituário) vai colocando, na caixa vazia, os lápis usados e alimentando a reserva, já fora da caixa, ao alcance da mão do médium. À esquerda, está a senhora Weaker. Ela tem a tarefa de retirar as folhas já escritas. Para tanto, dobra a ponta direita superior das mesmas tornando quase que automática a tarefa. Chico, psicografando, não enumera as folhas.

Como pano de fundo, a ânsia de quantos pediram, a esperança de quantos não solicitaram. As mensagens independem dos pedidos. Porém chegam até para ausentes que, nesse caso, são avisados pelo Grupo. A música é suave, orquestrada e ininterrupta.

QUEM ASSINA É...

Simultaneamente, Chico abandona o lápis e a música termina. Assim, como se Eurípedes, o filho, recolhesse sua mensagem telepática, dizendo o momento exato para cortar o som. (...)

Chico Xavier e os dedicados tio Pedro e Zilda Batista.
(Acervo: Grupo Espírita da Prece de Chico Xavier)

[Chico] Mantém a postura; mãos apertando a fronte. Já tem os óculos. Durante o recebimento das mensagens, os havia guardado no bolso do casaco branco. Weaker prende a atenção quando anuncia:

– 'A mensagem é assinada por...'

O nome do espírito comunicante (os descrentes chamem como entenderem) quebra o silêncio. As pessoas, superlotando o salão, espalhadas pelo avarandado e pelo pátio interno, estão literalmente emudecidas. Os olhares se voltam para todos os pontos. Então, alguém se destaca. Ante o abrir-alas dos demais, vai para o lado direito da mesa. Pais, filhos, esposas, mães, avós, todos buscam a imortalidade do ente querido que se foi. Muitos dizem: 'Em torno de Chico se forma a grande procissão dos desesperados'. É injusto. Imparcialmente, afirmo que é injusto. A fé não é manifestação de desespero. A simples presença de alguém é sinônimo de esperança, o oposto do estar desesperado.

Sem nenhum comentário posterior, o médium, guiado pelo espírito de Emmanuel, lê mensagem por mensagem. Nada se transforma de uma para a outra. A emoção é igual de quantos são chamados. Como que se transmite uma faísca elétrica entre todos, unidos no abraço da solidariedade que Chico parece apertar mais e mais.

Esta é a história, completa, de uma das mensagens. E de como Fernando ressuscitou.

É um homem calvo, baixo, olhos fundos, 50 anos. Esteve cedo na casa de Chico. Falou com ele, no pátio, assim que o médium deixou o quarto. Dois minutos, se tanto. Depois não falou mais. Seguiu bebendo a figura central dos fatos, com os olhos vermelhos de quem tinha chorado muito, enquanto outros eram atendidos, com Chico já sentado na pequena área coberta em frente à porta da casa principal. Doze horas depois, Eurico Fernandes Mendonça, residente à Avenida Atos Damasceno, 189, Vila Santa Catarina, São Paulo, escuta, ao lado direito de Chico:

'Meu querido pai Eurico, abençoe-me. Sou eu mesmo, seu filho de sempre, seu Fernando. Cresci, estou um homem, mas com o coração de criança, porque, se pudesse, me agarraria em seus braços para afirmar que a queda nas águas de Bertioga foi apenas um acidente com a saúde do corpo. O coração parou repentinamente. Aqui afirmam que fibrilou. Mas acordei e prossegui vivendo para amá--los sempre mais: o seu coração querido, a mãezinha Marlene, o mano, a vovó Edusé. É muito difícil aceitar as novas condições. Creia que não estou inerte. Trabalho e aprendo. Quando posso, auxilio. Agradeço tudo o que o seu carinho fez por mim. Você, papai Eurico, é meu pai mesmo. Nunca fui seu filho adotivo. Estamos ligados de sentimento a sentimento, como estou à mãezinha Marlene, que deve ter sofrido muito. Mas nós, os homens, sofremos também. Apenas o fazemos às escondidas para não alarmar aqueles que nos rodeiam. Adivinho seus olhos nos meus retratos perguntando por onde ando. Devo muito ao vovô Manuel, mas estou sob os cuidados da vovó Maria e de muitos corações queridos da Paraíba. Sou Mendonça mesmo. O senhor não pode negar isso. A história do Ailton acabou na praia.

Papai, beije mãezinha, o irmão e a vovó por mim.

Com todo o coração, Fernando. Fernando Ferreira de Mendonça'.

Eurico tem os olhos fincados na assinatura. Primeiro o nome isolado! Logo após a assinatura completa: Fernando Ferreira de Mendonça.

– É ele! É a assinatura de meu filho! É igual! É igual!

O TESTEMUNHO

Eurico chora discretamente junto ao repórter no quarto dos fundos. As mensagens não podem ser gravadas, salvo com o consentimento de quem as recebe. Foi o caso. Mais tarde converso com ele. Assim:

– Como é seu nome?

– Eurico. Eurico Fernandes Mendonça.

– É a primeira vez que o senhor vem aqui?

– Não. Estivemos aqui outras vezes. Esta é a terceira vez.

– Das outras, não conseguiram?

– Não. Apenas promessas dos mentores espirituais de nosso filho.

– O senhor é de que lugar?

– Da Bahia. Mas nosso casamento aconteceu na Paraíba, como foi mencionado aqui. Moro em São Paulo.

– O que o senhor disse para o Chico?

– Solicitei notícias de meu filho. Não dei nenhum detalhe, nenhum nome. O que me foi transmitido apenas a família sabe. Eu sou filho adotivo. Como gratidão, quando encontrei uma mulher solteira com dois filhos, casei com ela e adotei os dois.

– Eu estava a seu lado. Quando Chico começou a psicografar, o senhor disse, de imediato: 'É meu filho!'

– A assinatura é um xerox, mas quero complementar. Como aconteceu no sertão nordestino, ao casar, optei pela legitimação. Daí as crianças teriam recebido o meu nome. Quando ele disse na mensagem: 'o Ailton acabou', se referiu ao antigo nome dele. Quando desapareceu já se chamava Fernando Ferreira Mendonça, Ferreira a mãe, Mendonça o pai, eu. Chico Xavier desconhecia esse detalhe, como todos os demais. Eu estou feliz e espero que o senhor também, por testemunhar tudo. Por favor, mande-me a mensagem gravada. Eu a levo por escrito, mas quero que a sua mãe escute.

Vou cumprir a promessa. Parece um garimpeiro de esperanças após ter descoberto o procurado. Entre o chorar e o rir, ambos mal contidos, segura a mensagem junto ao peito e repete baixinho:

– 'É meu filho! É meu Fernando! Quem disser que ele morreu está mentindo!'

Como que, então, junto a Chico se forma a procissão dos desesperados? Eurico, Marlene, a vovó

Edusé e o irmãozinho (único dos nomes não mencionados na mensagem, embora a figura tenha sido lembrada) receberam de novo o seu Fernando. Não o Fernando Ailton. O Fernando Ferreira de Mendonça que, por um acidente com a saúde do corpo, desapareceu nas águas de Bertioga, para reaparecer em Uberaba, no Grupo Espírita da Prece. Para você que tem dúvidas, uma só pergunta: como poderia o médium reproduzir todas as assinaturas (já recebeu milhares de mensagens) como se xerox fossem dos originais?

Eurico chegou em Uberaba com a dor de ter perdido um filho e voltou com a convicção de que os dois continuam vivos.

Alguém, duvidando, quer matar o filho de Eurico outra vez?" (BACCELLI, 2011, p. 244-250).[7]

Nos anos 80 e 90, foram muitos os colaboradores de Chico Xavier no Grupo Espírita da Prece, dedicados companheiros nas atividades de sustentação, passes, preces e comentários preciosos sobre as lições dos benfeitores espirituais, principalmente de O Livro dos Espíritos e de O Evangelho segundo o Espiritismo, de Allan Kardec. Entre eles destaco alguns que tive a oportunidade de conhecer: Pedro Garcia (tio Pedro); Dinorá Cândido Fabiano,[8] Eurípedes Humberto Higino dos Reis, Weaker Batista, Zilda da Costa Batista, Marilene Paranhos Silva, Allan Kardec Silva, Carlos Antônio Baccelli, Márcia Queiroz Silva Baccelli, Sônia Isabel Benaventana, Sônia Maria Barsante Santos, Neusa Aparecida de Assis (Donda),

[7] BACCELLI, 2011, p. 244-250.
[8] No livro O voo da garça, de nossa autoria, presto uma homenagem a essa pequena grande mulher. Considero-a a quarta mãe de Chico Xavier, depois de Maria de São João de Deus (mãe biológica), Cidália Batista Xavier (madrasta) e Maria Luiza Xavier (irmã).

Chico Xavier e Dinorá Cândido Fabiano.
(Acervo: Grupo Espírita da Prece de Chico Xavier)

Colaboradores das atividades sociais do Grupo Espírita da Prece.
(Acervo: Grupo Espírita da Prece de Chico Xavier)

Maria Elisa Dias, Sebastiana da Silva Fernandes (Tana), Belmiro Chagas Neto (Netinho), Efigênia,[9] dentre outros. Destaco aqui o casal Zilda e Weaker Batista,[10] amigos da primeira hora, que acompanharam o Chico praticamente desde a sua chegada na cidade, em 1960. Eles haviam ido a Uberaba para solicitar uma orientação do médium para ela, que vinha sofrendo muito no desenvolvimento da sua mediunidade. Ambos procediam de Anápolis, no Estado de Goiás, onde atuavam no Centro Espírita Vicente de Paula.

Por orientação do Dr. Bezerra de Menezes, o casal fora para ficar alguns dias, mas acabou fixando residência em Uberaba, contrariando, muitas vezes, um conselho que o próprio Chico costumava dar aos mais entusiasmados, quando queriam largar tudo para morar com ele: "Dois mourões juntos não fazem cerca".

Tive o prazer e a alegria de conhecê-los e pude constatar tamanha dedicação. Sobre o trabalho com Chico Xavier, Weaker Batista, o então presidente do Grupo Espírita da Prece, destacou:

"Com a aposentadoria, Chico pôde dedicar todo o seu tempo ao mundo espiritual. O resultado desse trabalho podemos sentir, confrontando alguns dados: em Pedro Leopoldo, a Espiritualidade trabalhou por suas mãos formando 60 livros, enquanto que aqui foram recebidos 90, em 19 anos de atividades. Isso se deve ao fato de que nós nunca

---

[9] Chico Xavier a chamava carinhosamente de "A nossa rainha". Quando foi entrevistada em 2012 pela *Revista Chico Xavier*, para dizer como ela o havia conhecido, assim se expressou: "*Eu ouvi falar de um moço que estava fazendo sopa em sua casa e estava a chamar todo mundo para tomar a sopa com ele. E fui ver quem era esse que fazia sopa e saía chamando quem quer que fosse para participar da ceia com ele*" (REVISTA CHICO XAVIER, 1977, p. 17).
[10] Weaker Batista, dirigente do Grupo Espírita da Prece, de Uberaba, desencarnou no dia 12 de setembro de 1989, em São Paulo, onde se encontrava em tratamento de saúde.

vimos o Chico parado. Ele não perde tempo, tem sempre lápis, caneta e papel à mão para escrever, quer trabalhando nas respostas às consultas que lhe chegam por carta do Brasil todo, e mesmo do exterior, quer ouvindo e anotando as mensagens dos espíritos. Seu contato com Emmanuel é permanente, à qualquer hora do dia e da noite ele nos diz a opinião ou o ensinamento de seu guia e protetor com relação aos mais diversos assuntos" (REVISTA ESPÍRITA, 1977, p. 51).

E finalizou, dizendo:

"Quanto mais o tempo passa, mais a gente percebe a grandeza de alma do Chico. É impressionante, às vezes saio daqui de casa com uma porção de perguntas para fazer, quando chego em sua casa ele me dá todas as respostas. Podem ser as questões mais difíceis e profundas! A emoção é muito grande quando falamos dessa alma maravilhosa, à qual tanto devemos!..." (*Ibidem*, p. 53).

A companheira de ideal espírita Zilda da Costa Batista (ainda encarnada) permaneceu com o Chico durante muitos anos, ficando ao seu lado até a sua desencarnação, em 30 de junho de 2002, principalmente dando suporte na organização das folhas psicografadas durante as reuniões no Grupo Espírita da Prece. E ainda assim ela se justifica:

"Weaker pôde dedicar-se muito mais, porque quando mudamos para cá eu estava muito envolvida com os deveres do lar, tinha filhos pequeninos. Ele foi secretário do Dr. Waldo Vieira, auxiliava nas consultas médicas gratuitas dadas aos necessitados;

arrumávamos a farmácia e meu marido cooperava, dentro de suas possibilidades, no setor de datilografia das mensagens. Isso até a mudança do Dr. Waldo para o Rio de Janeiro, o que se verificou em 1966. Nossas humildes tarefas, porém, continuaram crescendo... Chico desincumbiu-se, com muita dedicação, de todos os trabalhos e encargos espirituais, tanto no plano do livro quanto no atendimento aos irmãos nas reuniões públicas, desdobrando-se muito mais. Sempre tivemos em Chico Xavier o carinho de pai. Não sabemos exprimir toda a gratidão de nossos corações por todo o bem que dele temos recebido" (*Ibidem*, p. 52).

Para Weaker Batista,

"Ninguém faz ideia de quanto Chico trabalha. Ele acha, por exemplo, que as pessoas não deveriam dormir, considera uma perda de tempo 'com tanta coisa boa que a gente tem para fazer'. Mesmo agora com a moléstia que o acometeu em fins de 76 – está com um processo anginoso – ele tem muita dificuldade para repousar, conforme a recomendação médica, porque está acostumado a dormir apenas duas horas por noite. No momento, ele começa a trabalhar cedo, por volta das 7 horas da manhã, senta-se à mesa, conversa um pouco e logo depois inicia a tarefa; às 11 horas vê o andamento da correspondência, observa se precisamos de alguma coisa, volta ao trabalho; ao meio-dia, vem novamente, almoçamos, ele toma os remédios – está com uns 12 medicamentos aconselhados pelos cardiologistas – descansa até 14 horas e reinicia depois com a mesma boa vontade. Eu nunca vi na minha vida ninguém trabalhar assim! Chico é muito dócil ao conselho dos médicos quanto aos medicamentos e tem consultas periódicas, principalmente, depois das duas crises que teve. Sua melhora foi espantosa, já não se nota o abatimento do princípio da doença. E ele continua firme na tarefa, porque nós notamos que a única tristeza que ele tem, algumas vezes, é de não poder servir ao próximo como ele desejaria" (Loc. cit., p. 52).

O biógrafo Luciano Napoleão, no livro *Nosso amigo Chico Xavier*, assim descreveu o cotidiano de Chico por ocasião de seus 50 anos de mediunidade com Jesus:

"Seu dia era muito atribulado, embora ele o considerasse comum e, até o ano passado, quando sua saúde se viu seriamente abalada com problemas

Uma das mais belas cenas de respeito pelas diferenças.
Logo após o beijo recebido, Chico Xavier retribuiu com outro beijo.
(Acervo: Grupo Espírita da Prece de Chico Xavier)

anginosos e das coronárias, fato esse que fez com que seu médico lhe 'intimasse' mais calma, seu ritmo de trabalho era assim: acordava às sete horas, iniciando, em seguida, os trabalhos com os amigos do plano espiritual, psicografando ou datilografando as mensagens recebidas, ou revendo páginas dos livros escritos pelos espíritos, sempre assistido por seu revisor Emmanuel. Ao meio-dia, fazia sua refeição, que é o trivial de todo o interior brasileiro, não tendo predileção por pratos, embora seja ótimo cozinheiro. Não tomava bebidas alcoólicas, gostava de doces e de um bom cafezinho. Não fumava, e nem dormia após o almoço. Somente descansava uns quarenta minutos. À tarde, cuidava de sua correspondência normal, respondendo a algumas das 200 cartas que recebia, em média, por dia. Como não tinha tempo de responder a todas, às vezes era criticado. Mas é necessário compreender que há muita diferença entre Chico e um cantor famoso; este possui secretária e a maioria dos fãs deseja somente uma foto. No seu caso, para cada carta recebida, precisava dar um conselho pessoal, o que só podia fazer de seu próprio punho – orientação que só ele podia dar. Aos domingos, dedicava-se, ainda, ao trabalho de responder às cartas mais íntimas. Não tomava lanches e, depois dos 40 anos aboliu o 'hábito' de jantar. Houve época em que os benfeitores lhe ensinaram que ele deveria comer para viver, mas, maliciosamente, diz que essa lição aprendeu 'devagarzinho'; também pudera, chegou a pesar quase 100 quilos e, ao que nos parece, não foi devido a nenhum distúrbio glandular, e sim a um distúrbio mandibular... Era um bom garfo! Às sextas e aos sábados, ficava em contato direto com o público, no Centro da Prece, onde permanecia até alta madrugada; hoje, devido ao seu estado de saúde, limitou os atendimentos. Aos sábados, depois das 15 horas, acompanhado de um grande grupo, iniciava a peregrinação em casas paupérrimas, onde, após pregação evangélica, distribuía pães e gêneros alimentícios aos pobres. À noite, uma vez por semana, participava de reuniões de desobsessão. Nas outras, sintonizava-se em contato com Emmanuel e outros espíritos para a feitura de novos livros mediúnicos, raramente dormindo antes das duas da madrugada, e seu sono, como já se pode notar, é o sono dos justos, de quem tem a consciência tranquila do dever cumprido. É um sono calmo, também povoado de sonhos. Raramente conseguia alguns dias de repouso, não che-

O autor no Grupo Espírita da Prece conversando com Chico Xavier.
(Acervo pessoal)

gando a 20 por ano. Quando viajava, na maioria das vezes sempre o fazia de ônibus. Ainda gosta de fazendas, de praias e o único esporte que praticava era a caminhada, verdadeiro adepto que era do 'método Cooper'" (COSTA E SILVA, 1997, p. 286-287).[11]

Com o tempo, em razão da saúde de Chico Xavier, as atividades no Grupo Espírita da Prece foram sofrendo algumas restrições. Sobre elas, o companheiro Weaker Batista assim se expressou:

> "Nossas atividades no Grupo Espírita da Prece, onde estamos, atualmente, sofreram, como é natural, algumas restrições do ponto de vista de horário. As reuniões de atendimento público às sextas-feiras iniciam-se às 16 horas e terminam às 22 horas, segundo conselho médico. Antes, você bem se recorda, iam até quatro ou cinco horas da manhã. Aos sábados, à tarde, fazemos o culto da assistência, com a leitura do Evangelho e a distribuição de alguns mimos aos nossos irmãos mais necessitados. Chico permanece conosco também nas reuniões de desobsessão" (REVISTA ESPÍRITA. 1977, p. 52).

Nessa época, além do Eurípedes, que já morava com o médium e colaborava nas atividades do Grupo Espírita da Prece, Chico Xavier esclarece, numa carta confidencial dirigida ao casal Galves, sobre a presença em sua vida do jovem Vivaldo da Cunha Borges,[12] que, inicialmente com a intenção de prestar vestibular para Medicina na cidade de

---

[11] COSTA E SILVA, 1997, p. 286-287.
[12] Vivaldo da Cunha Borges nasceu em 12/10/1947, na cidade mineira de Teófilo Otoni, e desencarnou em 20/03/2014, em sua residência, em Uberaba. Ao longo do tempo, referentemente à relação de estreita amizade entre Chico Xavier, Eurípedes e Vivaldo foi difundido serem eles "filhos do coração" do médium, contudo nenhuma adoção formal foi efetivada.

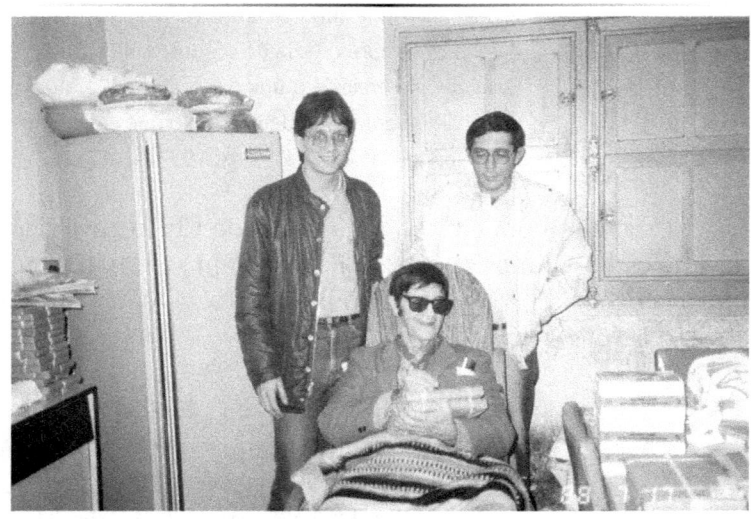

Geraldo Lemos Neto, Vivaldo da Cunha Borges e Chico Xavier em sua residência, em Uberaba. (Acervo: Casa de Chico Xavier)

Vivaldo da Cunha Borges, Enoe Coelho e Chico Xavier em sua residência, em Uberaba. (Acervo: Casa de Chico Xavier)

Uberaba, fica, a convite de Chico Xavier, hospedado em sua residência. Vivaldo foi aprovado, mas não continuou os estudos e se transformou em um grande colaborador de Chico nas tarefas doutrinárias, principalmente com a responsabilidade da organização de toda a psicografia produzida e diagramação das obras. Sobre sua atitude, Chico justificou:

> "Peço a vocês dois permissão para dizer-lhes que, em face das dificuldades que o Vivaldo vem encontrando para fazer o vestibular de Medicina, tomei a liberdade de ser-lhe útil, dentro de minhas reduzidas possibilidades em Uberaba, até que ele acerte a situação nos estudos, compreendendo-se que o vestibular se aproxima, de vez que será realizado em janeiro próximo. Não espero nada dessa aproximação senão o prazer de ser útil, satisfazendo o meu próprio coração que nele vê um amigo, mas extremamente jovem, com necessidade de se preparar ante o futuro (...) Pelo amor e respeito que dedico, espontaneamente, a vocês dois, comunico aos queridos Galves e Nena o que ocorre, porquanto não faltarão comentários e opiniões desencontradas em torno das atitudes que assumo, o que sucede comigo desde o começo de minhas pequenas tarefas mediúnicas, nas quais, em toda e qualquer resolução de minha parte, experimento o peso de julgamentos apressados e contraditórios" (GALVES, 2012, p. 263-264).[13]

No livro *Chico Xavier – Pequenas histórias: um grande homem*, Oswaldo Cordeiro afirmou que, certa feita, Chico

---

[13] GALVES, 2012, p. 263-264.

dissera a ele: *"O nosso Vivaldo entende tudo que o espírito de Emmanuel escreve"* (p. 185). E, por isso mesmo, ficou responsável pela diagramação de diversas obras psicografadas por Chico Xavier a partir de 1968.

Dentre os muitos casos contados por seus amigos e biógrafos, gostaria de destacar um contado por Chico a Marlene Nobre, e que nos faz refletir numa frase do espírito André Luiz, que diz que, muitas vezes, um aparente mal é um bem mal interpretado:

> "Procurado (...) por um companheiro de Catanduva, que lhe pedia consolo, pois perdera um filho a quem muito amava, Chico confortou-o muito, pedindo-lhe que não acatasse a ideia de suicídio,

Chico Xavier em sua casa, em Uberaba. Da esquerda para a direita, Márcia Baccelli, América Vianna, Chico Xavier, uma amiga, Nena e Francisco Galves, e Carlos Baccelli. Atrás, na porta, o autor e Enoe Coelho. (Do livro *100 anos de Chico Xavier – Fenômeno humano e mediúnico*, p. 126)

uma vez que esse gesto de rebeldia só iria adiar por tempo indefinido o reencontro. O médium explicou que Emmanuel, seu protetor, falava-lhe da desorientação em que ficam os parentes quando os entes queridos partem, esquecidos de que, agora, eles precisam muito mais de firmeza e do auxílio daqueles que ficaram. É a mesma coisa – diz ele – que ficar a pessoa querida pedindo auxílio no quarto e os pais a gritarem desesperadamente na sala. Não resolve. Nesses casos – esclareceu Chico – de desencarnação precoce, funciona a Misericórdia Divina, porque, às vezes, a criança não suportaria as provações que surgiriam mais tarde; regressando ao mundo espiritual, encontram, depois, forças para retomar a carne, em outras condições, mais fortes para a luta. Narrou, então, o caso ocorrido com um companheiro espírita do Rio de Janeiro, muito dedicado à divulgação da Doutrina, e que passou por prova bastante dolorosa. Uma de suas filhas, quando criança, foi desenganada pela Medicina terrena. Aflito, procurou, através da prece, o doutor Adolfo Bezerra de Menezes, de quem recebia sempre orientação no receituário espírita. O grande médico e benfeitor espiritual compareceu e o tarefeiro abriu-lhe o coração: queria que a filhinha continuasse no plano físico, pois ela era a luz dos seus olhos. Dr. Bezerra afirmou-lhe que estava mesmo assinado que a menina deveria partir. O pai insiste, pede a intercessão dele, Bezerra, junto à Mãe Santíssima, para que a criança tivesse (*sic*) permissão para ficar. O bondoso médico levou o pedido; depois de algumas horas, voltou com a resposta: 'A menina tem ordem para ficar, mas a responsabilidade do que suceder a ela será inteiramente sua'. Alegre e comovido, o pai agradeceu a bênção daquela dádiva. A menina curou-se. Os anos transcorreram-se sem novidade, a garota tornara-se moça e com a juventude passa a ter contato com um rapaz, colhendo amarguras e decepções desse conhecimento. Por não estar com o sistema nervoso suficientemente preparado para esse choque emocional, a moça, em plena sala de aula, toma formicida, vindo a falecer. Só, diante dessa tragédia, nosso amigo pôde avaliar a extensão de sua responsabilidade, assumida há tantos anos passados, ao pedir moratória para a filhinha do coração. Compreendeu, então, ante o choque tão grande, que a vontade dos espíritos era correta: sua filha deveria ter partido para voltar depois, mais fortalecida. Às vezes, em nosso egoísmo, queremos reter nossos filhos, quando o Plano Superior está afastando de nós males muito maiores do que a morte física" (REVISTA ESPÍRITA, 1977, p. 43).

Com o tempo, além das reuniões no Grupo, foi organizado, às quintas-feiras, às 17h30, um jantar para os irmãos mais carentes no refeitório chamado "Amigos Anônimos Chico Xavier", sendo que as atividades aos sábados foram mantidas até 2012, com a distribuição de cestas básicas uma vez por mês. Além do mais, com o centenário de nascimento de Chico em 2010, um encontro batizado de "Vivência Xavier" passou a ser realizado no agora Grupo Espírita da Prece de Chico Xavier, todas as sextas-feiras, com o objetivo de divulgar a vida e a obra do missionário do amor e da caridade.

No Grupo Espírita da Prece, uma instituição que passei a amar e admirar pela simplicidade, mas, sobretudo, pelos exemplos de compaixão e generosidade, recebi muitos ensinamentos de Chico Xavier – exemplos que permanecerão gravados eternamente em minha memória espiritual.

O autor com Carlos Baccelli no Grupo Espírita da Prece, em 2010.
(Acervo pessoal)

Para finalizar este capítulo, vou me apropriar das palavras de Dinorá Cândido Fabiano sobre Chico Xavier, compulsadas da *Revista Chico Xavier*:

> "Não há palavras para falar de Chico Xavier. Acompanhá-lo durante tantos anos foi um presente dos céus para mim. Tudo que sou devo a ele. Deus me premiou dando-me a oportunidade de andar lado a lado com ele. A sua vida é um livro aberto, não tenho nada a acrescentar, já escreveram quase tudo" (REVISTA CHICO XAVIER, 2012, p. 11).

*Sabia de sua vida cheia de
dificuldades, de sua paciência
dentro dessas dificuldades.*

Os problemas de saúde

"Um amigo se queixava ao Chico de seguidos proble-
mas de saúde e indagava-lhe se não havia um meio de
ser auxiliado pela Espiritualidade. Após breve silêncio,
Chico respondeu:
– Filho, os espíritos amigos estão me dizendo que há
um pedido seu anterior a esse... Antes de reencarnar,
com o objetivo de fugir ao perigo de uma queda espi-
ritual, você deixou um documento assinado na Vida
Maior, com testemunhas e tudo, pedindo exatamen-
te a situação que você está enfrentando... Você tem
méritos para que o documento seja revogado, mas os
espíritos que lhe endossaram o primeiro pedido não
vão endossar o segundo..."

Carlos Baccelli

Chico Xavier era um ser humano profundamente bem-humorado e de bem com a vida. Espalhava otimismo e esperança onde estivesse. Certa vez eu disse a ele que nós, seres humanos, quando ficamos com raiva, parecemos o personagem Hulk, e nos transformamos e adoecemos. Ele disse que não e completou afirmando que todos, sendo filhos de Deus, trazemos o gérmen da perfeição em cada um de nós, procurando destacar o lado bom das pessoas. Quanto à saúde, ele sempre foi muito cuidadoso em seguir as orientações médicas e costumava dizer: *"Tratei do corpo a vida inteira, mas, agora, estou sendo obrigado a tratar do esqueleto"*. E dava uma boa gargalhada.

A infância e a adolescência sofridas, as "perdas" sucessivas de familiares queridos, o processo movido pela família de Humberto de Campos, as acusações do sobrinho Amauri Pena, em Pedro Leopoldo, as perseguições da revista *O Cruzeiro*, o afastamento de Waldo Vieira dos compromissos assumidos e a idade que avançava foram fragilizando a saúde de Chico Xavier.[1] Afirmo, sem sombra de dúvidas, que Chico foi submetido a pressões de tal magnitude, tanto em Pedro Leopoldo quanto em Uberaba, que se fosse um de nós não teríamos suportado, mas enlouquecido.

E o coração não aguentou. No dia 12 de novembro de 1976, Chico teve um enfarte preocupante. A pesquisadora Marlene Nobre destaca uma das razões que muito teria contribuído para o aparecimento do problema:

> "Em dia de atendimento, em novembro de 1976, o médium psicografava, normalmente, no Grupo Espírita da Prece, as consultas da noite e as mensagens aos familiares, na sua tarefa de consolar e amparar os corações sofridos, como sempre fazia. Dentre as pessoas que ele havia entrevistado, antes da sessão mediúnica, estava uma senhora, que era brilhante professora universitária, e que se apresentou como candidata a receber mensagem do filho que tinha morrido recentemente. O doloroso caso resumia-

---

[1] No livro *100 anos de Chico Xavier – Fenômeno humano e mediúnico* (p. 309-313), o biógrafo Carlos Baccelli destaca também o episódio envolvendo a Federação Espírita do Estado de São Paulo (Feesp), Paulo Alves de Godoy, Jamil Salomão, Chico Xavier e o professor Herculano Pires. O fato aconteceu em 1974 e trouxe muitos dissabores ao médium. Sobre o assunto, ver também os livros *Na hora do testemunho*, de autoria do professor Herculano Pires e Chico Xavier (Paideia, 1978), e *Até sempre Chico Xavier*, de Nena Galves (CEU, 2008, p. 121-124).

-se no seguinte: o filho dela tinha se suicidado. E a razão do suicídio fora a intransigência dela e do marido, embora ela não o admitisse, é claro, enxergando o doloroso acontecimento com o prisma dos seus olhos. O fato é que o filho chegara todo entusiasmado em casa, afirmando que ia entrar para um convento, porque queria ser padre. Ela e o marido opuseram-se, imediatamente, e de forma violenta, dizendo que não iriam admitir semelhante absurdo. Ambos eram materialistas, comunistas, e ocupavam cargos de destaque na vida universitária do país. Diante da reação violenta dos pais, o jovem entrou para o seu quarto e tirou a própria vida. Ela viera a Uberaba para receber a mensagem do filho. Ocorre que, ao término da sessão, não havia mensagem alguma para ela. Os motivos, todos nós, que

Chico Xavier com Maria Philomena Aluotto Berutto (D. Neném), presidente da UEM. (Acervo: Casa de Chico Xavier)

temos certa informação sobre o mundo espiritual, sabemos: o menino não teria nenhuma condição para escrever. Mas é preciso humildade para entender que o telefone toca de lá para cá e é preciso humildade para submeter-se aos desígnios de Deus. Mas o fato é que essa senhora não tinha esse preparo e, em voz alta, após a sessão, destratou o médium de forma cruel. Afirmou que ele estava ali a serviço tão-somente das pessoas ricas e poderosas, era interesseiro, bajulador e outros adjetivos impróprios, por isso não recebera a mensagem do filho dela. Chico não reagiu, manteve-se silencioso e calmo, mas foi para casa, de certa forma, combalido, e naquela madrugada teve um enfarto agudo do miocárdio" (NOBRE, 2014, p. 289-290).[2]

Com toda essa pressão interna e externa, e como sempre foi muito previdente, Chico Xavier resolveu escrever uma declaração testamentária, que se encontra no livro *Chico Xavier – Luz em nossas vidas*, de autoria de Nena Galves, que reproduz quase que integralmente o referido documento (o item 8 foi publicado em parte) escrito em 23 de novembro de 1976, em Uberaba, perante as seguintes testemunhas: Francisco Galves, Weaker Batista, Zilda da Costa Batista, Fúlvio Márcio Fontoura e Ivone Costa Nunes Fontoura:

"Achando-me em tratamento com o Dr. Sylvio Pontes Prata, distinto cardiologista nesta cidade de

---

[2] NOBRE, 2014, p. 289-290. Importante destacar que Chico Xavier sempre respeitou e seguiu à risca as prescrições médicas. Além do seu sobrinho, o cardiologista Dr. José Geraldo Ferreira Gonçalves, que o acompanhou por muitos anos, o Dr. Eurípedes Tahan Vieira também o acompanhou por mais de 26 anos. Segundo ele, Chico já havia sofrido, à época, dois enfartes, e se tratava de insuficiência de oxigenação do coração por problema vascular do próprio órgão (*Angina Pectoris*). Outros médicos, amigos de Chico, também o ajudaram em sua caminhada.

Uberaba, que me assiste desde 1964, e, reconhe-cendo-me presentemente portador de insuficiência coronariana de caráter grave, conforme as observa-ções eletrocardiográficas, inspeções periódicas do mencionado amigo e médico e, ainda, de acordo com as minhas próprias impressões, quanto ao meu estado orgânico, quero declarar, em pleno uso de meu livre-arbítrio, neste documento, que estará com firmas reconhecidas e devidamente testemu-nhado para qualquer execução de dispositivos le-gais, os meus desejos aqui expressos com relação a providências de que venha a necessitar, em caso de tratamento, quando, porventura, não consiga ex-primir por mim mesmo as minhas vontades, e ain-da em caso de meu falecimento, segundo os itens seguintes: 1- Desejo prosseguir com o meu trata-mento sob a assistência do Dr. Sylvio Pontes Prata e sua equipe de assessores, em qualquer circuns-tância. 2- Peço para que meu tratamento, em qual-quer fase, se faça com a minha permanência no recinto doméstico da casa de minha propriedade, à rua D. Pedro I, n. 145, nesta cidade de Uberaba, sem nenhuma internação hospitalar, seja qual seja a posição orgânica em que me encontre. 3- Tendo ultrapassado os sessenta e cinco janeiros de idade, com meio século de atividade intensa, em serviço mediúnico, além dos períodos de tempo do meu trabalho profissional que excedeu a quota de qua-renta anos consecutivos, recuso qualquer tratamen-to cirúrgico de meu tórax, até mesmo as massagens modernas para reativação do músculo cardíaco, in-clusive aplicações de cateterismo e quaisquer pro-vidências para a chamada desfibrilação, desejando, em caso de meu falecimento, que isso ocorra em meu próprio leito, dentro de meu ambiente doméstico, sob as medidas unicamente clínicas do Dr. Sylvio Pontes Prata e de seus assessores em cardiologia. 4- Recuso qualquer medida tendente a me situar em qualquer Unidade de Terapia Intensiva (UTI), em qualquer hospital ou casa de saúde. 5- Peço para que os meus familiares e amigos não me transfiram para Pedro Leopoldo, Minas, cidade de meu nascimento, em toda e qualquer fase de tratamento de que venha a necessitar, já que tenho o meu programa de tratamento nesta cidade de Uberaba. 6- Rogo ao meu particular amigo Dr. Eurípedes Humberto Higino dos Reis, naturalmente como peço também aos meus familiares, para que todas as medidas aconselhadas por meu cardiologista Dr. Sylvio Pontes Prata, em torno do meu leito, quando, porventura, me veja em tratamento grave, sem possibilidades de me expressar pessoalmente, sejam mantidas com a disciplina necessária, evitando-se manifestações inconvenientes, conquanto sinceras, ou improvisando-se os meios precisos para que não me falte a tranquilidade possível para o meu necessário recolhimento espiritual. 7- Na hipótese de se agravar o meu estado orgânico, sem que possa, de minha parte, exprimir as minhas vontades, ou ocorrendo o meu falecimento, peço ao amigo Dr. Eurípedes Humberto Higino dos Reis solicitar ao nosso querido companheiro de lar e trabalho, Vivaldo da Cunha Borges, que é nosso dedicado organizador, diagramador, datilógrafo e arquivista dos livros e mensagens mediúnicas produzidas por meu intermédio, não permitir a intromissão, mesmo afetiva, no arquivo de páginas mediúnicas ou nos livros em formação, em seu poder, encarregando-se Dr. Eurípedes Humberto Higino dos Reis de garantir ao nosso Vivaldo da Cunha Borges a tarefa de verificar todo o material que ainda não consta de livros já publicados, no critério eficiente de seleção que o nosso amigo Vivaldo da Cunha Borges constantemente revela em seu carinhoso devotamento na formação dos livros mediúnicos, por meu intermédio, efetuando a datilografia de todo o material inédito em livros (não o que conste de publicações avulsas), e entregando todo este material ao Instituto de Divulgação André Luiz S/C Ltda., sediado na capital de São Paulo, ao qual faço a doação de todo o material referido para a divulgação dos nossos princípios espíritas-cristãos. 8- Em acaso de meu falecimento em Uberaba, rogo ao Dr. Eurípedes Humberto Higino dos Reis a ..." (GALVES, 2012, p. 287-289).[3]

Em 23 de maio de 1988, parte do item 7 e integralmente o item 8 foram modificados pelo próprio Chico, ficando a redação da seguinte forma:

"Eu, Francisco Cândido Xavier, brasileiro, solteiro, maior, funcionário público aposentado, residente e domiciliado nesta cidade de Uberaba, à Rua D. Pedro I, n. 145, no bairro Parque das Américas, de minha livre e espontânea vontade, resolvi alterar em parte meu testamento particular e disposição de última vontade, feito sob forma de declaração por mim firmada em 23 de novembro de 1976, perante as testemunhas Francisco Galves, Weaker Batista, Zilda Costa Batista, Fúlvio Márcio Fontoura e Ivo-

---

[3] GALVES, 2012, p. 287-289.

ne Costa Nunes Fontoura, declaração esta em dez laudas escritas de meu próprio punho e por mim assinada, feita em total observância do disposto no Artigo 1.645 do Código Civil Brasileiro. Assim, pelo presente instrumento e na melhor forma de direito, desejo e venho alterar, em parte, o disposto no item 7 (sete) e, em sua totalidade, o disposto no item 8 (oito) daquele meu testamento, para que prevaleça, para todos os efeitos, as seguintes disposições: 1º) – com relação ao item 7 (sete), para determinar que o material ali referido e selecionado na forma lá estabelecida, seja entregue não ao Instituto de Divulgação Editora André Luiz S/C Ltda., conforme consta naquele instrumento, mas sim ao Sr. Vivaldo da Cunha Borges, inclusive mensagens, páginas isoladas, livros não terminados ou livros prontos ainda não compromissados com as minhas doações de direitos autorais às editoras com as quais me relaciono, documentos alusivos às minhas atividades lítero-espirituais e todos os pertences domésticos e aparelhos outros que sejam de minha propriedade e que compõem o interior da residência do Sr. Vivaldo da Cunha Borges com todos os livros e publicações que lá existam. Além deste enunciado, recomendo ainda ao Dr. Eurípedes Humberto Higino dos Reis providenciar a incineração de toda a minha correspondência pessoal, evitando interpretações tendenciosas, suscetíveis de surgir na imprensa menos responsável. 2º) Com relação ao item 8 (oito) desejo agora estabelecer que o meu corpo seja sepultado nesta cidade de Uberaba, no cemitério local, no jazido de número 623, da Quadra "O", já adquirido pelo Dr. Eurípedes Humberto Higino dos Reis. É esta a minha vontade, que peço seja em tudo observada. Em cumprimento às exigências legais, faço a leitura deste instrumento perante as testemunhas Sr. Francisco Galves, Weaker Batista, Zilda da Costa Batista, Fúlvio Márcio Fontoura e Ivone Costa Nunes Fontoura, todos residentes nesta cidade, com exceção do primeiro que reside em São Paulo, com elas assinando este meu testamento e disposição de última vontade, que possa constituir como declaração primitiva um todo único e indivisível, para os efeitos legais" (*Ibidem*, p. 290-291).[4]

Era preciso tirar o "pé do acelerador". Isso gerou muitas incompreensões e reclamações da parte daqueles que, certos de que o médium tinha a obrigação de atender a todos, diariamente acorriam a Uberaba. Como sempre foi extremamente bem-humorado, Chico costumava dizer que com o tempo passou a residir com duas senhoras muito exigentes:

"Não me casei, mas, em compensação, duas senhoras vieram morar comigo. Uma delas chegou quando eu era mais moço – Dona Catarata –, e desde essa época não mais me deixou. A outra veio mais recentemente, é Dona Angina. É mais exigente, de trato mais difícil. E eu tenho que me render às exigências das duas senhoras, sob pena de sofrer muito nas mãos delas" (REVISTA ESPÍRITA, 1977, p. 43-44).

Em uma determinada ocasião, Chico Xavier, passando por um desconforto muito grande no olho, rogou, numa

---

[4] GALVES, 2012, p. 290-291.

prece espirituosa, a intervenção do espírito Dr. Bezerra de Menezes para que pudesse aliviar a dor que sentia:

> "'Dr. Bezerra,' – contou-nos a maneira com que pedia a intercessão do venerável benfeitor – 'o senhor me valha! O meu olho está doendo muito! Eu não aguento mais!... Sei que não mereço, mas eu estou pedindo... Eu não estou pedindo isso ao senhor como um ser humano, que eu sei que não sou, mas como um animal!... O senhor, por favor, me socorra!'
> Aparecendo-lhe à visão mediúnica, o Dr. Bezerra, certamente contendo o riso, perguntou-lhe: 'Se você está me pedindo isso como um animal, e não como um ser humano, o que você acha que sou?' Embora a dor intensa, Chico lhe respondeu: 'Ah, Dr. Bezerra, o senhor é um veterinário de Deus!...'" (BACCELLI, 2011, p. 159).[5]

Com seu bom humor, Chico recorria às metáforas e analogias para justificar as limitações impostas pela vida:

> "Eu sempre dispus de um companheiro que me auxiliou nos momentos difíceis da vida. Mas esse amigo mudou bastante. Se quero sentar, ele quer a cama, se eu me levanto, ele quer sentar, se quero ir a algum lugar, ele tem dificuldades em me acompanhar. Ele quer a cadeira de balanço. E eu lutando com esse amigo. Esse amigo alterado é o meu corpo" (SOUTO MAIOR, 2003, p. 246).[6]

---

[5] BACCELLI, 2011, p. 159.
[6] SOUTO MAIOR, 2003, p. 246.

Em uma carta, enviada a mim em 17 de fevereiro de 1989, Chico solicitou que adiássemos nossa visita a Uberaba, com receio de contaminar-nos com um vírus desconhecido. Meu filho Gabriel Marques contava, à época, dois anos:

"Tenho recebido as suas notícias e agradeço a você por toda a sua bondade. Hoje, escrevo a você explicando a minha verdadeira situação de saúde. É assunto só para nós e para os íntimos para evitar alarmes desnecessários. Explico-me. Em julho do ano passado, adquiri uma pneumonia que me colocou quarenta dias de cama. Logo que melhorei me apareceu uma grande infecção renal, que me exigiu um pesado tratamento antibiótico, utilizando-se a injeção Novamin, que é muito dolorosa. Melhorando da infecção, minhas articulações acusaram muitas alterações, dificultando-me os movimentos. Comecei a andar dificilmente, estado em que me vejo até hoje. Com o auxílio do Dr. Bezerra de Menezes, e de outros amigos espirituais, eles (*sic*) me recomendaram solicitar dos médicos amigos uma pesquisa minuciosa e descobriu-se que fui atacado por um 'vírus' resistente e contagioso, ainda não classificado. Alimento-me razoavelmente bem, mas os médicos me proibiram dar a mão aos amigos, especialmente às crianças, para evitar o contágio, e continuo em tratamento diário, mas procuro agir cuidadosamente. De dois meses para cá, vou às reuniões do nosso grupo somente aos sábados, mas não posso cumprimentar os irmãos de trabalho e de fé, qual sempre fiz. Devo voltar para casa logo no encerramento da reunião e evito o contato com crianças a benefício delas mesmas. O 'vírus' referido tem resistido a todos os tratamentos,

Telegrama enviado por Chico Xavier por ocasião do nascimento de
meu filho Gabriel. (Acervo pessoal)

Chico Xavier com Renata, minha esposa, e meu filho Gabriel Marques,
em Uberaba. (Acervo pessoal)

mas não se ampliou de área e tenho a esperança de que em breve estarei livre. Ele persiste porque me achou com menor resistência, em razão de minha idade avançada, mas continuamos a combatê-lo. Estou explicando isso a você não para preocupá-lo, mas para dizer que é aconselhável que você, Renata e Arlete adiem a viagem para cá por mais algum tempo, até que essa 'carga virótica' de que sou portador desapareça. Penso no Gabriel, que poderia, através de vocês, receber alguma contaminação e não me perdoaria se não escrevesse a você, contando o que ocorre para evitarmos problemas desagradáveis. Rever vocês e abraçá-los será, para mim, uma grande alegria, mas devemos enfrentar os fatos com realidade. Estou melhorando, porque não pio-

Dinorá e Netinho conduzindo Chico Xavier para sua residência
depois da reunião no Grupo Espírita da Prece.
(Acervo pessoal)

rei, mas considero importante que vocês venham quando tenha tido alta dos médicos, a fim de receber os amigos" (CARTA de 17/02/1989).

Segundo Marlene Nobre, nesse período os atendimentos feitos por Chico já não eram tão regulares, pois dependiam das suas condições físicas:

> "Chico Xavier obedecia a rígido esquema para o corpo e para a mente; horário certo para os remédios (e eram muitos); disciplina alimentar rigorosa, naquele momento ingeria 200 gramas de alimento, abstendo-se do café, de longe a sua bebida preferida; falava pouco, porque a voz já não lhe era fácil, em decorrência da própria moléstia, e ele precisava de muito esforço para ler as mensagens no final das reuniões das sextas-feiras e dos sábados" (NOBRE, 2014, p. 292).[7]

Entre um atendimento e outro, pude acompanhar algumas vezes seu sofrimento para continuar atendendo a todos com a mesma disposição e alegria. Em razão da sudorese abundante e das mãos muito frias, pelo esforço despendido para cumprimentar as pessoas, pausava a tarefa por um tempo e ingeria alguma coisa ou, se necessário, quando as dores no peito eram muito fortes aplicavam-lhe um pano com álcool no tórax e nas costas para aliviar o desconforto. Pela sua determinação e força de vontade, não podia parar e esperava alcançar a meta imposta para os livros psicografados. Seu benfeitor Emmanuel costumava dizer: *"A dor é sua, o sorriso é dos outros"*.

---

[7] NOBRE, 20014, p. 292.

Quando estávamos em sua casa, era comum o Chico mandar chamar o Eurípedes usando uma conhecida expressão: *"Está na hora da injeção"*. Significava dizer que ele precisava repousar e descansar, e que tínhamos que nos retirar. Confesso que se ele não falasse nada, ficaríamos, egoisticamente, e por muito tempo, em sua companhia. Aliás, é preciso ressaltar que o Chico utilizava outras curiosas expressões para se comunicar com as pessoas, sobretudo quando os assuntos a serem tratados eram mais delicados e pessoais.

Quando o apresentador Gugu Liberato, do Sistema Brasileiro de Televisão (SBT), esteve em Uberaba em 1995 e entrevistou Chico Xavier sobre a sua saúde, este respondeu:

> "Não posso dizer que tenho uma saúde ótima, pois os 85 anos pesam no corpo e não me permitem o mesmo vigor dos 30, 40 anos. Mas, embora com as pernas paralisadas e o coração sofrido por uma série de perturbações cardíacas, me sinto entusiasmado, tranquilo, alegre como um trabalhador que um dia recebeu a missão de entregar um recado. Cumpri minha obrigação e estou tranquilo, esperando que o grande Pai dê a palavra do que devo fazer agora. Aos 85 anos, é muito difícil estar com a mesma atividade entusiástica de antes. Tenho que ter uma vida tranquila, porque o coração grita aos excessos. Mas não tenho do que me queixar. Preciso manter meu corpo protegido de grandes esforços, mas quanto à minha formação espiritual estou satisfeito" (*Ibidem*, p. 394).[8]

Em 4 de novembro de 1995, já com os seus 85 anos, Chico Xavier assim se expressou, em outra carta enviada a nós, sobre a sua saúde:

---

[8] *Ibidem*, p. 394.

"Minha saúde está na balança de Deus. Num dos pratos está meu corpo desgastado, vivendo na base dos medicamentos, e no outro prato está a minha e nossa fé em Deus. Com a fé em Deus, seguimos em frente, tocando o barco. É uma alegria pensar que tudo é e será como Deus quiser. Continuo com as pernas paralisadas, o médico me proíbe (sic) receber visitas, com exceção de apenas uma noite por semana, não posso falar em voz alta e nem posso sair do regime de uma refeição única num dia, mas posso orar e confiar em Jesus. Isso me basta para me sentir forte e tranquilo. Saudades de Pedro Leopoldo, da família e de todos vocês, os bons amigos daí são sempre muitos, mas como estou em regime geral de tudo, compreendo que as saudades geralmente precisam estar sob controle. Se é preciso viver com disciplina, sejamos disciplinados. Confiando em Deus, tudo para nós estará bem" (CARTA DE 04/11/1995).

Sobre os supostos privilégios que muitos disseram ter Chico Xavier, recorro a um caso que aconteceu com o próprio médium na companhia do casal Nena e Francisco Galves:

"Paramos na Livraria Espírita Boa Nova, à Rua Aurora, 706, aqui em São Paulo, quando um confrade se aproximou de nós e perguntou ao conhecido médium:
– O senhor é mesmo o Chico Xavier?
– Sim, sou um seu criado – respondeu o Chico.
O homem deu-lhe um forte abraço e exclamou:
– Dizem que o senhor está completando neste ano cinquenta anos de mediunidade ininterrupta, e também completando cento e cinquenta livros me-

diúnicos. Isso é verdade?

– É verdade.

– Ah! Mas o senhor então é um privilegiado dos Céus! – falou o homem com muito entusiasmo. – Diga-me, Chico, quais são os seus privilégios perante os Céus?...

Chico informou, muito calmamente:

– Meu amigo, eu não sei quais são os meus privilégios perante os Céus, porque fiquei órfão de mãe aos cinco anos de idade, fui entregue à proteção de uma senhora que durante quase dois anos, graças a Deus, me favorecia com três surras de vara de marmelo por dia. Empreguei-me numa fábrica de tecidos aos oito anos de idade e nela trabalhei quatro anos seguidos à noite, estudando na escola primária durante o dia. Não podendo continuar na fábrica, empreguei-me como auxiliar de cozinha, balcão e porta, num pequeno empório, durante mais quatro anos, em seguida empreguei-me numa repartição do Ministério de Agricultura, na qual trabalhei trinta e dois anos, começando da limpeza da repartição até chegar a escriturário, quando me aposentei; em criança, sofri moléstia de pele, fui operado no calcanhar, onde me cresceu um grande tumor, sofri dos doze aos quinze anos de Coreia ou 'Mal de São Guido', fui operado em 1951 de uma hérnia estrangulada, acompanhei a desencarnação de irmãos que me eram particularmente queridos em família; sofri um processo público em 1944, de muitos lances difíceis e amargos, por causa das mensagens do grande escritor Humberto de Campos; em 1958, passei por escandalosa perseguição com muitos noticiários infelizes da imprensa, perseguição de tal modo intensa que me obrigou a sair do campo reconfortante da vida familiar em Pedro Leopoldo, onde nasci, transferindo-me para Uberaba, em 1959, para que houvesse tranquilidade para os meus familiares que não tinham culpa de eu haver nascido médium; em 1968, fui internado no Hospital Santa Helena aqui, em São Paulo, para ser operado numa cirurgia de muita gravidade e agora, no princípio deste ano do cinquentenário de minhas pobres faculdades mediúnicas, agravou-se em mim um processo de angina, que começou em novembro do ano passado... angina essa com a qual estou lutando muito...

(...)

Se tenho privilégios, como o senhor imagina, devo ter esses privilégios sem saber" (REVISTA ESPÍRITA, 1977, p. 56-58).

A amiga Nena Galves disse que quando Chico foi operado da próstata e operado novamente de hérnia no Hospital Santa Helena, em São Paulo, pelos médicos Dr. Oswaldo de Castro, Dr. Américo Zoppi e Dr. Levi de Almeida, houve um episódio interessante ocorrido no hospital:

"Chico estava recém-operado e os pedidos dos amigos e funcionários do hospital eram muitos, todos queriam vê-lo. Mas os médicos acharam por bem impedir as visitas para seu mais rápido restabelecimento. Mais tarde, poucos dias antes de sua saída do hospital, Chico recebeu vários amigos. E a alegria foi muito grande! Entretanto, com a sua sensibilidade mediúnica, Chico deve ter captado a tristeza de todos os funcionários, enfermeiras, cozinheiras, copeiros, enfim, todos os que haviam servido no anonimato, com carinho, durante muitos dias, sem ter acesso ao seu quarto. Um dia, antes de sua saída (...), Chico pediu ao Galves que adquirisse dez dúzias de cravos coloridos. Recebendo as flores, saiu de seu quarto, amparado pelos amigos Susana Maia Mousinho e Galves, dirigindo-se à portaria, à secretaria, à cozinha e à enfermaria, enfim, a todas as dependências onde estavam seus amigos anônimos, e agradecendo tudo quanto eles tinham feito por ele distribuiu cravos, abraços e palavras de esperança e fé a todos. Voltou ao leito com lágrimas nos olhos e o coração agradecido. Os corredores e demais dependências por onde Chico havia passado permaneceram perfumados com o sublime aroma que os espíritos distribuíram através dele (...) Quando o Chico estava inconsciente e impossibilitado de se movimentar, que os espíritos perfumavam roupas, travesseiros, água deixada no copo, enfim todo o ambiente que o cercava. Quando orávamos em seu favor, as rajadas de perfume que recebíamos constituíam a mensagem silenciosa dos espíritos amigos nos assegurando que eles se manifestavam através do médium" (REVISTA ESPÍRITA, 1977, p. 53).

O biógrafo Carlos Baccelli acrescenta que essa cirurgia a que o Chico foi submetido revelou, ainda mais, sua sensibilidade e grandeza espiritual. Entretanto, com o avanço da idade, os problemas de saúde foram aumentando consideravelmente. Embora quase cego e paralítico, e proibido pelos médicos de prosseguir com os atendimentos fraternos, seguia com a sua tarefa, ainda que de forma reduzida.

Falando, portanto, sobre a sua saúde, em uma entrevista dada à Hebe Camargo em dezembro de 1985, Chico Xavier, com todo o seu bom humor, disse que estava como um relógio que ficou estragado, no qual os ponteiros estavam um tanto desorientados, mas que continuava trabalhando. E muito emocionado, contou o caso de Valéria, uma de suas assistidas de Pedro Leopoldo, emocionando a todos os presentes:

"Por volta de 1953, até 1959, quando mudamos para Uberaba, nós sempre, desde muitos anos, fazíamos assistência. Uma assistência carinhosa de levar uma oração ou uma expressão de fraternidade a doentes e necessitados, quando uma senhora nos pediu para visitar a irmã dela, que tinha se tornado hemiplégica e muda. A moça tinha uns 40 anos e chamava-se Valéria. Então fomos pela primeira vez. Nós fazíamos sempre aos sábados. Então íamos visitar Valéria e levávamos um pedaço de bolo e algumas balas, isso que se dá a uma criança, porque a gente não podia fazer mais. Mas visitávamos Valéria com muito carinho e eram diversas casas, e Valéria estava em uma delas. A irmã dela chamava-se Dona Laura. A casa se erguia num lugar onde, em Pedro Leopoldo, se construiu o recinto das exposições pecuárias. Eu estou explicando porque alguém na minha cidade poderá perguntar onde estava essa casa. Estava num lugar onde está hoje o recinto das exposições pecuárias. Então, todos os sábados, durante uns seis anos, visitávamos Valéria e levávamos uma prece, e ela guardava um pedaço de bolo debaixo do travesseiro e a irmã dela, a dona da casa, muito distinta, muito amiga, nos recebia com muito carinho. Em um sábado, eu fazia a prece, no outro sábado, outro amigo fazia a prece, no outro uma senhora fazia a prece, e assim estávamos a uns seis anos quando Valéria foi acometida por uma gripe pneumônica muito séria e Dona Laura chamou o médico e o médico avisou que ela estava às portas de uma pneumonia e a pneumonia se manifestou. Nós chegamos no sábado e ela estava muito abatida, e todas as vezes que nós íamos eu falava:

– Valéria, agora você fala Deus.

E ela lutava muito para falar, porque ela entendia tudo, mas não conseguia.

Eu falava assim:

– Fala Jesus, Valéria.

Ela fazia força, mas a língua enrolava e ela não conseguia. Mas isso se repetiu durante mais de seis anos. Mas nesse sábado de pneumonia eu falei com Dona Laura que ela estava com febre muito alta e perguntei o que disse o médico. Ela disse que 'o médico estava tratando e já deu esses antibióticos, sendo que ela está bem medicada'. Então passamos a vir (sic) todos os dias e ela sempre piorando. Então, no último sábado, depois que fizemos a prece, falei:

– Valéria, fala Jesus, fala Deus.

E ela não falava. Eu falei à Valéria que Jesus andou no mundo, curou tanta gente! Tantos lhes buscavam nas estradas, na casa onde ele permanecia e pedia a ele a graça da melhora, da cura, e foram curados.

– Lembra-se de Jesus andando, e você caminhando, embora você não esteja caminhando há tantos anos... Lembre de você caminhando e chegando aos pés dele e dizendo: Jesus..., ô Jesus!...

E Valéria então disse:

– Zozuzo... Zozuzo.

E eu falei:

– Meu Deus, mas que alegria! Valéria falou o nome

de Jesus! Mas que coisa maravilhosa, Dona Laura, vem cá para a senhora ver!

Ela com muita febre, mas ficou satisfeita.

E Valéria repetiu:

– Zozuzo... Zozuzo...

Eu não me esqueço daquele nome, vibrando em meus ouvidos.

– Eu falei que ela vai melhorar! Ela tá falando Jesus, Dona Laura! – nós todos muito alegres. Ela sorrindo, mas desinteressada do bolo que tínhamos levado. A febre muito alta... e falei para Valéria repetir.

– Eu estou tão feliz em ver você falando o nome de Jesus! Fala Jesus.

E ela falou:

– Zozuzo... Zozuzo...

– Jesus está dando todas as forças.

Aí saímos, dizendo que 'se Deus quiser ela estará muito melhor'. Mas no outro dia, chegou a notícia, através de Dona Laura, que Valéria tinha falecido pela manhã, tinha desencarnado, e fomos para lá.

Sua partida nos comoveu muito. Sofremos bastante, porque ela era muito querida. Ela era uma criatura que não falava, mas ela tinha gestos extraordinários.

Mas os anos rolaram. Os anos passaram, e eu mudei para Uberaba.

Em 1976, eu fui vítima de um enfarte, um enfarte que me levou ao médico, que me hospitalizou em casa, e ele disse assim:

– Você pode conturbar o ambiente do hospital com visitas. É melhor você ficar hospitalizado em casa. A porta do quarto ficará com acesso apenas a essa senhora, que é enfermeira. A senhora que está conosco se chama Dona Dinorá Fabiano.

Então Dona Dinorá era a única pessoa que entrava e tive que ficar vinte dias, mais ou menos, imóvel. Eu fiquei, mas isso não impedia que os espíritos me visitassem. Então muitos amigos desencarnados de Pedro Leopoldo e de Uberaba entravam à tarde, ou à noite, e eu conversava em voz alta. E eu falei com Dona Dinorá para que quando ela 'me encontrar falando sozinho para não se impressionar, porque eu estou conversando com alguém' e ela disse que compreendia e ficou naquilo.

E em uma tarde, entrou uma moça muito bonita no quarto e ficou perto da cama. Eu falei que ela podia fazer o favor de sentar-se. Mas falei em voz alta e ela falou assim:

– Você não está me conhecendo?

E eu falei que ela deveria me perdoar, pois tinha andado doente com problema circulatório e que estava com a memória estragada. E que não estava me lembrando. Era uma desculpa, porque eu não estava reconhecendo mesmo.

Então ela falou assim:

– Nós somos amigos, e eu quero tão bem a você!!!

Era uma moça morena, muito bonita.

Aí eu falei:

– Olha, eu não posso, assim de momento, fazer muito esforço de memória, porque o médico me recomendou repouso mental, mas a senhora faz o favor de dizer o seu nome.

Ela falou assim:

– Não. Eu não vou dizer. Quero ver se você lembra. Sou uma das suas amizades de Pedro Leopoldo.

E eu falei assim:

– Então a senhora pode falar, se a senhora falar Maria ou Alice... eu conheço tantas!... Então fala o sobrenome da família, porque pela família eu vou saber.

E ela falou assim:

– Não, eu não vou falar. Vou falar um nome só. Quando eu falar, você vai lembrar quem é que eu sou.

Eu falei então:

– Então a senhora fala o nome que a senhora quer falar.

E ela foi e falou assim:

– Zozuzo... Zozuzo...

Aí eu falei:

– Ah, meu Deus! É Valéria!!! Como você está bonita, eu não mereço a sua visita!!!

E ela respondeu:

– Mas eu vim lembrar de nossos sábados, de que nos orávamos tanto! Eu lembrei da última palavra e vim te trazer confiança em Jesus!

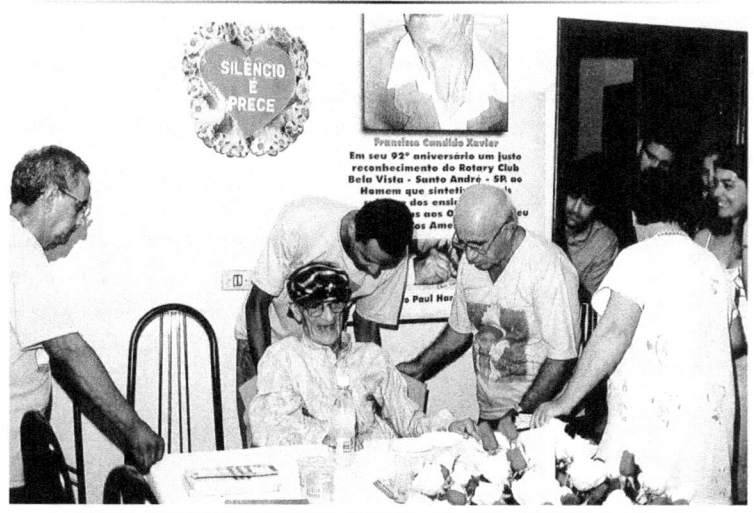

Chico Xavier participando de uma de suas últimas reuniões no Grupo Espírita da Prece, sendo auxiliado pelo enfermeiro Sidnei Pereira.
(Acervo: Grupo Espírita da Prece de Chico Xavier)

Ela colocou a mão em meu peito e a dor desapareceu. Eu acho que o nome de Jesus é tão grande, mas é tão grande, que remove nossos obstáculos orgânicos. Eu estou com uma angina como sendo uma herança do enfarto, mas uma angina muito bem controlada. Eu sigo as instruções médicas, as instruções dos amigos espirituais. Abstenho-me de tudo aquilo que eu não posso usufruir. De modo que, graças a Deus, eu estou, vamos dizer, eu estou doente, mas estou são (risos)" (GRAVAÇÃO na voz de Chico Xavier).[9]

Em função da idade avançada, e limitado em seu deslocamento, por alguns anos Chico suspendeu o trabalho de psicografia no Grupo Espírita da Prece e passou a receber as pessoas aos sábados, sempre que possível, em sua própria casa. O incansável médium não parava e nem cogitava de qualquer tipo de "aposentadoria espírita".

Em 1995, Chico Xavier foi acometido de outra grave infecção pulmonar, que o deixou com muitas dificuldades para caminhar e numa cadeira de rodas. No entanto, a vontade de viver era tão gigantesca que ele permaneceu trabalhando no limite de suas forças físicas, desencarnando, silenciosamente, no dia 30 de junho de 2002, devido a uma parada cardíaca. O seu próprio benfeitor espiritual Emmanuel costumava brincar com ele dizendo que era melhor trabalhar com um "burro velho e doente", que já conhece o sistema de serviço, do que trabalhar com um "burro novo", capaz de quebrar a carroça, dando coices de todos os lados e complicar o serviço.

---

[9] O caso relatado por Chico Xavier foi transcrito, *ipsis literis*, de uma gravação na própria voz do médium em CD, constante do acervo da Casa de Chico Xavier de Pedro Leopoldo. Contudo podemos encontrá-lo também reproduzido no livro *Até sempre Chico Xavier*, de Nena Galves, p. 177-180 (CEU, 2008).

Estou pouco ligando para esse negócio de divagações. Eu quero é colorir minhas histórias com as cores de meus sonhos.

Aspectos do trabalho social de Chico Xavier

"(...) a cobertura de um centro espírita é o estudo e a caridade."

Chico Xavier

"Quando iniciei minha pesquisa sobre Chico, tinha uma tese pronta e acabada sobre as campanhas de doações promovidas por ele: assistencialismo.

'Você não deve dar o peixe. Deve ensinar a pessoa a pescar.' Eu dizia frases como essa – dos tempos de estudante – sem conhecer ainda um argumento repetido por Madre Tereza de Calcutá enquanto se dedicava à caridade: 'Muita gente não tem força para segurar a vara de pesca'.

Chico recorria a uma pergunta-chave para defender doações e outros paliativos: 'Se uma casa está pegando fogo do nosso lado, nós cruzamos os braços e esperamos pela chegada dos bombeiros ou ajudamos com alguns baldes de água?'" (SOUTO MAIOR, 2005, p. 37-38).[1]

---

[1] SOUTO MAIOR, 2005, p. 37-38.

Chico Xavier exerceu suas atividades ocupacionais por 41 anos. Cuidou, conforme havia prometido à sua "boadrasta" Cidália Batista Xavier, dos seus seis irmãos do segundo casamento, assumindo, praticamente, o papel de pai e de mãe. Psicografou inúmeras mensagens, publicando mais de 400 livros, e ainda encontrou tempo para desenvolver um trabalho social expressivo, sua atividade mais prazerosa, inspirando diversas instituições de cunho assistencial espalhadas pelo Brasil e pelo mundo.

Chico costumava dizer que centro espírita tinha que ficar aberto o dia todo. Dizia: *"Se é hospital, como dizemos, como é que pode estar de portas fechadas?"* Nessa mesma direção, tive, na cidade de Pedro Leopoldo, dois grandes professores de Evangelho, que defendiam a mesma tese: Eliana Bahia Machado Moreira e Elizeu Carlos Malaquias, mais conhecido como Zezeu. Na época, em minha ignorância, ficava me perguntando como seria possível organizar tantas reuniões para manter uma instituição espírita aberta 24 horas por dia. No entanto, quando tive a oportunidade de conhecer o Lar Espírita Pedro e Paulo na cidade de Uberaba, sob a coordenação de Carlos Baccelli, pude entender o significado de suas palavras. Não se tratava de um trabalho social dentro de um centro espírita, mas de um centro espírita dentro de um trabalho social, funcionando dia e noite.

Aliás, visitando outras entidades espíritas pelo país, como o Grupo Espírita Seara de Deus, em Paulista, Pernambuco, o Grupo Espírita Maria de Nazaré, em Votuporanga, no Estado de São Paulo, a Irradiação Espírita-Cristã, em Goiânia, no Estado de Goiás, o Centro Espírita Amor e Caridade, em Bauru, e o Lar Espírita-Cristão Elizabeth, no Guarujá, ambas no Estado de São Paulo, pude compreender que o que as unia, além da forte inspiração em Chico Xavier, era o significativo trabalho assistencial desenvolvido por elas.

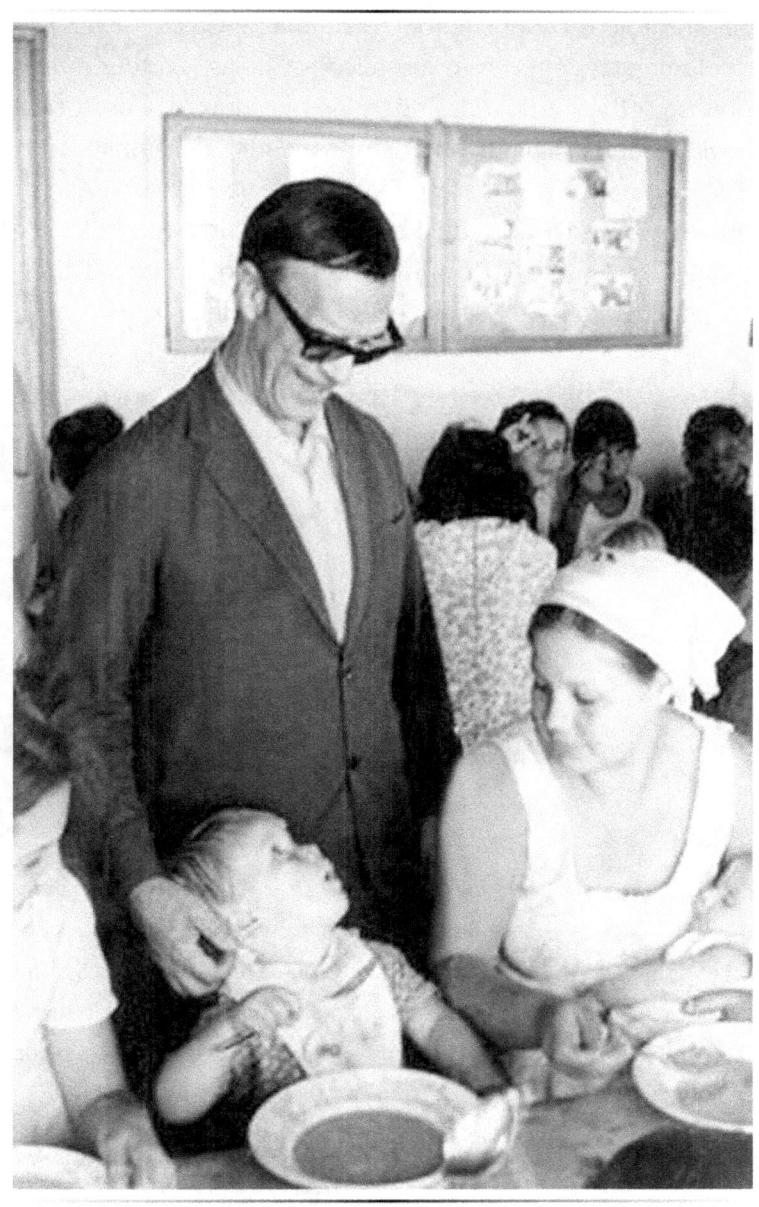

O incansável Chico Xavier no trabalho social em Uberaba.
(Acervo: Casa de Chico Xavier)

São instituições com cheiro, cor e alma de Chico Xavier. Evidentemente, além dessas instituições citadas, existem muitas outras no Brasil inspiradas nos exemplos deixados por Chico Xavier, o homem-amor, o homem-caridade, o exemplificador. Sobre os centros espíritas, ele dizia que deveríamos nos espelhar na Casa do Caminho, procurando reviver os tempos do Cristianismo primitivo, mantendo as portas abertas para acolher a todas as necessidades humanas:

"Os nossos amigos espirituais sempre nos ensinaram a considerar os centros espíritas como a escola mais importante da nossa alma, porque é no templo espírita que nós recebemos os outros e podemos doar de nós mesmos os valores que servirão a cada um de nós para a vida eterna. De modo que se nós damos tanta importância ao estudo da Matemática, da Química, que realmente são importantes, não podemos menosprezar as lições em torno da paciência, em torno da tolerância, que são atitudes da alma, que nós não teremos sem estudar, sem raciocinar. Portanto, um templo espírita é uma universidade de formação espiritual para as criaturas humanas, e, por isso, o espírito Emmanuel, que nos orienta as atividades desde 1931, empresta a maior importância ao templo espírita, porque ele revive as casas do Cristianismo simples e primitivo em que os nossos corações se reúnem em torno dos ensinamentos do Cristo para a melhoria de nossa vida interior. Por exemplo, numa faculdade de ensino superior, que merece o nosso máximo acatamento, nós aprendemos Ciências, que vão aperfeiçoar os nossos recursos intelectuais. Mas no centro espírita, orientado segundo os preceitos do Evangelho, nós vamos encontrar os estudos e os raciocínios adequados à nossa necessidade de vivência em paz no mundo, com a vivência igualmente do amor uns para com os outros, segundo os ensinamentos de Jesus, que nós não podemos esquecer: 'Amai-vos uns aos outros como eu vos amei!...'" (NOBRE, 2014, p. 70).[2]

E em uma carta destinada ao médium e biógrafo Carlos Baccelli, datada de 20 de novembro de 1985, ele assim se expressou sobre a importância do trabalho social para o exercício da mediunidade:

"(...) O grande calor destes dias, com o sol quase a esfoguear a natureza, me deixara anulado para a nossa reunião de sexta-feira. Não compareci, com grande pesar de minha parte. No sábado, porém, reuni as minhas poucas energias e fui ao encontro de nossos irmãos. A princípio, lutei comigo mesmo, quase admitindo que voltaria para casa, mas a nossa reunião pareceu-me portadora de ação terapêutica. Readquiri as minhas forças, pouco a pouco, e voltei muito melhor. Fiquei lembrando as palavras do Cristo: 'Dai e dar-se-vos-á'. Eu havia apenas doado ali a vontade de auxiliar sem saber como, e, por essa migalha da alma, os benefícios que recebi foram enormes! O calor continua o mesmo, o sol

[2] NOBRE, 2014, p. 70.

não diminuiu o impacto com que se irradia sobre a Terra, mas, por dentro de mim, sinto-me renovado e bem disposto. Louvado seja Deus! Ouvindo aquelas criaturas sofredoras a me contarem casos dolorosos, pensava de me abater mais um tanto e vi que sucedia o contrário. Elas é que se abeiravam de mim, colocavam alguma pequena parcela de dor em meu coração e, ao mesmo tempo, me fortaleciam para a vida. Às vezes, prezado Baccelli, penso que nós, os médiuns, nascemos ou renascemos no mundo físico para cooperar, de algum modo, para que as dores de nossos semelhantes sejam atenuadas e, com isso, mecanicamente, as nossas vão desaparecendo... Não parece a você que essa concepção está certa? O médium que alivia é aliviado; se trabalha pelo próximo, há, na Vida Maior,

Chico Xavier entre amigos e colaboradores.
(Acervo: Casa de Chico Xavier)

quem trabalhe para ele igualmente. É uma permuta constante de valores espirituais em nosso auxílio. Descubro nisso o propósito do mundo espiritual, convidando-nos ao trabalho do bem. Para levantar--nos em espírito e curar-nos, o Senhor nos permite essa bênção!" (BACCELI, 2011, p. 175-176).[3]

Em Uberaba, além das habituais tarefas semanais na Comunhão Espírita Cristã e, posteriormente, no Grupo Espírita da Prece (atualmente Grupo Espírita da Prece de Chico Xavier), Chico participava do culto do Evangelho no lar e da distribuição de donativos aos mais carentes no famoso e conhecido "Abacateiro", das conhecidas distribuições na época do Natal, das visitas na noite de Natal à periferia da cidade, das tradicionais visitas aos hansenianos da Colônia Santa Marta, em Goiás, ao Hospital do Pênfigo (atualmente Lar da Caridade), à Cadeia Pública de Uberaba, no Dia das Mães, ao Sanatório Espírita, à Casa Espírita de Scheilla, ao Lar dos Velhinhos Bezerra de Menezes, ao Lar Espírita de Lázaro, dentre muitas outras atividades e ações sociais. Segundo Marlene Nobre, a alegria de Chico Xavier durante tais atividades era contagiante:

> "Era interessante ver a alegria de Chico nas grandes distribuições da CEC, com seu chapelão de abas enormes – um recurso simples que ele usava contra os efeitos do sol intenso –, cumprimentando os irmãos do caminho, nas filas imensas ao redor da CEC. Ele nunca admitiu o privilégio de se proteger com um guarda-chuva, enquanto os irmãos da fila enfrentavam o sol escaldante" (NOBRE, 2014, p. 41).[4]

---

[3] BACCELLI, 2011, p. 175-176.
[4] NOBRE, 2014, p. 41.

Reunião no "Abacateiro", aos sábados.
(Acervo: Casa de Chico Xavier)

Fachada do Refeitório Amigos Anônimos Chico Xavier, em Uberaba.
(Acervo: Grupo Espírita da Prece de Chico Xavier)

A distribuição do "Abacateiro" na Vila do Pássaro Preto

"Precedendo as famosas reuniões 'à sombra do abacateiro', que tivemos oportunidade de reportar em livro, aos sábados, à noite, por volta das 18 horas, um pouco mais, ele saía da sede da Comunhão, acompanhado por um grupo de amigos, companheiros espíritas de Uberaba e de diversas outras cidades do Brasil (...). É que Chico sempre teve a preocupação de nos ensinar, na Doutrina, a vivência do Evangelho, através da prática da caridade" (BACCELLI, 2010, p. 231-232).[5]

Sem sombra de dúvida, dentre as atividades promovidas por Chico Xavier, a distribuição do "Abacateiro", na Vila do Pássaro Preto, era a que mais lhe proporcionava alegria. Estar em contato com o povo, ouvir seus casos, consolar os desesperados, e também ser consolado por eles, oferecer um alimento para saciar a fome mantinham a fortaleza moral de Chico Xavier. Desde Pedro Leopoldo, assim como quando esteve na Comunhão Espírita Cristã, essas atividades se realizavam semanalmente. No Grupo Espírita da Prece, essa distribuição acontecia todos os sábados, em torno das 14:00 horas. Antes acontecia um culto do Evangelho ao ar livre. Durante 40 minutos, aproximadamente, vários companheiros convidados, provindos dos mais diferentes pontos do país, faziam uso da palavra por uns 3 a 5 minutos, discorrendo sobre as lições indicadas por Chico Xavier, normalmen-

---

5 BACCELLI, 2010, p. 231-232.

te compulsadas do livro *O Evangelho segundo o Espiritismo*, principalmente do capítulo V – "Bem-aventurados os aflitos".[6]

Aquelas tardes de sábado eram inesquecíveis, pois centenas de pessoas se reuniam no local, próximo ao Grupo Espírita da Prece. Depois da leitura e dos comentários sobre o Evangelho de Jesus, a multidão alinhava-se em longas filas indianas e Chico, com alguns colaboradores, distribuía consolação material e espiritual. É bem verdade que muitos daqueles assistidos recebiam e voltavam à fila para receber novamente. Muitos colaboradores ficavam indignados, entretanto, o médium, mesmo sabendo que isso acontecia, continuava, silenciosamente, distribuindo amor e generosidade. Chico costumava dizer, com bom humor, que alguns assistidos de Jesus eram muito exigentes. E dava uma boa gargalhada, desarmando todo mundo!

Tive a oportunidade de participar de algumas dessas atividades. Aliás, quando os meus pais foram a Uberaba pela primeira vez, Chico Xavier nos levou em uma de suas visitas fraternas na periferia da cidade. Lembro-me de ser uma fria noite de quinta-feira e aquele gesto dizia, para cada um de nós, silenciosamente, o que devíamos fazer. Na ocasião, fomos conhecer uma família com um de seus membros portador de grave deficiência mental. Chico falava pouco, mas exemplificava muito.[7]

No livro *No mundo de Chico Xavier*, o autor faz uma pergunta interessante ao médium sobre a importância da assistência social no movimento espírita:

---

[6] Cf. p. 101 (FEB, 60. ed.).

[7] Muitos têm perguntado onde está Chico Xavier, o que ele estaria fazendo na pátria espiritual e se tem dado notícias. Digo sempre que se desejamos estar próximos dele, que nos vinculemos imediatamente a uma atividade social na casa espírita que frequentamos, porque assim Chico Xavier estará próximo, pois era a tarefa que ele mais dava importância. Creio também que Chico, que nunca se preocupou em aparecer em "vida", não desejaria também aparecer na "morte".

Weaker Batista, Chico Xavier e Maria Eunice Meirelles participando da distribuição no "Abacateiro". (Acervo: Grupo Espírita da Prece de Chico Xavier)

"Você quer dizer que os bons espíritos se empenham em conduzir-nos, tanto quanto possível, para as obras de assistência social? R- Perfeitamente. Emmanuel, Dr. Bezerra de Menezes, Batuíra, André Luiz e outros instrutores da Espiritualidade nos dizem sempre que o Espiritismo sem trabalho de auxílio aos semelhantes, com base em nossa própria reforma íntima, deixa de ser o Cristianismo redivivo que é, e deve ser, para ficar isolado em teorias e afirmações estanques" (BARBOSA, 1997, p. 81).[8]

Ainda preocupado com certa resistência dentro do próprio meio espírita, que considera a caridade uma simples prática assistencialista, Chico Xavier falava, em alto e bom som:

---

[8] BARBOSA,1997, p. 81.

"Quem combate a caridade, rotulando-a de alienante, ignora que está cooperando para que o mal amplie o seu espaço; a prática do bem aos necessitados nunca deve ser interpretada como um fator de alienação social. Este é um dos piores sofismas que tenho visto ser empregado por aqueles que se opõem ao trabalho de assistência social do Espiritismo. Em defesa de seus interesses religiosos e políticos, lançam-se contra os alicerces que sustentaram o Cristianismo nos primeiros tempos – o socorro incondicional aos filhos do Calvário!" (BACCELI, 2000, p. 22).[9]

E esclarece sua convicção, dizendo:

" (...) creio que tanto na palavra do apóstolo Paulo, quanto na expressão de Allan Kardec, o aforismo 'Fora da caridade não há salvação' ficará mais claramente colocado, em linguagem de todos os tempos, nos termos: 'Fora do amor não há salvação'. Nosso caro Emmanuel muitas vezes nos diz que esse conceito de 'salvação', na sentença mencionada, vale por 'reparação', 'restauração', 'refazimento'... A propósito, habituamo-nos a dizer, com referência a um navio que superou diversos riscos, 'O barco foi salvo'... Ou de homem que se livrou de um incêndio: 'O companheiro foi salvo do fogo'... Salvos para quê? Logicamente, para continuarem trabalhando ou sendo úteis. Nessa interpretação justa e salutar, reconhecemos que fora da prática

[9] BACCELLI, 2000, p. 22.

414

do amor uns pelos outros não seremos salvos das complicações e problemas criados por nós mesmos, a fim de prosseguirmos em paz, servindo-nos reciprocamente na construção da felicidade que almejamos" (*Ibidem*, p. 20-21).[10]

E continuava justificando seu ponto de vista, partindo de sua própria história de vida:

"Muitos companheiros espíritas nunca puderam entender o meu contato com o povo; prefeririam que eu ficasse apenas na mediunidade, na produção de livros... Ora, se me fosse dado escolher entre a tarefa da mediunidade com os livros e o serviço da mediunidade com os sofredores, eu ficaria com os sofredores, pois também me considero um espírito sofredor; ficaria com aqueles que me consolariam com as suas dores – dores semelhantes àquelas que eu também sinto... De modo que, embora respeite profundamente a opinião dos confrades, fico com a minha necessidade espiritual. Deus me livre da solidão de um gabinete, onde apenas os espíritos me fizessem companhia!...

(...)

A caridade sempre foi a força que me sustentou; tudo sempre valeu a pena por causa dela. Quando ficava muito aborrecido comigo mesmo, com as minhas imperfeições e erros, procurava a periferia da cidade, visitando as favelas. Sempre encontrei na prática do bem a mensagem de consolação e o conforto espiritual de que me achava carente! Eu

---

[10] *Ibidem*, p. 20-21.

Distribuição de Natal.
(Acervo: Elias Barbosa, *in memoriam*)

pensava comigo: 'Meu Deus, a minha vida não é
tão inútil assim!'... As pessoas se alegravam com a
minha presença; eu me sentava com elas e ficávamos longos minutos conversando... Éramos iguais.
Ali eu pensava em muita coisa... Aqueles irmãos e
irmãs ignoravam o meu mundo de lutas, as críticas
que recebia, as calúnias, os ataques da imprensa,
a incompreensão dos companheiros... Eu voltava
refeito para casa. Trocava um pedaço de pão por
energia para o dia seguinte. O sorriso daquela gente me acompanhava!... Aquelas senhoras pobres
me abençoavam!... O médium que vive distante
da vivência na caridade não possui retaguarda.
Emmanuel me ensinou isso. Ele me dizia: 'Chico,
deixemos os nossos escritos; a página mediúnica
pode esperar um pouco; é hora de você se reabas-

As distribuições da Comunhão Espírita Cristã.
(Acervo: Centro Espírita União)

tecer!... Vamos para a periferia!' E eu ia com ele ou ele comigo, não sei. Quando, na minha cabeça, eu já tinha esquecido tudo, voltava para a psicografia. Sem a caridade, o médium não consegue sustentar o vínculo com a sua própria espiritualidade!" (*Ibidem*, p. 15-17).[11]

E finaliza, dizendo:

"A caridade é um exercício espiritual. Quem pratica o bem coloca em movimento as forças da alma. Quando os espíritos nos recomendam, com insistência, a prática da caridade, eles estão nos orien-

---

[11] *Ibidem*, p. 15-17.

tando no sentido de nossa própria evolução; não se trata apenas de uma indicação ética, mas de profundo significado filosófico" (*Ibidem*, p. 121).[12]

Chico Xavier iniciou seu mandato mediúnico na cidade de Pedro Leopoldo, no dia 8 de julho de 1927, e dois dias depois, no dia 10 de julho, recebia os primeiros estímulos espirituais para a tarefa social. Acompanhemos suas palavras, compulsadas do livro *O Evangelho de Chico Xavier* (p. 81-84), na narrativa de seu encontro com o espírito de D. Isabel de Aragão, cuja personalidade, até então, era desconhecida do médium mineiro:

"Tudo seguia em ordem quando, na noite de 10 de julho referido, dois dias depois de haver recebido a primeira mensagem, quando eu fazia as orações da noite, vi o meu quarto pobre se iluminar de repente. As paredes refletiam a luz de um prateado-lilás. Eu estava de joelhos, conforme os meus hábitos católicos, e descerrei os olhos, tentando ver o que se passava. Vi, então, perto de mim, uma senhora de admirável presença, que irradiava a luz que se espraiava pelo quarto. Tentei levantar-me para demonstrar-lhe respeito e cortesia, mas não consegui permanecer de pé e dobrei, involuntariamente, os joelhos diante dela. A dama iluminada fitou uma imagem de Nossa Senhora do Pilar, que eu mantinha em meu quarto, e, em seguida, falou em castelhano que eu compreendi, embora sabendo que eu ignorava o idioma, em que ela facilmente se expressava:

---

[12] *Ibidem*, p. 121.

– 'Francisco,' – disse-me, pausadamente – 'em nome de Nosso Senhor Jesus Cristo, venho solicitar o seu auxílio em favor dos pobres, nossos irmãos'.

A emoção me possuía a alma toda, mas pude perguntar-lhe, embora as lágrimas que me cobriam o rosto:

– Senhora, quem sois vós?

Ela me respondeu:

– 'Você não se lembra agora de mim, no entanto, eu sou Isabel, Isabel de Aragão'.

Eu não conhecia senhora alguma que tivesse esse nome e estranhei o que ela dizia, entretanto, uma força interior me continha e calei qualquer comentário, em torno de minha ignorância. Mas o diálogo estava iniciando e indaguei:

– Senhora, sou pobre e nada tenho para dar. Que auxílio poderei prestar aos mais pobres do que eu mesmo?

Ela disse:

– 'Você nos auxiliará a repartir pães com os necessitados'.

Clamei, com pesar:

– Senhora, quase sempre não tenho pão para mim! Como poderei repartir pães com os outros?!?

A dama sorriu e me esclareceu:

– 'Chegará o tempo em que você disporá de recursos. Você vai escrever para as nossas gentes peninsulares e, trabalhando por Jesus, não poderá receber vantagem material alguma pelas páginas que você produzir, mas vamos providenciar para que os mensageiros do bem lhe tragam recursos para iniciar a tarefa. Confiemos na bondade do Senhor'.

Em seguida a essas palavras, que anotei em 1927, a

dama se afastou, deixando o meu quarto em pleno escuro. Chorei sob emoção, para mim, inexplicável, até o amanhecer do dia imediato. Não tinha mais o Padre Scarzello para consultar e notei que os meus novos companheiros não poderiam me auxiliar, porque eu não sabia o que vinha a ser a expressão 'gentes peninsulares', ouvidas por mim; quanto a essas duas palavras, nenhum deles conseguiu fornecer qualquer explicação. Sentindo-me a sós com a lembrança da inesquecível visão, passei a orar, todas as noites, pedindo à Nossa Senhora para que alguém me socorresse com as informações que eu julgava precisas. Duas semanas após a ocorrência, estando eu nas preces da noite, apareceu-me um senhor vestido em roupa branca, que, por intuição, notei tratar-se de um sacerdote.

Saudei-o com muito respeito e ele me respondeu com bondade, explicando-se:

– 'Irmão Francisco, fui no século XIV um dos confessores da Rainha Santa, D. Isabel de Aragão, que se fez esposa do Rei de Portugal, D. Dinis. Ela desenvolveu elevadas iniciativas de beneficência e instrução nos dois reinos que formam a península, conhecida na Europa, e voltou ao mundo espiritual em 4 de julho de 1336. Desde então ela protege todas as obras de caridade e educação na Espanha e Portugal. Foi ela que o visitou, há alguns dias, nas preces da noite, e prometeu-lhe assistência. Ela me recomenda dizer-lhe que não lhe faltarão recursos para a distribuição de pães com os necessitados. Meu nome, em 1336, era Fernão Mendes. Confiemos em Jesus e trabalhemos na sementeira do bem'.

Eu não tive garganta livre para falar. O padre se retirou e, sentindo a premência do que desejava a nobre senhora, que eu não sabia ter sido, na Terra, tão amada e tão ilustre rainha. No primeiro sábado que se seguiu às ocorrências que descrevo, fui com minha irmã Luiza (atualmente desencarnada) até uma ponte muito pobre, até hoje existente e reformada, na cidade de Pedro Leopoldo, Minas, onde nasci, conduzindo um pequeno cesto com oito pães. Ali estavam refugiados alguns indigentes; parti os pães, a fim de que cada um tivesse um pedaço, e assim foi iniciado o nosso serviço de assistência, que perdura até hoje. Em Pedro Leopoldo, com alguns companheiros, fiz a distribuição de pães de 1927 a 1958. Em janeiro de 1959, mudei-me para esta cidade de Uberaba, aqui chegando no dia 5 de janeiro de 1959. Um grupo de amigos já nos esperava e promovemos a distribuição de pães numa vila na periferia uberabense. Essa distribuição semanal, aos sábados, permanece ativa até hoje. Moramos numa casa vizinha de três núcleos de favelados e a nossa distribuição de pães, atualmente, se eleva ao número de um mil e quinhentos por semana, divididos entre os necessitados das três favelas a que me referi" (BACCELLI, 2000, p. 81-84).[13]

Por isso mesmo, partindo da importância que o médium dava às tarefas de cunho social, vamos relatar o cotidiano de Chico Xavier na prática de algumas delas, procurando extrair de sua conduta e dedicação a generosidade e a solidariedade de homem extraordinário que foi na Terra.

Destaco aqui a feliz iniciativa do biógrafo uberabense Carlos Antônio Baccelli em descrever, e ao mesmo tempo,

---

[13] BACCELLI, 2000, p.81-84.

"congelar" em algumas de suas obras esses inesquecíveis momentos, os quais muitos ficarão eternamente gravados na memória de todos aqueles que tiveram o privilégio, ou será melhor dizer, a responsabilidade, de acompanhar, ao vivo, esse trabalho.

Quais teriam sido as razões que levaram Chico Xavier a ser um dos brasileiros mais homenageados em nosso país? Será pelo fato de ele ter sido um grande médium espírita? Pelo fato de ele ter psicografado e publicado em torno de 500 obras, em seus diferentes gêneros literários?[14] Ou será pelo fato de ele ter sido um homem simples, bom e generoso? Chico Xavier viveu com o essencial e procurou seguir a recomendação evangélica *Os meus discípulos serão conhecidos por muito se amarem*.[15]

Convido o leitor a acompanhar alguns desses momentos históricos – momentos de alegria, de aprendizado e de muita emoção.

A distribuição de Natal
– 10 de dezembro de 1983

"Hoje, sábado, o dia amanheceu nublado, chuvoso, mas isso não impediu que uma multidão, estimada pela imprensa local em vinte mil pessoas, se acotovelasse diante dos abençoados portões do Grupo Espírita da Prece. É que aconteceria a tradicional distribuição natalina de Chico Xavier! Na véspera, várias jamantas chegaram de São Paulo

---

[14] Até a presente edição, o total das obras psicografadas por Francisco Cândido Xavier é da ordem de 497 títulos já publicados.
[15] João, 13-35. *Bíblia Online*.< https://www.bibliaonline.com.br/nvi/jo/13>. Acesso em: 2 abr. 2016.

abarrotadas de roupas, alimentos, brinquedos, enxovais para recém-nascidos, balas... Brava gente esses nossos irmãos espíritas do principal Estado da nação; numa época de arrocho econômico, eles nem (*sic*) sequer tomaram conhecimento e, abrindo ainda mais o coração e a bolsa, proporcionaram incontidas alegrias aos 'filhos do Calvário'... Por volta das 8:00 horas, a festa teve início. O nosso Chico parecia uma criança – durante a distribuição, várias vezes, discretamente, enxugava as lágrimas que escorriam por detrás dos óculos de lentes grossas. O que os olhos estariam contemplando naqueles instantes? A cada um que desfilava diante de sua cadeira, entregava um pequenino óbolo, acompanhado de um beijo na mão... Eram mães sofri-

O autor com Yolanda César, uma das colaboradoras de Chico Xavier nas atividades sociais, em Uberaba. (Acervo pessoal)

das, obrigadas a trabalhar no 'pau-de-arara' para alimentar os filhinhos subnutridos, eram crianças descalças, cabelos molhados pela chuva fina que caía incessante; eram velhos marcados pelo tempo, apoiando-se em bengalas improvisadas... Só Deus saberá medir as vibrações carinhosas que endereçavam ao 'tio' Chico, sem dúvida, o mentor encarnado das bênçãos ali multiplicadas e divididas... Tudo transcorreu sem tumulto, sem qualquer incidente que mereça destaque (...). À noite, no Grupo Espírita da Prece, Chico psicografa e chora. Primeiro vem Maria Dolores, depois Dr. Bezerra, e se seguem outros que, pelo lápis mediúnico, confortam os familiares queridos. Quando a reunião se encerra, debaixo de forte emoção, o Chico se prepara para autografar os livros. São uns seiscentos

Chico Xavier com amigos em Uberaba. À sua direita, D. Neném Aluotto.
(Acervo: Casa de Chico Xavier)

exemplares! D. Yolanda, uma das organizadoras da distribuição, mãe do jovem Augusto Cezar, autor de tantas mensagens do Além, diz: 'Olha, Chico, eu estava pensando... não sei se valerá a pena... O que distribuímos é tão pouco diante da necessidade dos nossos irmãos! Eles ficam à noite toda ao relento... crianças, idosos, senhoras grávidas!... O que repartimos é muito pouco!...' Calmamente, sem desviar a atenção dos autógrafos, Chico responde: 'Não é pouco, é amor. O amor é sempre muito' (...)" (BACCELLI, 1989, p. 92-93).[16]

Na obra lançada no ano de centenário de nascimento do maior brasileiro de todos os tempos, Baccelli descreve sua emoção em poder participar, com Chico Xavier, desses momentos tão especiais:

"Recordo-me que nós, os frequentadores do Grupo Espírita da Prece, em Uberaba, MG, aguardávamos a chegada do Natal com ansiedade, para que, na agradável companhia de Chico Xavier, comemorássemos o nascimento de Jesus. Na véspera do dia 25, saímos da casa do médium, em pequena caravana, percorrendo os bairros pobres da cidade, deixando para trás as tertúlias e os lautos banquetes com que costumávamos festejar a noite de Natal. Os nossos familiares, a princípio, estranhavam aquela nossa mudança de hábito, muitos, inclusive, rotulando-nos de fanáticos: 'Onde é que já se viu – diziam – deixar de passar o Natal com a família e com os amigos para visitar a periferia?!?...'

---

16 BACCELLI, 1989, p. 92-93.

Mas nada, de fato, se comparava àquela alegria íntima que Chico nos proporcionava. Desfrutando de sua convivência, sentíamos que, em verdade, nunca festejáramos o Natal de maneira tão condizente! Partíamos por volta de 20 horas do dia 24 e a abençoada peregrinação só era concluída na madrugada do dia 25, quando, há exatos dois mil anos, Jesus veio ao mundo ensinar-nos justamente o que Chico Xavier estava novamente nos ensinando – o amor aos semelhantes. Em torno das 3 horas da manhã do dia de Natal, escutando o cantar dos galos da vizinhança, e sob o brilho sereno das estrelas irmãs daquela de Belém, acompanhávamos o médium numa prece, antes que, fraternalmente, nos abraçássemos e nos despedíssemos. A prece de encerramento da nossa peregrinação natalina era feita na casa de uma senhora, que nos recebia com bolos, biscoitos e pães de queijo, que se faziam acompanhar de fumegantes chás aromáticos – chá de canela, de cravo, de maçã, e um café feito na hora para quem desejasse espantar o sono. Era um exercício de paciência e de bondade. Em cada casa visitada por nós, Chico deixava uma pequena lembrança – brinquedos para crianças, roupas, doces e, principalmente, muita alegria. Ele não tinha pressa – aliás, Chico nunca teve pressa. Entrava em todas as casas, conversava, sorria, fazia uma prece, contava uma história!... Ia se revezando, de braços dados com uns e outros – todos esperávamos o momento de dar-lhe o braço e, de quando em quando, no meio da noite, ele parecia fitar algo no céu estrelado e se transfigurava em silêncio, com os olhos marejados... Seguindo-o no carro que o conduzia, adentrávamos ruas estreitas, quase intransitáveis, chegando a choupanas erguidas à beira de despenhadeiros ou a palhoças que, para ele, com certeza, sugeriam uma estrebaria – era como se ele estivesse, naquela noite, numa roupagem diferente de rei, procurando, avidamente, como três outros reis haviam procurado, o local do nascimento de certa criança... A peregrinação natalina de Chico Xavier, no entanto, começava nos primeiros dias de dezembro: a grande distribuição de cestas básicas no Grupo Espírita da Prece, a visita ao leprosário em Goiânia, aos doentes de 'fogo selvagem' em Uberaba, aos presos do Carandiru, em São Paulo... Diversas instituições espíritas sempre receberam de suas mãos algum tipo de auxílio para suas campanhas de Natal – doações financeiras que ele repassava, tendo o cuidado de colocar o dinheiro dentro de um envelope e de entregá-lo com a maior discrição possível. Nós mesmos dele recebíamos para o Natal do 'Bittencourt Sampaio', a Márcia para o Natal da Cantina 'Maria João de Deus', o Sr. Joaquim Cassiano para o Natal do 'Vicente de Paulo', os irmãos João e Lázaro para o Natal do 'Lar Espírita de Lázaro'... Interessante é que, por vezes, nos melindrávamos, porque ficávamos enciumados de outros companheiros ao seu lado: não tínhamos ainda a percepção da grandeza daquela hora! Entendendo nossa infantilidade, Chico procurava dividir atribuições conosco: uns repartiam pães, outros tomavam conta das filas que se formavam nas ruas, alguns transmitiam passes nos doentes acamados ou proferiam preces... Em um casebre humilde, as crianças o recebiam com flores e canções natalinas; noutra residência pobre, 'Folia de Reis' o esperava com a bandeira do Divino – cantavam para ele, e ele, o tempo todo, segurando a bandeira!... Lá fora, a multidão que sempre se aglomerou ao redor de Chico Xavier! Às vezes, tínhamos que sair às pressas: era muita gente para pouca coisa – ainda não sabemos multiplicar pães e peixes para mais de cinco mil pessoas, fazendo sobrar doze cestos!... Inesquecíveis natais com Chico Xavier! Inesquecíveis dias de tantas saudades e recordações!..." (BACCELLI, 2010, p. 234-235).[17]

O dia de Natal
– 24 de dezembro de 1983

"(...) É véspera de Natal! Sábado, dia 24, como acontece todos os anos, estamos reunidos em reduzida caravana no portão da residência de Chico Xavier. Este ano, 1983, também nós, com a graça de Deus, vamos passar o Natal de Jesus com o médium. Pontualmente, às 20h, em vários carros, a caravana parte. De início, visitamos duas casas de pessoas muito pobres, enfermas. Com a chegada do Chico, a alegria é geral; as crianças cantam, os adultos aplaudem!... Chove fininho e a noite é muito escura, mas ninguém se importa. No bairro mal iluminado, os faróis dos carros em fila assemelham-se a gigantescos vagalumes!... Dali, após ligeira dis-

---

[17] BACCELLI, 2010, p. 234-235.

428

tribuição de balas, dinheiro e gêneros alimentícios, vamos para uma outra casa numa extremidade da cidade. Apeamos e entramos no lar modesto. Sobre a cama, uma criança toda deformada dedilha para o Chico uma viola de brinquedo. Chico distribui felicidade, palavras de encorajamento e esperança. Mais tarde, já quase às 24h (sic), estamos no bairro da Abadia, um dos mais carentes de Uberaba; ali visitamos muitas famílias. Numa casa, encontramos seis irmãos, todos paralíticos! Uma 'Folia de Reis' se improvisa. Chico ouve com respeito, segura e beija a bandeira que lhe estendem: 'É assim que minha mãe me ensinou!...' Uma figura bastante popular nas ruas de Uberaba também aguarda o

Chico Xavier com Yolanda Cesar, em Uberaba, durante a distribuição de Natal.
(Acervo: Instituto Chico Xavier)

ilustre visitante. É um rapaz que sofre há muitos anos de hidrocefalia e que anda num carrinho de madeira, mendigando... Ele canta para o Chico canções de amor. Pede cigarro e o Chico vê se alguém lhe pode arranjar algum. Quando saímos da casa, uma verdadeira multidão nos aguarda. Perto de mil pessoas... Agora, as estrelas já brilham no céu. Eurípedes aproxima-se, preocupado, temendo que as sacolas não cheguem para todos; nós também nos inquietamos pelas crianças no colo das mães. Como sempre, sereno, o Chico diz: 'Vamos começar'. Começamos e tudo dá certo. Mais uma lição preciosa aprendemos. É preciso confiar na Espiritualidade. Enquanto os pães e as sacolas são repartidos, o Chico distribui pequenas quantias com as mães, que osculam as suas abençoadas mãos, mas ele não deixa por menos e retribui o gesto de fraternidade. Em seguida, vamos orar numa casa onde existe uma jovem excepcional. Já é quase 1h do dia 25. Já é Natal! Jesus está nascendo!... O Sr. Weaker faz sentida prece e transmite passes. Chico está assentado sobre uma pobre cama, segurando a sacola de óbolos... Lembro-me, ante o quadro que vejo, dos 'infortúnios ocultos' de que nos fala 'O Evangelho'... Agora, de novo, dentro dos carros, vamos noutra direção. Entramos na casa de Terezinha; há 52 anos, desde que nasceu, sofre em cima do leito... Para cuidá-la, uma irmã renunciou a casar-se, constituir família. Ela vê Chico e chora. Ele lembra-se de ter prometido a ela no Natal passado um lenço vermelho. Lamenta o esquecimento. Ela não fala; apenas gesticula os braços. 'Quem de vocês tem um lenço vermelho para a nossa Terezinha?' – pergunta. O lenço aparece e ela, agora, sorri como uma criança. 'É, Terezinha, você foi uma grande bailarina espanhola, não é mesmo?' – diz o Chico. Finalmente, surge a última visita do roteiro. São quase 3h. É o lar de conhecida família espírita. Fomos visitar uma jovem que, paralítica desde muito, se movimenta numa cadeira de rodas. Ali nos demoramos um pouco mais. Servem biscoitos, bolachas e um delicioso chá de cravo. Conversamos bastante, o Chico responde a algumas perguntas. Estamos cansados, é verdade, mas felizes. O Chico? Pronto para outra!... Às 3h30m, nos levantamos, despedimos da família e trocamos cumprimentos com o Chico. Ele nos beija a cada um na face. É hora de repousarmos. Não longe, os galos cantam

Chico Xavier com Eurípedes Higino, em Uberaba, durante a distribuição de Natal. (Acervo: Instituto Chico Xavier)

e a noite de madrugada é de muita paz. É sempre assim o Natal de Chico Xavier. Visita os 'filhos do Calvário'. Foi assim também o nosso Natal no ano que passou. Quantas lições de amor ao próximo aprendemos, e temos aprendido desse bom companheiro só Deus sabe!... Enquanto a cidade dorme, um carro desliza no asfalto, sob a luz das estrelas. É Chico Xavier, o fiel servo do Senhor, na luta pela vitória do Evangelho. Deus o abençoe!" (BACCELLI, 1986, p. 79-80).[18]

Visita de Chico Xavier à Colônia Santa Marta

"Dezembro de 1984. Como acontece, há vários anos, Chico, em companhia de alguns irmãos do Grupo Espírita da Prece, de Uberaba, e de Goiânia (à frente o casal prof. Múcio e D. Elba M. Álvares), leva verdadeiro presente de Natal aos internos – cerca de 800 – da Colônia Santa Marta e Vila São João, nas proximidades de Goiânia, reduto de sofrimento e carência, que recebe inavaliável assistência, três vezes por semana, ano todo, das equipes do Centro Espírita Allan Kardec, dirigido pelo referido casal, que realiza enorme trabalho assistencial na periferia daquela capital. Eram 9:30 horas do dia 18 de dezembro, quando Chico e a caravana citada chegaram à Colônia. Multidão imensa mistura-se

[18] BACCELLI, Carlos Antônio. *Chico Xavier à sombra do abacateiro*. São Paulo: Ideal, 1986. p. 79-80.

aos doentes; caravanas de irmãos hansenianos de Anápolis e da região. Repórteres de jornais, rádio e TV já estavam a postos. Chico, por entre a multidão, começa a visita, abraçando e beijando enfermos diversos que se colocaram na vanguarda para a recepção, à entrada do pavilhão principal. E aí tem início a mais singular jornada de luz e amor que nos foi dado, por irresgatável bênção, presenciar. Toca-se o ambiente, a cada passo, de sublimadas vibrações, que nos alcançam a todos, com envolvente e suave sensação da presença de alcandorados espíritos. Paz e alegria pelo brilho dos olhos de cada um dos doentes e a emoção que nos assalta a todos – pudemos avaliar o que sentiam os pobres e sofredores, os perseguidos e humilhados, quando da presença do Cristo na Terra; todos procuravam

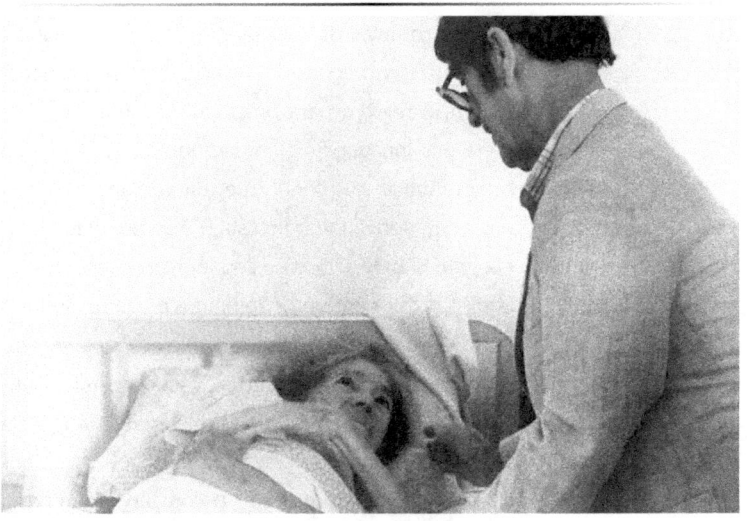

Chico Xavier em visita ao leprosário.
(Acervo: Casa de Chico Xavier)

o melhor lugar para ver, tocar e sentir aquilo que emanava da presença do divino Amigo. É como se Jesus estivesse agora também presente, antecedendo o Natal que todos esperavam! São centenas e centenas de enfermos, criaturas assinaladas pelas mais variadas formas de lesões, deformações, mutilações e cicatrizes pelo corpo!... Por entre júbilos e emoções, coração a coração, Chico dá o sorriso e o aperto de mão, o abraço e o beijo, e, para cada um – parecendo que Chico conhece pessoalmente um por um – a palavra de consolo, orientação, indicação de remédio (sempre que solicitado), além da importância em dinheiro que deu a todos. Exclamações tocantes e espontâneas são ouvidas, como estas: 'Chico, a sua presença nos dá forças para viver' (ao que o Chico retruca sempre: 'Eu é que vim buscar forças'; e repete para os acompanhantes: 'Todo ano, eu tenho que vir aqui me reabastecer... Recebo, através da esperança e da conformação, da fé e das vibrações de amor que aqui me transmitem, o reforço para prosseguir na luta...'); 'Chico, Deus lhe pague o amor que nos dá!'... Dona Maria Eunice nos conta que, da vez anterior (ano passado), houve também esta (...) comovente: 'Chico, graças a Deus que eu sou leproso e assim estou aqui' – diz um enfermo, de braços cruzados sobre o peito – 'recebendo este abraço e ajuda de amor do seu coração'. Certa doente, não conseguindo vencer a multidão, permanece a alguma distância de Chico. Mais tarde, este se lembra dela e confidencia para D. Elba que sentiu o coração da enferma em vibração e deixa uma lembrança para aquela. Chico prossegue, percorrendo enfermarias e pavilhões. Ouve, num deles, as palavras de otimismo e de esperança, e as canções, cantadas com muita vida, sentimento e arte pelo interno Nelson Pereira, criatura (embora privada tanto da visão física dos dois olhos quanto de uma perna, além de hanseniano) dentre as mais populares na Colônia, por suas efusivas manifestações de alegria e entusiasmo, confiança e aceitação a todos os que o visitam. Agora, encaminhando-se para o encerramento, já perto das 3 horas da tarde, demandamos todos o Centro Espírita Jésus Gonçalves, na Vila São João, próximo da Colônia, onde novas emoções e júbilos marcam a visita. No recinto do centro, momentos antes da chegada de Chico, muita expectativa e emoção!... Ele, ao entrar (...), é tomado de nova surpresa: um coral de cerca de 20 crianças, filhas

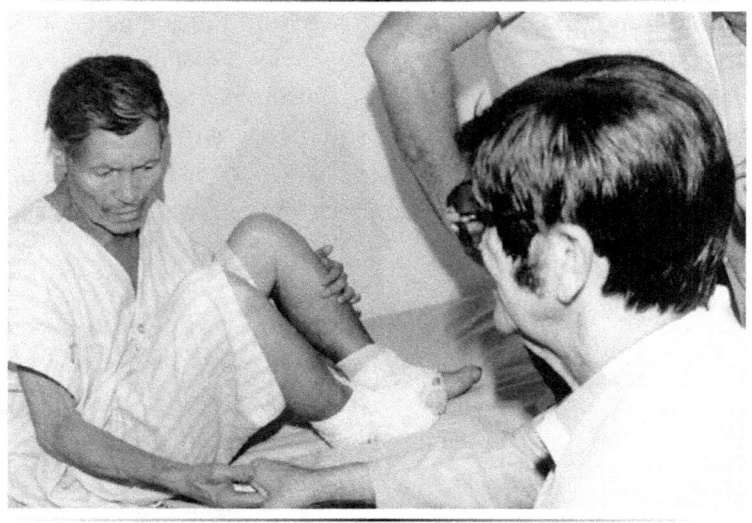

Chico Xavier em visita ao leprosário.
(Do livro *Chico Xavier – O médium dos pés descalços*, p. 251)

de hansenianos, canta 'Noite de paz'. Emoções e lágrimas são notadas em todos os semblantes, durante a tocante manifestação (...). Chico, que Deus lhe dê sempre forças para continuar proporcionando tantas bênçãos em alegrias e esperanças, apelo e fé, paz e amor a todos os corações!..." (*Ibidem*, p. 56-57).[19]

Chico Xavier no Lar da Caridade – antigo Hospital do Pênfigo

Tive o prazer de conhecer Aparecida Conceição Ferreira, mais conhecida como Cida do Pênfigo, exemplo de dedicação e amor ao semelhante. Com muito esforço, constituiu uma instituição que, inicialmente, acolheu os portadores do conhecido "fogo selvagem" (Pênfigo Foliáceo), que com o tempo passou também a acolher muitas crianças desamparadas. Segundo ela, Chico Xavier se transformou no grande benfeitor e mantenedor da instituição. Ele costumava conduzir ou mesmo sugerir aos muitos visitantes que iam a Uberaba conhecer o lugar e seu trabalho, o que muito os sensibilizava, tornando-se, também, grandes colaboradores. Segundo Cida,

" (...) toda orientação para a nossa tarefa tem vindo de Chico. Devemos tudo a ele. Se Chico não tivesse vindo a Uberaba, eu não teria feito nada" (NOBRE, 2014, p. 129).[20]

---

[19] *Ibidem*, p. 56-57.
[20] NOBRE, 2014, p. 129.

Inclusive, foi o próprio Chico que sugeriu a mudança do nome de Hospital do Pênfigo para Lar da Caridade, em virtude da legislação vigente na época.

No livro *Chico Xavier – Mediunidade e vida*, o biógrafo Carlos Baccelli descreve uma dessas visitas ao Lar da Caridade como um momento repleto de carinho e emoção:

"Estamos no Centro Espírita 'Deus e Caridade', departamento do 'Lar da Caridade', de Uberaba, ex-Hospital do Pênfigo, aguardando a presença do médium Chico Xavier, na reunião do dia 15 de abril, comemorativa ao mês do livro espírita e aos 12 anos de inauguração do referido templo. Formamos uma multidão nesta feliz noite de quarta-feira. O ambiente irradia paz e a expectativa pela chegada do abnegado medianeiro cresce a cada instante. Em cada semblante, vejo brilhar a esperança apesar da sombra de dor que paira sobre todos nós, os que buscamos na Doutrina Espírita a mensagem consoladora do Evangelho redivivo. Ali estamos como que aguardando a visita de um embaixador divino. Noto que a maioria das pessoas apenas deseja partilhar o mesmo ar que ele respira, nada almejando além de pousar os olhos em sua figura extraordinária de homem de bem. Quando o carro estaciona à porta do Centro, passa pelo meu cérebro a ideia de que a carruagem de fogo traz Elias – o profeta arrebatado aos Céus – de volta à Terra... Com certa dificuldade (no último dia 2 completara 77 anos de idade), ele abre caminho entre a compacta multidão. Amigos amparam-lhe os braços e os seus pés sequer chegam a tocar o piso humilde. Muitos choram espontaneamente ante o quadro que o (*sic*) exímio pintor imortalizaria... Com a ponta dos dedos, enxugam as lágrimas que da fonte do coração lhes transbordam dos olhos... Observo que os que conseguem tocá-lo depois apertam a mão de encontro ao peito, como se quisessem guardar para sempre consigo a benéfica influência. E recordo-me de Simão Pedro, cuja própria sombra, conforme nos narra o Novo Testamento, era disputada pelos doentes nas ruas de Jerusalém!... Percebo ainda mais: os que ali estamos (sic) reunidos nos adivinhamos (sic), embora não saibamos (sic) definir a natureza da percepção, na presença de verdadeiro missionário do Cristo, talvez um dos maiores que já se corporificaram no mundo a fim de trabalhar pela vitória do amor. A reunião em si vai começar agora. A mesa está formada e tenho a alegria, juntamente da minha esposa, de sentar-se ao seu lado, atento, tanto quanto possível, ao menor de seus gestos. Ao fundo, toca-se uma melodia suave, tema do filme 'Em algum lugar do passado'... Junto a mim, D. Aparecida Conceição Ferreira, a estimada benfeitora do 'Lar da Caridade', exclama, emocionada: 'É uma das maiores bênçãos da minha vida! Eu poderia desencarnar agora, que desencarnaria feliz!'... O nosso Chico se concentra. Apoiando a fronte na mão esquerda, a direita espera sobre o papel, numa postura que se repete há 60 anos! O silêncio é absoluto. Todos aguardamos com reverência a palavra do Alto. A sala se ilumina e ele começa a escrever... Olhando-o, ainda enquanto escreve, algo me diz que, embora seja ele o alvo de todas as atenções, se sente, ele mesmo, naquele momento, o menor de todos... Encerrada a psicografia, Chico lê as duas páginas que a Espiritualidade dedicou aos presentes na inesquecível noite: um poema de rara inspiração de Maria Dolores e uma prece belíssima de Emmanuel. As duas mensagens parecem duas gemas que tivessem sido repentinamente materializadas, tal a riqueza de ensinamentos, esplendendo em cada frase. Terminada a leitura de ambas, Chico as entrega à D. Aparecida (...). Transferindo-se para uma pequena mesa ao lado, ao cumprimentar os presentes, a cada qual entrega uma pequena lembrança – uma rosa! Ao seu simples aperto de mão, o semblante de cada pessoa se ilumina de serena alegria. Ele pouco fala, mas o seu silêncio é uma mensagem viva de resignação e fé, no cumprimento da tarefa que o Senhor lhe

Chico Xavier e D. Aparecida Conceição Ferreira – Cida do Pênfigo: exemplos de dedicação e amor ao semelhante. (Acervo: Casa de Chico Xavier)

confiou. Ainda apoiado por amigos, ele agora se dirige para a Escola Dr. Bezerra de Menezes, também anexa ao 'Lar da Caridade', onde será servido o chá tradicional. E reflito no quanto lhe tem sido árdua a caminhada ao longo desses 60 anos de renúncia e perseverança, esquecendo-se para servir e servir..." (BACCELLI, 1996, p. 116-117).[21]

Chico Xavier na cadeia de Uberaba

Na obra *Chico Xavier – O médium dos pés descalços*, Carlos Baccelli descreve, no capítulo "Visita aos presos", uma dentre as muitas idas de Chico à cadeia pública da cidade de Uberaba no Dia das Mães, de forma a solidarizar-se com a dor de todas aquelas que tinham lá um filho preso:

"O segundo domingo do mês de maio, Dia das Mães, era o dia escolhido para a visita anual de Chico Xavier aos presos, na Cadeia Pública de Uberaba. Na companhia de alguns poucos amigos, ele se dirigia para lá, onde tinha oportunidade de se encontrar, logo à porta, com as mães que iam visitar os seus filhos presos.

– Escolhi este dia, – explicava, em conversa discreta conosco – porque também é o dia que as mães que têm filhos presos mais sofrem!... Coitadas! Não é fácil para elas verem os filhos ainda tão jovens sentenciados à prisão...

Enquanto esperávamos a liberação do delegado de

---

[21] BACCELLI, 1996, p. 116-117.

plantão, Chico ia conversando com uma e com outra que dele se aproximava para receber algumas palavras de conforto. Impressionava-me o respeito com que Chico era tratado por todos, inclusive pelos próprios policiais, que o tratavam como se ele fosse uma autoridade. No percurso pelos estreitos corredores, ele ia parando de cela em cela, com os presos a tratá-lo por 'tio' Chico e a beijar-lhe as mãos por entre as grades, gesto que ele, de imediato, fazia questão de retribuir.

– Quantos somos aí dentro? – perguntava ao líder dos demais.

A gente se entreolhava, anotando a lição: 'Quantos somos aí dentro!!!...'

Interessante que Chico não fazia pregação alguma. Em cada cela, entregava alguns cobertores – muitos dormiam no chão –, pães, doces e até cigarros.

– Nós não podemos vir aqui pregar moral para quem está preso. – observava.

Certa vez, nesse sentido, ele nos transmitira precioso ensinamento de Emmanuel: 'O criminoso é qualquer um de nós que foi descoberto'.

Se algum preso, porém, lhe pedisse um livro, ele fazia questão de anotar o nome e o número da cela, prometendo enviá-lo autografado. Eu nunca presenciei o Chico tentando converter alguém ao Espiritismo! A pregação dele era através do exemplo, e, assim, ele tocava o coração de todos, que se rendiam aos seus gestos de compreensão e bondade.

Numa de suas visitas à Cadeia, um companheiro tirou uma máquina fotográfica e tentou sacar uma foto dele com os presos apinhados à porta de uma das celas. Instintivamente, os detentos recuaram e

Chico, então, advertiu o amigo:

– Não, meu filho, não faça isso! Os nossos irmãos não querem publicidade! Imaginemos nós, com as nossas feridas expostas publicamente!... Cada detalhe, a fim de não ferir ninguém, era observado por ele. De quando a quando, nos corredores da Cadeia, uma mãe sofredora se aproximava, solicitando, com o nome do filho preso escrito num pedaço de papel: 'Faça uma prece pelo meu filho, Chico!'...

– Vamos pedir, minha filha, vamos pedir!... – respondia ele, dobrando o papel e colocando no bolso do paletó, com infinita ternura na voz e no olhar" (BACCELLI, 2011, p. 30-31).[22]

Em uma ocasião, alguém chegou a questionar o Chico se a penitenciária visitada estava cheia de obsessores, ao que o Chico imediatamente respondeu dizendo que não, pois os espíritos infelizes já tinham realizado o serviço. A penitenciária estava cheia era de mães encarnadas e desencarnadas, procurando consolar os seus filhos.

Para finalizar, encontrei em um artigo de *A Flama Espírita*, órgão de divulgação doutrinária da cidade de Uberaba (edição de 29 de setembro de 1962), um belíssimo depoimento sobre as – como ficaram conhecidas – famosas "peregrinações" de Chico Xavier. Observemos a sensibilidade de quem acompanhou uma dessas abençoadas tarefas:

"Mas talvez o momento de maior emoção seja aquele em que os vemos na Peregrinação, visitando os amigos, nas casas pobres do arrabalde, para le-

---

[22] BACCELLI, 2011, p. 30-31.

var-lhes ajuda material, moral e espiritual. Chico e Waldo se revezavam na leitura de mensagens consoladoras, em cada lar visitado. E de porta em porta, de casa em casa, são saudados pelo júbilo dos moradores, pela alegria dos velhos e das crianças, pelos recitativos e os cânticos da inocência infantil. Chico nos disse que a Peregrinação produz resultados insuspeitados e contou-nos, ao visitarmos uma casa pobre, de família numerosa, como as mensagens sobre o perdão haviam ali produzido transformações benéficas. Todos os sábados, à noitinha, com bom tempo ou não, partem os 'peregrinos' da Comunhão, com Chico e Waldo à frente, para a visita espiritual. E quando regressam, já tarde, cansados, realizam ainda uma reunião doutrinária, com preces, um breve comentário e recepção de mensagens mediúnicas. Emmanuel, segundo nos explicou Chico Xavier, chama a Peregrinação de 'sessão espírita ambulante'. É realmente uma sessão em marcha, que vai semeando espiritualidade ao longo das ruas. Forma-se um ambiente de vibrações fraternas, que favorecem a efusão mediúnica. Chico, sempre de braços com pessoas escaladas para ampará-lo, vai contando histórias que equivalem a parábolas, a apólogos e lições espirituais; Waldo, misturado aos 'peregrinos', distribui alegremente o tesouro das suas experiências no campo da bondade. O exemplo de ambos cala fundo no coração dos visitantes, procedentes de todo o Brasil. Voltando para as suas cidades, quantos deles passam a dedicar maior atenção às necessidades do povo! Chico ensina como fazia Jesus, e como fizeram os apóstolos, pela palavra e pelo exemplo. Cada frase é acompanhada de um gesto. E ambos se completam na semeadura incessante do bem. Há uma dinâmica da peregrinação que nem todos percebem, mas que envolve (...) e age sobre todos. E há uma mensagem que se distribui continuamente a todo o Brasil: a mensagem cristã da solidariedade humana, conduzindo os homens a um mundo novo, em que substituiremos a indiferença pela ternura, o egoísmo pelo amor" (BACCELLI, 1987, p. 93-94).[23]

Repito que o mineiro do século" e o maior brasileiro de todos os tempos foi reconhecido publicamente não pelo fato de ser espírita ou médium de obras nos seus mais diferentes gêneros literários, mas pelo simples fato de ter sido um grande homem. Um homem generoso, que conseguiu exemplificar o *"Amai-vos uns aos outros"*. Pela sua constante exemplificação, tanto em Pedro Leopoldo quanto na cidade de Uberaba, muitos religiosos chegaram a dizer que não acreditavam no Espiritismo, mas acreditavam em Chico Xavier.

Nesse sentido, Chico se tornou uma pessoa admirada e respeitada entre representantes de outras denominações religiosas. Por isso mesmo destaco também uma importante entrevista realizada pelo biógrafo Luciano Napoleão da Costa e Silva com o então arcebispo de Uberaba, Dom Alexandre Gonçalves do Amaral, em 25 de junho de 1980. O referido arcebispo era conhecido pelos uberabenses pela franqueza, pela brilhante e invejável cultura, e também por ser o maior adversário e combatente do Espiritismo.

Perguntado sobre Chico Xavier, ele respondeu:

[23] BACCELLI, 1987, p. 93-94.

"Eu conheço Francisco Cândido Xavier muito pouco. Somente me encontrei com ele uma vez, em
um programa de televisão para o qual ele foi convidado, sem saber que eu ia, assim como eu fui sem
saber que ele ia. Naquela oportunidade, conversamos um pouco nos intervalos. Eu fiquei conhe-
cendo-o pessoalmente. É claro que, anteriormente
a isso, eu já tinha dados, fontes de conhecimento
pessoal dele, através de seus escritos. Referências
feitas por outros a ele, através de escritos relativos a
ele também" (COSTA E SILVA, 1997, p. 211-212).[24]

Quando o entrevistador perguntou sobre a sua impressão da pessoa de Chico Xavier, ele afirmou:

"A impressão pessoal que eu colhi dele é a de que é um
homem simples, despretensioso, humilde, e é dotado
de muitas qualidades humanas, verdadeiramente apreciáveis. Por exemplo: ele se compadece do próximo
que sofre. Ele procura socorrer aquele que precisa de
seu amparo. Estes, evidentemente, são dotes humanos
muito apreciáveis" (COSTA E SILVA, loc. cit.).[25]

Entretanto, quando perguntado sobre o Espiritismo,
assim ele se expressou:

"Agora, é evidente que, como salientei naquele dia,
entre nós há um antagonismo irredutível de convicções. Enquanto ele, coerentemente, tem a sua
convicção espiritista, eu, coerentemente, tenho a

---

[24] COSTA E SILVA, 1997, p. 211-212.
[25] COSTA E SILVA, loc. cit.

minha, sou sacerdote. Ora, entre o Catolicismo e o Espiritismo há um antagonismo irredutível. Apesar disso não ficou prejudicada a simpatia que sinto pela pessoa dele. Eu estou convicto de que Francisco Cândido Xavier está internamente, sinceramente, convencido de que realiza psicografias vindas do além. Eu acato o seu direito de ter as suas convicções. Agora, pessoalmente, com toda a franqueza, eu não aceito a psicografia como vinda do além" (COSTA E SILVA, *loc. cit.*).[26]

Tanto em Pedro Leopoldo quanto em Uberaba sempre ocorreram as relações de aproximação e distanciamento com outras denominações religiosas, principalmente com o movimento católico, por quem Chico Xavier tinha um profundo respeito e admiração. Em Uberaba, por exemplo, ele mantivera uma estreita ligação com o também caridoso sacerdote da cidade chamado Sebastião Bernardes Carmelita, o qual, segundo o próprio Chico, teria sido a reencarnação do Bispo de Barcelona D. Antônio Palaú y Termens, autor do célebre auto de fé contra as obras espíritas ocorrido em 9 de outubro de 1861, quando mandou queimar, em praça pública, cerca de 300 volumes enviados por Allan Kardec a companheiros espanhóis. Segundo Carlos Baccelli, esse sacerdote desejou deixar a batina muitas vezes, mas, por orientação de Chico e do Dr. Inácio Ferreira, não o fez, cumprindo com os deveres esposados até o fim de sua vida.

O velório do padre Sebastião Bernardes Carmelita contou com a presença de Chico Xavier, que, num profundo gesto de reverência e consideração, compareceu para deixar-lhe o seu último adeus:

---

[26] COSTA E SILVA, *loc. cit.*

"Chico, aproximando-se do corpo exposto na capela em que o padre Sebastião costumava oficiar, inclinou-se com respeito e depositou-lhe um ósculo em sua fronte inerte.

O recinto estava repleto de padres e católicos em geral, com a presença, inclusive, do bispo, que, subindo ao altar, abriu os braços e proclamou como quem prega no deserto: 'A Igreja Católica Romana é universal, a única religião que nos conduz à verdade do Evangelho de Nosso Senhor Jesus Cristo!...' Ninguém ligou a mínima para o que, perdendo ótima ocasião de ficar calado, ele disse. Todos cumprimentavam Chico, que após render as suas homenagens ao amigo que desencarnara retirou-se da capela, deixando atrás de si um rastro de perfume" (BACCELLI, 2011, p. 38).[27]

Trocando a dor pelo trabalho

Encerrando este capítulo compartilho uma história contada por Mário Jorge Carvalho, um amigo da cidade de Paulista, Estado de Pernambuco, um dos fundadores do Grupo Espírita Seara de Deus. Quando perguntaram a Chico Xavier sobre um problema seu de saúde, o médium lhe mandou o seguinte recado: *"O problema dele é grave, mas não é sem esperança (...), muitas vezes, nós podemos trocar a dor pelo trabalho"*:

"Vivíamos no ano 1976. Nessa época, estávamos começando a frequentar o Grupo da Fraternidade

[27] BACCELLI, 2011, p. 38.

Espírita Guillon Domênico na cidade de Olinda, Pernambuco. Morava em Recife, onde formei sólidas amizades e onde também me casei. Era apaixonado por futebol – nossa distração preferida –, e tinha semanas que jogava mais de três vezes, em um clube pertencente a uma organização católica chamada "Clube dos Padres". Nessa época, já tinha simpatia pelo Espiritismo, sem, contudo, frequentar regularmente uma instituição espírita.

Certo dia, ao término de um jogo, retirava o material – chuteiras e meiões – ainda dentro de campo e nos encaminhávamos para uma área de lazer para conversar sobre a atuação de cada um, quando um colega, que vinha logo atrás, falou: 'Mário, que caroço é esse que está aparecendo ao lado de sua perna esquerda?

Olhei, mas, em princípio, aquela observação não trouxe nenhuma preocupação maior, pois considerei que poderia ser fruto de alguma pancada e que iria desaparecer com o tempo. Só não sabia que esse tempo significaria quatro cirurgias, radioterapias, tratamentos de todos os tipos e seis anos sem praticar o que mais eu gostava: jogar futebol. Só não imaginava que esses seriam os [anos] mais longos, porém, talvez, os mais importantes da minha vida. E que, mesmo diante dos impedimentos, encontrei força, coragem e resignação, sem desistir. Com certa dificuldade, cobria o caroço e continuei praticando esporte com meus filhos menores. Passei a jogar voleibol, pois não tinha contato físico. Não parei um minuto de trabalhar, tanto profissionalmente quanto espiritualmente, e de fazer as coisas que gostava, sem reclamar, sem desesperar.

Vamos resumir esses 6 anos da seguinte forma:

1º ANO – Minha esposa, Tarcila, marcou uma consulta com um médico, o Dr. Bráulio Lacerda, que atuava no mundo do futebol, inicialmente no Náutico e depois no Santa Cruz, sem me avisar. Fui com ela, submeti-me a exame local, tirei alguns raios-X da perna e ele marcou uma cirurgia com certa urgência. O médico não me disse nada diretamente, mas alertou a minha esposa que o caso era grave e parecia 'coisa ruim'. Fiz a cirurgia, não com o Dr. Bráulio Lacerda, mas com o Dr. Alexandre Arraes. Foi retirado um caroço que se encontrava por debaixo do nervo ciático, alojado na face de um músculo, que depois de uma biópsia teve como resultado Facite Nodular Infiltrativa. Para o médico, o resultado tinha sido maravilhoso, melhor do que ele esperava.

2º ANO – Um ano depois, o caroço começou a reaparecer. Procurei outro médico, o Dr. Hélio Lúcio, um dos melhores cirurgiões de nosso Estado, professor universitário, mas fiz questão de que o Dr. Alexandre Arraes estivesse participando também da cirurgia. O caroço foi retirado, estava no mesmo músculo, e o resultado da biópsia foi o mesmo: Fascite Nodular Infiltrativa. A partir daí, comecei a fazer, por recomendação médica, uma série de radioterapias para que o caroço não mais voltasse.

3º ANO – Fui submetido a uma cirurgia de emergência, com o Dr. Alexandre Arraes, para corrigir um sangramento inesperado no local, provocando febre e tremores. Deu tudo certo e continuei a aplicar radioterapias. Entretanto, por conta própria, comecei a consultar médicos por todo o planeta.

O Dr. Romeu Krause filmou minha perna, tirou retratos e levou o resultado das biópsias (sempre o mesmo) para ouvir as opiniões de médicos da Inglaterra. A notícia era a mesma, acrescida de uma que foi amarga e preocupante. Disseram que não existia a possibilidade de ficar curado do problema, porque era impossível retirar o caroço em toda a sua extensão, porque era penetrante e infiltrativo. Noutras palavras, eles disseram: 'Não morre disso, mas morre com isso'. Consultei ainda médicos dos Estados Unidos, da Espanha, da Rússia, e amigos consultaram outros de toda parte. Teve médico que fez cálculo de até quantas cirurgias eu poderia fazer, porque chegaria o momento em que teria de retirar a perna por falta de circulação sanguínea.

4º ANO – Comecei a apelar para médiuns ao invés de médicos, de todo canto que me informassem, já que os médicos não me davam mais esperança. Viajei para a Bahia, procurei outros médiuns que diziam fazer cirurgia espiritual. Fui atendido pelo Dr. Fritz, através do médico/médium Edson Queiroz, que inclusive me falou que o problema era cármico (não tinha jeito), e fiz outros tratamentos que me eram passados por outros médiuns.

Nessa época, já tínhamos fundado o Grupo Espírita Seara de Deus, bem em frente à casa onde morávamos, juntamente de amigos, em terreno que nos foi cedido na cidade de Paulista, no Estado de Pernambuco.

Em certa ocasião, recebemos a visita de um palestrante espírita, o nosso querido Adelino da Silveira, que nos visitou quando estávamos, nessa época, nos recuperando da quarta cirurgia. Ele tomou conhecimento de todo o problema e me falou que era amigo de Chico Xavier, que visitava sempre o Chico e que o Chico também o visitava em Mirassol, um município de São Paulo, bem próximo de Uberaba. Conheci também o Osvaldo Cordeiro, que nos visitou, e que morava também em Mirassol, e era muito próximo do Chico.

O caroço, a essa altura, já estava crescendo novamente. Como minha irmã morava em Goioeré, no Estado do Paraná, resolvi visitá-la, e de Goioeré segui para Mirassol, ficando hospedado na casa de Adelino da Silveira. Daí programamos visitar o Chico, o que fiz por duas vezes, em companhia de minha esposa Tarcila e com a ajuda de Adelino da Silveira e Osvaldo Cordeiro.

Ali, em Uberaba, vi coisas fantásticas: o trabalho do Chico, as mensagens consoladoras, um homem 'amor' trabalhando até altas horas da noite, já com uma idade avançada, irradiando alegria e paz até 4 horas da manhã. Numa dessas visitas, entrei numa fila enorme, eu, minha esposa e uma amiga de Olinda, que nos acompanhou. Quando chegou minha vez, minha esposa ficou segurando a fila para me dar tempo de conversar um pouquinho mais com o Chico sobre o meu problema. Não falei nada, não tive coragem de tomar o tempo de alguém que, talvez, estivesse necessitando mais que eu, apenas beijei o Chico e lhe falei que estava pedindo a Deus que lhe desse forças para continuar consolando nossos corações. Ele também nos beijou e me desejou paz e sucesso.

Em outra oportunidade, Adelino da Silveira, conversando em particular com o Chico, falou sobre o meu problema e Chico mandou um recado que jamais esquecerei: 'Diga ao Dr. Mário Jorge e à Dona Tarcila que o problema dele é grave, mas não é sem esperança, e diga também a ele que, muitas vezes, nós podemos trocar a dor pelo trabalho'. Depois mandou Adelino me dizer que eu fizesse o seguinte tratamento: 'Passes no local da perna, diariamente, durante 90 dias, no mesmo horário e através do mesmo médium, passando a pomada Vovô Pedro'. Tudo foi feito conforme orientado: seis horas da manhã, mesmo médium, noventa dias, passando a pomada Vovô Pedro. No final do tratamento, foi identificada uma equipe de médicos espirituais entrando no ambiente, com um compasso, medindo o tamanho do caroço e afirmando que o tratamento estava terminado.

Nessa época, como o caroço tinha crescido muito e estava tomando um bom espaço da perna, senti vontade de fazer novamente a cirurgia. Pedi a Adelino para consultar com (sic) Chico se estava na hora de fazer a operação e se deveria operar nos Estados Unidos, e o Chico respondeu: 'Diga ao Dr. Mário Jorge que não precisa ir para lugar nenhum; basta procurar um médico amigo e que ele basta me dizer o dia, horário e o hospital onde será realizada a cirurgia'. O Dr. Alexandre Arraes já havia me falado que não queria mais me operar, porque havia se tornado um grande amigo e não se encontrava em condições psicológicas para fazer qualquer cirurgia em mim. Então procurei o Dr. Hélio Lúcio, por quem também nutria uma grande amizade. Ele me recebeu chorando em seu consultório quando soube que o Chico havia me orientado a procurar um médico amigo. Ele afirmou que se o Chico falou assim tinha certeza de que agora daria tudo certo. Dia marcado. Enviei, através de Adelino, todas as coordenadas da cirurgia. Procedimento cirúrgico que durava duas horas, foi feito em apenas vinte minutos. O caroço, ao invés de estar por baixo do nervo ciático, estava totalmente acima do ciático, todo envelopado, parecendo um pacote de manteiga-margarina e o Dr. Hélio Lúcio me afirmou que havia utilizado o bisturi elétrico para dar três cortes por baixo, soltando o caroço totalmente, sem necessidade de qualquer outro procedimento. Como a anestesia foi peridural, ele veio à minha frente e me mostrou a peça extraída por inteiro.

Como prevenir é melhor que remediar, pedi a Adelino para consultar o Chico se eu deveria fazer aplicação de radioterapia como fizera nas outras cirurgias, e o Chico mandou o seguinte recado: 'Adelino, diga ao Dr. Mário Jorge que se ele quiser fazer a radioterapia, faça, e se ele não quiser fazer, não faça. Naturalmente que não apliquei nenhuma radioterapia.

Mandei fazer a biópsia da peça retirada e o resultado, para surpresa dos médicos, deu (sic): Fibromatose e não mais Facite Nodular Infiltrativa. Nunca mais o problema voltou" (DEPOIMENTO por e--mail em 16/10/2015).

Dos muitos trabalhos sociais estimulados por Chico Xavier, não poderíamos deixar de falar, mesmo que rapidamente, sobre o apoio que ele sempre deu à produção da conhecida pomada Vovô Pedro. Aliás, tive o prazer de conhecer o médium João Nunes Maia – o tio Nunes, como era carinhosamente chamado por seus amigos –, por quem Chico tinha um carinho especial, e auxiliei na distribuição da pomada na cidade de Pedro Leopoldo e região.

Em algumas ocasiões, Chico falou das muitas vezes que ele mesmo a utilizou e chegou a nos orientar sobre como usá-la quando queixávamos de um determinado desconforto estomacal.

Neste capítulo, procuramos destacar algumas das muitas atividades sociais estimuladas por Chico Xavier. Em muitas dessas atividades, o próprio Chico recomendava para muitos de seus assistidos o uso regular da conhecida pomada Vovô Pedro, principalmente nos antigos leprosários. No livro *Chico Xavier – O médium dos pés descalços*, no capítulo 8, intitulado "O caso da pomada Vovô Pedro", o biógrafo Carlos Baccelli faz um relato interessante sobre a importância que o Chico dava a ela, além de descrever um episódio em torno da telepatia, reforçando as múltiplas e excepcionais faculdades medianímicas de Chico Xavier:

> "Conversávamos certa noite, ao término de uma reunião de sábado no Grupo Espírita da Prece, sobre os efeitos terapêuticos da pomada 'Vovô Pedro', cuja fórmula espiritual havia sido recebida pelo médium João Nunes Maia. Confesso que naquela noite eu estava achando o Chico excessivamente místico, porque eu nunca o vira tão entusiasmado com um medicamento cuja fórmula tivesse sido ditada pelos espíritos – no caso da pomada 'Vovô Pedro', hoje apresentada em muitas versões, a receita para a sua confecção fora ditada por Mesmer, o grande magnetizador. Naquela noite-madrugada, o assunto dominante era a pomada, que, sinceramente, eu ainda não conhecia bem. Não havia espaço para que outro assunto, na minha concepção, de maior relevância doutrinária, fosse ventilado. Todo mun-

do queria saber como o referido unguento poderia ser empregado e Chico, paciente, ia explicando. Para rinite, por exemplo, a pessoa poderia esfregar a pomada na palma de ambas as mãos e inalar o seu cheiro profundamente; para gastrite, era só enrolar pequena porção no miolo de pão e engoli--la, em jejum; para hemorroidas, providenciar um banho de assento em água morna, com a pomada, é claro... O certo é que eu já estava cheio de pomada 'até o pescoço'! Finalmente, lá pelas tantas, eu, com muito sono, e Márcia, nos despedimos e fomos embora para casa – a reunião, como sempre, começara no sábado à tarde, lá no 'abacateiro', e estava terminando na madrugada do domingo.

Quando estávamos lá fora do Grupo Espírita da Prece, abrindo o carro estacionado defronte, para inteirar, a Márcia me perguntou, igualmente intrigada:

– Carlos, o que você acha dessa tal pomada 'Vovô Pedro'?

Com muito sono – repito –, cansado e frustrado por não ter tido espaço para diálogos de ordem mais transcendente, respondi a ela:

– Márcia, eu não sei, não quero saber e tenho raiva de quem sabe!

O assunto morreu ali. Fomos embora dormir e a semana passou depressa, sendo que, naquela semana, não tivemos outro contato com Chico.

Graças a Deus, no próximo sábado, a conversava girava em torno de outro assunto – eu não aguentaria duas semanas seguidas de 'pomada'! Acontece, porém, que naquele sábado entramos a dialogar sobre telepatia, a rara capacidade de alguém captar o pensamento de outra pessoa. À determinada altura, D. Zilda, esposa do Sr. Weaker Batista, então presidente do Grupo Espírita da Prece, perguntou, algo ingênua:

– Chico, o senhor pega o pensamento da gente, não pega?

Chico, que estava autografando livros, sorriu, olhou-me por cima das lentes dos óculos e respondeu a ela:

– Zilda, às vezes, acontece... Principalmente quando a gente tem maior afinidade com a pessoa pode acontecer sim.

Fez uma pausa proposital e concluiu:

– Por exemplo, na semana passada, eu ouvi o nosso Baccelli dizer para a nossa Márcia, lá fora, a respeito da pomada 'Vovô Pedro', quando ambos se preparavam para pegar o carro deles: 'Não sei, não quero saber e tenho raiva de quem sabe!'...

Eu não sabia onde me esconder – só não entrei debaixo da mesa do Grupo Espírita da Prece, porque, então, o vexame seria maior! O pessoal, que estava mais perto, me olhou e D. Zilda, como se não bastasse, pediu-me pública confirmação:

– É verdade, Baccelli?

– O pior é que é, D. Zilda. – respondi, vermelho que nem um pimentão, com a turma caindo na gargalhada, inclusive o Chico.

A minha vergonha só foi amenizada pela própria D. Zilda que, de olhos arregalados, disse ao médium, que ainda sorria, afetuoso:

– 'Seu' Chico, o senhor é um perigo!!!" (BACCELLI, 2011, p. 46-48).[28]

---

[28] BACCELLI, 2011, p. 46-48.

Chico Xavier: proteção, acolhimento e generosidade.
(Acervo: Grupo Espírita da Prece de Chico Xavier)

Para finalizar este capítulo e ampliar a nossa reflexão, compulsei do site *Redação do Momento Espírita* um texto de autor desconhecido, que circulou na internet em 29/11/2010, com base em relato de episódio da vida de Francisco Cândido Xavier:

> "Será que já paramos para refletir que todas as grandes almas que estiveram na Terra estiveram intimamente ligadas com (*sic*) algum tipo de doação? Será que já percebemos que a caridade esteve presente na vida de todos esses expoentes missionários que habitaram o planeta?
>
> Sim, todos os espíritos elevados trazem como objetivo a alegria dos outros. Não se refere o termo, obviamente, à alegria passageira do mundo, que se confunde com euforia, com a satisfação de prazeres imediatos.
>
> Não, essa alegria dos outros, mencionada por Emmanuel, é gerada por aqueles que se doam ao próximo, é criada quando o outro percebe que nos importamos com ele. É quando o coração sorri de gratidão, sentindo-se amparado por uma força maior, que conta com as mãos carinhosas de todos os homens e mulheres de bem.
>
> Possivelmente, em algum momento, já percebemos como nos faz bem essa alegria dos outros, quando, de alguma forma, conseguimos lhes ser úteis, nas pequenas e grandes questões da vida. Esse júbilo alheio nos preenche o coração de uma forma indescritível. Não conseguimos narrar, não conseguimos colocar em palavras o que se passa em nossa alma, quando nos invade certa paz de consciência por termos feito o bem, de alguma maneira.

É a lei maior de amor, a lei soberana do Universo, que da varanda de nossa consciência exala seu perfume inigualável de felicidade.

Toda vez que levamos alegria aos outros a consciência nos abraça, feliz e exuberante, segredando, ao pé do ouvido: 'É esse o caminho... Continue!...' Sejamos nós os que carreguemos (*sic*) sempre o amor nas mãos, distribuindo-o pelo caminho como quem semeia as árvores que nos farão sombra nos dias difíceis e escaldantes.

Sejamos os que carreguemos (*sic*) o amor nos olhos, desejando o bem a todos que passam por nós, purificando a atmosfera tão pesada dos dias de violência atuais. E lembremos: a alegria dos outros construirá a nossa felicidade."[29]

---

[29] Disponível em: <http://ismaelgobbo.blogspot.com/2010/11/alegria-dos-outros.html>. Acesso em: 2 abr. 2015.

Tinha uma letra bonita.
Escrevia com um português da
melhor qualidade.

A correspondência de Chico Xavier

"O Espiritismo nasceu com Allan Kardec, mas cresceu com Chico Xavier."

Carlos Baccelli

Indiscutivelmente, as correspondências tiveram um papel estratégico e fundamental na vida de Chico Xavier, na divulgação do seu trabalho e na expansão da Doutrina Espírita pelo Brasil. Um excelente instrumento de comunicação, que foi utilizado no seu limite. Fico imaginando o que Chico faria hoje se tivesse à sua disposição os atuais recursos tecnológicos de infraestrutura e de multimídia.

Muitos biógrafos já publicaram parte dessas cartas, verdadeiras lições, testemunhos e roteiros de vida para todos nós. Segundo o biógrafo Ranieri, ainda na cidade de Pedro Leopoldo Chico Xavier ia aos Correios diariamente. Era para ele uma atividade muito prazerosa:

> "Era comum o Chico ir pessoalmente, nessa época, ao correio. Gostava de fazer isso. Vinha com um grande pacote debaixo do braço. Separava sempre as cartas ou pacotes que julgava mais interessantes

para ver logo. Creio que a dos amigos separava vendo no verso a indicação de nome e endereço. Aliás, para ele, ir ao correio era 'outra religião'. Penso que uma das coisas que mais lhe agradava. Parece que ia duas vezes ao dia buscar correspondência... E ao responder o fazia sempre com o maior carinho. Para os amigos mais chegados, aqueles de coração, juntava à carta uma pétala de rosa seca e uma ou algumas mensagens. Ainda faz isso até hoje. Às vezes, um cartão pintado ou desenhado por ele mesmo, pessoalmente, ou então por alguém que nós nunca conhecemos. Chegamos a receber dele alguns cartões assim" (RANIERI, 1976, p. 41).[1]

Por volta de 1982, quando estivemos, a convite do Chico, na casa de sua irmã Cidália Xavier de Carvalho, na cidade de Pedro Leopoldo, pela segunda vez, ao final do encontro ele me chamou e perguntou se eu gostava de escrever, e se poderia escrever regularmente para mim. Fiquei surpreso com a pergunta e respondi imediatamente que gostava (sinceramente, não disse toda a verdade naquela ocasião) e que ele poderia escrever sim. Foi aí que ele deu a seguinte orientação: que eu colocasse no destinatário os dizeres *Francisco Cândido Xavier* e *Chico Xavier – Caixa postal 56 – CEP 38100. Uberaba. Minas.* E por muitos anos mantivemos tal correspondência, chegando eu a reservar até uma caixa postal no correio de Pedro Leopoldo para evitar qualquer tipo de extravio.

Em todos esses anos, enviei muitas cartas a Chico Xavier e recebi também muitas cartas dele. Ele dizia sempre

---

[1] RANIERI, 1976, p. 41.

que *"as palavras alimentam a alma"*. Uma bela e grande verdade, corroborada por uma carta que ele nos enviou em 10 de setembro de 1985:

> "Tenho recebido as suas notícias sempre mensageiras de grande reconforto para mim. A sua carta da semana passada me comoveu muito pela beleza de suas palavras impregnadas de luz. Dessa luz espiritual dos corações sinceros. Agradeço a você, querido amigo, pelas emoções que me proporcionou. Saber que alguém vibra conosco na mesma onda de pensamentos e ideias em nosso mundo de tantos conflitos e inquietações é um privilégio raro, e agradeço a Jesus a nossa sintonia de esperanças (...). Todas as noites, ao término de minhas obrigações habituais, tenho no coração o 'poema das sete pétalas', que com as minhas orações fazem a paz de meu sono (...). Não pense que as suas cartas me incomodam. Espero-as sempre com muito carinho e ansiedade. Embora as minhas faltas involuntárias para com você, peço-lhe me escrever sempre que isso lhe seja possível. Você me transmite confiança em Deus e confiança na vida, incentivo para trabalhar e vontade de aprender a servir. Espero ir até aí muito breve e, com a bênção de Jesus, haveremos de encontrar um horário para conversar sobre nossos ideais" (CARTA DE 10/09/1985).

Em Uberaba, o trabalho com as correspondências aumentou significativamente, sobretudo após sua aposentadoria, em 1961, quando o médium procurou se dedicar, de corpo e alma, também a essa tarefa, segundo o biógrafo Carlos Baccelli:

"Já tivemos oportunidade de esclarecer que, quando Chico Xavier se transferiu para Uberaba, nos idos de 1959, o único objeto que fez questão de trazer consigo foi um caderno de endereços dos amigos, com os quais se tem correspondido, ao longo do tempo. As cartas que Chico endereça aos amigos (e hoje elas se contam aos milhares) são verdadeiras páginas de espiritualidade, de onde emana o perfume de sua alma grandiosa e bela. Se pudessem ser reunidas, formariam vários volumes da mais genuína mensagem evangélica, ensinamentos vivos que os benfeitores espirituais lhe inspiraram no trato com os mais diferentes problemas da vida.

Todavia, o nosso assunto de agora não se prende às missivas que Chico escreve, mas sim às que lhe são enviadas de toda parte do Brasil e também do exterior. Ele deve receber uma média de duzentas cartas diárias e, segundo apuramos junto aos Correios, é a pessoa de maior movimento epistolar de Uberaba e, certamente, uma das maiores do país. As cartas que lhe chegam às mãos merecem-lhe sempre o maior carinho e consideração. Quando a saúde lhe permitia, fazia questão de respondê-las, uma por uma, e – fato extraordinário! – nunca teve coragem de desfazer-se de uma carta no lixo, mesmo depois de lê-la! Em sua casa, existe uma verdadeira coleção de enormes caixas de papelão, onde guarda toda a sua correspondência; somente de tempo em tempo é que se vê obrigado a promover uma triagem nos papéis que se vão acumulando... Às vezes, o seu hábito cria certos embaraços, notadamente pela excessiva proliferação de insetos que estimam aninhar-se entre envelopes, livros e revistas; no entanto, ele não se importa: 'Tenho pena de jogar fora uma carta de alguém que me escreveu, pedindo uma prece, uma mensagem, uma palavra de conforto...' – esclarece. Há pouco, estivemos auxiliando-o a fazer uma pequena arrumação nas referidas caixas e aproveitamos, com o seu consentimento, para tomar ciência do conteúdo de algumas das cartas, chegando à conclusão de que as que Chico tem recebido talvez se constituam no material mais farto que alguém jamais teve à sua disposição para tentar compreender o mistério da dor na alma humana. São pais desesperados, mães aflitas, cônjuges à beira da loucura, filhos sofredores, doentes desenganados, jovens com inclinação para o suicídio, irmãos descrentes... Quase todos afirmam ser Chico Xavier a sua derradeira esperança! Enviam-lhe fotos, pétalas de rosas, descrevem detalhadamente os seus problemas, em laudas e laudas de papel, como se a carta longa lhes fosse o termômetro dos próprios padecimentos... Os apelos são comoventes: 'Ao pai dos desesperados', 'Ao grande irmão dos que choram', 'Peço-lhe forças para continuar vivendo', 'Uma palavra sua será o suficiente para devolver-me a paz', 'Desejo apenas que você pense em mim', 'Chico, você é o que há de melhor na Terra', 'O Senhor escuta a sua prece... Ore por nós!', 'Minha filhinha morreu... O que faço agora?!? Ela está bem? Por favor, ajuda-me!', 'Perdi a alegria de viver... Aguardo sua resposta', 'Só você tem o remédio para a minha grande dor'. O curioso é que a maioria não é espirita. São católicos, agnósticos, espiritualistas sem fé definida... Milionários e paupérrimos, cultos e incultos... É emocionante observar a confiança que depositaram nele. É como se estivessem recorrendo a um pai bondoso, que nunca sequer tivessem visto. Muitos falam do desejo de conhecê-lo pessoalmente, de abraçá-lo, de terem uma lembrança sua, uma foto autografada; que só o viram pela televisão, que sonharam com ele!... Certa vez, escrevemos que é possível duvidar-se do Espiritismo, mas é impossível duvidar-se de Chico Xavier. É que ele não é olhado mais como apenas um médium espírita. Chico ultrapassou os limites da religião. É um homem universal. Ele é um missionário no Espiritismo, mas a sua religião é a do amor e da verdade, e é assim que as pessoas leigas o veem, e é assim que será com todos nós no futuro, infelizmente ainda muito distante... Chico seria o que é no seio de qualquer religião. O seu exemplo tem levado inúmeras pessoas a interessarem-se pela Doutrina, porquanto, de todos os livros que escreveu o de sua própria vida é o mais importante! Ensina o Evangelho ser a árvore conhecida pelos seus frutos e o cristão pelas suas obras. Chico é um incansável semeador!... As suas sementes vão frutificando ao longo dos caminhos; quem delas se beneficia agradece às mãos que as cultivaram, sentindo-se na obrigação de semeá-las mais além!... Escrevendo a Chico Xavier, tenho a nítida impressão de que as pessoas se sentem como se estivessem escrevendo a Jesus ou a alguém com autoridade espiritual suficiente para representá-lo e interceder por elas. Chico, portanto, não é apenas o médium que traz, dos Céus à Terra, a mensagem da imortalidade, através das cartas que psicografa, mas é também o intermediário sublime das petições que se elevam da Terra para os Céus, transitando livremente entre os dois planos da vida, com a renúncia e o devotamento que caracterizam os anjos!" (BACCELLI, 1989, p. 57-59).[2]

No livro *Chico Xavier – Mandato de amor*, organizado por Geraldo Lemos Neto e editado pela União Espírita Mineira, o companheiro de ideal Arnaldo Rocha registrou a sua colaboração na tarefa de seleção das correspondências que Chico Xavier recebia diariamente em Pedro Leopoldo. Arnaldo relata um curioso fenômeno de psicometria envolvendo as cartas, outra das múltiplas faculdades mediúnicas de Chico Xavier:

"Uma de nossas tarefas, junto a Chico, era de organizar toda a correspondência que, diariamente, chegava à sua casa. Um número enorme de cartas, das mais diversas procedências, dos mais diversos tamanhos, cores e espessuras. Algumas subscritas à máquina, outras, manualmente. Ficávamos horas a fio, eu, Ennio [Santos] e Chico, naquela atividade de separá-las, conforme seu conteúdo. Enquanto eu e Ennio abríamos envelope por envelope, classificando assunto por assunto, Chico apenas tocava as cartas, sem sequer abrir os invólucros. Eu achava aquilo tudo muito estranho e deduzia ser correspondências de pessoas amigas, às quais Chico conhecesse a letra. Que nada! Muitas delas estavam datilografadas, o que tornava remota a possibilidade. Chico as separava, colocando sobre elas mensagens concernentes ao solicitado. Algumas,

---

[2] BACCELLI, 1989, p. 57-59.

colocava no bolso do paletó, levantava-se da mesa, pedindo-nos licença para que pudesse respondê--las. Através da Psicometria, Chico pôde auxiliar e servir seus semelhantes. Mesmo a distância, pois fez das suas as mãos da caridade" (XAVIER; LEMOS NETO, 1992, p. 68).[3]

Ainda sobre suas atividades nos Correios, assim expressou-se Carlos Baccelli:

> "E o que dizermos da farta correspondência a que procurava atender pessoalmente, fazendo dele o maior cliente dos Correios em Pedro Leopoldo e Uberaba? Quantas cartas escritas, de próprio punho, a humildes remetentes, do Brasil e do exterior, que suplicavam a intercessão de suas preces! Quantas mensagens consoladoras expedidas naquelas caixetas, que fazia questão de subscritar com a sua caligrafia inconfundível! Quantos cartões de Natal e de Dia das Mães, primorosamente confeccionados por suas mãos, das quais se desprendiam suave perfume a impregná-los, fazendo a alegria de quem tivesse a ventura de recebê-los!..." (BACCELLI, 2011, p. 20-21).[4]

Segundo Weaker Batista, então presidente do Grupo Espírita da Prece, as correspondências foram aumentando significativamente:

> "A princípio, o serviço de correspondência de que participei desde a minha vinda para cá, em 1960,

---

[3] XAVIER; LEMOS NETO, 1992, p. 68.
[4] BACCELLI, 2011, p. 20-21.

era menor. Atualmente, são expedidas em torno de 500 cartas por semana e 140 mil mensagens remetidas em volumes por semana. Nosso trabalho – meu e de Zilda – é o de empacotamento, porque todo o endereçamento é feito por Chico. Sua dedicação a esta, como a todas as outras tarefas, é muito grande. Normalmente, ele fica até 3 ou 4 horas da manhã, expedindo correspondência. Ele não deixa nunca para depois o serviço que está no caminho" (REVISTA ESPÍRITA, 1977, p. 51).

Oswaldo Godoy Bueno, em uma das muitas visitas a Uberaba, quando acompanhava Chico Xavier em suas atividades rotineiras no Correio, em uma pequena e antiga garagem transformada em sala, onde o médium trabalhava na organização e no envio das suas correspondências, e na preparação das mensagens em caixinhas rubricadas e devidamente endereçadas, perguntou se ele guardava na memória o nome de todos os destinatários das cartas e das mensagens enviadas. Ao que Chico respondeu:

"Ah, mais ou menos para umas 1.000 pessoas que a gente escreve constantemente eu sei o nome, CEP, cidade, endereço e o número. A gente guarda tudo com amor e carinho" (BUENO, 2007, p. 107).[5]

Chico dedicava boa parte do seu tempo na organização e na distribuição de mensagens, chegando mesmo a dizer para Oswaldo Godoy Bueno da sua preocupação com algum material que permanecia estocado em um cômodo ao lado do Correio, em sua residência:

---

[5] BUENO, 2007, p. 107.

"Vejam bem, isto não pode acontecer, as mensagens têm que ser distribuídas, enviadas para todas as pessoas! As pessoas estão precisando muito de receber mensagens e elas estão guardadas aqui! Por isso que eu preciso ter os meus gatos para proteger as mensagens dos ratos. Às vezes, eu preciso de um pouco mais de mensagens, e recebo tão poucas! Como eu gostaria de poder esvaziar este quarto e distribuir todas estas mensagens que ficam aqui, amarelam, e se perde uma riqueza tão grande que os amigos espirituais nos oferecem!..." (*Ibidem*, p. 111).[6]

Chico costumava redigir verdadeiros tratados espirituais. Em uma oportunidade, lhe escrevi dizendo que estava sentindo saudades de um encontro espírita realizado em julho de 1982 na cidade de Pedro Leopoldo. E o Chico, procurando, amorosamente, nos ensinar, respondeu da seguinte forma:

"(...) É isso mesmo. Dos encontros com os verdadeiros irmãos fica sempre aquele gosto um tanto amargo de ausência, porque a tendência dos nossos corações na Terra é viver de almas unidas somente com aqueles que se afinam conosco, entretanto, somos chamados pela Divina Providência a viver e a conviver com alguns daqueles que amamos e que nos amam, e com os muitos com os quais ainda não entramos em harmonia, não é? Deus, porém, nos auxilia no aprendizado da ciência de amar por amor, sem exigir o amor dos outros e, desse modo, pela fé viva, a gente vai caminhando para diante...

---

[6] *Ibidem*, p. 107.

Todos os que se fazem testes de amor para nós são nobres e belas criaturas de Deus que nos desafiam a capacidade de amar, e ainda que nos atirem espinhos pelas flores que lhes ofertemos amaremos a essas pessoas assim mesmo, na certeza de que nosso Pai celeste é pai de nós todos e esperará sempre de nós o amor que possamos dar sem nada exigir" (CARTA de 18/08/1982).

No livro *As bênçãos de Chico Xavier* (p. 32-33), encontramos o seguinte questionamento, de um determinado repórter:

"Chico, como é que você aguenta essa carga diuturna de trabalho, já nessa idade e, sobretudo, doente?... É verdade que você dorme apenas três

O correio na casa de Chico Xavier em Uberaba.
(Acervo: Casa de Chico Xavier)

horas por noite? O médium respondeu: 'Não, eu durmo quatro horas. A correspondência absorve muito. A correspondência é uma coisa que a gente não pode dispensar. Há tempos, um escritor escreveu um pensamento muito curioso, que diz assim: 'Escrever cartas é o tempo realmente perdido da criatura humana'. Mas eu não considero assim. Através de cartas, a gente mantém muito trabalho maravilhoso e muita realização maravilhosa! E por isso ninguém deve desprezar a correspondência. A correspondência é vital na vida de todo ser humano. De maneira que eu trabalho a hora em que posso. Atualmente, estou com o meu organismo comprometido com o processo de angina. Não posso fazer tudo o que eu quero, mas, dentro de minhas limitações, cansaço é uma coisa que eu não conheço. A respeito disso, um dia eu perguntei a Emmanuel qual era a definição que ele me dava sobre (*sic*) cansaço. Ele respondeu: 'Meu filho, até hoje ninguém pode definir sobre a Terra o ponto de interação entre cansaço e preguiça'"(BACCELLI, 1998, p. 32-33).[7]

Os papéis e as cartas acompanhavam o Chico por onde ia. Digo isso porque ficava impressionado com a quantidade de papéis que as pessoas, e ele próprio, colocavam nos bolsos do seu paletó. Eram solicitações as mais diversas, de notícias de familiares queridos que haviam partido para a pátria espiritual, até orações para enfermos, desempregados, apaixonados, sofredores de toda ordem!

---

[7] BACCELLI, 1998, p. 32-33.

No livro *Chico Xavier – Meus pedaços do espelho*, Marlene Nobre relata uma curiosa explicação e justificativa sobre os bolsos nos quais as cartas eram depositadas, muitas vezes de acordo com a gravidade do problema:

> "Em nossas conversas na Comunhão Espírita Cristã, ele contava que colocava os casos mais desesperadores no bolso direito, os pedidos por resolver; e no bolso esquerdo aqueles já solucionados, inclusive as cartas, os bilhetes e as lembranças que deveriam ser entregues às famílias. Quantas vezes suas roupas não podiam ir para a lavanderia, porque seus bolsos ainda não tinham sido convenientemente esvaziados, por falta de tempo! Depois que mudei para São Paulo, em 1963, nem paletós de muitos bolsos resolveriam a questão dos pedidos. Eram necessárias muitas sacolas para carregar o volume de solicitações de todo o Brasil" (NOBRE, 2014, p. 115).[8]

Sebastiana da Silva Fernandes, trabalhadora do Grupo Espírita da Prece, comenta em depoimento que com o transcorrer dos anos, e impossibilitado de atender a tantos pedidos e solicitações, Chico passou a adotar o seguinte procedimento quando chegava em casa:

> "(...) Chico Xavier, ao chegar em casa, depois da reunião do Grupo da Prece, esvaziava os bolsos, colocando sobre a mesa inúmeros bilhetes e cartas de irmãos, pedindo ajuda. Ele olhava para todos os papéis e dizia: 'Senhor Jesus, não tenho mais con-

---

[8] NOBRE, 2014, p. 115.

dições de saúde para ler e responder tantos pedidos de socorro. Portanto, deixo aqui, sobre a mesa, os telegramas para o Senhor!" (REVISTA CHICO XAVIER, 2010, p. 40).

Como também falamos de sua humanidade, é natural que um homem como ele também tivesse suas manias e teimosias. Coisas de Chico Xavier, que somente agora vamos entendendo! Quantas vezes observei, sem dizer nada, que Chico usava um paletó que já não estava tão limpo!... Conhecendo o carinho que todos tinham por ele, sequer imaginei que poderia ser um descuido de alguém.

Certa feita, um companheiro, observando que a roupa do Chico tinha se sujado de café, disse apressadamente, em alto e bom som: *"Chico, sua roupa está suja!"*. Chico olhou para o próprio paletó e disse para ele, mansamente, que estava tudo certo e que ele não estava vendo sujeira alguma. A pessoa insistiu que a roupa estava suja, mas o Chico, olhando novamente para a própria roupa, desconversou, dizendo: *"Aonde, meu nego? Não estou vendo nada!"*. Se ele reconhecesse que a roupa estava suja, poderia, indiretamente, estar criticando todos aqueles que cuidavam dele. Por outro lado, queria nos dizer que existia uma sujeira pior: aquela que sai de dentro da gente.

Quanta saudade de Chico Xavier! Saudade do seu jeito de ser, de suas risadas, do seu olhar!...

Em uma carta enviada em 4 de junho de 1983, podemos observar a grandeza dessa alma – que dedicou sua vida em fazer o bem –, falando sobre o conceito de saudade:

"Saber que se tem um amigo, um companheiro de ideal e trabalho, é uma felicidade que a palavra não descreve. É um sentimento, em verdade, tão lindo, que o conceito de posse deixa de existir. Parece-me que bastar-nos-á (*sic*) saber, não é? A gente vai vivendo, vivendo... e chega um dia em que reconhecemos que a beleza da vida consiste mais em sabermos que temos verdadeiros tesouros sem possui-los do que possui-los sem tê-los. A própria saudade é uma testemunha invisível do que afirmo. Por ela, identificamos as pessoas e lugares com quem e onde se encontram as nossas riquezas da alma. E a riqueza, quando é da alma, não há tempo ou circunstância que a modifique" (CARTA de 04/06/1983).

Chico Xavier em sua casa, em Uberaba.
(Acervo: Livraria Espírita Editora Pedro e Paulo - LEEPP)

*Há uma saudade que ninguém
consegue controlar:
chega quando quer, vai quando
bem entende.*

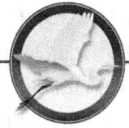

O retorno de Emmanuel

"(...) admitimos que ele estará regressando ao nosso meio de espíritos encarnados no fim do presente século, provavelmente, na última década (...)."

Chico Xavier

De todas as discussões e polêmicas abordadas no movimento espírita brasileiro nos últimos anos, uma delas deixaria Chico Xavier profundamente preocupado: as supostas comunicações do espírito Emmanuel. Chico tinha muito cuidado e profundo respeito para com a obra mediúnica coordenada por ele.

Durante a longa existência dedicada à mediunidade, Chico viu surgir inúmeros médiuns que, irrefletidamente, pretendiam psicografar "Emmanueis" até mesmo diante dele, que se calava, constrangido, mas não deixava de expressar o seu desagrado aos amigos mais próximos. Não somente esse assunto o entristecia, mas o deixava alerta, manifestando aos mais íntimos o receio de que outros "Emmanueis" aparecessem depois de sua desencarnação, colocando em risco a obra realizada por seu benfeitor espiritual em seus 75 anos de mandato mediúnico.

Isso precisa ser registrado, embora respeitando todos os envolvidos, porém com muita firmeza e convicção, para que as futuras gerações possam perceber a dimensão que essa questão poderia ter adquirido no seio do movimento espírita, caso não tivesse sido combatida desde o início por boa parte dos espiritistas brasileiros, principalmente por aqueles que conviveram mais de perto com Chico Xavier, conhecendo-lhe a intimidade dos receios e preocupações.

A despeito de Chico Xavier ter em vida física manifestado discretamente o seu desagrado, alguns médiuns se arvoraram em "receber" o espírito Emmanuel, até mesmo chegando ao despropósito de afirmar que estariam substituindo o médium na tarefa com o benfeitor após sua desencarnação. Isso, obviamente, gerou um desconforto muito grande no meio espírita.[1]

Muitos que conviveram com o Chico (e eu sou uma dessas testemunhas) o ouviram dizer, por mais de uma ocasião, que quando ele partisse para a pátria espiritual Emmanuel reencarnaria. Essa certeza era unanimidade entre aqueles que desfrutaram de uma amizade com Chico Xavier.

E é o que podemos concluir de algumas entrevistas dadas pelo próprio Chico no livro *Entrevistas*, com lançamento da primeira edição em 1972, pelo Instituto de Difusão Espírita (IDE). No item 61, intitulado "Reencarnação de Emmanuel", fizeram o seguinte questionamento:

"Pergunta: Quando foi que Emmanuel se apresentou em sua vida mediúnica? Ele disse que se encarnaria neste final de milênio? Resposta: Ele nos visitou de maneira franca e visível em dezembro de 1931. Desde lá até agora, precisamente há 40

---

[1] Pessoal e sinceramente, não sei o porquê do interesse e da fixação desses médiuns, apoiados por algumas instituições, em ter insistido (e ainda continuar insistindo) em receber o espírito Emmanuel com tantos espíritos à disposição. Orientação equivocada? Desinformação? Reconhecimento? Prestígio? *Status*? Não consigo compreender, mas me vejo com um dever de consciência de colaborar no esclarecimento dessa delicada questão.

anos, ele tem sido o instrutor e o mentor de nossas tarefas espirituais; ele afirma que, indiscutivelmente, voltará à reencarnação, mas não diz exatamente o momento preciso em que isso se verificará. Entretanto, pelas palavras dele, <u>admitimos que ele estará regressando ao nosso meio de espíritos encarnados no fim do presente século, provavelmente, na última década</u>" (XAVIER; GENTILE; ARANTES, 1994, p. 82. Grifo meu.).[2]

No livro *A Terra e o semeador*, o próprio Chico esclarece, no prefácio, que as entrevistas que compõem o volume foram concedidas entre os anos de 1958 a 1975 e reafirma que o espírito Emmanuel foi o revisor de todas as respostas. No capítulo intitulado "Temas da atualidade" (Item 33, "Reencarnação de Emmanuel"), os organizadores reproduzem uma entrevista realizada por Hebe Camargo no dia 17 de setembro de 1973, no Horto Florestal Paulistano, para o seu programa da TV Record, Canal 7, São Paulo:

"Pergunta: Chico, uma pergunta do povo: se um dia o seu grande guia Emmanuel reencarnar em outro corpo (*sic*), como vai ser, Chico? Resposta: Isso tem sido objeto de conversações entre ele e nós. Ele costuma dizer que nos espera no mundo do Além para, em seguida, retornar à vida física, e até costuma me dizer: 'Quando eu estiver na vida física, e vocês estiverem fora do corpo físico, vocês vão ver como é difícil entrar em comunicação com vocês e como é difícil orientar os companheiros para o bem'" (XAVIER; GENTILE; ARANTES, 1991, p. 43).[3]

---

[2] XAVIER; GENTILE; ARANTES, 1994, p. 82.
[3] XAVIER, Francisco Cândido; GENTILE, Salvador; ARANTES, Hércio Marcos Cintra (Orgs.). *A terra e o semeador*. Ditado pelo espírito Emmanuel. 7. ed. Araras: IDE, 1991. p. 43.

Para aqueles que ainda duvidavam da veracidade da referida entrevista,[4] no *III Encontro Nacional dos Amigos de Chico Xavier e sua Obra*, realizado em Uberaba no ano de 2010, a companheira de ideal espírita Nena Galves, amiga que hospedava o médium quando ele ia à cidade de São Paulo, apresentou a declaração do próprio Chico, em áudio recuperado pelo memorialista Oceano Vieira de Melo.[5]

Podemos também observar outra citação de Chico sobre o assunto no livro organizado pela médica paulistana Marlene Rossi Severino Nobre, e editado em 1997 pela FE Editora, da Folha Espírita de São Paulo, cujo título é *Lições de sabedoria*, no qual reproduz uma pergunta do apresentador Gugu Liberato a Chico Xavier feita em 1995:

> "Pergunta: É verdade que o espírito de Emmanuel, que lhe ditou a base do Espiritismo prático no Brasil, se prepara para reencarnar?" Resposta: Ele diz que virá novamente e dentro de pouco tempo para trabalhar como professor" (NOBRE, 2009, p. 171).[6]

No livro *Deus conosco*, organizado por Wanda Amorim Joviano e Geraldo Lemos Neto, encontramos outros argumentos reforçando a tese de que Emmanuel já estaria reencarnado:

> "Conforme atestam várias pessoas que conviviam na intimidade com o médium Chico Xavier, por afirmativas dele mesmo, o espírito do benfeitor

---

[4] Essa informação também consta do livro *Chico Xavier – Luz em nossas vidas*, de autoria de Nena Galves (CEU, p. 71-72).
[5] Cf. em: <https://www.youtube.com/watch?v=cGODphHc5KA>.
[6] NOBRE, 2009, p. 171.

Emmanuel já está entre nós, na face da Terra, pela via da reencarnação. Num desses depoimentos, da Sra. Suzana Maia Mousinho, presidente e fundadora do Lar Espírita André Luiz (LEAL), de Petrópolis, Rio de Janeiro, amiga do médium desde 8 de novembro de 1957, Francisco Cândido Xavier lhe confidenciou detalhes sobre a reencarnação de Emmanuel, que voltaria à Terra no interior do Estado de São Paulo, no seio da família constituída pelo casal D. Laura e Sr. Ricardo, personagens do livro 'Nosso Lar', de André Luiz. Tempos depois, novamente o estimado médium Chico Xavier tornou a tocar no assunto em pauta com D. Suzana, afirmando ter presenciado o retorno à vida física de seu benfeitor no ano 2000, vendo, então, confirmadas

Chico Xavier e Emmanuel retratados pelo pedroleopoldense
Paulo Marcos de Aguiar, em fevereiro de 2000, por sugestão de Lucília Xavier.
(Acervo: Casa de Chico Xavier)

as previsões espirituais a respeito (...). Também uma vez, conversando comigo em Uberaba, e falando sobre a volta de Emmanuel, Chico nos confidenciou: 'Geraldinho, o nosso compromisso, meu e de Emmanuel, com o Espiritismo na face da Terra tem a duração de três séculos, e só terminará no final do século XXI" (XAVIER; JOVIANO; LEMOS NETO, 2007, p. 43-44).[7]

No mesmo livro temos a declaração do pesquisador, e grande amigo de Chico Xavier na cidade de Uberaba, o médico Elias Barbosa:

"Outro depoimento público acerca da reencarnação do seu benfeitor Emmanuel encontra-se no duplo DVD 'Chico Xavier Inédito – de Pedro Leopoldo a Uberaba', organizado por Oceano Vieira de Melo e lançado em 2007 pela Versátil. No segundo DVD estão reunidos vários testemunhos de 2007, entre eles o do confrade Dr. Elias Barbosa, de Uberaba, que declara textualmente: 'Eu me lembro dele (Chico) falar uma vez, e para todo mundo, não foi só para mim não, que quando ele desencarnasse o Emmanuel iria reencarnar. Isto é o que ele falou: 'O nosso Emmanuel, gente, vai voltar! Está só à espera de eu partir...'" (Ibidem, p. 45).[8]

Entrevistas anteriores registraram que Emmanuel deveria reencarnar quando o Chico desencarnasse, mas o médium recebeu algumas moratórias, sendo que a última aconteceu

---

7 XAVIER; JOVIANO; LEMOS NETO, 2007, p. 43-44.
8 *Ibidem*, p. 45.

em junho de 2001, quando ele se recuperou de uma pneumonia nos dois pulmões. O caso foi documentado, inclusive, pela TV, quando uma "luz misteriosa" entrou pela janela do hospital onde o médium estava internado em situação muito delicada. O fenômeno foi gravado pelo repórter cinematográfico Emerson Gondim, da TV Ideal, emissora afiliada da Rede Globo em Uberaba, às 9 horas da manhã do dia 30 de junho. Segundo o médico particular de Chico Xavier, Dr. Eurípedes Tahan, depois desse episódio a sua saúde melhorou consideravelmente.[9]

Curiosamente, até hoje ninguém se interessou em estudar e identificar o fenômeno. A Academia preferiu silenciar. Para muitos espíritas, em razão dessas moratórias, Emmanuel voltou antes que o médium desencarnasse. É o que confirma a amiga Nena Galves, no livro *Chico Xavier – Luz em nossas vidas*:

> "Quando eu ouvi isso, achei que tinha que repartir com vocês, porque Chico disse a muitos que Emmanuel reencarnaria quando ele se fosse. Mas Chico teve muitas moratórias (prolongamento da encarnação por mérito ou necessidade). (...)
> Emmanuel cansou de esperar e veio antes. Ele reencarnou antes e, naturalmente, quando essa dupla inseparável se reencontrar, sem dúvida, nós teremos uma juventude melhor, espíritas realmente

---

[9] Importante destacar que numa entrevista realizada quase um ano depois do episódio perguntaram ao Chico sobre a "luz misteriosa". E antes que ele respondesse perguntaram se era Emmanuel. Ele disse que fora a presença de sua mãe (equivocadamente referiu-se a ela como Maria José e não como Maria de São João de Deus) e de Emmanuel, em visita, pedindo que tivesse paciência. Vale registrar que, nesse período, o médium estava muito fragilizado e que ambos os espíritos já estavam reencarnados, conforme relatam as companheiras de ideal espírita Nena Galves e Marlene Nobre, e que mesmo reencarnados, pelo seu nível de evolução espiritual, nada impedia que aquela situação acontecesse. Sobre o assunto, acesse: https://www.youtube.com/watch?v=g0IfbbPYdyY.

mais conscientes e com mais respeito. Pois quem não sabe respeitar não ama e Chico não quer idolatria nem adoração, ele quer respeito, como ele respeitou Emmanuel, o seu mentor" (GALVES, 2012, p. 72).[10]

No dia 22 de agosto de 2010, em entrevista concedida no Programa Transição nº 99 da Rede TV, Nena Galves falou novamente sobre a reencarnação de Emmanuel e considerou muito estranhos os lançamentos de livros de outros médiuns com a assinatura do espírito Emmanuel:[11]

"Chico nos disse que Emmanuel está reencarnado. E nos estranha muito dentro do movimento que livros de Emmanuel estejam saindo com a assinatura desse espírito. Porque o Chico não disse isso só a mim. Disse há várias pessoas que Emmanuel estava reencarnado, mas nos disse também que ele acompanhou a reencarnação de Emmanuel no mundo espiritual, assim como acompanhou também quando sua mãe Maria João de Deus (sic) iria reencarnar (...). Então Chico disse que Emmanuel estava reencarnado e que era necessário que isso acontecesse para quando ele passasse para o mundo espiritual. Tanto é que há alguns anos, antes de Chico desencarnar, ele já não recebia mais Emmanuel. Foi por isso que ele falou, porque eu perguntei a ele: 'Chico, você não está mais recebendo Emmanuel. Por quê? Então ele falou (...)" (PROGRAMA TRANSIÇÃO de 22/08/10).

---

[10] GALVES, 2012, p. 72.
[11] Cf. em: http://www.youtube.com/watch?v=KZRadFBYrnQ.

Nessa mesma linha, e externando a mesma preocupação, Eurípedes Humberto Higino dos Reis, numa entrevista para a Folha Espírita, quando do lançamento do seu livro *Chico Xavier - Apóstolo do Brasil,* depõe sobre os supostos "Emmanueis" que já estariam aparecendo pelo país:

> "Veja o que está acontecendo com Emmanuel, seu querido mentor espiritual. Segundo o que temos visto, têm aparecido comunicações dele em alguns lugares, como, por exemplo, no Rio de Janeiro e em Belo Horizonte. Mas como pode ser isso se Emmanuel já está reencarnado? E esses médiuns ainda recebem o apoio de entidades que têm a responsabilidade de orientar, não de mandar nas casas, mas de orientar grupos espíritas! Do mesmo modo, essas entidades admitem outras mentiras, como as psicografias do querido Chico Xavier, meu pai. Que pena a vaidade falar tão alto!" (NOBRE, 2014, p. 452).[12]

E ainda confirma as conversas que mantevera com o Chico sobre a reencarnação de Emmanuel dizendo, claramente:

> "De 2000 a 2001, ele já dizia que a tarefa na presente encarnação dele, Chico com Emmanuel, já havia terminado. Basta observar, porque eu não tenho data exata, a última psicografia de Emmanuel. Várias vezes ele comentava sobre o seu benfeitor espiritual Emmanuel e dizia que os papéis iriam se inverter. Ele estaria reencarnado quando ainda ele, Chico Xavier, iria conhecer a criança e mais tarde ele seria um grande educador e uma pessoa que

---

[12] NOBRE, 2014, p. 452.

seria muito atuante no movimento da cultura brasileira e reconhecido o seu trabalho diante do Cristianismo no Brasil" (VÍDEO de 07/11/2011).[13]

Em 2011, o tribuno baiano Divaldo Pereira Franco também confirmou a reencarnação de Emmanuel e a possível inversão dos papéis, isto é, Chico Xavier desencarnado seria um dos colaboradores de Emmanuel reencarnado:

> "(...) Emmanuel reencarnou-se no ano 2000 e, posteriormente, Chico veio a desencarnar no ano 2002, o que naturalmente vai agora inverter os papéis. (...) Segundo Chico Xavier, que havia assistido a sua reencarnação, ele encontra-se numa cidade no interior do Estado de São Paulo" (VÍDEO de 17/04/2014).[14]

Em 2014, quando Divaldo Pereira Franco foi novamente indagado sobre a reencarnação de Emmanuel, e sobre sua opinião quanto a uma obra lançada no Estado de Santa Catarina assinada pelo suposto espírito, ele se posicionou nos seguintes termos:

> "Pergunta: Em uma entrevista, o senhor teria dito que Emmanuel, mentor de Chico Xavier, já estaria reencarnado no interior de São Paulo, mas há médiuns no Brasil ainda recebendo livros de supostos "Emmanuel", um deles até publicado pela Federação Espírita de Santa Catarina. Como o senhor vê esta situação: é Emmanuel ou não? Resposta: Pessoalmente, eu creio que essa reencarnação consolidou-se. E que Emmanuel, neste momento, deve

---

[13] Cf. em: http://www.youtube.com/watch?v=0cVQiT3DYuo.
[14] Cf. em: http://www.youtube.com/watch?v=urLZ0s_3d0Q.

estar entre 11 e 12 anos de idade, preparando-se para a missão que teria escolhido de ser professor. Trabalhar com as mentes novas. Educar. Desenhar projetos de evolução moral para a sociedade. Quanto a essa publicação, que eu não tive oportunidade de ler, deve haver outra explicação que não pode colidir com a informação de Chico Xavier. Porque estaríamos diante de um dilema. Chico Xavier, até onde nós podemos chegar, nunca deu uma informação equivocada. Nunca foi surpreendido em um dado que não pudesse ter sido confirmado, histórica e socialmente. No caso da reencarnação de Emmanuel, eu tenho certeza total e tranquila de que o fato é legítimo" (VÍDEO de 10/05/2014).[15]

Marlene Nobre registra um depoimento importante de Sônia Barsante, militante da Aliança Municipal Espírita, amiga de Chico Xavier e também trabalhadora do Grupo Espírita da Prece, ambos em Uberaba:

"(...) Contou que, num determinado dia do ano 2000, estando ela e outros companheiros reunidos com Chico, este se tinha ausentado em transe mediúnico durante alguns instantes. Ao regressar, Chico contou-lhes alegremente que tinha vindo em desdobramento espiritual até uma cidade do Estado de São Paulo visitar um bebê, que era o espírito de Emmanuel já reencarnado. E arrematou dizendo a todos os que estavam presentes: 'Vocês ainda vão reconhecê-lo'" (NOBRE, 2014, p. 366).[16]

---

[15] Cf. em: http://www.youtube.com/watch?v=SuG3HPpB6xg. Em e-mail recebido em 15/03/16, Divaldo confirma: "(...) Creio firmemente na informação de Chico Xavier quanto a reencarnação do espírito Emmanuel. Abraços de harmonia, Divaldo".
[16] NOBRE, 2014, p. 366.

O idealizador e coordenador da Casa de Chico Xavier em Pedro Leopoldo, Geraldo Lemos Neto, registra no livro *Deus conosco* um dos últimos atos do espírito Emmanuel antes da sua reencarnação:

"Como sabemos que Chico Xavier, no fim da sua vida física, tinha recebido uma extensão de tempo, concretizada numa nova moratória, permanecendo, por isso, mais tempo entre nós, segue outro depoimento, bastante esclarecedor, e que, por causa disso mesmo, se reveste da maior importância: D. Suzana Maia Mousinho e sua nora, D. Maria Idê Cassaño Mousinho, contaram que Chico Xavier lhes revelara, em outubro de 1996, que a filha da D. Maria Idê estava grávida e que as duas em breve seriam, respectivamente, bisavó e avó. Chico acrescentou ainda que o espírito Emmanuel tinha empenhado pessoalmente, em conjunto com o benfeitor espiritual do LEAL, Wilton Ramos Oliva, na seleção das características genéticas da futura criança (Carlos Augusto), para lhe garantirem sucesso na reencarnação. Esse ato do espírito de Emmanuel – segundo Chico Xavier lhes explicou – tinha sido o último dele na crosta terrestre, pois a partir daí (fins de 1996) Emmanuel subira aos planos mais altos da vida espiritual para, durante aproximadamente dois anos, se preparar para a sua própria reencarnação, a fim de regressar à vida física no início do século XXI" (XAVIER; JOVIANO; LEMOS NETO, 2014, p. 45). [17]

E aqui peço licença ao leitor para abordar uma importante questão, ainda desconhecida de muitos estudiosos e

---

[17] XAVIER, Francisco Cândido; JOVIANO, Wanda Amorim; LEMOS NETO, Geraldo (Org.). *Deus conosco*. Ditado pelo espírito de Emmanuel. 4. ed. Belo Horizonte: Vinha de Luz, 2014. p. 45

biógrafos da vida de Chico Xavier. Considerando esse depoimento de Geraldo Lemos Neto, além dos dois anos, aproximadamente, de preparação para a reencarnação de Emmanuel no início deste século, o biógrafo Adelino da Silveira registrou, em obra de sua autoria, um outro momento no qual o espírito Emmanuel teria se afastado e sido substituído, temporariamente, na condução e orientação do médium Chico Xavier:

> "Contou-nos o Chico que, durante a segunda guerra mundial (ele se lembra que a França ainda não havia sido invadida), Estêvão (do livro 'Paulo e Estêvão') pediu a Emmanuel para proteger uns amigos dele que viviam na Grécia. Emmanuel, então, se ausenta durante dois anos, aproximadamente, deixando, para substitui-lo, o espírito de Nathanael" (SILVEIRA, 1987, p. 43).[18]

O próprio Adelino da Silveira propõe, na obra referenciada, o questionamento de quem seria Nathanael para substituir Emmanuel em tão gigantesca tarefa. Segundo o biógrafo Ranieri,[19] Chico teria afirmado que Nathanael (há indícios de ser o mesmo espírito), em uma de suas existências, teria vivido na Grécia ao tempo de Sócrates e que, naquele momento, também ocupava a função de guia espiritual do Estado do Rio Grande do Sul, o que nos leva a concluir que o espírito Emmanuel, desde quando assumiu a direção das faculdades mediúnicas de Chico Xavier, oficialmente, a partir de 1931, se afastou dessa função por apenas dois momentos: por alguns anos, durante a II grande guerra mundial, no socorro aos irmãos ligados espiritualmente ao espírito Estêvão, e no final do século passado, para se preparar para a sua reencarnação, vindo a renascer no ano 2000, como atestou Chico Xavier a alguns de seus amigos.

---

[18] SILVEIRA, Adelino da. *Chico, de Francisco.* São Paulo, CEU, 1987. p. 43.
[19] RANIERI, 1976, p. 84-85.

Em 2014, quando estive na cidade de Votuporanga, no Estado de São Paulo, um dos diretores da Didier Editora, o amigo Divaldinho Matos, confirmou o que já havia dito no programa *Fantástico*, exibido no dia 12 de setembro de 2010: numa conversa na casa de Chico, em Uberaba, o médium afirmara, categoricamente, que o espírito Emmanuel iria reencarnar no Estado de São Paulo e que iria agir no campo da educação. E completou: *"Quem sabia aonde estava reencarnado Emmanuel? Somente Francisco Cândido Xavier!"*.

O biógrafo uberabense Carlos Antônio Baccelli, em seus 25 anos de estreita convivência com o médium do *Parnaso*, numa parceria que rendeu 10 obras psicografadas, não cansava de dizer o que o Chico já falava frequentemente entre os seus amigos:

Divaldinho Mattos falando sobre a reencarnação de Emmanuel no programa *Fantástico*, da TV Globo, exibido em 12 de setembro de 2010. (Do vídeo *A reencarnação de Emmanuel em SP – Comentado por Chico Xavier, Divaldo Franco e outros* | *YouTube*)

"Chico sempre nos dizia que quando ele estivesse para desencarnar que Emmanuel reencarnaria com a finalidade de dar sequência ao trabalho iniciado por ambos – chegava a gracejar, afirmando que as suas posições, então, se inverteriam: Emmanuel na condição de médium e ele, Chico, na de espírito protetor: 'Aí, Chico, você verá o quanto é difícil ser espírito guia de médium na Terra!'. Ao que Chico respondia: 'E o senhor verá quanto é difícil ser médium de espírito guia na Terra!'. Noutras ocasiões, Chico dizia que Emmanuel atuaria no campo da educação e que, talvez, mais tarde, fosse para o Senado. Enfim, as referências de Chico à futura reencarnação de Emmanuel eram sempre constantes, mas que eu tivesse presenciado ele nunca chegou a precisar data para que tal acontecesse. No entanto, uns dois anos antes da desencarnação de Chico, que ocorreu em 30 de junho de 2002, Emmanuel cessou de escrever por ele – que eu soubesse, não houve mais a psicografia de uma única página atribuída ao espírito de Emmanuel" (DEPOIMENTO de 10/01/2016).[20]

É bom ressaltar que a preocupação do Chico não era apenas sobre os supostos "Emmanueis" que poderiam surgir após sua desencarnação, mesmo porque, em vida, foram vários os que surgiram e desapareceram. Um desses, especialmente, o deixou profundamente chateado, pois sua obra foi lançada pela UEM, em 1999.[21]

---

[20] Depoimento encaminhando por e-mail no dia 10/01/2016.

[21] Chico Xavier sempre manteve um vínculo estreito com a UEM, notadamente quando esta esteve sob a presidência de Maria Philomena Aluotto Berutto, carinhosamente chamada D. Neném, por 33 anos, e sob a secretaria de seu inseparável amigo José Martins Peralva Sobrinho. Em 1995, D. Neném sofreu um grave AVC e se afastou da presidência, e em 1998 Martins Peralva sofreu uma queda, impossibilitando-o de abraçar mais amplas tarefas doutrinárias. Seus substitutos na direção da federativa não tiveram o mesmo cuidado e zelo para com as obras editadas por seu departamento editorial e publicaram, inadvertidamente, o livro apócrifo, o que muito entristeceu Chico Xavier. A atual direção não apoia e nem edita mais tais títulos.

É o que nos relata o companheiro de ideal Geraldo Lemos Neto, um dos ex-diretores da federativa mineira nos tempos de D. Neném e Martins Peralva, e um dos primeiros a levantar publicamente a delicada questão das supostas comunicações do espírito Emmanuel depois da desencarnação de Chico Xavier, afirmando, inclusive, que o tão falado código instituído pelo próprio médium poderia ter sido mencionado com algumas pessoas mais próximas em função desse grave episódio:

"O assunto é grave e requer o nosso esclarecimento. As últimas comunicações escritas do espírito Emmanuel através de Chico Xavier foram dadas em finais de 1996. E o Chico afirmou na ocasião que a partir daquela data o espírito Emmanuel não mais se responsabilizaria pelo papel de guia espiritual de suas faculdades mediúnicas, tendo sido substituído por outro espírito da mesma hierarquia espiritual. Segundo Chico, o espírito Emmanuel ascendeu em finais de 1996 ao mundo espiritual superior para se preparar, ele mesmo, por um período de cerca de 2 a 3 anos, para a sua própria reencarnação. De fato, Chico Xavier confirmou a reencarnação de seu benfeitor, tendo ele renascido no interior do Estado de São Paulo, no ano 2000. O Eurípedes Humberto Higino dos Reis, em depoimento gravado no IV Encontro Nacional dos Amigos de Chico Xavier e sua Obra, em Belo Horizonte, em outubro de 2011, afirmou, inclusive, que Chico Xavier teve o bebezinho Emmanuel nos próprios braços. É totalmente falsa a informação de que Chico Xavier teria avaliado a mediunidade de um senhor de Minas Gerais, atestando que Emmanuel escreveria através dele. O nosso companheiro Jarbas Leone Varanda, na época presidente da Aliança Municipal Espírita de Uberaba, e que a pedido do tal médium o havia levado até ao Chico, desmentiu o alegado 'aval' do Chico às tais psicografias, informando que a fala de Chico teria sido apenas esta: 'Vocês me ajudem, pelo amor de Deus!'. Ora, para bom entendedor das coisas de Chico Xavier essa frase era um pedido de socorro e nunca um aval! Foi uma respeitosa negativa para não ferir as suscetibilidades de ninguém. Esse alegado aval de Chico a esse médium, portanto, nunca ocorreu. Isso pode ser confirmado com qualquer dos amigos próximos de Chico Xavier em Uberaba, São Paulo, Pedro Leopoldo, Campos ou Rio de Janeiro, como, por exemplo, D. Nena Galves e seu marido Francisco Galves, Caio Ramacciotti, Eurípedes Humberto Higino dos Reis, Rubens Germinhasi, Osvaldo Godoy Bueno, Marlene Nobre, Jhon Harley, Wanda Amorim Joviano, Suzana Maia Mousinho e Maria Idê Cassaño Mousinho, Carlos e Márcia Baccelli, dentre outros. É claro que eu me incluo também nesse grupo, porque ouvi do próprio Chico a informação de que Emmanuel reencarnou e que ele, Chico, iria, mais tarde, escrever através de Emmanuel reencarnado. Sobre o livro publicado pela União Espírita Mineira, o que, de fato, aconteceu foi o seguinte: o tal médium influenciou o então candidato a presidente da União Espírita Mineira a publicar naquela casa um livro com a assinatura do suposto espírito Emmanuel – este, inclusive, envolvido com falsas informações espirituais do pretenso Emmanuel, que havia lhe revelado ser ele a reencarnação de Flamínio Severus (o que não poderia ser porque Chico já havia revelado ser outra pessoa). O médium passou, então, a pressionar o presidente da UEM a publicar o tal livro apócrifo. A diretoria da UEM ficou vacilante (quando deveria ter refutado com veemência tal desvio) e solicitou ao então candidato (que nunca havia ido conhecer Chico Xavier em Uberaba – o que era no mínimo estranho para uma suposta reencarnação de Flamínio Severus) –pedir uma palavra de Chico a respeito. Foi arranjado (...) uma visita do então candidato da UEM acompanhado pelo médium (que também não conhecia Chico Xavier) e que estaria supostamente recebendo Emmanuel; visita essa coordenada pelo nosso saudoso Dr. Jarbas Leone Varanda, então presidente da Aliança Municipal Espírita de Uberaba. Segundo relato do próprio Jarbas Leone Varanda, Chico Xavier os recebeu no meio da multidão, sem qualquer contato particular ou especial, e quando os dois mencionaram o fato do médium ter recebido um livro pelo suposto espírito Emmanuel, o Chico abanou a cabeça negativamente, olhou para o Jarbas e disse: 'Vocês me ajudem, pelo amor de Deus!'. Ora, para quem sabe ler um pingo é letra e para quem conheceu, ou conviveu, um pouquinho sequer com Chico Xavier sabe muito bem interpretar essa fala do Chico como um pedido de socorro, uma negativa, embora delicada e humilde, no sentido de que não se endossasse na União Espírita Mineira semelhante aventura espiritual, sem fundamento algum. Pois bem, os dois voltaram de Uberaba afirmando que Chico havia autorizado e endossado o tal livro, e a União Espírita Mineira caiu na armadilha das sombras e editou, inadvertidamente, o tal livro e a partir daí ele somente tem feito dividir o movimento espírita, causando constrangimentos por onde passe.

Quando Chico soube que a UEM havia editado o tal livro, o Jarbas Leone Varanda ficou indignadíssimo e refutou veementemente a tal alegação de que Chico havia autorizado a sua publicação, uma vez que ele estava presente e concluiu exatamente na direção contrária. Quando, enfim, o livro chegou ao conhecimento de Chico Xavier, soubemos que Chico chorou desconsoladamente e chegou a dizer: 'Eu esperava essa traição de muita gente, menos da União Espírita Mineira'. Mais alguns anos se passaram e em 2001 o tal médium, na sede da União Espírita Mineira, ainda 'recebeu' o espírito encarnado de Chico Xavier e o assunto correu o movimento espírita de Belo Horizonte e chegou aos ouvidos do Chico em Uberaba. Foi daí que Chico resolveu então instituir o tal código, pelo qual ele se comunicaria depois de desencarnado, dizendo o seguinte: 'Se este pessoal está fazendo isso comigo ainda no corpo, que não farão depois da minha desencarnação, utilizando-se de meu nome?" (DEPOIMENTO de 24/02/2016).

Além do mais, em todos os anos de sua vida mediúnica, foram muitos os boatos sobre a vida de Chico Xavier que ele teve que ignorar. Foram muitos os que o procuravam querendo respostas e soluções imediatas. Outros buscavam autorização ou mesmo um prefácio de Emmanuel para legitimar uma obra mediúnica. Qualquer palavra e gesto, comentário e atitude, ou mesmo o próprio silêncio de Chico Xavier eram interpretados de acordo com os próprios interesses e conveniência de quem o procurava. É o que podemos observar em uma carta endereçada pelo Chico ao então presidente da FEB Wantuil de Freitas:

"Em qualquer circunstância, na qual o nosso amigo referido ou outros do mesmo setor digam 'Chico falou', 'Chico permitiu', 'Chico quer ou disse', não tomes em consideração. Procede como presidente da instituição venerável que devemos preservar e defender, e não como amigo de Chico Xavier, porque, em Pedro Leopoldo, sou obrigado a sorrir para isso ou aquilo, mas sempre com a certeza de que está firme na austera defesa do patrimônio espírita, resguardando-nos a todos. Infelizmente, meu nome serve para muitos comentários e alegações, e como a tarefa em Pedro Leopoldo me obriga a tratar todos os que me procuram com respeitoso carinho, age com as tuas altas obrigações sem te preocupares com o meu coração, pois importa a Doutrina de Amor que esposamos e não esse ou aquele sentimento de natureza individual (...)" (SCHUBERT, 1986, p. 364-365).[22]

No livro *Chico Xavier – Luz em nossas vidas*, Galves também faz um alerta interessante sobre a questão:

"Chico era muito procurado como conselheiro e formador de opinião. Dentre inúmeras, e as mais diversas situações, levavam páginas ou livros psicografados para que Chico os avaliasse. Inteligentemente, encontrou uma expressão pouco compreendida por aqueles que o procuravam. Chico não dizia 'Não, sua psicografia não é fiel ao mundo espiritual. Esse 'não' desestimularia o médium a continuar na busca da atividade realmente útil e, talvez, até abandonasse a casa espírita. Também

[22] SCHUBERT, 1986, p. 364-365.

não podia dizer um 'sim' quando a leitura das páginas deixava a desejar, e sua divulgação poderia comprometer a verdadeira psicografia do mundo maior! Chico sabiamente encontrou uma expressão mágica: 'Que beleza!'" (GALVES, 2012, p. 31).[23]

No livro *O Evangelho de Chico Xavier*, o biógrafo Carlos Baccelli registrou um belo depoimento do próprio Chico destacando a sua humanidade, porém demonstrando consciência da dimensão que as suas palavras poderiam alcançar no caso do retorno de Emmanuel. Em razão da importância e da gravidade do assunto, além das entrevistas que ficaram registradas nos livros, ele disse, não apenas para uma única pessoa, mas para muitos que tiveram a oportunidade dessa convivência, que:

> "Gente há que diz que eu disse isso ou disse aquilo... Pode ser falso. Reservo para mim o direito de pensar como penso, mas não tenho o direito de sair proclamando tudo. A verdade não tem dono. A minha opinião é a minha opinião; nem sempre Emmanuel está falando pela minha boca... A minha vida foi desapropriada pelos espíritos, mas eu não desencarnei. Agora, tudo que vocês ouvirem atribuído a mim pode ser falso. Tenho meus erros, mas conheço a responsabilidade de quem abre a boca para condenar. Isso é o mínimo que eu poderia ter aprendido com os bons espíritos. Eu nem posso conversar sozinho, falar em voz alta, que todo mundo já recebe isso como uma sentença!... Pelo amor de Deus!..."(BACCELLI, 2000, p. 112).[24]

---

[23] GALVES, 2012, p. 31.
[24] BACCELLI, 2000, p. 112.

Vou contar ao leitor um caso curioso. Numa oportunidade, visitávamos o Chico. Foi na época em que, impossibilitado de ir ao Grupo Espírita da Prece, ele estava recebendo os amigos e visitantes em sua própria residência. Normalmente, ele ficava na copa, em torno de uma mesa. Quando chegamos (eu, minha esposa e filhos), a casa já estava cheia. Sentei-me ao lado dele, quando alguém começou a cantar e a tocar um violão. Um verdadeiro *showman*. A princípio, achei que o objetivo era tocar para alegrar o Chico e o ambiente, contudo comecei a ficar desconfortável por duas razões: a primeira porque me disseram que era um médium que estava permitindo a manifestação de conhecidos artistas desencarnados da música popular brasileira e de cantores internacionais; a segunda porque observei que muitos estavam aplaudindo ao final de cada apresentação, mas o Chico permaneceu imóvel e indiferente. Tudo muito estranho, eu pensei. E pensei também que se o Chico aplaudisse tais "comunicações" eu também aplaudiria! Quando as pessoas pediram a sua aprovação, através do olhar, ele apenas disse: "*Que beleza!*". Até que em um determinado momento o Chico me chamou e disse claramente, próximo ao meu ouvido: "*Esse moço tá doido!*". E deu um daqueles sorrisos seus, característicos, colocando a mão em frente à boca. Naturalmente, o médium estava ali para que o Chico reconhecesse suas faculdades mediúnicas e como o moço estava cada vez mais entusiasmado o Chico usou de um antigo recurso, conforme já mencionado, para dizer que ele precisava se retirar para o quarto, a fim de descansar: "*Eurípedes, está na hora da injeção*". Ou seja, cada um para sua casa, pois a visita acabou.

Pela convivência e conversas que tive com Chico, não tenho dúvida alguma de que Emmanuel se encontra reencarnado para dar continuidade à sua missão. E observo certa curiosidade no meio espírita para saber aonde Emmanuel estaria efetivamente reencarnado, entretanto, qualquer indicação mais específica sobre esse local não passa de mera especulação, mesmo porque se soubéssemos, mais atrapalharíamos do que ajudaríamos.[25] Penso que os benfeitores da Vida Maior irão preservá-lo o máximo possível, evitando uma exposição prematura e preparando-o para a sua difícil e espinhosa missão na Terra.

Gostaria também de reafirmar que na perspectiva histórica que a pesquisa se desenvolve compreendo que não será um simples gesto de uma única pessoa que magicamente transformará a forma de organização social em que vivemos, entretanto, não posso deixar de dizer, baseado na vida e na obra de Chico Xavier, que a coerência entre o falar e o agir, associada ao seu poder de mobilização, pode gerar uma ação coletiva de proporções inimagináveis.

Considero que para reconhecer Emmanuel no futuro precisaremos apenas ficar atentos à recomendação evangélica "Conhece-se a árvore pelos seus frutos".[26] Ou, como dizia Chico, "o exemplo não é a melhor maneira de se convencer alguém de alguma coisa: é a única".

Continuemos atentos e trabalhando para a construção de um mundo mais justo, mais fraterno e mais feliz, pois como sempre afirmava e exemplificava o bom e sábio Xavier "a melhoria do mundo começa em cada um de nós".

---

[25] No dia 22 de dezembro de 2015, em uma inspirada e feliz iniciativa, a FEB publicou nas redes sociais que o próprio Chico afirmara que Emmanuel reencarnou no ano 2000. Cf. em: https://www.facebook.com/febeditora/photos/... . Acesso em: 22 dez. 2015.
[26] Mateus, 12: 33. Bíblia Online. Disponível em: < https://www.bibliaonline.com.br/acf/mt/12/33+>. Acesso em: 2 abr. 2016.

E costumava dar umas risadas bem altas, risadas capazes de espantar pássaros-pretos dos arrozais.

Chico Xavier
por ele mesmo

"Quem és tu? De onde vens? Para onde vais? Pergunto-te porque tens em torno de ti um foco de luz tão maravilhoso, que seus raios parecem penetrar em meu coração, invadindo minha alma. Me faz sentir uma sensação como se eu estivesse sendo transportado para um lugar onde não existe maldade, ganância, ambição. Lá somente existe bondade, caridade e paz. Na pouca cultura que possuo, quando o vejo, sinto dentro de mim como se possuísse uma coisa tão elevada, com tanta cultura e sabedoria, que ainda não consegui definir o que é! Parece-me que não sou mais eu e sim um ser que vem do além, que irradia tanta luz, tanta bondade! Até me faz crer que me tornei bondoso também."

Autor desconhecido

No livro *Chico Xavier e o plantador de cebolas*, o jornalista e publicitário Tharsis Bastos de Barros registra uma pergunta feita ao Chico em 1977. Segundo o jornalista,

"(...) as respostas foram completas, sem contar o sutil 'tapa de pelica' ao abordar de forma tão esclarecedora a questão de sua sexualidade, seu esforço ao vencer as tentações 'animalizantes' e ainda sua condição de pessoa feliz no celibato. Simplesmente

507

Chico Xavier nos anos 1980.
(Acervo: Casa de Chico Xavier)

Chico Xavier e Pedro Garcia, mais conhecido como tio Pedro.
(Acervo: Grupo Espírita da Prece de Chico Xavier)

não me ocorria mais nada a perguntar..." (BASTOS, 2012, p. 124).[1]

Pergunta: Chico Xavier, quem é você?

"Meu caro Tharsis, embora avesso às informações autobiográficas, não posso deixar de me estender um tanto na resposta à questão que a sua bondade suscita. Antes de tudo, rogo as suas desculpas de companheiro uberabense, de distinto jornalista do nosso campo cultural, se vier a parecer pretensioso ou prolixo, o que realmente não desejo.

A pergunta que você me dirige não deixa de ser um tanto estranha, porque sendo eu um cidadão como qualquer outro, pertenço ao gênero humano e não me consta seja de praxe que essa ou aquela pessoa deva explicar quem venha a ser, desde que esteja sempre circulando, qual me acontece, no relacionamento comum.

Mas satisfazendo a sua curiosidade simpática, devo esclarecer ao prezado amigo que sou uma pessoa como tantas outras, com muitos erros na vida e alguns poucos acertos, sempre alimentando o sincero desejo de cumprir minhas obrigações.

Não tenho qualquer privilégio material ou espiritual. No setor da profissão, trabalhei 4 anos numa fábrica de tecidos, outros 4 anos num pequeno armazém, com setores anexos de cozinha e horticultura; e outros 32 anos consecutivos no Ministério da Agricultura, no qual me aposentei na condição

---

[1] BASTOS, Tharsis. *Chico Xavier e o plantador de cebolas*. Uberlândia: Aline Editora e Artes e Artes Gráficas Ltda., 2012. p. 124.

de escriturário, somando, ao todo, 40 anos de trabalho profissional.

Em mediunidade, especialmente na psicografia, completei agora, em 8 de julho do corrente, meio século de atividades ininterruptas.

Psicografei até agora 150 livros, em nos referindo aos livros já publicados, que entreguei, sem qualquer remuneração, às editoras espíritas-cristãs, com o que reconheço estar cumprindo simplesmente um dever. Materialmente, tenho atravessado longos períodos de moléstia física. Sou portador de luxação no olho esquerdo desde muitos anos e, em verdade, tenho recebido muito auxílio dos amigos espirituais nos tratamentos de saúde a que tenho me submetido, mas já passei por cinco cirurgias de grande porte, sempre pelas mãos de médicos cirurgiões humanos e amigos, submetendo-me a instruções médicas e a regimes hospitalares, como sucede a qualquer doente comum. A mediunidade não me deu imunidades contra doenças e tentações naturais da existência humana, porque ainda agora, numa ocorrência natural a qualquer pessoa com 67 janeiros de idade física, sou portador de um processo de angina, que me obriga a tratamento diário muito complexo.

Segundo você mesmo, caro amigo, pode observar, sou uma pessoa demasiadamente comum, sem pretensões a qualquer destaque, que nada fiz por merecer. Devo esclarecer a você que não tenho o privilégio de viver o tempo ao meu dispor, de vez que, como acontece a qualquer pessoa que preza os compromissos, o relógio tem muita importância em minha vida, conquanto me sinta muito feliz quando possa sustentar essa ou aquela conversação com os amigos, o que para mim não é um prazer muito acessível, em virtude das muitas tarefas a que estou vinculado.

Para clarear, tanto quanto possível, a minha resposta à sua pergunta, esclareço que em matéria de estudos tive apenas o curso primário, na cidade de Pedro Leopoldo, onde nasci. Mas, naturalmente, ouvindo instruções com o espírito de Emmanuel e outros espíritos amigos, desde 1927, é impossível que a minha inteligência, mesmo estreita quanto é, não obtivesse alguma evolução e algum aprimoramento em meio século de trabalho espiritual incessante.

Esclareço ainda a você que pertenço, morfologicamente, ao sexo masculino, e qual ocorre com as pessoas que sentem e pensam muito sobre as próprias responsabilidades, psicologicamente, tenho os conflitos naturais, inerentes a essas mesmas pessoas, conflitos esses que procuro asserenar, tanto quanto possível, com o apoio da religião, pois não creio que possamos vencer as nossas tendências inferiores ou animalizantes sem fé em Deus, sem a prática de uma religião que nos controle os impulsos e nos eduque os sentimentos.

Passei por muitas lutas espirituais, desde tenra idade, em matéria de faculdades mediúnicas. Mas com a Doutrina Espírita, em que Allan Kardec explica os ensinamentos de Jesus, há, precisamente, meio século, encontrei nas tarefas espíritas o equilíbrio possível de que eu necessitava para viver e conviver com os meus irmãos em humanidade e para trabalhar como qualquer cidadão que deseja ser útil à sua família e ao seu grupo social.

Informo ainda a você que o trabalho mediúnico foi sempre muito intenso em minha vida, e que conti-

nuo solteiro, sentindo-me feliz nessa condição.
Aproveito ainda o ensejo para dizer ao bom amigo
que sou muito grato aos companheiros e autoridades que se referem, com tanta generosidade e
carinho, ao meio século de serviço mediúnico que
completei agora, mas esclareço a você, meu caro
Tharsis, que se algum apontamento elogioso aparece aqui e ali, esse apontamento pertence ao espírito de Emmanuel, e a outros benfeitores espirituais
que se comunicam por meu intermédio, em minha
condição simples de medianeiro espírita, e que de
mim mesmo não passo de um médium muito falho
em tudo, precisando sempre das preces e das vibrações de apoio das pessoas amigas, espíritas ou não
espíritas, que possam fazer a caridade de orar em
meu favor para que eu possa cumprir o meu dever.
A você, meu caro amigo Tharsis, muito obrigado"
(*Ibidem*, p. 121- 123).[2]

Antes da entrevista, o jornalista pensou em pressionar
Chico sobre questões muito delicadas:

"Lembrei-me das sórdidas piadinhas, ditas à meia-
-boca nas esquinas de Uberaba, sugerindo um lado
homossexual de Chico. Esta seria uma das perguntas que, no meu estilo agressivo, certamente iria fazer ao meu entrevistado, após a sua resposta 'lida'.
Além de uma outra questão que me intrigava: se
Chico era tão doente, por que não se tratava com
os espíritos, tão seus amigos? E mais: se ele realmente tinha apenas o curso primário, como conseguia

---

[2] *Ibidem*, p. 121-123.

escrever e se expressar tão bem fora dos transes mediúnicos??? Minha cabeça fervia... O repórter investigativo ia entrar em ação! (...) Entretanto, meio aturdido com aquelas respostas, restava-me apenas levantar e dar boa noite..." (*Ibidem*, p. 108; 124).[3]

Para fechar o capítulo, duas pérolas de Chico Xavier sobre sua personalidade ímpar:

"Resisti aos impulsos, e não foi fácil! Outro dia, a grande poetisa de Goiânia Cora Coralina dizia a um repórter que os velhos, mesmo os velhos, têm direito a sonhos eróticos. Sonhos maravilhosos!..." (BACCELLI, 2010, p. 191).[4]

"Ah..., mas quem sou eu senão uma formiga, das menores, que anda pela terra cumprindo sua obrigação? Nunca procurei explorar a mediunidade no sentido pecuniário ou mesmo para obtenção de valores ou conquistas que vão além de minha simplicidade (...)" [s.d.t.].

[3] *Ibidem*, p. 108; 124.
[4] BACCELLI, 2010, p. 191.

*Saudade que podemos guardar
no bolso ou tirar do bolso
segundo a nossa vontade:
é a saudade da memória.*

O adeus de Chico Xavier

"Certo dia, pouco antes de desencarnar, disse-me: 'Nena, o que eu ainda faço aqui na Terra? Eu já estou dando muito trabalho e pouco posso produzir, ou nada. Por que estou aqui? Preciso voltar'. Eu disse ao Chico que enquanto ele estivesse sentado em uma cadeira, mesmo sem receber psicografias, o movimento espírita estaria mais tranquilo. 'Você está na Terra por misericórdia a nós e também por sacrifício seu', disse a ele."

Nena Galves

Meu último encontro com Chico Xavier aconteceu, aproximadamente, 30 dias antes de sua desencarnação. Havíamos organizado uma pequena caravana, saindo da cidade de Pedro Leopoldo, e fomos participar da reunião no Grupo Espírita da Prece no sábado, sem nenhuma expectativa da sua presença por entender que ele se encontrava muito debilitado.

Para nossa surpresa e alegria, Chico chegou, praticamente carregado, para a reunião. O médium foi, cuidadosamente, acomodado na cadeira de sempre e começou a rezar o "Pai Nosso". Terminada a oração, ele a repetiu algumas vezes, sem terminá-la, e seus colaboradores perceberam que ele não teria condições de permanecer ali. Chico foi levado sob os nossos olhares de expectativa e de muita tristeza.

Confesso que, a princípio, fiquei muito impressionado e sensibilizado ao ver o Chico naquelas condições – um homem de uma agilidade mental impressionante, mas com o corpo desgastado nos seus 92 anos de idade, denunciando limitações.

E comecei a refletir: se Chico Xavier, com todo o trabalho apresentado em seus 75 anos de dedicação integral a Jesus, não teve qualquer privilégio e estava passando por todas as privações e dificuldades por que passa quase todo idoso, por que nós haveríamos de esperar algum privilégio? Aliás, a fragilidade física decorrente dos seus 92 anos de idade contrastava com a fortaleza e a sabedoria de sua alma.

Tranquilizei-me e orei como nunca, agradecendo a Deus pela oportunidade de ter conhecido um legítimo representante do Evangelho de Jesus entre os homens.

No livro *Nossos momentos com Chico Xavier, o homem chamado amor*, Bueno registra que um mês antes da desencarnação de Chico também esteve em sua casa em Uberaba e ele assim se expressou:

"A missão está cumprida. Estou aguardando as ordens do Pai. Não posso pedir para ir nem para ficar; espero as determinações do Pai. Mais um pouco e não estarei mais de corpo presente entre vocês, mas eu não vou deixar de estar junto dos meus amigos, não vou abandonar o nosso Eurípedes. Mas de uma coisa vocês estejam certos: quando eu partir, muitos vão dizer estar recebendo Chico Xavier. Não sou eu (*sic*)! Não sou eu (*sic*)! Vou dar um descanso para o lápis, vou aguardar um pouco, um pouco mais para trazer mensagens, porque elas já estão aí. O povo pode ler tudo que já foi escrito e temos muita coisa para aprender ainda" (BUENO, 2007, p. 105).[1]

No dia 30 de junho de 2002, por volta das 20h00, estava em minha residência, na cidade de Pedro Leopoldo, quando recebi uma ligação de Uberaba informando sobre a desencarnação de Chico Xavier, devido a uma parada cardíaca, por volta das 19h20. Eu estava na sala, assistindo o programa *Fantástico*. Comuniquei à minha esposa o ocorrido e fui para o meu quarto com a sensação de ter perdido um familiar muito querido. Chorei copiosamente, mesmo porque, além desse episódio, nesse mesmo ano eu passava por uma crise existencial sem precedentes, como já mencionado.

Fui informado de que o velório aconteceria no dia 2 de julho (uma terça-feira), às 17h00, no Cemitério São João Batista, em Uberaba, e recebendo um convite da Câmara Municipal de Pedro Leopoldo integrei a caravana de pedro-leopoldenses que iria levar a Chico o último adeus de seus conterrâneos. Foram momentos de muito sofrimento e muita dor, e pudemos testemunhar o grande número de pessoas que foram prestar as últimas homenagens ao maior brasileiro de todos os tempos. Muitas, como em um coro, cantavam: *"Chico, eu te amo"*. Eram pessoas de todas as camadas sociais, em estado de luto, como se também tivessem perdido um familiar muito querido.

Contrastando com a alegria da vitória conquistada pela Seleção Brasileira de Futebol em seu pentacampeonato, o cortejo saiu do Grupo Espírita da Prece acompanhando o corpo de Chico, transladado por um carro aberto do Corpo de Bombeiros, seguido por uma multidão de fãs e de admiradores. No percurso, integrantes da Polícia Rodoviária

---

[1] BUENO, 2007, p. 105.

Federal, usando um helicóptero, lançaram pétalas de rosas como reconhecimento aos seus 92 anos dedicados ao bem do semelhante. No dia 8 de julho de 2002, Chico completaria 75 anos de exercício na mediunidade com Jesus.[2] A sensação que tive depois do sepultamento de Chico Xavier foi quase a mesma expressada por Eurípedes Humberto Higino dos Reis em uma entrevista, ao descrever a dor que sentira quando saiu do cemitério e foi para casa – a intensa dor da solidão. Mas era preciso caminhar com as nossas próprias pernas. Afinal, a vida continuava.

No livro *Chico Xavier – Apóstolo do Brasil*, o companheiro de ideal Ariston Teles faz uma pergunta a Eurípedes sobre os últimos momentos de Chico Xavier, e se houve sinais indicando que sua desencarnação estava próxima:

> "Sinais nítidos, embora não tenhamos tido condições de perceber. Citemos cinco acontecimentos que só depois brotaram de nossa memória. Na quinta-feira, Chico fez absoluta questão de participar do jantar que oferecemos habitualmente à comunidade carente, atividade da qual há muito tempo não participava. Na sexta-feira, pediu-me para passear pelas principais vias de Uberaba. Conversava alegremente, elogiando a cidade e seus habitantes. No sábado, véspera de sua partida, embora o tempo estivesse chuvoso e sua saúde fragilizada, pediu para comparecer à reunião pública do Gru-

[2] Quando realizamos o *I Encontro Nacional dos Amigos de Chico Xavier e sua Obra*, na cidade de Uberaba, em 2008, portanto, 6 anos depois de sua desencarnação, ao reunir muitos amigos que tiveram a oportunidade de conviver com ele sentimos que a emoção estava à flor da pele. Foi um encontro de muitas alegrias e recordações. Dias depois do evento, recebi um e-mail de um militante do nosso movimento em Juiz de Fora dizendo que nós, espíritas, estávamos endeusando Chico Xavier. Eu apenas respondi perguntando se ele já havia perdido um familiar muito querido, se ele entendia que o que aconteceu em Uberaba foi simplesmente a expressão de uma saudade muito grande, nada mais que isso.

Uma multidão acompanhou o corpo de Chico Xavier rumo ao Cemitério
São João Batista, no dia 2 de julho de 2002. (Acervo: Casa de Chico Xavier)

O autor e sua mãe Arlete no velório de Chico Xavier, atrás, à direita de Sérgio Luiz
Ferreira Gonçalves, sobrinho-neto do médium, com sua filha Sarita, e Netinho.
(Acervo: Casa de Chico Xavier)

po da Prece, fazendo questão de dizer que aquele encontro para ele, naquela noite, tinha um caráter especial. No domingo, por volta das nove horas, solicitou a presença do barbeiro Sidnei. Queria fazer a barba. Dona Dinorá ligou e Sidnei disse que só poderia atender à tarde. Chico respondeu que tinha pressa: 'Se não for logo, não dá tempo'. Outro sinal: oito dias antes estava conosco o ator Lúcio Mauro. No momento da despedida, Chico disse: 'Vou desencarnar num dia em que todo o país estiver em festa'. Exatamente! No dia 30 de junho de 2002, enquanto o povo brasileiro mergulhava nas alegrias do pentacampeonato no Japão, Chico foi para o seu quarto, declinou o corpo em seu leito, fechou os olhos em estado de prece e voltou definitivamente para o mundo espiritual. Seu semblante era sereno como o de uma flor em pleno amanhecer" (REIS; TELES, 2010, p. 128-129).[3]

No livro intitulado *Uma vida com Chico Xavier*, Eurípedes registra a descrição do último dia de trabalho de Chico na Vila do Pássaro Preto, que sempre acontecia no sábado à tarde, e no Grupo Espírita da Prece, no sábado à noite. As companheiras Neuza Aparecida de Assis (Donda) e Sebastiana da Silva Fernandes (Tana), trabalhadoras da casa espírita, relataram com muita sensibilidade as últimas horas de Chico Xavier nesta existência:

"Mais um sábado de luz: 29/06/2002. Estávamos todos a postos para mais uma realização do culto do Evangelho (peregrinação) de sábado às qua-

---

[3] REIS; TELES, 2010, p. 128-129.

torze horas (14:00). Nesse dia, a movimentação estava diferente. Alguns companheiros pareciam preocupados em relação ao horário, já extrapolado do previsto. Ficamos em número bem reduzido e continuamos à espera do nosso Eurípedes. Já havia tempo que Chico não participava do nosso culto. Dia frio, mas o calor humano aqueceu nossas almas, quando o carro de Eurípedes adentrou, cuidadoso, para bem perto das banquetas azuis do arvoredo sagrado, o abacateiro. Nessa hora, a emoção tomou conta do ambiente. A comoção foi geral. Todos nós, salientados pela grande presença, observamos a alegria do Amigo, o grande Irmão. O evangelho foi escolhido por Chico, que revisava tudo com seu olhar angelical. Breve comentário foi feito por uma de nossas companheiras. Para agilizar e ganhar tempo, o nosso Chico pediu a uma irmã da casa que fizesse a prece. Nas palavras dessa nossa irmã, o nosso Chico, mediunizado, anunciou que quem havia feito a prece foi Dona Carmem Higino, mãe de nosso Eurípedes. Vejamos a grandeza desse toque final. Em seguida, houve a distribuição de pães e brinquedos. Chico, com sua mão abençoada e estendida a todos os irmãos da fila, fez com que a alegria contagiasse aqueles corações que tanto o aguardavam. Sua atenção foi especial àquelas mães que há longo tempo tinham a felicidade daquela presença amiga, dizendo: 'Fulana, você está bem, está tão bem! Que beleza!'. Seu olhar, olhar vivo, percorria todo o ambiente. Aquela tarde foi magistral! De cada mão tocada, ele lembrava os respectivos nomes. Em todo canto, minava o amor. No olhar de todos os presentes só um olhar e todos na mesma direção!... Eurípedes, com sua presteza, continuou fiel ao trabalho e a todos nós. Obrigado, amigo! Nem o penta brasileiro foi lembrado. O pão foi entregue e esquecido por muitos. A alegria inundou aquelas horas tão preciosas! Naquele momento, com duas palavras, o coro vibrava com grande intensidade: Tio Chico!... De novo, a uma só voz: Tio Chico! Não é fácil dizer isso para o Eurípedes, mas a saudade pede revisão... as lembranças daquele dia 29/06/2002. Foi uma festa de abraços. Fortalecidos por aquelas horas bem vividas, ficamos esperançosos, pois ainda tínhamos a expectativa de mais uma vez contar com Chico às dezenove horas e trinta minutos do mesmo sábado. E isso se deu, graças a Deus! Ele, com muita firmeza espiritual, chegando à Casa da Prece, animou todos os corações que ali se encontravam, e a festa continuou: Evangelho, dissertação, prece, ânimo total! A mesa composta pelos nossos irmãos de costume estava clara, pois todos vibravam no mesmo tom. No rosto de cada um estava o brilho da alegria. Até então não sabíamos que tudo aquilo seria a despedida do corpo físico. Agora, o tempo nos mostrou que ele trabalha muito no silêncio e muito mais naqueles corações que recebem espiritualmente o seu auxílio quando dizem o seu nome. Assim amigos, irmãos, vamos deixar que outros corações falem mais do nosso grande amigo Xavier!... A fila de sábado à tarde bate palmas, cantam *(sic)* versos e fazem *(sic)* músicas a seu respeito. Isso é maravilhoso. Com Chico, é preciso sentir, examinar e valorizar" (REIS; TELES, 2010, p. 120-121).[4]

---

[4] REIS, TELES, 2010, p. 120-121.

Na *Revista Chico Xavier* há um artigo de autoria de Maria Elisa Dias, com o relato do último dia de Chico Xavier, o dia 30 de junho de 2002:

"Quanta emoção falar sobre Chico Xavier! Parece fácil, sobretudo quando nos vêm à mente aquelas tardes de domingo em (*sic*) que passávamos a seu lado. Eram tardes cheias de lição de vida e aprendizado, que enriqueciam nossa alma e nosso coração com tanta vibração de amor, sabedoria e grandeza daquele ser que distribuía conosco toda uma vivência de dedicação, desprendimento e renúncia em favor do próximo.

Quanta saudade!

Quantas lembranças daquele domingo festivo para todo brasileiro – 30 de junho de 2002.

Fogos iluminavam a Terra. Músicas, danças, carros com suas buzinas ensurdecedoras iam e vinham pelas ruas e avenidas de toda a cidade. Gritos de alegria enchiam o ar!

Cheguei mais uma vez à sua casa ansiosa para dividir com ele mais um dia de encantamento.

Encontrei-o repousando, mas acordado e feliz.

Comentei com ele tudo que vi e presenciei durante o percurso de minha casa até a sua.

Ele, com seu sorriso fraterno, saudou-me, dizendo:

– 'Eu não disse que não precisávamos nos preocupar, que a vitória era nossa?!?'

Comentei com ele como o país festeja a vitória.

Perguntei-lhe se gostaria de ver pela televisão como estavam as comemorações. Com seu consentimento, e ajuda de uma companheira, levei-o para sala e liguei a TV. Ali ficamos assistindo e rindo dos exageros próprios do nosso povo tão alegre, descontraído e exagerado em comemorações tão esperadas

525

Mausoléu de Chico Xavier no Cemitério São João Batista – Quadra O, nº 623.
(Acervo pessoal)

Aspecto do interior do mausoléu de Chico Xavier no Cemitério São João Batista.
(Acervo pessoal)

como aquela. Preocupava-me seu olhar, às vezes 'longe', mas tranquilo.

A tarde continuava ensolarada, alegre e barulhenta. Eurípedes entra na sala dizendo que iria dar uma volta e que logo logo retornaria. Abraça Chico, que segura suas duas mãos junto ao coração, suspira fundo, mas nada diz. Seu olhar é doce, retendo ainda mais as mãos de Eurípedes com muito amor e carinho transbordando do seu olhar, como (talvez) um agradecimento ou despedida. Não entendemos nada. A emoção tomou conta de nossos corações. Eurípedes, ansioso e emocionado, com muito afeto, diz:

– 'Está tudo bem, Chico, eu volto logo'.

Confesso que gostaria de ter facilidade para descrever tão lindo e emocionante momento de carinho e amor exalados naquele instante.

Dez anos se passaram. Até hoje revivo aquela cena de tamanha beleza, tentando encontrar resposta para nossos questionamentos. Despedida? Agradecimento? Chico era profundamente agradecido a tudo e a todos. E as lembranças sempre estão vivas em nossos corações" (REVISTA CHICO XAVIER, 2012, p. 23).

A notícia se espalhou rapidamente. Emissoras de televisão e rádio noticiaram em caráter extraordinário – surpresa e perplexidade para o povo brasileiro, tristeza e sofrimento para aqueles que tiveram o privilégio e a responsabilidade da convivência. Chico Xavier havia pedido que respeitassem as 48 horas até o sepultamento, talvez imaginando, e antecipando, o desejo de milhares de brasileiros de dar-lhe o último adeus e de agradecer-lhe por tamanha dedicação.

Aonde essa garça vai pousar novamente? Só Deus sabe.

"A minha vida dediquei: à minha mediunidade, à minha família, aos meus amigos, ao povo. A minha morte me pertence. Meu corpo deve voltar para a terra e não deve ser tocado (...)" (s.d.t.).

"E Chico Xavier, simples e bom, qual uma fonte cristalina que corre no coração da terra dessedentando glebas áridas, vai distribuindo consolo e alegria, fé e coragem... A sua presença é uma lição viva de amor, de perseverança e de luz, concitando-nos a seguir o caminho do bem. O seu exemplo é semente germinando mundo afora..." (BACCELLI, 1987, p. 110).[5]

"Ele é o símbolo da paz. Sua vida tem sido dedicada a dar paz aos que estão aflitos, a dar conselhos aos que estão desesperados, a dar força aos que estão enfraquecidos. Perto dele, você sente um perfume da paz. E paz tem perfume? Não sei. Só sei que, quando ele chega, um perfume toma conta da sala. E quando ele começa a falar a paz toma conta da gente – Autor desconhecido" (*Ibidem*, p. 112).[6]

"Uma célebre escritora espiritualista disse que para cristificar-se tem o homem de crucificar-se. Grande verdade! Ninguém se ilumina sem renúncia e trabalho sem se consumir na cruz do devotamento" (BACCELLI, *loc. cit.*).[7]

---

[5] BACCELLI, 1987, p. 110.
[6] *Ibidem*, p. 110.
[7] BACCELLI, *loc. cit.*

Detalhe do interior do mausoléu de Chico Xavier no Cemitério São João Batista.
(Acervo pessoal)

Detalhe do interior do mausoléu de Chico Xavier no Cemitério São João Batista.
(Acervo pessoal)

Dentre os muitos depoimentos de amigos sobre a desencarnação de Chico Xavier, destaco o de Marlene Nobre, quando, com uma linguagem metafórica e muita sensibilidade, assim se expressou:

"No peito do médium-herói, brilham cinco estrelas:

• venceu a corrida com barreiras – suplantou a pobreza, as torturas físicas e mentais, o abandono de corações queridos.

• Venceu o salto triplo – com a fidelidade às tarefas mais humildes, sobrepujou as tentações do sexo, do dinheiro e do poder.

• Venceu a maratona – trabalhou cerca de 75 anos na mediunidade; suas mãos de luz receberam mais de 400 livros, milhares de páginas consoladoras, sem receber um centavo de direitos autorais.

• Venceu o arremesso de dardos – esparziu amor, neutralizando todo o ódio.

• Foi campeão de bondade e humildade – recebeu, finalmente, a Medalha da Paz" (NOBRE, 2014, p. 418-419).[8]

Essa homenagem de Marlene Nobre me fez recordar de uma mensagem psicografada pelo próprio Chico, intitulada "Desportos", que está inserida no livro *Estude e viva*:

---

[8] NOBRE, 2014, p. 418-419. O depoimento de Marlene Nobre é especialmente expressivo para mim na qualidade de professor há 33 anos na área da Educação Física escolar.

Chico Xavier, o Cisco de Deus.
(Acervo: Casa de Chico Xavier)

"Se há esportes que auxiliam o corpo, há esportes
que ajudam a alma.
A marcha do dever retamente cumprido.
A regata de suor no trabalho.
O exercício do devotamento ao estudo.
O salto do esforço, acima dos obstáculos.
A maratona das boas obras.
O torneio da gentileza.
O mergulho no silêncio diante da injúria.
O nado da paciência nas horas difíceis.
A ginástica da tolerância perante as ofensas.
O voo do pensamento às esferas superiores.
A demonstração de resistência moral nas provas de
cada dia.
Todos esses desportos do espírito podem ser prati-
cados em todas as idades e condições. E creia que
qualquer campeonato, num deles, será prêmio de
luz em seu coração, a brilhar para sempre
– André Luiz" (XAVIER; VIEIRA, 2010, p. 86).[9]

De fato, sem nenhuma intenção de mitificar a figura
humana de Chico Xavier, diria que ele fez além do que havia sido programado pelos benfeitores espirituais. Ele foi um
"atleta" do Cristo.

Chico, antes de psicografar suas obras, preparou seus
leitores através dos próprios exemplos, numa vida inteira dedicada a Jesus – amando, perdoando e servindo. Foi um ser
humano que deu tanto sentido à sua humanidade que parecia diferente. Viveu intensa e amorosamente. Foi um homem
de bem com a vida, com seus semelhantes e consigo mesmo.
Um homem que viveu no futuro do seu tempo e da sua raça.

[9] XAVIER, Francisco Cândido; VIEIRA, Waldo. *Estude e viva*. Ditado pelos espíritos Emmanuel e
André Luiz. 13. ed. Rio de Janeiro: FEB, 2010. p. 86.

Um homem chamado Chico Amor Xavier. Ou simplesmente Chico, Cisco... O cisco de Deus.

O maior arrependimento de Chico

> "(...) – 'Chico, você se arrepende de alguma coisa?'
> – perguntou a ele quem eu já não me lembro mais.
> Parando a caneta sobre os livros que autografava na madrugada, olhou-nos e respondeu:
> – 'Ah, sim, arrependo-me de não ter amado mais, porque é só amor o que a gente deixa sobre este mundo!' (...)" (BACCELLI, 2011, p. 230).[10]

Amigo leitor, confesso que fiquei surpreso e, de certa forma, assustado quando Chico disse que se arrependia de não ter amado mais. Que homem é esse? Parafraseando o biógrafo uberabense Carlos Baccelli, diria que Chico Xavier não foi um anjo exercendo o papel de um homem, mas um homem, do mundo e no mundo, exercendo o papel de um anjo.

Para nos ajudar numa reflexão para a nossa própria vida, segue o poema do pediatra poeta Luiz Alberto Mussa Tavares, trabalhador da Escola Jesus Cristo de Campos dos Goytacazes, no Estado do Rio de Janeiro:

Muito tarde

Muito tarde se percebe
Que se desprezou a chance,
Que não se fez o que pôde,
Que não se seguiu adiante...

---

[10] BACCELLI, 2011, p. 230.

Muito tarde é que se nota
O quanto se foi mesquinho,
De comportamento tolo,
De gesto deselegante...

Muito tarde se conclui
Que havia uma outra saída
Mais fácil e um outro caminho
Muito mais interessante...

Muito tarde se confessa
A culpa desnecessária,
O choro feito de erros,
O remorso castigante...

Muito tarde se avalia
A palavra inoportuna,
O gesto destemperado,
A atitude ignorante...

Muito tarde, muito tarde
A letra fora de hora,
O verbo fora do tempo,
O efeito desconcertante...

Muito tarde é que se sente
Que não se amou o suficiente...
Muito tarde é que se vê
Que não se amou o bastante..."

Luiz Alberto Mussa Tavares[11]

---

[11] Filho do escritor e orador espírita Clóvis Tavares, fundador da Escola Jesus Cristo de Campos, RJ. Poema disponível em: <http://quasepoesia.blogspot.com>. Acesso em: 2 abr. 2016.

"O espírita deveria ser mais preocupado com a sua própria necessidade de
iluminação."

Chico Xavier

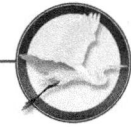

Referências bibliográficas

a) Geral

AGUIAR, Sebastião. *Chico Xavier*, um doce olhar para o além. São Paulo: Editora Globo, 2010.

ALVES, Elifas. *Chico* — As origens. São Paulo: Editora Aliança, 2015.

ALVES, Nereu Nice de Sousa. *Acervo da Comunhão Espírita Cristã*. Uberaba: 2016, Rua Eurípedes Barsanulfo, 185.

ANÔNIMO, Autor. Chico Xavier: você. *In*: BACCELLI, Carlos Antônio. *Chico Xavier – Mediunidade e vida*. São Paulo: Ideal, 1996. p. 127).

A Notícia. Rio de Janeiro, [s.d.], 1958. [s.d.t.].

ARANTES, Hércio Marcos Cintra (Org.). *Notáveis reportagens com Chico Xavier*. Araras: IDE, 2002.

BACCELLI, Carlos Antônio. *A trajetória de um médium*. Uberaba: Editora LEEPP, 2011.

BACCELLI, Carlos Antônio. *As bênçãos de Chico Xavier*. São Paulo: Editora Didier, 1998.

BACCELLI, Carlos Antônio. *Chico Xavier à sombra do abacateiro*. São Paulo: Ideal, 1986.

BACCELLI, Carlos Antônio. *Chico Xavier com você*. 2. ed. Belo Horizonte: Vinha de Luz, 2013.

BACCELLI, Carlos Antônio. *Chico e Emmanuel*. 5. ed. Votuporanga: Editora Didier, 2013.

BACCELLI, Carlos Antônio. *Chico Xavier responde*. Ditado pelo espírito Francisco Cândido Xavier. Uberaba: LEEPP, 2007.

BACCELLI, Carlos Antônio. *Chico Xavier — Mediunidade e ação*. São Paulo: Ideal, 1991.

BACCELLI, Carlos Antônio. *Chico Xavier — Mediunidade e coração*. São Paulo: Ideal, 1985.

BACCELLI, Carlos Antônio. *Chico Xavier — Mediunidade e luz*. São Paulo: Ideal, 1989.

BACCELLI, Carlos Antônio. *Chico Xavier — Mediunidade e vida*. São Paulo: Ideal, 1987.

BACCELLI, Carlos Antônio. *O espiritismo em Uberaba*. Uberaba: Prefeitura Municipal de Uberaba, 1987.

BACCELLI, Carlos Antônio. *O Evangelho de Chico Xavier*. Votuporanga: Editora Didier, 2000.

BACCELLI, Carlos Antônio. *Chico Xavier — O médium dos pés descalços*. Belo Horizonte: Vinha de Luz Editora, 2011.

BACCELLI, Carlos Antônio. *100 anos de Chico Xavier — Fenômeno humano e mediúnico*. Uberaba: LEEPP, 2010.

BACCELLI, Márcia Queiroz Silva. *Cartas de Chico Xavier*. Uberaba: LEEPP, 2005.

BARBOSA, Elias. *Acervo pessoal (in memoriam)*. Uberaba: 2016, Av. Terezinha Campos Waack, s/n.

BARBOSA, Elias. *No mundo de Chico Xavier*. 9. ed. Araras: IDE, 1997.

BARSANTE, Sylvia de Almeida. *Presença de Chico Xavier em Araxá*. Belo Horizonte: UEM, 1987.

Basílica de São Geraldo, Curvelo. Disponível em: <estradasnope.blogspot.com.br.>. Acesso em: 4 set. 2015.

BASTOS, Tharsis. *Chico Xavier e o plantador de cebolas*. Uberlândia: Aline Editora e Artes e Artes Gráficas Ltda., 2012.

BUENO, Oswaldo Godoy. *Nossos momentos com Chico Xavier – O homem chamado amor.* São Paulo: Ideal, 2007.

CARVALHO, M. J. *(mjorgecarvalho@uol.com.br) O caso da minha perna* [mensagem pessoal]. Mensagem recebida por tomtommadureira@yahoo.com.br em 16 out. 2015.

CASA DE CHICO XAVIER. *Acervo iconográfico e documental.* Pedro Leopoldo: 2016, Rua Pedro José da Silva, 67.

CASA DE MEMÓRIAS E LEMBRANÇAS CHICO XAVIER. *Acervo iconográfico e documental.* Uberaba: 2016, Rua Dom Pedro I, 165.

CASTRO, Oswaldo de. *Notáveis casos de Chico Xavier.* São Bernardo do Campo: GEEM, 2015.

Centro Espírita Amor ao Próximo, Leopoldina. *Jornal O Vigilante Online.* Disponível em: <http://ovigilanteonline.com/centro-espirita-amor-ao--proximo-de-leopoldina-comemora-110-anos-em-junho/>. Acesso em: 4 set. 2015.

Centro Espírita Anjo Gabriel, Muriaé. Disponível em: <http://ceag1948.blogspot.com.br/p/presenca-de-chico-xavier-em-muriae.html>. Acesso em: 4 set. 2015.

Centro Espírita Augusto Silva (Centro Espírita de Lavras). *AME-Lavras.* Disponível em: <http://amelavras.webnode.com.br/products/centro-espirita--augusto-silva/>. Acesso em: 4 set. 2015.

Grupo Espírita Paz, Conselheiro Lafaiete. Disponível em: <http://grupoespiritapaz.com.br>. Acesso em: 4 set. 2015.

Centro Espírita Luz e Caridade, Monte Carmelo. Disponível em: <http://jornalespiritamontecarmelo.blogspot.com.br/>. Acesso em: 4 set. 2015.

Centro Espírita Luz e Caridade, Monte Carmelo. Disponível em: <http://ismaelgobbo.blogspot.com.br/2012/08/focalizando-o-trabalhador-espirita-154.html>. Acesso em: 4 set. 2015.

Cidade de Juiz de Fora. Disponível em: <http://images.comunidades.net/jui/juizdeforasempre/Juiz_de_Fora_antiga_Av._Getulio_Vargas_1942.jpg>. Acesso em: 4 set. 2015.

Chico Xavier, Araxá. *Centro Espírita Francisco Caixeta*. Disponível em: <http://www.vinhadeluz.com.br/site/noticia.php?id=933>. Acesso em: 4 set. 2015.

Chico Xavier, Ituiutaba. Disponível em: <http://estreladamanhaespiritismo.blogspot.com.br/>. Acesso em: 4 set. 2015.

Chico Xavier no programa Pinga-Fogo em 1971. Disponível em: <www.youtube.com/watch?v=SrPGMVSbXY8>. Acesso em: 4 set. 2015.

Chico Xavier, Sacramento. Disponível em: <http://www.vinhadeluz.com.br/site/noticia.php?id=414>. Acesso em: 4 set. 2015.

COMUNIDADE ESPÍRITA A CASA DO CAMINHO. *Acervo iconográfico e documental*. Juiz de Fora: 2016, Rua Almirante Barroso, 139.

Comunidade Espírita A Casa do Caminho. Disponível em: <http://isabelsalomao.com.br/fotos/>. Acesso em: 4 set. 2015.

CORDEIRO, Oswaldo. *Chico Xavier – Pequenas histórias, um grande homem*. 2. ed. Uberaba: LEEP, 2010.

COSTA E SILVA, Luciano Napoleão da. *Chico Xavier – O mineiro do século*. Bragança Paulista: Lachâtre, 2004.

COSTA E SILVA, Luciano Napoleão da. *Nosso amigo Chico Xavier*. 8. ed. São Paulo: Editora Alf, 1997.

DEMARCHI, Antônio. *Nas bênçãos de Chico Xavier*. São Paulo: Intelítera Editora, 2015.

Divaldinho Mattos no programa Fantástico. Disponível em: <https://www.youtube.com/watch?v=0cVQiT3DYuo>. Acesso em: 4 set. 2015.

Educandário Ituiutabano, Ituiutaba. Disponível em: <http://estreladamanhaespiritismo.blogspot.com.br/>. Acesso em: 4 set. 2015.

FABIANO, Dinorá Cândido. *Acervo pessoal*. Uberaba: 2016, Rua Mato Grosso, s/n.

Folha Espírita Francisco Caixeta. Araxá, set./out. 2011. p. 7-8.

FRANCO, D. P. (*divaldofranco@terra.com.br*) *Novo livro (O retorno de Emmanuel)* [mensagem pessoal]. Mensagem recebida por tomtommadureira@yahoo.com.br em 15 mar. 2016.

GALVES, Nena. *Até sempre Chico Xavier*. São Paulo: CEU, 2008.

GALVES, Nena. *Chico Xavier – Luz em nossas vidas*. São Paulo: CEU, 2012.

GAMA, Ramiro. *Chico Xavier na intimidade*. São Paulo: LAKE, 1974.

GAMA, Ramiro. *Lindos casos de Chico Xavier*. 19. ed. São Paulo: LAKE, 2000.

GOMES, Saulo (Org.). *Pinga-Fogo com Chico Xavier*. Catanduva: Intervidas, 2009.

GONTIJO, Moema Moreira. *100 anos da indústria em Belo Horizonte*. Belo Horizonte: FIEMG/SESI, 1998.

GRISI, Romeu; SESTINI, Gerson. *Inesquecível Chico*. São Bernardo do Campo: GEEM, 2008.

GRUPO ESPÍRITA ASTRAL PARAÍSO DO BEM. *Acervo iconográfico e documental*. Barbacena: 2016, R. Tomás Gonzaga, 330.

GRUPO ESPÍRITA DA PRECE DE CHICO XAVIER. *Acervo iconográfico e documental*. Uberaba: 2016, Av. João XXIII, 1495.

GRUPO ESPÍRITA SCHEILLA. *Acervo iconográfico e documental*. Pedro Leopoldo: 2016, Rua N. S. das Graças, 381.

HARLEY, Jhon. *O voo da garça* – Chico Xavier em Pedro Leopoldo | 1910-1959. 3. ed. Belo Horizonte: Vinha de Luz, 2013.

INSTITUTO CHICO XAVIER. *Acervo iconográfico e documental*. Uberaba: 2016, Av. João XXIII, 1997.

Instituto Gammon. *Jornal de Lavras*. Disponível em: <http://www.jornaldelavras.com.br/index.php?p=10&tc=4&c=354&catn=3&scatn=45>. Acesso em: 4 set. 2015.

ISSA FILHO, José. *As mãos do gato*. Pedro Leopoldo: Tavares, 2001.

ISSA FILHO, José. *Coisas do reino de Pedro Leopoldo 1*. Pedro Leopoldo: Tavares, 1993.

ISSA FILHO, José. *Retalhos de saudade*. Pedro Leopoldo: Tavares, 2012.

LEMOS NETO, Geraldo. *Acervo fotográfico da Casa de Chico Xavier*. Pedro Leopoldo: 2010, Rua Pedro José da Silva, 67.

LOPES, Claudinei. *Em busca de Chico Xavier*. São Paulo: Intelítera Editora, 2010.

Mateus, 16: 27. *Bíblia Online*. Disponível em: < https://www.bibliaonline. com.br/acf/mt/16/27+>. Acesso em: 24 jun. 2016

MATOS, Marival Veloso de (Org.). *Chico no Monte Carmelo*. Belo Horizonte: UEM, 2004.

MONTEIRO, Eduardo Carvalho. *Chico Xavier inédito* – Psicografias ainda não publicadas (1933-1954). São Paulo: MADRAS, 2004.

MONTEIRO, Eduardo Carvalho. *Sala de visitas de Chico Xavier*. Capivari- -São Paulo: Editora Eldorado e EME, 2000.

NOBRE, Marlene Rossi Severino. *Chico Xavier* – Meus pedaços do espelho. São Paulo: FE Editora, 2014.

NOBRE, Marlene Rossi Severino. *Lições de sabedoria* — Chico Xavier nos 23 anos da Folha Espírita. 2. ed. São Paulo: FE Editora, 1997.

O Atalaia. Barbacena, fev. 2013. p. 1.

OLIVEIRA, Weimar Muniz de. *A volta de Allan Kardec*. 3. ed. Goiânia: Feego, 2008.

Parque de Exposições de Leopoldina. *Jornal leopoldinense.com.br*. Disponível em: <http://leopoldinense.com.br>. Acesso em: 4 set. 2015.

Parque de Exposições Ernesto de Salvo, Curvelo. Disponível em: <http:// curveloart.blogspot.com.br>. Acesso em: 4 set. 2015.

PASCALE, J. G. *Chico Xavier* – Missionário do amor. São Paulo: DPL Editora, 2010.

PROGRAMA TRANSIÇÃO exibido em 22 ago. 2010, n. 99.

RANIERI, R. A. *Chico Xavier* — O santo dos nossos dias. 2. ed. São Paulo: Eco, 1973.

RANIERI, R. A. *Recordações de Chico Xavier*. São Paulo: LAKE, 1976.

REFORMADOR. Rio de Janeiro: FEB, jun. 1950. p. 12-13.

REFORMADOR. Rio de Janeiro: FEB, jan. 1959. p. 7-8.

REIS, Eurípedes Humberto Higino dos; TELES, Ariston. *Chico Xavier* – Apóstolo do Brasil. Brasília: Editora Espírita Ano Luz, 2010.

REIS, Eurípedes Humberto Higino dos. *Uma vida com Chico Xavier* – 100 anos. Uberaba: Livraria FCX Ltda., 2010.

REVISTA CHICO XAVIER. Belo Horizonte, 2010. Edição especial "Centenário de Amor e Luz (1910-2010)".

REVISTA CHICO XAVIER. Belo Horizonte, 2012. Edição especial "10 anos de saudades (2002-2012)".

REVISTA ESPÍRITA. São Paulo, 1977. Edição especial comemorativa dos "50 anos de mediunidade de Chico Xavier".

REVISTA COMUNICAÇÃO. São Bernardo do Campo, 2014. Edição 207.

RIVAIL, Hippolyte Léon Denizard [Allan Kardec]. *O Evangelho segundo o Espiritismo*. 202. ed. Araras: IDE, 1996.

RIVAIL, Hippolyte Léon Denizard [Allan Kardec]. *O livro dos espíritos*. 33. ed. Rio de Janeiro: FEB, 1974.

RIZZINI, Jorge. *Materializações de Uberaba*. 2. ed. São Paulo: Nova Luz Editora, 1997.

SCHUBERT, Suely Caldas. *Testemunhos de Chico Xavier*. Brasília: FEB, 1986.

SEVERINO, Paulo Rossi. *Aprendendo com Chico Xavier*. 2. ed. São Paulo: Editora FE, 2013.

SILVA, Rodney Reis da. *Fotógrafo*. Pedro Leopoldo: 2016, Rua São Sebastião, 137.

SILVA SOBRINHO, José Thomaz da (Juquita). *Acervo pessoal*. Uberaba: 2016, Rua Floriano Peixoto 109.

SILVEIRA, Adelino da. *Chico, de Francisco*. São Paulo: CEU, 1991.

SILVEIRA, Adelino da. *Kardec prossegue*. São Paulo: CEU, 1991.

SIMONETTI, Richard. *Não peques mais*. Bauru: Editora CEAC, 2001.

SOUTO MAIOR, Marcel. *As lições de Chico Xavier*. São Paulo: Planeta do Brasil, 2005.

SOUTO MAIOR, Marcel. *As vidas de Chico Xavier*. 2. ed. São Paulo: Planeta do Brasil, 2003.

SOUZA, Cezar Carneiro de. *Lembranças de grandes lições*. Araras: IDE, 2007.

SOUZA, Cezar Carneiro de. *Valiosos ensinamentos com Chico Xavier*. São Paulo: IDE, 2008.

SOUZA, Luis Eduardo de. *A fascinante história de Chico Xavier*. São Paulo: Universo dos Livros, 2011.

TAVARES, Clóvis. *Mediunidade dos santos*. Rio de Janeiro: FEB, 2015.

TAVARES, Luiz Alberto Mussa. *Muito tarde* [poema]. Disponível em: <http://quasepoesia.blogspot.com>. Acesso em: 18 jun. 2016.

UNIÃO ESPÍRITA MINEIRA. *Acervo fotográfico*. Belo Horizonte: 2016, Rua Olegário Maciel, 1627.

UNIÃO ESPÍRITA MINEIRA. *O Espírita Mineiro*, Belo Horizonte, out. 1952. p. 3.

UNIÃO ESPÍRITA MINEIRA. *O Espírita Mineiro*, Belo Horizonte, jun./jul. 1958. [s.d.t.].

UNIÃO ESPÍRITA MINEIRA. *O Espírita Mineiro*, Belo Horizonte, fev./abr. 1977. [s.d.t.].

VARANDA, Jarbas Leone. *Tributo a Chico Xavier*. Itapira: Editora TV A Caminho da Luz, 2015.

XAVIER, Francisco Cândido. *Através do tempo*. Ditado por espíritos diversos. 2. ed. São Paulo: LAKE, 1983.

XAVIER, Francisco Cândido. *Aulas da vida*. Ditado por espíritos diversos. São Paulo: Ideal, 1981.

XAVIER, Francisco Cândido; GENTILE, Salvador; ARANTES, Hércio Marcos Cintra (Orgs.). *A terra e o semeador*. Ditado pelo espírito Emmanuel. 7. ed. Araras: IDE, 1991.

XAVIER, Francisco Cândido (Dep.). *Caso da Valéria*. [s.d.t.]. 1 CD.

XAVIER, Francisco Cândido; LEMOS NETO, Geraldo (Org.). *Chico Xavier – Mandato de amor*. Belo Horizonte: UEM, 1992.

XAVIER, Francisco Cândido; GONÇALVES, Sérgio Luiz Ferreira; LEMOS NETO, Geraldo (Orgs.). *Chico Xavier — O primeiro livro*. Belo Horizonte: Vinha de Luz, 2010.

XAVIER, Francisco Cândido; CUNHA, Heigorina. *Cidade no além*. Ditado pelos espíritos André Luiz e Lucius. Araras: IDE, 1983.

XAVIER, Francisco Cândido; JOVIANO, Wanda Amorim; LEMOS NETO, Geraldo (Orgs.). *Deus conosco*. 2. ed. Belo Horizonte: Vinha de Luz, 2008.

XAVIER, Francisco Cândido. *Endereços da paz*. Ditado pelo espírito André Luiz. São Paulo: CEU,1982.

XAVIER, Francisco Cândido. *Entre a Terra e o Céu*. Ditado pelo espírito André Luiz. 17. ed. Rio de Janeiro: FEB, 1997.

XAVIER, Francisco Cândido; VIEIRA, Waldo. *Estude e viva*. Ditado pelos espíritos Emmanuel e André Luiz. 13. ed. Rio de Janeiro: FEB, 2010.

XAVIER, Francisco Cândido. *Há dois mil anos*. Ditado pelo espírito Emmanuel. 4. ed. Rio de Janeiro: FEB, 2010. [Especial].

XAVIER, Francisco Cândido. *Hora certa*. Ditado pelo espírito Emmanuel. 3. ed. São Bernardo do Campo: GEEM, 2010.

XAVIER, Francisco Cândido. *Ideal espírita*. Ditado por espíritos diversos. 10. ed. Uberaba: CEC, 1987.

XAVIER, Francisco Cândido; RAMACCIOTTI, Caio (Org.). *Mensagens de Inês de Castro*. 18. ed. São Bernardo do Campo: GEEM, 2011.

XAVIER, Francisco Cândido. *Missionários da luz*. Ditado pelo espírito André Luiz. 19. ed. Rio de Janeiro: FEB, 1986.

XAVIER, Francisco Cândido; PIRES, Herculano. *Na hora do testemunho*. São Paulo: Paideia, [s.d.t.].

XAVIER, Francisco Cândido. *Nosso lar*. Ditado pelo espírito André Luiz. 2. ed. Rio de Janeiro: FEB, 2003. [Especial].

XAVIER, Francisco Cândido. *Os mensageiros*. Ditado pelo espírito André Luiz. 38. ed. Rio de Janeiro: FEB, 2002.

XAVIER, Francisco Cândido. *Palavras do infinito*. Ditado por espíritos diversos. 6. ed. São Paulo: LAKE, 1982.

XAVIER, Francisco Cândido. *Parnaso de além-túmulo*. Ditado por espíritos diversos. 16. ed. Rio de Janeiro: FEB, 2002.

XAVIER, Francisco Cândido. *Passos da vida*. Ditado por espíritos diversos. 12. ed. Araras: IDE, 2010.

XAVIER, Francisco Cândido. *Paulo e Estêvão*. Ditado pelo espírito Emmanuel. 4. ed. Rio de Janeiro: FEB, 2010. [Especial].

XAVIER, Francisco Cândido; ARANTES, Hércio Marcos Cintra (Org.). *Encontros no tempo*. Ditado pelo espírito Emmanuel. Araras: IDE, 1979.

XAVIER, Francisco Cândido; ARANTES, Hércio Marcos Cintra (Org.). *Entender conversando*. Ditado pelo espírito Emmanuel. 9. ed. Araras: IDE, 2005.

XAVIER, Francisco Cândido; ARANTES, Hércio Marcos Cintra; GENTILE, Salvador (Orgs.). *Entrevistas*. Ditado pelo espírito Emmanuel. 8. ed. Araras: IDE,1994.

XAVIER, Francisco Cândido; JOVIANO, Wanda Amorim (Org.). *Sementeira de luz*. Belo Horizonte: Vinha de Luz, 2006.

XAVIER, Francisco Cândido; JOVIANO, Wanda Amorim (Org.). *Sementeira de paz*. Belo Horizonte: Vinha de Luz, 2010.

XAVIER, Francisco Cândido; SANTOS, Eugênio Eustáquio dos (Org.). *Registros imortais*. Ditado por espíritos diversos. Belo Horizonte: Vinha de Luz, 2013.

WORM, Fernando. *A ponte* – Diálogos com Chico Xavier. 2. ed. Porto Alegre: Gráfica Metrópole, 1982.

b) Iconográfica | ANEXO 3

Encontro Nacional dos Amigos de Chico Xavier e sua Obra. Disponível em: <http://www.vinhadeluz.com.br/site/noticias.php>. Acesso em: 4 jul. 2016.

Encontro Internacional dos Amigos de Chico Xavier e sua Obra. Disponível em: <http://www.vinhadeluz.com.br/site/noticias.php>. Acesso em: 4 jul. 2016.

Festival de Luz Chico Xavier. Disponível em: <http://www.vinhadeluz.com.br/site/noticias.php>. Acesso em: 4 jul. 2016.

"Morre um capim, nasce outro."

Chico Xavier

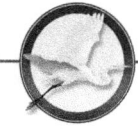

Anexo I

Quem substituirá Chico Xavier?

"Pessoas estão nos perguntando: quem será o substituto de Chico Xavier?

Analisando a história da evolução humana, podemos concluir que ninguém substitui alguém nas tarefas dos grandes missionários.

Moisés, o grande legislador e médium, não precisou ser substituído para que o Judaísmo permanecesse firme por muitos milênios.

Sócrates, o precursor do Cristianismo, não foi substituído por ninguém e seus conceitos são respeitados e seguidos até os dias atuais.

Jesus, o Mestre dos Mestres, é cada vez mais amado pela humanidade, sem que necessitasse ter um substituto.

Allan Kardec, o codificador da Doutrina Espírita, não precisou de sucessores para que o Espiritismo alcançasse estágio tão elevado, não só no Brasil como em muitos outros países.

Do mesmo modo, Chico Xavier não precisa de sucessores, nem de substitutos, para que as suas obras sejam reconhecidas e seguidas, hoje como no futuro.

Mas se alguém surgir como candidato a substitui-lo, deverá apresentar em seu *curriculum*:

- extrema bondade no coração;

- capacidade de amar os inimigos;

- preparo físico para trabalhar 22 horas por dia em favor do bem;

- esquecer-se de si mesmo a favor do próximo em tempo integral;

- ser um fiel seguidor de Allan Kardec.

Chico Xavier retratado por José de Sena Barbosa, da cidade de Surubim, Pernambuco, durante o *VI Encontro Nacional dos Amigos de Chico Xavier e sua Obra* em 2013, na cidade de Recife. (Acervo: Casa de Chico Xavier)

Além de toda bondade com o próximo, terá que realizar tarefas muito simples:

- ser capaz de engolir barata que surgisse na sopa para evitar constranger a amiga que a ofereceu. Chico Xavier engoliu;

- lamber uma ferida que alguém julgou pudesse curar um enfermo. Chico Xavier lambeu;

- suportar calúnias e perdoar o caluniador. Chico Xavier perdoou;

- num encontro fraternal, colocar no colo um cão todo enlameado, que o público chutasse, tentando livrar-se dele. Chico Xavier fez isso;

- realizar o culto do Evangelho no lar para as prostitutas, num prostíbulo. Chico Xavier realizou;

- viver em quase extrema pobreza, recusando-se a receber milhões de reais de direitos autorais de 412 obras mediúnicas. Assim viveu Chico Xavier.

Enfim, poderíamos concluir, dizendo o seguinte: se o candidato tiver capacidade de realizar todas essas tarefas aqui expostas, estará demonstrando grande elevação espiritual e, nesse caso, deixará de querer substituir Chico Xavier para ser, simplesmente, 'um servidor de Jesus'."

Miguel Pereira[1]

---

[1] Do livro *Uma vida com Chico Xavier - 100 anos*, de Eurípedes Humberto Higino dos Reis (Livraria FCX, 2010, p. 102-103). A relação de obras de Chico Xavier, na data deste lançamento, conta 497 títulos publicados.

"Infelizmente, porém, o maior fenômeno mediúnico de todos os tempos passou quase ignorado pela ciência contemporânea. Bastariam as suas mais de 400 obras psicografadas e o seu poder de influência sobre as massas (...) para que Chico Xavier passasse a ser objeto de investigação pelos estudiosos da psique humana em todo o mundo."

Carlos Baccelli

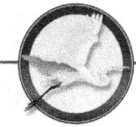

Anexo II

O autor em entrevista

Jhon Harley Madureira Marques tem 54 anos, é casado com Renata Lúcia de Andrade Pinto Marques há 29 anos, e pai de três filhos: Gabriel, Guilherme e Gustavo. É formado em Educação Física e Psicologia. Trabalha no Grupo Espírita Scheilla há exatamente 35 anos. Também participa das atividades na Casa de Chico Xavier e na Fundação Cultural Chico Xavier, ambas em Pedro Leopoldo.

Conte um pouco sobre o seu convívio com Chico. Foram 21 anos de relacionamento?

Tive o prazer de conhecer Francisco Cândido Xavier em 1981, na casa de sua irmã Cidália Xavier de Carvalho. Confesso que nesse dia fiquei sob certa hipnose, olhando fixamente para o tão falado Chico Xavier. Encontro, reencontro, não sei... Mas a partir daí, mantivemos um relacionamento de respeito e amizade, que só foi "interrompido" mediante sua desencarnação, no dia 30 de junho de 2002. Em todos esses anos de convivência, pude confirmar o que muitas pessoas já diziam: ser ele um ser humano profundamente generoso, de hábitos simples, vivendo de sua modesta aposentadoria. Um típico mineiro, que adorava uma boa prosa e ficava profundamente constrangido com elogios.

Foi essa amizade que o levou a enveredar pelo Espiritismo?

Nasci na cidade de Pedro Leopoldo e minha formação religiosa, como muitos da minha geração, foi estruturada nos princípios do Cristianismo, sob a interpretação do movimento católico. Na adolescência, por alguns anos, cheguei também a participar do movimento umbandista. Desde cedo, me sentia atraído em procurar entender um pouco mais sobre a religiosidade do nosso país, pois sempre considerei uma forma de expressão cultural importante e significativa, mas que, historicamente, somente há bem pouco tempo vem despertando o interesse de pesquisadores e estudiosos. Por volta dos 17 anos de idade, em diversas ocasiões, tive sonhos curiosos, nos quais Chico Xavier era o protagonista. Ouvindo falar muito em Chico Xavier, comecei a alimentar um insistente desejo de conhecê-lo. Passei a sonhar que ele, sorridente, me olhava atentamente de uma esquina. Corria para encontrá-lo, mas quando chegava próximo ele já se encontrava em outra esquina. Esses sonhos persistiram por um bom tempo e deixaram significativas impressões. Evidentemente, essa amizade interferiu na minha forma de pensar e de agir sobre mim mesmo e sobre o mundo, mas já havia me tornado espírita em novembro de 1980, quando passei a estudar, sistematicamente, os princípios codificados por Allan Kardec, além das muitas obras psicografadas por Chico Xavier e por outros companheiros de ideal.

Qual a relação estabelecida entre Chico Xavier e Pedro Leopoldo, e como ficou essa relação com a sua mudança para Uberaba?

Várias foram as razões que levaram Chico Xavier a sair de Pedro Leopoldo, entretanto, a maior delas foi as acusações do seu sobrinho Amauri Pena, afirmando que o tio era um grande farsante. Entretanto, temos uma carta que esclarece que Chico já tinha intenção de sair de Pedro Leopoldo, sob orientação de Emmanuel, para ampliar suas atividades, por volta de meados da década de 60, mas foi obrigado a antecipar essa decisão. Chico Xavier dizia que Pedro Leopoldo foi sua mãe e Uberaba, sua tia, mas uma tia muito querida. De 1981 para cá, posso dizer com tranquilidade que as relações de Pedro Leopoldo com Uberaba foram as melhores possíveis – duas cidades coirmãs, que tiveram o privilégio e a reponsabilidade de receber esse missionário do amor e da caridade.

Qual a sua percepção do entendimento da população de Pedro Leopoldo sobre Chico Xavier?

O mesmo entendimento que tem a população brasileira: um homem que destinou 75 anos de sua vida em favor do outro. Viveu da sua modesta aposentadoria e se dedicou, integralmente, à construção do bem coletivo. Uma unanimidade no campo do trabalho social. Chico Xavier deu tanto sentido à sua humanidade e à sua vida que contagiou milhares de pessoas. Por isso tantas homenagens como "Mineiro do Século", pela Telemar e Rede Globo Minas, ou como "Maior Brasileiro de Todos os Tempos", pelo Sistema Brasileiro de Televisão (SBT), dentre outras.

Quem foi Chico na sua visão?

Em tempos de tanta intransigência e intolerância, e dentro de um contexto social individualista, espero, sem nenhuma intenção de divinizá-lo, ter conseguido dizer que a humanidade em Chico Xavier ultrapassou os limites dos movimentos religiosos por mim conhecidos, se materializando, no transcorrer dos seus 92 anos de idade, em forma de generosidade, compaixão e amor. Parafraseando o biógrafo uberabense

Carlos Baccelli, diria que Chico Xavier não foi um anjo exercendo o papel de um homem, mas um homem, do mundo e no mundo, exercendo o papel de um anjo.

Por que as pessoas tentam endeusar, criar mitos e santos? Chico foi um homem que viveu a caridade. Por que considerá-lo um santo?

Uma de minhas alunas, indignada com o resultado dessa pesquisa, me perguntou o que Chico Xavier teria feito para ser considerado o "Mineiro do Século" (foram 704.030 votos), já que ele não tinha "inventado" ou feito nada de especial. Confesso que olhei para ela com certa indignação. Ameacei responder, mas a partir desse questionamento comecei a pensar mais profundamente em qual teria sido a sua grande "invenção". Qual foi o seu grande legado? Talvez a demonstração concreta de ser humanamente possível colaborar na construção de uma sociedade mais justa, mais fraterna e mais feliz. Sob a perspectiva histórica em que a pesquisa se desenvolveu, concluo que não é um simples gesto que transforma a sociedade em que vivemos, mas a coerência entre o falar e o agir de uma pessoa, associada ao seu poder de mobilização, é que gera uma ação coletiva de proporções inimagináveis. Para mim, Francisco Cândido Xavier, ou simplesmente Chico Xavier, foi uma dessas pessoas transformadoras.

Quais os objetivos do *Encontro Nacional dos Amigos de Chico Xavier e sua Obra*, hoje em sua nona versão?

Gosto de dizer claramente que os organizadores desses encontros não têm nenhuma intenção de divinizar a figura humana de Chico Xavier, mas divulgar seus exemplos de renúncia e amor inspirados em Nosso Senhor Jesus Cristo. O objetivo central é incentivar a leitura sistematizada e o estudo das obras psicografadas por Chico Xavier, por entender que elas representam o desdobramento das obras da codificação kardequiana. Afirmo sem com isso desconsiderar a progressividade da nossa Doutrina ou a contribuição de vários outros espiritistas, como Zilda Gama, Bezerra de Menezes, Divaldo Franco, Carlos Baccelli, Yvonne Pereira, Eurípedes Barsanulfo, dentre outros, e os que virão a colaborar na construção e no fortalecimento do Espiritismo. Nessa direção, a Aliança Municipal Espírita (AME) de Pedro Leopoldo propôs ao Conselho Regional Bacia Alto Rio das Velhas (CREBARV) do Estado de Minas Gerais e à União Espírita Mineira (UEM), seguindo os mesmos moldes da Semana Allan Kardec, já, historicamente, instituída em outubro de cada ano em nossa região, de organizarmos a Semana Chico Xavier, em todo mês de abril. Com o *Encontro Nacional dos Amigos de Chico Xavier e sua Obra* desejamos também que essa ideia seja difundida em todas as instituições espíritas do nosso país. Com Jesus e Kardec, inspirados nas obras e exemplos deixados por Chico Xavier, esperamos fortalecer o movimento espírita em bases de amor, solidariedade e respeito pelas diferenças.

Qual a sua opinião sobre a questão de Chico ser a reencarnação de Kardec?

Eu não entrei nessa questão no livro, porque não era o foco central da pesquisa. Vou dar a minha opinião. Durante 21 anos de convivência, eu recebi 132 obras autografadas e que me foram enviadas pelo Chico via correios. Em 1992, ele me mandou, sem que eu pedisse, a obra intitulada *Kardec prossegue*, escrita por Adelino da Silveira – outro amigo do Chico da cidade de Mirassol, Estado de São Paulo. Como fiz com todas as obras, eu li, cuidadosamente. A tese central da obra fundamenta-se no fato de Chico Xavier ter sido Allan Kardec. Um dia, na cidade de Uberaba, tive a coragem de perguntar: *"Chico, você é Kardec?"*. Ele não disse que sim nem que não. Notei que ficou um pouco constrangido e mudei rapidamente a direção da conversa. Mas me questionei: por que ele mandou essa obra autografada para tantos amigos? Ele sempre foi muito cuidadoso com os livros, seja para prefaciar ou para enviar uma obra a alguém. Sinceramente, creio que ele quis nos dar um recado. Hoje defendo a tese de que Chico é a reencarnação de Kardec, em razão desse e de outros fatos. Respeito a opinião de quem pensa diferente, mas também posso afirmar que Adelino não publicaria esse livro sem o consentimento de Chico Xavier. Aliás, ele mesmo levou a capa para aprovação do Chico, perguntando: *"Gostou da capa, Chico?"*. E ele respondeu: *"Gostei"*. E deslizando a caneta sobre as fotos, acrescentou: *"Aqui ele vai se apagando para assumir a sua nova personalidade"*.[1] Eu perguntei a Nena Galves se Chico havia dito para ela alguma coisa nesse sentido e ela me disse que ele não havia comentado nada, mas finalizou afirmando que se Kardec estivesse reencarnado, como estava previsto no livro *Obras póstumas*, ele só poderia ser o Chico. Não há outro que pudesse ocupar essa função. A companheira Sônia Barsante, da Aliança Municipal Espírita de Uberaba, disse claramente que quando levou a ele a mensagem intitulada "A volta de Allan Kardec", recebida na COMMETRIM em 1997, o próprio Chico sinalizou a sua publicação. Mensagem essa que foi amplamente distribuída no Grupo Espírita da Prece, em Uberaba. Os companheiros Carlos Antônio Baccelli, Eurípedes Humberto Higino dos Reis, Geraldo Lemos Neto, Marlene Nobre e Weimar Muniz de Oliveira, dentre outros, apresentam uma série de argumentações favoráveis à tese. Quando perguntavam a Chico Xavier se Allan Kardec estava reencarnado, Emmanuel

---

[1] Do livro *A volta de Allan Kardec*, de autoria de Weimar Muniz de Oliveira (Feego, 2008, p. 102).

respondia que ele haveria de mostrar-se pelas suas obras! Em minha opinião, creio que Chico só teve essa certeza mais no final de sua existência e que, em sua humildade, não assumiu publicamente a tese, pois senão iriam dizer que ele queria ser o dono do Espiritismo.

Qual o maior legado de Chico Xavier?

De todas as pessoas que conheci na atual existência, Chico Xavier foi a que melhor vivenciou a máxima do Evangelho de Jesus: *"Amai-vos uns aos outros como eu vos amei"*.

Chico Xavier e um de seus gatos.
(Acervo: Casa de Chico Xavier)

"O bem que praticares em qualquer lugar e em qualquer época será teu advogado em toda a parte e em qualquer época."

Chico Xavier

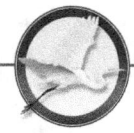

Anexo III

Encontro Nacional dos Amigos de Chico Xavier e Sua Obra

Encontro Internacional dos Amigos de Chico Xavier e Sua Obra

Festival de Luz Chico Xavier

I Encontro Nacional dos Amigos de Chico Xavier e sua Obra
Uberaba, Minas Gerais (19 e 20 de abril de 2008)

II Encontro Nacional dos Amigos de Chico Xavier e sua Obra
Pedro Leopoldo, Minas Gerais (18 e 19 de abril de 2009)
Tema: "O Espiritismo segundo Kardec e Chico Xavier"

III Encontro Nacional dos Amigos de Chico Xavier e sua Obra
Uberaba, Minas Gerais (17 e 18 de julho de 2010)
Tema: "O Espiritismo segundo Kardec e Chico Xavier"

IV Encontro Nacional dos Amigos de Chico Xavier e sua Obra
Belo Horizonte, Minas Gerais (10 e 11 de setembro de 2011)
Tema: "A obra de Emmanuel"

V Encontro Nacional dos Amigos de Chico Xavier e sua Obra
Votuporanga, São Paulo (8 e 9 de setembro de 2012)
Tema: "A obra de André Luiz"

VI Encontro Nacional dos Amigos de Chico Xavier e sua Obra
Recife, Pernambuco (12 e 13 de outubro de 2013)
Tema: "Divulgar o Espiritismo: A maior caridade
A importância das obras e da vida de Chico Xavier
na disseminação da Doutrina Espírita"

VII Encontro Nacional dos Amigos de Chico Xavier e sua Obra
Aracaju, Sergipe (13 e 14 de setembro de 2014)
Tema: "A mediunidade de Chico Xavier"

*VIII Encontro Nacional dos Amigos de Jesus Cristo com Chico Xavier
e sua Obra Espírita-Cristã*
Santos, São Paulo (27 e 28 de junho de 2015)
Tema: "Amor e sabedoria de Chico Xavier"

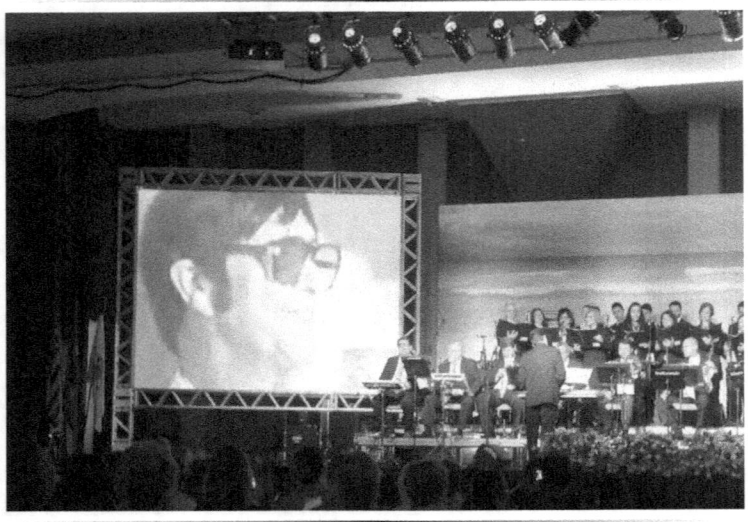

I Encontro Internacional dos Amigos de Chico Xavier e sua Obra
Lisboa, Portugal (6 de setembro de 2015)
Tema: "A obra de André Luiz"

IX Encontro Nacional dos Amigos de Chico Xavier e sua Obra
Goiânia, Goiás (27 e 28 de agosto de 2016)
Tema: "A obra de Chico Xavier – Complemento da Codificação"

I Festival de Luz Chico Xavier
Pedro Leopoldo, Minas Gerais (1 a 3 de abril de 2016)
Tema: "Jesus e o respeito pelas diferenças"

O autor, Padre Mário, Irmã Aíla Pinheiro e Geraldo Lemos Neto

Leia também

RÉSTIA DE LUZ

Primeiro livro editado pela Vinha de Luz Editora, lançado por ocasião do bicentenário de Allan Kardec (1804|2004) e dos 140 anos da primeira edição de *O Evangelho Segundo o Espiritismo* (1864|2004). Traz mensagens recebidas de espíritos diversos, psicografadas pelo médium Geraldo Lemos Neto, que interpretam as lições de *O Evangelho Segundo o Espiritismo*, nos indicando os caminhos mais certos da vida no permanente convite de nosso Mestre e Senhor Jesus.

Espíritos Diversos
Psicografia de Geraldo Lemos Neto

IGNÁCIO DE ANTIOQUIA

Uma viagem ao tempo da simplicidade e da pureza do Cristianismo, em sua mais bela e genuína expressão. Obra mediúnica repleta de episódios históricos do Cristianismo primitivo, que resgata para a memória da humanidade a vida e a trajetória de um dos seguidores mais valorosos de nosso Senhor Jesus Cristo.

Pelo Espírito Theophorus
Psicografia de Geraldo Lemos Neto

SEMENTEIRA DE LUZ

Voltando à Terra no século XIX, Neio Lúcio encarna a personalidade de Arthur Joviano, cujo núcleo familiar, em missão redentora de um passado longínquo, conta com as presenças de personagens descritos nos romances *50 anos depois* e *Renúncia*. Desprendido em 1934, Neio Lúcio inicia sua comunicação com a família, através da mediunidade de Chico Xavier, em reuniões semanais de culto evangélico na casa de Rômulo Joviano, em Pedro Leopoldo | MG. As mensagens, repletas de sabedoria e amor extremado por todos aqueles com os quais conviveu, são bem a confirmação dos compromissos reparadores que assumimos na Espiritualidade, alicerçados nos ensinamentos de Jesus para nos tornarmos legítimos semeadores da Boa Nova.

PELO ESPÍRITO NEIO LÚCIO
PSICOGRAFIA DE FRANCISCO CÂNDIDO XAVIER
ORGANIZAÇÃO DE WANDA AMORIM JOVIANO

DEUS CONOSCO

Deus conosco é o livro que dá sequência às revelações espirituais inéditas da psicografia de Francisco Cândido Xavier, trazidas a lume pela prestimosa organização de Wanda Amorim Joviano, com a colaboração de Geraldo Lemos Neto. As mensagens, recebidas em sua maioria no culto doméstico do Evangelho no lar da família Joviano, nas décadas de 30 a 50, na Fazenda Modelo, em Pedro Leopoldo | MG, são de autoria de Emmanuel, o espírito responsável pela materialização da extensa bibliografia que tanto esclarecimento e consolação verteram da Vida Maior para a face da Terra, através das abnegadas mãos de Chico Xavier. Deus conosco nos traz de volta ao convívio os memoráveis discípulos do Cristo, ligados desde priscas eras, cuja missão foi a da revivescência do Cristianismo puro e simples dos tempos apostólicos, no coração humilde e generoso das terras pacíficas do Brasil.

PELO ESPÍRITO EMMANUEL
PSICOGRAFIA DE FRANCISCO CÂNDIDO XAVIER
ORGANIZAÇÃO DE WANDA AMORIM JOVIANO E
GERALDO LEMOS NETO

MILITARES NO ALÉM

Dentre os tesouros guardados por Wanda Amorim Joviano, MILITARES NO ALÉM, da lavra de Chico Xavier nos anos de 36 a 52, no mínimo surpreende pela atualidade das mensagens em torno da paz que a humanidade do século XXI tanto anseia. Fruto da sua ingente dedicação no desdobre das tarefas mediúnicas no culto do lar realizado durante muitos anos pelo *Grupo Doméstico Arthur Joviano*, na Fazenda Modelo, em Pedro Leopoldo | MG, esse livro relata, na perspectiva espiritual de muitos servidores da pátria, a realidade consoladora do *outro lado*, onde o trabalho pelo bem não cessa e a esperança é sentimento que inspira a vitória do amor preconizado por Jesus.

ESPÍRITOS DIVERSOS
PSICOGRAFIA DE FRANCISCO CÂNDIDO XAVIER
ORGANIZAÇÃO DE WANDA AMORIM JOVIANO

ILUMINURAS

ILUMINURAS é a primeira publicação de bolso da Vinha de Luz Editora. É composta de pensamentos e frases extraídos do livro *Deus conosco*, do venerável espírito Emmanuel, psicografado por Francisco Cândido Xavier nas décadas de 30 a 50, durante o culto cristão no lar do Dr. Rômulo Joviano, na Fazenda Modelo, em Pedro Leopoldo | MG. A riqueza dos ensinamentos evangélicos apresentados na obra fala por si só e atesta o amparo de nosso Senhor Jesus Cristo à divulgação da Doutrina Espírita, codificada pelo apóstolo Allan Kardec.

PELO ESPÍRITO EMMANUEL
PSICOGRAFIA DE FRANCISCO CÂNDIDO XAVIER
ORGANIZAÇÃO DE CEZAR CARNEIRO DE SOUZA

SEMENTEIRA DE PAZ

Volume que dá sequência ao roteiro de revelações espirituais do espírito de Neio Lúcio, que em última romagem terrena envergou a personalidade de Arthur Joviano, pai de Dr. Rômulo Joviano, diretor da Fazenda Modelo em Pedro Leopoldo | MG, onde Chico Xavier trabalhou por largos anos. As mensagens nele contidas surgiram espontaneamente pela psicografia de Chico Xavier a partir de 1935, na residência da família Joviano, na própria Fazenda Modelo, durante o culto do Evangelho no lar do *Grupo Doméstico Arthur Joviano*, a que Chico prazerosamente se dirigia depois de findos os seus trabalhos diuturnos, dando a *Deus o que é de Deus* após dar a *César o que é de César*. Recebidas por Chico Xavier de 1946 a 1948, as mensagens de Neio Lúcio foram batizadas de SEMENTEIRA DE PAZ, sendo esse novo livro, organizado por Wanda Joviano, dedicado ao centenário de nascimento de Chico Xavier (1910-2010), o *medianeiro do amor*.

PELO ESPÍRITO NEIO LÚCIO
PSICOGRAFIA DE FRANCISCO CÂNDIDO XAVIER
ORGANIZAÇÃO DE WANDA AMORIM JOVIANO

PÉROLAS DE SABEDORIA

Compulsados do livro *Sementeira de luz*, organizado por Wanda Amorim Joviano, as frases e os textos apresentados no livro *Pérolas de sabedoria* foram coletados e reunidos por Braz José Marques com o propósito de engrandecer o aprendizado de todos nós nos estudos evangélicos do dia a dia. As pérolas da Espiritualidade — aqui incrustadas na condição de joias valiosas — são fundamentais para o esclarecimento daqueles que delas se valerem, expositores ou não da Doutrina Espírita.

PELO ESPÍRITO NEIO LÚCIO
PSICOGRAFIA DE FRANCISCO CÂNDIDO XAVIER
ORGANIZAÇÃO DE BRAZ JOSÉ MARQUES

COLHEITA DO BEM

A autoria deste livro pertence ao professor Arthur Joviano, o estimado benfeitor espiritual que todos nós conhecemos com o nome de Neio Lúcio, personagem do romance *50 anos depois*, de quem recebemos valiosos ensinamentos dirigidos ao espírito imortal que vai vencer a morte e transpor os séculos. Chico Xavier psicografou as mensagens do livro durante o culto do Evangelho no lar da família Joviano, na Fazenda Modelo em Pedro Leopoldo, onde trabalhava. No *Colheita do bem* estão as páginas recebidas nos anos de 1949 a 1952, sendo, portanto, as últimas psicografadas na Fazenda Modelo, uma vez que em 1952 a família Joviano transferiu definitivamente sua residência para a cidade do Rio de Janeiro. *Colheita do bem* finaliza a série iniciada com o livro *Sementeira de luz*, seguido pelo *Sementeira de paz* — formando uma verdadeira trilogia da luz, da paz e do bem maior, que a todos nos une no carreiro da evolução espiritual para Deus.

PELO ESPÍRITO NEIO LÚCIO
PSICOGRAFIA DE FRANCISCO CÂNDIDO XAVIER
ORGANIZAÇÃO DE WANDA AMORIM JOVIANO

EDIÇÃO ESPECIAL

CHICO XAVIER — O PRIMEIRO LIVRO

Vinte anos antes de sua desencarnação, Chico Xavier revelou que sempre guardou no íntimo o desejo de publicar as belas produções mediúnicas que os amigos espirituais escreviam por seu intermédio, nos idos dos anos 20. Curiosamente, Chico confeccionava, com suas próprias mãos e com grande esforço, alguns exemplares com a finalidade de despertar os amigos para a possibilidade de um livro. Face à pobreza material com a qual vivia, ao médium restava a esperança de que algum desses amigos se interessasse pelo tema e, talvez, movimentasse os recursos necessários para uma publicação. De suas primeiras produções manuais, contendo, inclusive, a sua sensibilidade artística no desenho e na ilustração das mensagens, Chico conseguiu guardar durante toda a sua vida um único exemplar, que ao final de sua existência terrena entregou ao seu sobrinho-neto, Sérgio Luiz Ferreira Gonçalves, que no-lo apresentou para a devida divulgação. Esse é então, de fato e de direito, o primeiro livro de Chico Xavier, que a Vinha de Luz Editora da Casa de Chico Xavier de Pedro Leopoldo trouxe a lume, com a alegria de presentear o amado amigo Chico com a edição de seu *primeiro livro* no ano de 2010, ano de seu centenário de nascimento.

ESPÍRITOS DIVERSOS
PSICOGRAFIA DE FRANCISCO CÂNDIDO XAVIER
ORGANIZAÇÃO DE GERALDO LEMOS NETO E
SÉRGIO LUIZ FERREIRA GONÇALVES

LUZ NA ESCOLA —
CHICO XAVIER NA ESCOLA JESUS CRISTO
DE CAMPOS | RJ

Esse é um livro de Francisco Cândido Xavier, com mensagens psicografadas por ele durante visita de quatro dias à Escola Jesus Cristo, em Campos | RJ, em 1940. Contém comentários de seu organizador, Clóvis Tavares, testemunha ocular de todos os fenômenos ali ocorridos.

Os textos desse volume representam uma reedição da sua primeira, pequena, única e esgotada edição, feita também em 1940, publicação de caráter doméstico da Escola Jesus Cristo, agora reeditada pela Vinha de Luz, que desempenha hoje um papel ímpar no resgate histórico da produção mediúnica de Chico Xavier.

ESPÍRITOS DIVERSOS
PSICOGRAFIA DE FRANCISCO CÂNDIDO XAVIER
ORGANIZAÇÃO DE CLÓVIS TAVARES E FLÁVIO MUSSA TAVARES

VIAJANTES —
A ESPIRITUALIDADE ILUMINANDO SUA MENTE E
SEU CORAÇÃO ATRAVÉS DE CHICO XAVIER

Primeiro audiolivro da Vinha de Luz Editora, que reúne 20 mensagens de espíritos diversos, psicografadas por Chico Xavier ao longo de seus 75 anos de labor mediúnico. Com um sugestivo título-tema e trilha sonora de rara beleza, VIAJANTES, organizado e interpretado por Fernando Peron, é um incentivo ao estudo sério e aprofundado de tão extraordinário patrimônio filosófico, científico e religioso legado a nós pelas mãos operosas e abençoadas de Chico Xavier.

ESPÍRITOS DIVERSOS
PSICOGRAFIA DE FRANCISCO CÂNDIDO XAVIER
ORGANIZAÇÃO E INTERPRETAÇÃO DE FERNANDO PERON

LIÇÕES PARA ANGELITA

Quando Chico Xavier tinha apenas 20 anos, dois personagens importantes surgiram para marcar a sua vida: a menina Angelita e sua mãe extremosa. Esse livro contém vinte mensagens repletas de ensinamentos preciosos, repassados de mãe para filha a partir do dia a dia que ambas vivenciam, e também das perguntas que a menina faz sobre os mais diversos temas acerca da existência. São lições para todas as pessoas. A receita segura para a construção do homem de bem – meta que todos nós devemos buscar.

PELO ESPÍRITO JOÃO DE DEUS
PSICOGRAFIA DE FRANCISCO CÂNDIDO XAVIER
ORGANIZAÇÃO DE JOÃO MARCOS WEGUELIN

CHICO XAVIER —
A AURORA DE UMA VIDA ENTRE O CÉU E A TERRA

As mensagens aqui apresentadas foram psicografadas por Chico Xavier e publicadas no jornal espírita *Aurora*, dirigido por Inácio Bittencourt, entre julho de 1928 e abril de 1933. Nesses primeiros anos, Chico era ainda muito jovem, não sabia quem eram os espíritos que se comunicavam por meio dele, e era praticamente desconhecido fora das terras mineiras. A lucidez do jovem Chico Xavier ao comentar, ele mesmo, alguns trechos doutrinários sobre os postulados espíritas surpreende e seja em verso ou em prosa, sobre os mais variados temas, o leitor encontrará nesse livro preciosas lições de vida, ora nos ensinando a aceitar e a bendizer o sofrimento e as provas diárias, ora nos ensinando a viver uma vida verdadeiramente cristã e espírita, mostrando, por fim, quão breve é a existência terrena perante a eternidade do tempo.

ESPÍRITOS DIVERSOS
PSICOGRAFIA DE FRANCISCO CÂNDIDO XAVIER
ORGANIZAÇÃO DE JOÃO MARCOS WEGUELIN

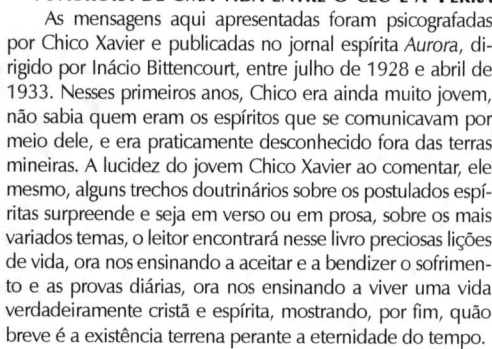

DEPOIS DA TRAVESSIA

Mais um volume da psicografia inédita de Chico Xavier, por espíritos diversos. A sua primeira parte é originária da fase do médium em Pedro Leopoldo, na Fazenda Modelo, na qual, após o serviço, frequentou o culto do Evangelho no lar do *Grupo Doméstico Arthur Joviano*, levado a efeito, semanalmente, pela família de Dr. Rômulo Joviano. Já a segunda parte é fruto da última fase da psicografia do médium em Uberaba, onde, nas sessões públicas do Grupo Espírita da Prece, recebeu o espírito da irmã, D. Luiza Xavier, em diversas oportunidades, a partir de 13 de julho de 1985. Permeando as comoventes mensagens desses espíritos sobre a própria sobrevivência além-túmulo, há fac-símiles de mensagens de Emmanuel e de Bezerra de Menezes, fotografias e escritos inéditos de Chico Xavier ilustrando as épocas e as personalidades citadas. A obra é, pois, instrutivo volume contendo valiosas informações sobre a vida espiritual depois da travessia dos umbrais da morte do corpo físico, a induzir-nos o espírito distraído no mundo a uma mais ampla reflexão sobre a imortalidade, patenteando-se-nos a real significação das palavras de Jesus, nosso Senhor e Mestre: "A cada um será dado segundo as próprias obras".

ESPÍRITOS DIVERSOS
PSICOGRAFIA DE FRANCISCO CÂNDIDO XAVIER
ORGANIZAÇÃO DE GERALDO LEMOS NETO E
WANDA AMORIM JOVIANO

MILITARES COM JESUS

As lições deste livro são de autoria de respeitáveis espíritos que passaram pela Terra na difícil experiência como militares. Portadores de grandes responsabilidades no dever, na disciplina, sobretudo integrados na justiça, propugnam, com amor, pela paz e pela felicidade dos povos, e do Brasil como pátria do Evangelho de nosso Senhor Jesus Cristo. São fragmentos extraídos do livro *Militares no Além*, psicografado por Francisco Cândido Xavier no período de 1936 a 1952 em Pedro Leopoldo, Minas Gerais, selecionados e organizados no presente volume como valiosos ensinamentos dos benfeitores da Vida Maior.

ESPÍRITOS DIVERSOS
PSICOGRAFIA DE FRANCISCO CÂNDIDO XAVIER
ORGANIZAÇÃO DE CEZAR CARNEIRO DE SOUZA

REGISTROS IMORTAIS

Registros imortais resgata para a história da Doutrina Espírita o trabalho de desobsessão e de esclarecimento aos desencarnados levado a efeito no Centro Espírita Meimei, fundado por Chico Xavier na Pedro Leopoldo dos anos 50. Por meio da psicofonia, Chico Xavier e diversos outros médiuns receberam mensagens da Vida Maior assinadas por espíritos sofredores e em evolução, em cujo cerne encontramos o Evangelho de Jesus como alicerce seguro para a vida imortal. Complementando as obras *Instruções psicofônicas* e *Vozes do Grande Além*, editadas pela Federação Espírita Brasileira em 1955 e 1957, respectivamente, esse livro é mais um documento importante para o Espiritismo no Brasil e no mundo, testificando a ingente capacidade mediúnica e caritativa do maior médium de todos os tempos e a valiosa contribuição de todos aqueles que com ele conviveram nessas tarefas consoladoras.

ESPÍRITOS DIVERSOS
PSICOFONIA DE FRANCISCO CÂNDIDO XAVIER
ORGANIZAÇÃO DE EUGÊNIO EUSTÁQUIO DOS SANTOS

OBRAS DA FÉ

A Vinha de Luz tem como missão maior a publicação e a divulgação de obras inéditas da lavra mediúnica de Francisco Cândido Xavier. Esse lançamento comemora seus 10 anos de trabalho e traz para o leitor uma seleção de mensagens de espíritos diversos, psicografadas pelo maior médium de todos os tempos, publicadas em 14 livros lançados por ela na última década. São mensagens de bênçãos. Uma obra de fé, que testifica a grandeza do compromisso para com a Doutrina dos Espíritos e para com o Evangelho do Cristo, respondendo ao chamado da tarefa abençoada com o livro espírita e com a preservação e a difusão da vida e da obra de Chico Xavier no Brasil e no mundo.

ESPÍRITOS DIVERSOS
PSICOGRAFIA DE FRANCISCO CÂNDIDO XAVIER
ORGANIZAÇÃO DE JOÃO MARCOS WEGUELIN

PALAVRAS SUBLIMES

A partir de 1930, a história de Chico Xavier começou a ser contada pelas páginas de *Reformador*, a mais antiga publicação voltada para a divulgação do Espiritismo no Brasil. Esse livro traz mensagens de Chico Xavier localizadas em suas edições de 1933 a 1950, psicografias assinadas por espíritos de vulto, como Emmanuel, Humberto de Campos, Bittencourt Sampaio, Abel Gomes, dentre outros, sendo este mais um título da bibliografia do médium mineiro que a Vinha de Luz Editora traz a lume, com a organização do jornalista João Marcos Weguelin, para a preservação da vida e da obra do maior brasileiro de todos os tempos.

ESPÍRITOS DIVERSOS
PSICOGRAFIA DE FRANCISCO CÂNDIDO XAVIER
ORGANIZAÇÃO DE JOÃO MARCOS WEGUELIN

A SAUDADE É O METRO DO AMOR

Apresentação das seis comunicações mediúnicas de Clóvis Tavares por meio de Chico Xavier, com quem mantinha uma relação de amizade que não pode ser medida pelos padrões humanos. Na intimidade do lar, Clóvis sempre declarou que só se comunicaria mediunicamente através de Chico. Sua família manteve a fidelidade de sua amizade e reconhece nas cartas espirituais a integridade de sua personalidade. Que a obra possa transmitir a você, leitor, o valor doutrinário dessas comunicações, que não se resumem a cartas domésticas, mas a diretrizes para a vida.

PELO ESPÍRITO CLÓVIS TAVARES
PSICOGRAFIA DE FRANCISCO CÂNDIDO XAVIER
ORGANIZAÇÃO DE FLÁVIO MUSSA TAVARES

CHIQUITO

CHIQUITO, da autora portuguesa Julieta Marques, conta um pouco da vida de Chico Xavier em linguagem acessível e direta, num convite ao amor, à humildade e à disciplina exemplificados pelo *médium do século*. Totalmente ilustrado, CHIQUITO é o segundo título da Vinha de Luz Editora voltado à evangelização infantil, que atende, sem dúvida alguma, às *crianças de todas as idades*.

JULIETA MARQUES

CHICO XAVIER —
O MÉDIUM DOS PÉS DESCALÇOS

Chico Xavier foi, durante toda a sua vida, a personificação do bem, do amor ao próximo e da humildade. Nesse livro, Carlos Baccelli relata casos pessoais em torno do médium mineiro e registra, por meio de cartas que agora torna públicas, sua amizade estreita com o maior representante do Espiritismo no Brasil e no mundo. O autor nos coloca em contato muito próximo com Chico Xavier. É como se estivéssemos frente à frente com ele, numa conversa intimista, repleta de ensinamentos. É quase uma conversa ao pé do ouvido — em que podemos sentir de novo, e mais uma vez, a sua insubstituível presença.

CARLOS ANTÔNIO BACCELLI

CHICO XAVIER COM VOCÊ

Chico, mais que médium, era sábio. Em seus lábios, tanto ecoavam lições dos espíritos amigos quanto ensinamentos de sua própria autoria. Aqui, nessas páginas, garimpando em obras, revistas e periódicos antigos, o autor organizou uma coleção de pérolas que, sem dúvida alguma, não figuram em nenhuma outra coleção do mundo. Por isso, certamente, com esse abençoado livro você estará de posse de um tesouro de valor incalculável. Um tesouro que fará de você uma das pessoas mais ricas entre todos os homens!

CARLOS A. BACCELLI

O VOO DA GARÇA —
CHICO XAVIER EM PEDRO LEOPOLDO |
1910-1959

Esse trabalho histórico, do pesquisador pedroleopoldense Jhon Harley, que conviveu por 21 anos com Chico Xavier, é mais uma contribuição para compreender a figura humana do médium mineiro. Utilizando instrumentos e orientações do campo da História, principalmente no que diz respeito ao uso e à interpretação das fontes orais, escritas e iconográficas disponíveis, o autor transitou entre o acadêmico e o poético, fazendo uma analogia entre uma revoada de garças, ocorrida em 2 de abril de 1910, e a permanência de uma delas entre nós.

JHON HARLEY

PEDRO LEOPOLDO VISTA POR CHICO XAVIER — 1910 | 1959

49 ANOS DA PRESENÇA DO MAIOR MÉDIUM DE TODOS OS TEMPOS

O que o menino, o jovem e o adulto Chico Xavier vislumbrou em seus primeiros anos de experiências humanas e durante o desabrochar de suas faculdades mediúnicas a serviço do Cristo e da Doutrina dos Espíritos? O que teria o seu cândido olhar registrado pela retina da convivência e da saudade? Esse livro reúne extenso material inédito sobre o maior médium de todos os tempos, com fotografias e documentos recuperados, classificados e arquivados pelo memorialista pedroleopoldense Geraldo Leão, do Arquivo Geraldo Leão, e por Geraldo Lemos Neto, da Casa de Chico Xavier, que retratam principalmente o ambiente socioeconômico e cultural de Pedro Leopoldo dentro do período em que Chico Xavier lá residiu, desde o berço, em 1910, até a sua mudança definitiva para Uberaba, em 1959.

GERALDO LEÃO E GERALDO LEMOS NETO

CÉLIA LUCIUS, SANTA MARINA —

SEMELHANÇAS ENTRE AS BIOGRAFIAS CATÓLICAS E O ROMANCE *50 ANOS DEPOIS* DE FRANCISCO CÂNDIDO XAVIER E EMMANUEL

CÉLIA LUCIUS, SANTA MARINA é a revivescência da vida daquela que Chico Xavier | Emmanuel descreveram no romance *50 anos depois* como "*o lírio que nasceu do lodo das paixões do mundo para perfumar a noite da vida terrestre*" e que a igreja católica canonizou no século V. Aqui, por meio do minucioso e irrefutável estudo biográfico realizado por Flávio Mussa Tavares, filho do saudoso Clóvis Tavares, de Campos | RJ, o leitor se deparará com diversos relatos sobre Célia, confirmando a veracidade da narrativa do médium mineiro nos idos dos anos 40, tal qual previra Emmanuel no prefácio da obra referenciada. Para os espíritas, a consolidação da interexistência de Chico no desdobramento do labor mediúnico a benefício da difusão da Doutrina e sua prática evangelizadora, exemplificando o amor e a humildade legitimamente cristãos. Para os demais, uma reflexão sobre as lutas transitórias da vida física e a realidade além-túmulo — a verdadeira vida de todos nós.

FLÁVIO MUSSA TAVARES

EVANGELHO PURO, PURO EVANGELHO —

NA DIREÇÃO DO INFINITO

Seguidor inconteste da Boa Nova do Cristo, e espírita em sua mais pura essência filosófica, Martins Peralva deixou para os estudiosos da Doutrina textos de iluminada sabedoria e reflexão, que foram reunidos no livro *Evangelho puro, puro Evangelho — Na direção do Infinito*, organizado por Basílio Peralva, e que a Vinha de Luz Editora trouxe a lume numa homenagem ao centenário de nascimento do *médium do século*, Francisco Cândido Xavier (1910|2010). A obra, que congrega artigos publicados na imprensa de 1945 a 1999, é indispensável ao homem de boa vontade, abordando temas imprescindíveis a todos os corações que jornadeiam rumo ao progresso espiritual.

MARTINS PERALVA
ORGANIZAÇÃO DE BASÍLIO PERALVA

ERA UMA VEZ PARA SEMPRE

Voltado à evangelização infanto-juvenil, esse livro é um compêndio de mensagens de graciosa narrativa, que enfeixa os ensinamentos do Cristo sob a ótica do Espiritismo, correlacionados a diversos assuntos de ordem espiritual e humana. Suas personagens principais — crianças sedentas de amor e de conhecimento — encantam pela perseverança no bem, sempre amparadas pela nobre e sábia Vovó Angel, que, como o próprio nome já diz, é um anjo do Senhor em suas vidas de aprendizado rumo à luz.

PELO ESPÍRITO BLANDINA
PSICOGRAFIA DE CARLOS MALAB

ISABEL —

A MULHER QUE REINOU COM O CORAÇÃO

Dois dias após psicografar as primeiras das milhares de páginas através das quais o mundo espiritual se comunicou por seu intermédio, Chico Xavier manteve um revelador encontro com uma ilustre senhora que lhe mudaria o curso de vida. Era D. Isabel de Aragão, mais conhecida como Rainha Santa Isabel, a célebre rainha de Portugal, para sempre associada ao milagre da transformação do pão em rosas. Embora em circunstâncias e contextos distintos, ambos experimentaram o poder, a riqueza, a fama e a adoração, contudo optaram por viver uma intensa vida interior feita de humildade, perdão, tolerância, paciência, compaixão e caridade como expressões do amor. Esse trabalho avança para além da vida de Isabel de Aragão, apresentando outras duas figuras históricas: Santa Isabel da Hungria e Isabel de Portugal, duquesa da Borgonha. Colocadas as narrativas das vidas das três personagens lado a lado, emergem repetições e similitudes, nas quais encontramos a essência da reencarnação. Obviamente, caberá a cada leitor fazer o seu juízo de valor perante os fatos, porém, no conjunto das três, verificamos como uma personalidade se desenvolve e se amplia nas ações meritórias, exemplificando-se o progresso próprio e incessante pela condição moral que apresenta, pois sendo as almas iguais pela filiação são diferentes pela consciência espiritual que revelam. Segundo testificou o próprio Chico sobre D. Isabel de Aragão, *"ela é um dos gênios espirituais protetores da raça luso-brasileira em diversas partes do mundo para que os povos luso-brasileiros conservem a fraternidade cristã que Jesus nos legou"* (Adelino da Silveira, *Chico, de Francisco*, CEU).

MARIA JOSÉ CUNHA

Departamento Editorial da Casa de Chico Xavier
Av. Álvares Cabral, 1777 — 20º andar — Sala 2006
Santo Agostinho | 30170-001 | Belo Horizonte | MG
(31) 2531-3200 | 2531-3300 | 3517-1573

www.vinhadeluz.com.br
informacoes@vinhadeluz.com.br

www.casadechicoxavier.com.br
informacoes@casadechicoxavier.com.br

Este livro foi composto em tipologia Zapf Humanist, corpo 11, predominantemente.
Capa impressa em papel Supremo 250g e miolo impresso em Chambril Avena 80g.
Viena Gráfica e Editora Ltda. | Santa Cruz do Rio Pardo | SP